竞争政策与法律文库

黄勇 总主编

专著系列

江山 主编

产业发展的政策选择与法律治理

——以竞争法为中心展开

The Policy Choice and Legal Governance in Industrial Development: Competition Law and Beyond

江山 著

法律出版社
LAW PRESS·CHINA

竞始择
争而和

总　　序

时至今日，市场经济成为现代国家经济发展模式的最优选择，已是共识。市场经济是主要通过市场来配置资源的经济运行机制，即经济生活中“生产什么”“如何生产”和“为谁生产”等问题交由市场决定。市场经济条件下，由竞争所形成的资源相对价格承载着某一资源相对于其他资源的稀缺程度信息，而市场参与者依据该信息便可掌握相关市场的竞争态势，并作出相应的资源配置决策，从而大大降低信息成本和交易成本。与此同时，市场参与者不仅要受到竞争约束，而且要受到产权约束，从而极大降低了监督成本。正因如此，市场经济成为一种静态和动态资源配置效率兼具的经济制度。倘若不建立这样的制度，社会资源配置就缺乏可靠的指引，经济资源也就无法得到有效配置。因而市场经济成为各国发展经济的不二选择，我国也不例外。党的十四大确立“建设社会主义市场经济体制”目标、1993年“市场经济”入宪，宣示我国开启了经济建设的新模式。

市场经济要求市场在资源配置中起决定性作用，竞争是市场的核心机制。没有竞争，也就无所谓市场，更遑论市场经济。政策文件、法律文本上的“市场经济”，并不必然意味着市场或竞争能够在现实的资源配置中发挥积极作用。对于尚处于转型期的中国来说，计划经济体制下长官意志、行政命令和对产业政策的深度路径依赖并未完全消除，仍残留在经济政策制定的过程之中,或隐或显地影响或干扰着经济运行,其典型体现便是坊间所称的“行政垄断”。这不仅戕害市场公平竞争,也损害市场运行效率和政府威信。与此同时,竞争的自我毁坏性在我国市场经济运行中也不可避免。如何有效规制垄断便成为市场经济运行中不可回避的话题。1993 年出台的《反不正当竞争法》和 2007 年颁布的《反垄断法》相继成为我国打击垄断、保护竞争的法制支撑,在矫正竞争扭曲行为、维护市场竞争秩序方面发挥了不容忽视的效用,但在我国改革进入深水区之时面临包括体制、机制在内的诸多束缚和挑战。显然,这已不是反垄断法所能承载之重,需将竞争政策与法律置于中国全面深化改革的时代大背景之下整体考量、全面筹划。

在中国,自古以来改革绝非易事,当代经济改革更是一件宏大的历史叙事。对内改革、对外开放,是 30 多年来经济建设不变的主题。众所周知,改革就会向旧体制“宣战”,更会触动某些利益集团或群体的“奶酪”,从而使改革困难重重。拿出“壮士断腕”的勇气和魄力,不是套话而是改革浪潮中决策者的真实呼唤与深情呐喊。因此,在经济改革进程中,导入竞争机制,将计划经济体制遗留下来的那只踩住市场“无形之手”的政府“有形之脚”驱离,还以市场经济之应有活力,其难度可想而知!改革尚未完成,法治仍需努力!唯有通过改革,方能不断巩固和强化市场机制,以及竞争在资源配置和国民经济运行中的决定性作用。“使市场在资源配置中起决定性作用和更好发挥政府作用,必须以保护产权、维护契约、统一市场、平等交换、公平竞争、有效监管为基本导向,完善社会主义市场经济法律制度”,不仅是政策表达,更是经济改革的制度诉求。其核心,是促进市场竞争的政策选择与法律治理问题。对学者来说,是挑战,更是机遇。

在欧美成熟市场经济法域,丰富的反垄断理论学说与实践经验的积累,源自于制度与市场长时期的共同演进。而在中国,反垄断法诞生伊始就面临着浓缩的改革大时代和迭代的经济新潮流,既要夯实制度基础、因应改革变局、又要立足理论前沿、迎接未知未来。为此,与之相关的竞争政策与立法的基础性、系统性和前沿性、开创性的研究都亟待充实。当前,竞争政策与法律所处的宏观环境是动态的。正推进着的全面深化改革战略,不仅从制度层面上不断改变着现行的制度与规范体系,更改变着制度所处的环境,需要研究动态之下的制度把握与应用。唯有宏观把握竞争政策与产业政策作为经济发展政策工具选择的优劣、消长,方能从容布划,为经济改革的路径选择、制度设计和政策制定建言献策。与此同时,反垄断法的不确定性也呼唤理论与实践的深化。这种不确定性由多种因素促成，既有规范文字的原则抽象，也有垄断行为的千变万化，更有市场情势的瞬息万变。也正是因为这种不确定性，使反垄断法适用极具技术性、专业性，无论是具体实务还是理论探讨，无不需要跨领域、跨学科的多角度、多层次深入思考、比较分析、潜心研究，借鉴和汲取域外有益经验，总结和归纳国内反垄断实践之得失。竞争政策与反垄断法不是停留在政策与法律文本的字里行间，而是要落地、生根，在政策实施与法律适用中方能获得生命。脱离实际、远离中国市场竞争的竞争政策与法律研究注定是灰色的。该领域的研究不仅要着眼于竞争政策与反垄断法深层次的理论追寻，更要善于把握现实中的实践需求，如当下的公平竞争审查、执法机制与程序完善、创新与反垄断等问题，深入挖掘、扎实研究，小心求证、谨慎结论。唯有如此，竞争政策与法律研究在中国方可开花、结果。

对外经济贸易大学竞争法中心是为回应我国《反垄断法》制定和实施需求、推动竞争法律与政策研究、加强对外学术交流与合作而成立的校级研究机构。自成立以来，始终以“竞始择，争而和”为情怀，以推动和引领中国竞争法研究为己任，通过举办国际性论坛、系列讲座和提供咨询服务等多种形式，构建良好的学术研究平台，开展前沿性研究、培养竞争法人才，服务国家与社会。百舸争流，奋楫者先。为进一步推动中国竞争政策与法律研究的发展，中心拟举惠园之力、聚全国竞争法同人之智识，组织出版《竞争政策与法律文库》，以共襄中国竞争法治之盛事。《文库》设专著系列、译著系列、案例系列、文集系列，是法律出版社与对外经济贸易大学竞争法中心共同打造的学术品牌。中心将秉持开放包容之胸怀、恪守择优务实之原则，认真对待每一位竞争法志士的优秀作品。期待您的大作！

*

2016年10月6日

* 对外经济贸易大学竞争法中心主任，教授、博士研究生导师。

序一　迈向产业发展的政策与法律新图景

对后发国家而言，经济发展的动力，主要来自产业的发展；产业发展的驱动方式，多聚焦于产业政策；产业政策的适用，又大多长期依赖差别性的政策工具。中国改革开放30余年来，亦现实地秉持此种发展方案，在取得举世瞩目发展实绩的同时，也暴露出同样显著的问题。进入21世纪以来，产业政策的影响更是凸显，以至近期再次引发了经济学界的产业政策大论战。对这一问题，我带领的对外经贸大学竞争法中心团队一直密切关注。特别是，《反垄断法》实施伊始就遭遇2008年世界范围的金融危机，更加引发了我们对产业政策与竞争政策关系，产业政策、竞争政策与中国改革与发展关系的系统思考和深入研究。

在本科和硕士期间，作者于竞争法研究打下扎实基础；博士期间，在我主持的国务院反垄断委员会和反垄断执法机构的相关课题中，开始就竞争政策与法律问题进行较为系统的研究；博士毕业后，进入清华大学公共管理学院博士后流动站，进一步开展创新竞争与竞争政策的交叉研究。回到对外经贸大学法学院担任教职之后，作者作为核心成员参与了我负责的凯恩克劳斯基金会课题《深化中国改革：国际视角的思考与建议（2012～2013）》《强化中国的市场竞争：国际视角的思考与建议（2014～2016）》的研究。这些年，我们就此命题不断地开展研究、思考、碰撞，作者也从竞争法律的研究者，历练、成长为兼具政策与法律分析能力的建构者。这在本书文稿中得到比较充分的体现。

产业发展的公共政策选择、法律治理结构的建构和竞争规则适用是一个序贯的分析过程。首先，在法学界看来，产业发展的政策选择无疑应导向竞争政策。但问题是，从产业政策向竞争政策的主导性转向，仅从法学的进路无法充分证成。作者从公共政策的进路，引入政策生命周期的思维，运用政策工具的恰当性、适配性和节律的分析，为这一转向提供了严谨的论证。其次，在公共政策学和经济学的视野里，政策选择和政策评估之外的工作不是其研究的主要范围。在产业发展的政策转换之后，法律的治理结构才是保证政策稳定不摇摆的刚性支撑。然而，无论产业政策还是竞争政策都是一个复杂的体系，建构法律治理结构这一法律人的工作，仍需要具备对政策的综观认识。作者通过产业组织政策与公平竞争审查制度将产业政策与竞争政策对接，经由放松管制安排与适用除外制度将管制法律与竞争法律对接，是当前对这一问题的认识最为全面、精确的表达。最后，产业发展的管制体制下或放松管制安排中，竞争规则的适用不可忽视。作者选取了必需设施规则和价格垄断问题作为重点，以能源产业和石油行业为例，展现了竞争规则适用的清晰切面。值得一提的是，为贯彻“使市场在资源配置中起决定性作用和更好发挥政府作用”的方针，当前国务院出台了《关于在市场体系建设中建立公平竞争审查制度的意见》（国发〔2016〕34 号），未来产业政策、管制安排必须在竞争政策的基础上制定、实施和评估。将该制度放在作者的“政策选择—法律治理—规则适用”的叙述脉络下进行考察，可以获得更加系统、深化的理解。

外资并购国家安全审查制度是对产业发展中日益凸显的产业安全、经济安全和国家安全问题的法律回应。在中国企业走出去和引进外资结构优化的今天，这一问题尤为重要。可是，据我对这一问题的观察，该领域的中文文献非常分散，外文学术类文献亦较为缺乏。要做出成果，需要实在的基础工作。因此，该领域虽有较大的政策法律支撑需求，但在多快好省的研究风气下却出现知识供给不足的境况。作者在该领域的长期跟踪和系统研究，覆盖美国、加拿大和澳大利亚三大法域，通过对作为收购对象的关键技术、关键资源和收购方的政府投资者这两个面向、三个关键点的分析，展示了较为完整的国家安全审查分析架构。在此基础上，作者回应中国现实，梳理中国外资并购国家安全审查的制度起源和理念演进，在吸收先行法域制度经验的基础上，提出了理性、均衡的制度建构方案。

经济稳定—平衡增长的法律秩序是归属于传统宏观调控法的内容。在多年的经济法教学与研究中,宏观调控法制是我们一直试图改进又颇感为难的部分。主要的原因,一方面是由于宏观调控法需要宏观经济学和公共政策理论的支撑;另一方面是由于宏观调控法治在转型时期的中国,还面临着调整范围动态调整和法律程序缺位的现实问题。作者以德国《经济稳定与增长促进法》和美国《充分就业与经济平衡增长法》为镜鉴,观照中国的计划、规划和宏观调控及其法制化图景,不论是在文献的研究上,还是在理论的发展上,都构成了知识上的推进。作者对经济稳定—平衡增长的研究,既立足于产业发展,又超越产业发展本身;既刻画域外经验,又扎根中国本土;既分析宏观调控基本法的可能性,又兼顾发展规划法的现实性,对于当前拟要开展的规划法的立法活动,也是一种有益的参考。

总的看来,本书所运用的理论是前瞻的,所展开的意义是现实的,所勾画的产业发展的政策与法律图景是分明、拓新的。这与作者的学术志向有关,与我们所处的大时代相系,或许与近代以来湖湘学人经世致用的学风也有着某种关联。10 年来,作为导师,我欣慰地看到学生成长、成熟,亦乐见这样理性、务实的文字与广大读者见面,希望他能在相关领域继续耕耘、收获,做出更大的贡献。

是为序。

2016 年 10 月 8 日

序二　产业发展:朝阳或过剩背后

2016 年的夏季,南北同此暑热,注定是要载入史册的。

热本是夏的常态,但南北同暑,京津冀与江浙沪闷热无别,温度追达 40 度及以上,却是极少见的残酷。江淮多雨,多暴雨,长江、汉江两水安然无恙,双江悠悠东流,不可思议的则是武汉周边,河岔汇集众雨,注入东湖、南湖和梁子湖等内湖,因入江口填塞为坝,水不能畅排,闹得大武汉,从千湖之地,漫浸成万沽水城。水势虽没有 1998 年的长江堤防牵人心弦,但危害和对人民生活的影响,却比那次水灾严重的多得多。

自湘入黔,犹如戏词所言:跳出热恨,换了人间!凉爽的贵阳,沥沥的雨中,凉得让人惊怕:别冻感冒了! 无扇风自凉,花少碧叶稠。真是读书写文的好时候。

展纸提笔,纵情花溪,想着江山及无数的士子和百姓,还沉浸在北方和东部沿海的深火之中,陡然希望这篇小序,能疏离、飒爽些,能送去山涧边飞洒的一丝丝清凉。

一

缘是注定,一种无法选择的注定。

为江山的著作写序,就不能不说一说法学界的两个江山,碰巧我都熟知并成为同事和朋友。一个是执教于清华大学法学院的江山兄,治文史哲,系西南政法大学同学,早在其“霸占”男厕藏书读书之前,我们曾同室年多。江山以史治法,一部《中国法理念》闻名于学界,更以懂者孤寡著称! 20 世纪 90 年代,我们又前后调入武汉大学,复成同事。记得私语中,江山曾谓:中国法理念讲人与自然的和谐关系,是给后世看的。在发展是硬道理的时代,一边批评西方先牺牲环境发展经济,待经济发展起来后治理遭破坏的环境的同时,边坚称环境保护与经济发展同步,边步西方“先发展后治理”的老路,中国法的“和谐理念”孤掌难鸣,也就顺理成了江山个人的理念。待至 30 年后的十八大,“绿色”成为发展理念,青山绿水成了“金山银山”,生态文明成为民族一“梦”,江山兄的“和谐理念”才真的显现为“中国法理念”。

21 世纪来临前,江山兄北上去了清华大学法学院。我则于新世纪的钟声响后,南下长沙,任教于刚刚组建的中南大学,和亟待成立的法学院。在岳麓山下的大教室里,给法科学生转述经济法学原理的课堂上,我认识了学生江山,继而从他本科毕业论文的指导老师,发展成为硕士研究生导师,并在 2005 年于中国计量学院,成为同事,直到他 2007 年北上对外经济贸易大学成为著名竞争法专家黄勇教授门下的博士。

二

小瓜先熟,甜但长不大;大瓜晚熟,苦而能成大器。

少时在乡,尚在人民公社时期。短缺经济环境中,常常处在饥饿状态的孩子们,夏季的偷瓜摘枣,当是一件乐事。每当下雨的时候,童孩向家里跑,少长向地里跑。雨越大,看瓜的越不愿出来,偷瓜的越能如愿。

那时,祖父在生产队的菜园里,负责种瓜种菜。少不更事的我,每至菜园,总想去摘那些个大的青瓜。偶能摘得,也苦不能咽。祖父常常寻些小甜瓜,满足孙子的企盼。待长大成人,走出乡村,考入大学,进入社会,方才明白:大器晚成之理,亦如瓜道!

但在科技发达的今天,在“禾大壮”的基础上,膨大剂、催熟剂和调节剂等的普遍使用,瓜的甜或不甜,已难从大小上分断;而学人的贡献,因网络信息的海量,关键词检索的便利,综述的可购买使用,使“十年磨一剑”成为罕慧乃至传说。吃膨化食品长大的人们,已经没有了爬格子的耐力! 谋求关注的时代,忍受清贫的潜隐也越来越远离学术! 身份等同于实力的错觉,经网络点击与转帖的提升、加载成为新锐乃至大咖! 学术的真人,难道真要娶一个机器人做妻,到生产线上,去寻购自己的孩子?

熟读着江山博士的《产业发展的政策选择与法律治理》，看着以本科毕业论文为基点并发展成熟的第五章“产业发展与经济稳定—平衡发展的法律秩序”，从硕士学位论文修改并扩充完善的第二章“产业发展的法律治理结构”，以及以8年前的约稿为主干构成的第三章“产业管制的竞争规则适用”，不禁心喜：立志向学的青年江山，历经中南大学的炼冶、中国计量学院的磨钝，在中国著名竞争法学家黄勇教授、中国著名公共政策专家苏竣教授等名家的精雕细琢、无私呵护之下，秉持初心不改，欲转而苦停，循旧学传统，十年一剑，终要成器。

法学繁盛的家园，栋梁新成。恨铁不成钢的无奈，吐气而销。

三

易见黄河清，难逢乌撒晴。

升庵先生“乌撒喜晴”诗开篇首言的比兴和叙事，让携泥沙狂泻、千里片刻不宁，疑是天上之水的黄河，进入中原大地，缓静而清澈起来。黄河于升庵，或升庵于黄河，既空幻，又现实。居悬河侧旁汴京城十年的我，深知浊变清，万难全；清成浊，瞬间事。升庵隐万难之浊，让清显而易见，清乃罕见。罕现可见，乃弥珍贵也。乌撒之晴，尤甚于此，更见阳光似金。

产业发展的动态、易变，多维、复杂，和执政集团借助政策之手的调节，很是相仿于黄河。治水之策虽贵在疏而不堵，但堤坝的坚固，仍是治黄的金律。产业之道，水策也！虽无为而治尽治，政策调节仍各国政府之利器，频频使用，乐此不倦。江山博士于此，默熟于胸，采政策结构论之分析方法，截取产业发展的切面，将政策工具从政策的母体中分离出来，以管制工具、经济类工具和沟通性工具三大族类，实证分析了自1989年以来，中国主要产业政策如钢铁、汽车、软件、煤炭、水泥和服务业等行业产业政策的样本，凸现竞争政策的结构性缺失，犹如乌撒之晴难现！

江山博士在政策生命周期和政策工具节律的分析框架中，指出产业发展的政策工具更新，已呈现出：从挑选赢家到力促产业整体竞争力的提升，从直接干预主导向竞争政策主导的变换，从政策指标落实走向依托法治框架，从纵向调节走向横向调节等显著趋势。在此基础上，多数法律人对此的研究，由此走向产业法的建构。江山博士则由此转入竞争法的解读，在政府—市场的框架下，援用管制—竞争、放松管制—价格反垄断、外资并购—安全审查诸成熟与有效的范式，在产业发展与竞争法的交互叙述中，分析了石油暨能源，基础设施和自然垄断行业的竞争法律问题，是中国近年来经济法研究纵深挺进的又一力作。

掩卷而思,《产业发展的政策选择与法律治理》的特点,概而有三:

一是事繁道简。产业繁杂,发展路径各异,政策工具组合不易,如何实现法律治理,更是见仁见智,未获定论。江山博士围绕产业发展这个基本目标,选取典型产业的拐点,以竞争法制度为工具,纵论产业发展过程中,竞争政策与产业政策的异曲同工之处,为竞争政策主导产业发展政策体系的确立,奠定坚实基础。

二是龙头引领。法律引领产业发展的龙头,应是宏观法律既经济稳定—平衡增长法。为产业发展寻找宏观经济法律的引领,这在国内产业经济学与产业法的研究中,都是极少见到的。将产业发展提升到国家宏观经济稳定与平衡增长的法律框架内,予以界定与讨论,是本书的贡献!唯因这种贡献,产业发展中的政策选择与工具组合,才能在竞争政策的主导下,面向新航程。

三是书信人诚。数年前,曾有幸听著名经济法学家刘瑞复教授讲:有的学者,缺乏学术诚实,不遵守引征规范,明明是引我的原句,却注释为他人!后稍加留意,发现这竟不是孤例!值得高兴的是,江山以诚实与规范,维护了自己的清致!131 本著作,130 篇政府文献,127 篇论文和大量案例,为全书的论证提供了充分、翔实、全面的文献支撑。尤为值得称道的是,对德国稳定增长法的观察与讨论,资料涵括 2015 年 8 月 31 日的最新修订。在作者熟知的英文以外,尚能如此,断言本书资料的新颖和论证的可信,当是可以保证的。

四

对于产业发展的政策与治理问题,借江山博士的书页,谈几点个人意见,求教于大方。

产业发展,是社会、自然和技术诸现象合力作用之结果。产业外化于社会,是区域乃至国家发展之重要力量;产业内置于自然,是资源禀赋的再生产表达;技术对产业则是独立的引领。缘此,对产业发展的观察与讨论,必定是“横看成岭侧成峰”。窃以为倘若能航拍或遥感一下,岭峰共秀的美庐,同聚一景图画也未必不能实现。

首先,产业发展的本色是产业的生命现象,即产业生成→发展→成熟→衰败诸阶段的同构。外部政策和法律的力量,初始的任务在于创造适宜的环境与条件,助产业健康生成和快速发展。这也是国际社会的共识。所以,以 WTO 为平台的国际经济组织,将幼稚工业的特殊保护措施——补贴和管制,谦让给主权国家自主治理。一旦产业趋于成熟,市场就将发挥主要的同时也是主导的作用，让竞争而不是管制决定产业的引领者和参与者。换句话说，就是产业成熟，政府退出，市场总包。为维护公平，政府发布竞争政策，明确市场竞争的边界。光伏产业作为战略性新兴产业，政府倾力扶持，急剧早熟而陷入过剩的教训，于此当竖起一块醒示碑！

其次，产业政策和法律的治理重心，在于产业的前后两个端口。对于生成端，为提升产业竞争力进而国家竞争力，选择性激励与管制性保护，是产业政策中常见的社会景象。制度之花，虽不公平但却充满着善爱！对于衰败端，为保障民生和社会稳定，政策和法律的追求，延缓夕阳西沉，分流人力资源，引进新产业，提高最低生活保障，充满着公平的关爱，却也不能让日消夜长的产业悲凉离去。这也就决定了产业政策的选择性、针对性和短时性，因而倡导产业政策法的美好愿景，也只是无法持续确定的政策工具的组合而已。而法律，当于区域发展法和社会保障法中留出特别的观察窗口，并在必要时，以特别之规章，建构制度屏障，保护幼稚产业和夕阳产业。

最后，产业发展的规律，仍有一些区域存在捉摸不定的变幻。有别于高铁让铁路行业峰回路转、柳暗花明与理脉同动，手机技术对照相机产业的致命一击和出租车对于广播产业的救助，则表达了非直接关联性技术、产品和服务业的溢出价值对产业的决定力量。所以，必须建立在规律之上并遵循规律的法律，对于产业的作用，只能是外部的环境营造和条件性保障。对此尽快制定和完善市场基础性法律，如规划法、发展法、创新法等，才是政府的首要任务。而临机性的易变政策，当是政府得心应手的工具。所以，不管喜欢与否，产业政策都会或隐或现，或贱或贵的存在下去。我们对它的要求，不是国家的法律化，而是政府活动的法治化！

五

产业有心，发展有家，是具有明确地域与权力刚性的政府，和具有弹性边界与软实力的市场之间，折让协调的关键。这里，企业家是产业之心，人民是发展的家园，政策与法律作为国家与政府的工具，只有具备公平与善良的正义性，做维心护心的“急救丸”，而不做伤心刺心的“刀箭”；做惠民富民的“发动机”，而不做伤民掠民的强拆。唯其如此，政府与市场的协作方能维系均衡。作为支撑这种均衡的法律，须是善的、正义的，而不能是恶的、虚伪的。法律人的良知和善恶，直接决定了法治的良知与善恶。研究产业发展法律治理的意义，归结为此，也就摆脱了工具主义，获得最终的价值。

不管今夏有多么残酷，秋凉总要带着熟果来。四季的轮回，是无法阻挡的铁律。于产业，于政策，于法律，于学人，不都是如此吗?

是为序。

王艳林

2016 年 10 月 8 日

前言　看不见的法治？

一

发表第一篇论文《法治的距离》[1]至今，已逾10年。10年，法治由远及近，仿佛又忽远忽近，面目模糊。或许是法治这一命题太过于宏大，常人难窥全貌吧。改革开放以来，政策以其强大的作用力和即时的推动力成为经济发展的引擎。祖国的城市、乡村，平原、高地，大陆、海洋，以沧海桑田的速度在改变。

政策渐成"帝国"。

散落在"帝国"广袤的疆土上，是一座座矗立的法治城池。法律人在旅途，不知道前路上等待自己的是怎样的法治，就揣摩她的精神、理念、原则、规则和程序；有幸遇见，临别了，法治成为可供描述、又难以捉摸的记忆。有时候，分不清到底是现实的法治流露于语言，还是想象的法治进入了叙述。

法治，是政策"帝国"里看不见的城市？描述何以可能？

800多年前，黄昏的御花园，暮年的蒙古大帝忽必烈凝神倾听青年旅者马可·波罗讲述他旅途中的城市。那些记忆的城市、欲望的城市、符号的城市、轻盈的城市、连绵的城市、所有疆图上亦真亦幻的城市、看不见的城市……马可按照一定次序，把从帝国边境旅行带回来

---

① 参见王艳林、江山：《法治的距离：中国国有企业法现象的实证分析》，载《湘潭大学学报》（哲学社会科学版）2005年第2期。

的各种样品放在甬道黑白两色的方砖上，慢慢将他们移动，试图让它们在君主眼中代表自己旅行中的经历变化，帝国的状况和遥远的州府特征。①

威尼斯人当然明了，其所经历的，也只是局部的城市、城市的局部。

可汗并不满足，问马可，“到我明白了所有象征的那一天，我是否就终于拥有了我的帝国呢?”“陛下，”威尼斯人答道，“别这样想。到那时，你自己就将是众多象征的一个。”②

二

本书所选择的产业发展这一法治的局部，起初是无意识的，是对现实的直觉回应。最开始研究美国反托拉斯法的豁免制度，涉及产业发展的管制与反垄断适用除外问题，当时中国尚无《反垄断法》，但反垄断法与管制体制之间的边界勘定，是现实中不容回避。《反垄断法》颁布之后，管制与竞争之间的分野在特定行业暴露出突出问题。笔者决定选择石油行业作为典型，进行能源政策与竞争政策，行政性垄断、管制与竞争法律治理的分析。在厘清政策、法律边界的基础上，对管制行业下两类重大问题进行拆解，即价格类问题和非价格类中最核心的必需设施规则适用问题。研究向纵深发展，逐层深入。至此，全球金融危机下出现了产业政策回潮，需要回过头来更系统地检视产业发展的整体政策与法律架构。已有的多数研究，单纯依赖法律或经济学的知识，笔者从公共政策分析和法律治理相结合的进路，作出了建构的新尝试。与此同时，在对外开放进程中，产业发展的国家安全问题也不断凸显，其中外资并购的国家安全审查首当其冲。为对当前分散的研究作出聚焦，笔者从收购对象和收购方的类型化进路，切换东道国引进外资和企业走出去两种视角，作出结构化的研究。最后，在新世纪之初金融危机以来宏观经济波动的形势下，产业发展的秩序环境逐渐成为经济法制的新焦点。笔者 10 余年前初涉宏观调控法制，遂觉该领域之湛深，再作尝试，亦是有感现实挑战的紧迫必须。这些起初无意识、后来有路径的面对现实挑激的回应，连缀起来，如今竟也众木成林。

三

改革开放以来的中国经济发展，活力的释放依赖于路线转换和方针制定的明确；动力的供给则源自于产业发展的政策选择与法律治理的形成。路线、方

---

① 参见[意]伊塔洛·卡尔维诺著：《看不见的城市》，张密译，译林出版社 2012 年版，第 3 页。

② 同上书，第 22 页。

针既定，进而要确保：政策选择不仅方向正确，还要应当稳固下来，不至于反复；贯彻下去，避免于失灵。可见，产业发展秩序的确立，实系于政策转型和法律治理的序贯推动。当前，政策选择尚处于确定方向的十字路口。理论上，竞争政策已被大多数学者认同为产业发展的应然政策方向，但现实是，产业政策强势贯穿改革开放30年，近年来更是无以复加。就此，学者的呼吁略显苍白。而实际上，产业政策制定者也并非铁板一块，如外界所想象的一意推行差别性的产业政策，却是在20世纪末就有意识到产业政策向功能性发展，甚至转向竞争政策的需要。可是形势比人强，中国所处的发展型国家的追赶阶段、产业政策的生命周期规律和政策工具适用的路径依赖决定了最终的政策选择。时至今日，中国产业发展的形势正在发生变化，重启产业发展的政策选择与法律治理的议题恰逢时机，促使改变的发生应首重方法。其中，作出政策选择，要从公共政策分析切入，分析产业发展政策选择的实然与应然之间的转换的条件；确立法律治理结构，则应从比较法方法入手，考察产业发展的政策与法律的边界划定和管制与竞争的衔接安排。

鉴于此，本书引入了政策工具的研究方法。基于公共政策的"结构论"发展起来的政策工具的分析路径，承认政策与政策工具在概念上的分离，使政策工具可以在不同的政策目标下动态组合。在传统的框架下，政策工具形成了管制类工具、经济类工具和沟通性的工具三大家族。[①] 进一步地，这种政策及其工具选择必须是适当的和适配的。在发展型国家，管制类工具、经济类手段中的补贴等财政类政策长期被作为产业发展政策工具的主导选择。中国脱离计划经济以来，作为发展型国家的一分子，亦展现此种特征。在此基础上，考察政策的生命周期，立足发展型国家的特性把握政策的节律，最终才能够作出中国产业发展的正确政策选择。

本书还贯彻了比较法的研究方法。在某种意义上，全部比较法的方法论的基本原则实际就是功能性（Funktionalitat）原则——在法律上只有那些完成相同任务、相同功能的事务才是可以比较的。[②] 以功能等值性为基础的功能主义的

① 参见［美］弗兰斯·冯尼斯潘、A. 林格林：《论工具与工具性：一种批判性的评价》，载［美］B. 彼得斯、弗兰斯·冯尼斯潘编：《公共政策工具：对公共管理工具的评价》，顾建光译，中国人民大学出版社2007年版，第204页。

② 每个社会的法律在实质上都面临着同样的问题，但不同的法律制度以极不相同的方法解决这些问题，虽然最终结果是相同的。参见［德］茨威格特、克茨著：《比较法总论》，潘汉典、米健、高鸿钧、贺卫芳译，法律出版社2003年版，第34页。

比较法是给现代比较法带来决定性发展的理论;[①]对真正是教条主义的概念比较或结构比较来说,功能比较是一个有益的突破。[②] 据此,本书立足功能性比较的原则,对涉及公平竞争审查制度、管制与竞争的政策法律问题、反垄断适用除外、外资并购的国家安全审查和稳定—平衡增长法制等议题展开基于功能比较的分析。

四

本书共五章,以发展型的中国为背景、依产业发展的政策与法律脉络展开,其中既有阐释,又有建构。第一章,以发展型国家为前提分析产业发展的公共政策选择,从产业发展与公共政策的关系入手,梳理走向政策复调的国家—市场尺度下的产业发展进程,进而考察产业发展的公共政策结构下政策工具组合的变奏。第二章,摸索建立产业发展的法律治理结构,以产业发展的政策体系更新与治理模式迭代为切入点,勘察产业发展法律治理的管制—竞争边界,进而以能源产业为例刻画政策融合下的管制—竞争法律链接。第三章,寻求规范产业管制的竞争规则适用,先以中国石油行业为例勾勒放松管制进程中的反垄断法适用的框架,再具体探讨管制行业中的必需设施规则适用,进而研究管制行业中的价格反垄断问题。至此,完成了对产业发展的内部政策法律结构的建构。第四章,深入产业发展与外资并购国家安全审查制度,分别从外资并购国家安全审查中的收购对象,即关键技术与关键资源和收购方,即外国政府投资者的角度进行评析,并据此建构中国外商投资国家安全审查制度的法律体系。在这一板块,主要旨在解决产业发展的外部安全和拓展问题。第五章,探微产业发展与经济稳定—平衡增长的法律秩序,从经济稳定增长的法律促进和经济平衡增长的法律调节入手,对发展规划与政策、计划和宏观调控的法制化作出区格分析,以期营造中国经济稳定—平衡增长与产业发展法治环境。至此,宏观与微观法制相结合,政策与法律相融汇,内部与外部相协调的产业发展的政策选择与法律治理结构才建构完整。

五

本书的成果能够呈现,得益于笔者的本科和硕士研究生导师王艳林教授、博士研究生导师黄勇教授、博士后合作导师苏竣教授在笔者学术生涯的不同阶

---

① 可比性可以理解为各比较项之间结构的类似性和功能的等值性。参见[日]大木雅夫著:《比较法》,范愉译,法律出版社2001年版,第86页。

② 沈宗灵著:《比较法研究》,北京大学出版社1998年版,第38~39页。

段加以栽培护持、学问言传和行为身教。是谓“经师易遇，人师难遭”，诚学生之幸也。本书的核心命题，是在黄勇教授指导下系列课题研究中逐渐提炼并发展出来的；本书的主要研究路径，是在苏竣教授指导下习得公共政策分析意识和方法的基础上确立的；本书诸多章节的选题与初稿，是在王艳林教授指导下早年积淀形成论文所作的延伸与拓展。师父领进门，然本人资禀拙、见道晚，尝忧义理不精、经纶不优，无补时艰。唯念乡贤所志，“士君子立身行己，出而任天下事，但求无愧此心，不负所学”。①

在本书写作的过程中，众多老师、同人给予了笔者无私帮助和启迪，让笔者感受到学术共同体的温暖。其中谢忱，无法一一言表。过去10年，笔者在《现代法学》②《当代法学》③《河南政法干部管理学院学报》④《价格理论与实践》⑤和《国际经济合作》⑥等刊物上发表了本书部分章节的初稿；法律出版社财经分社的沈小英社长、刘晓萌编辑为本书的出版提供了鼎力支持；在这“publish or perish”的时代，诸位编辑同人的襄助尤显珍贵。由衷感谢。笔者的学生杨宝珠、何永金、刘立菲校对了初稿，也一并致谢。

最后，感谢家人对笔者的理解与不懈支持和付出，这是维系笔者前行的力量。

① 钱基博著：《近百年湖南学风》，傅道彬点校，中国人民大学出版社2004年版，第45页。

② 参见江山：《论中国外商投资国家安全审查制度的法律建构》，载《现代法学》2015年第5期；江山、黄勇：《论中国石油行业的反垄断法适用》，载《现代法学》2011年第4期。

③ 参见江山：《政策融合视野下中国能源行业管制与竞争的法律建构》，载《当代法学》2014年第6期。

④ 参见江山：《滥用市场支配地位规制中的必需设施规则——对〈中国反垄断法〉适用的借鉴》，载《河南政法干部管理学院学报》2008年第4期。

⑤ 参见江山、黄勇：《论自然垄断行业价格规制与反价格垄断》，载《价格理论与实践》2011年第3期。

⑥ 参见江山：《外资并购国家安全审查中的关键技术——基于美国CFIUS审查的分析》，载《国际经济合作》2012年第6期；江山：《加拿大“投资—国家安全”审查中的关键资源——基于〈加拿大投资法〉的分析》，载《国际经济合作》2013年第1期；江山：《外资并购审查中的外国政府投资者——基于澳大利亚FIRB审查的分析》，载《国际经济合作》2016年第6期。

Contents

目录

第一章　产业发展的公共政策选择：以发展型国家为中心

大汗有一本地图册，上面收集了所有城市的地图：那些在坚实的基础上筑造城墙的城市，那些城墙坍塌并且被黄沙吞噬掉的城市，那些现在只是野兔出没，但有朝一日将出现的城市。

"我觉得你靠看地图比亲自去更能了解城市。"皇帝一边合上地图册，一边对马可说。

波罗则回答："人在旅行时会发现城市差异正在消失，每座城市都与其他城市相像，它们彼此调换形态、秩序和距离，形态不定的尘埃入侵各个大陆。"

——伊塔洛·卡尔维诺：《看不见的城市》①

经济发展中的后进国家，不论其经济制度是资本主义还是社会主义的，产业发展都是经济建设的内在要求和核心命题：国家的建设需要发展，政府的威权源自发展，政策工具的选择必然也聚焦于发展。纵观20世纪经济发展和赶超的历史，典型样本存在于东亚。对该地区经济发展中的政府角色进行考察，产生了三种观点：自由派认为，政府的角色与东亚奇迹无关，甚至有可能存在负面影响，相信自由的市场足以保证经济表现；世界银行认

① ［意］伊塔洛·卡尔维诺著：《看不见的城市》，张密译，译林出版社2012年版，第139～140页。

为,普遍存在于东亚社会的威权政府具有发展型政府的特点,对经济增长起到了积极的正面作用;青木昌彦等人更是提出了增强市场论,试图论证东亚政府在经济发展中起到了积极的作用,但它们并非旨在代替市场进行资源配置,而是试图增强市场的机能。[①] 上述发展模式源于工业革命以来东亚在世界经济发展的“中心—边缘”结构中长期以来的边缘化地位,以及由此生发的政府的主要任务之一在于实施赶超战略的现实。赶超需要集中资源,由于存在规模经济和协调问题,仅靠市场无法完成,需要与目标明确、且步步有效的政府相结合,才能完成任务。[②] 于是,产业政策在很长一段时期内成为了基础性的政策工具选择,直至晚近以来竞争的重要性被重新发现,加之世界经济一体化背景下他国竞争规则体系的刚性倒逼,产业政策一支独大的状况才得以逐步更新,竞争政策走向前台。发展至今,以日本为代表的东亚发达经济体形成了市场介入的两种进路:维持竞争秩序,发挥市场机能;对整个国民经济及市场运行实施严格的政府调控。[③] 在中国,改革开放以来亦秉承发展型国家的政策导向,取得了赶超战略的初期成效。其中,东亚发展型国家和地区通过产业政策实现“竞争”与“干预”相结合经济体制的经验被引入。[④] 在此过程中,也促使发展型国家的内涵不断蜕变,发展的顶层设计模式由计划到规划,发展的方式由粗放转向集约,而发展的工具组合也由产业政策主导走向产业政策与竞争政策兼顾。特别是党的十八届三中全会提出“市场在资源配置中起决定性作用”以来,政府从“探索实施公平竞争审查制度”,[⑤]到“促进产业政策和竞争政策有效协调,建立和规范产业政策的公平性、竞争性审查机制”,[⑥]再到“加快出台公平竞争审查制度,建立统一透明、有序规范的市场环境”,[⑦]直至

---

① 参见姚洋著:《作为制度创新过程的经济改革》,格致出版社、上海人民出版社 2008 年版,第 55 ~56 页。

② 同上书,第 56 ~58 页。

③ 参见彭森等著:《中国经济体制改革的国际比较与借鉴》,中国人民大学出版社 2008 年版,第 176 页。

④ 参见刘鹤、杨伟民著:《中国的产业政策:理论与实践》,中国经济出版社 1999 年版,第 3 页。

⑤ 中共中央、国务院《关于深化体制机制改革加快实施创新驱动发展战略的若干意见》(2015 年 3 月 13 日),载中央政府门户网:http://www.gov.cn/xinwen/2015 -03/23/content_2837629.htm,最后访问日期:2016 年 7 月 18 日。

⑥ 《国务院批转发展改革委〈关于 2015 年深化经济体制改革重点工作意见的通知〉》(国发〔2015〕26 号)。

⑦ 国务院《关于大力推进大众创业万众创新若干政策措施的意见》(国发〔2015〕32 号)。

公平竞争审查制度出台。[①] 可以认为,国家实行社会主义市场经济以来,"竞争带来繁荣,法治化的竞争维系持续、稳定的繁荣"正成为新的发展共识。而要将这一共识落实于产业发展常态,不仅需要在产业政策与竞争政策之间作出准确的选择和定位,还需要以此为基础建构产业发展的稳态法律治理结构。

第一节 产业发展与公共政策

在产业发展的政策法律分析中,法律人立足于所在的学科,通常不自觉地放大法律的既有作用,失落于应然与实然之间。现实地看,对于经济发展中的后进国家而言,长期以来推动产业发展首先是一个公共政策的议题。作为"对全社会的价值做有权威性的分配",[②]在公共政策学的视野下,政策是"政府、政党及其他团体在特定时期为实现一定的政治、经济、文化和社会目标所采取的政治行动或所规定的行为准则"。[③] 在产业发展的过程中,价值的权威性分配恰恰是通过诸多表现形式不一的政策(一系列谋略、法律、法令、措施、办法、方法、条例等)[④]来实现,其中法律、法令在发展型国家于较长的一段时间内并不当然地占据主要地位。因此,在探究产业发展未来可能的法律治理结构时,与其因循法律学的传统单向度地从法律出发去解释政策,不如直面政策分析,从产业发展与包括产业政策、竞争政策在内的公共政策之间的关联和相互作用切入法律,以达致对向交流基础上的跨学科共识。

一、产业发展与产业政策

在概念上,"发展型国家"是由政治、官僚和财阀势力组成的无缝网络来积极推动产业发展的后进国家。[⑤] 这是一种韦伯式的理想类型,被定位为既非社会主义类型(社会主义类型被描述为计划—非理性的国家,所有权和管理都掌握在国家手中),也非自由市场类型(没有计划,私人控制与私人所有权保持一

---

① 参见国务院《关于在市场体系建设中建立公平竞争审查制度的意见》(国发〔2016〕34 号)。

② Easton D, *The Political System: An Inquiry into the State of Political Science*, New York, Alfred A. Knopf, 1953, p. 129.

③ 苏竣著:《公共科技政策导论》,科学出版社 2014 年版,第 9 页;陈振明著:《政策科学——公共政策分析导论》,中国人民大学出版社 1998 年版。

④ 参见苏竣著:《公共科技政策导论》,科学出版社 2014 年版,第 9 页。

⑤ 参见[美]禹贞恩编:《发展型国家》,曹海军译,吉林出版集团 2008 年版,第 1 ~ 2 页。

致),而是计划理性的资本主义发展型国家(plan-rational capitalist developmental state)。[①] 发展型国家这一完全不同的国家类型,是一种过程状态,其主体多是从农业为主体的经济向工业化发展的后发国家,其目标则指向经济发展或产业发展。例如,在"东亚奇迹"下,许多政府都通过不同形式和渠道的干预以促进经济发展,在一些情况下还采取干预手段促进特定产业的发展。[②] 在这些发展型国家,意识形态考量退居经济发展之后。由于经济发展滞后于"东亚奇迹"的爆发期,中国在传统上并未被归为发展型国家,其进入政策分析视野,是发展型国家这一理想类型发展的结果。

很显然,中国的社会主义市场经济,不能直接贴上"计划理性的资本主义发展型国家"的标签。但是,改革开放以来,计划理性与市场主义的内涵已经深入中国经济发展的内核。在邓小平主导下的改革,其内在逻辑是:"计划经济不等于社会主义,资本主义也有计划;市场经济不等于资本主义,社会主义也有市场。"[③]这种改革的逻辑最终落实为1993年的《宪法》规定:"国家实行社会主义市场经济。"所以,如今从顶层设计上看,中国可以被归类为计划理性的市场主义发展型国家。从支撑顶层设计的政策工具组合上看,中国自1986年制定的《国民经济和社会发展第七个五年计划》中正式提出了"产业政策"以来,基于整个市场经济的转型特质,产业政策在国家经济政策中一直占据着主导地位。1989年国家颁布《中国产业政策大纲》和《关于当前产业政策要点的决定》,20世纪90年代进一步颁布《90年代国家产业政策纲要》、《90年代中国农业发展纲要》以及汽车等专项产业政策。当前,中国的市场化程度不断加深,但产业政策对于产业发展的影响仍然举足轻重。中国产业政策的强势,体现出计划理性的延续,也被视为对发展型国家这一理想类型的自然延伸和发展。

发展型国家通常选择产业政策推动产业发展,就其本质来讲,是政府采取措施干预资源在产业之间的分配,以弥补市场机制缺陷。[④] 下河边淳和管家茂认为,产业政策是国家或政府为了实现某种经济和社会目的,以全产业为直接对象,通过对全产业的保护、扶持、调整和完善,积极或消极参与某个产业或企

---

① 参见[美]禹贞恩编:《发展型国家》,曹海军译,吉林出版集团2008年版,第1~2页。

② 参见世界银行编:《东亚奇迹:经济增长与公共政策》,牛津大学出版社1993年版,第4页。

③ 邓小平:《在武昌、深圳、珠海、上海等地的谈话要点》,载《邓小平文选》(第3卷),人民出版社1994年版,第373页。

④ 参见江小涓著:《经济转型时期的产业政策——对中国经验的实证分析与前景展望》,上海三联书店、上海人民出版社1996年版,第16页。

业的生产、营业、交易活动，以及直接或间接干预商品、服务、金融等的市场形成和市场机制政策的总称。① 查莫斯·约翰逊则认为，产业政策是政府为了取得在全球的竞争力而打算在国内发展和限制各种产业的有关活动的总的概括。②杨伟明提出，产业政策是为了加快经济发展，补充并纠正市场的缺陷和不足，创造有效竞争的市场环境而制定、实施的一系列政策目标和政策手段的综合。③刘鹤、薛亮认为，产业政策是为了稳定、协调、高速地发展经济，赶超发达国家而制定的发展和限制产业（包括产业组织）的目标，以及为了保障实现目标的一整套经济政策所组成的政策体系。④ 蓝世良指出，产业政策是为了加快发展而制定的优先发展重点产业、扶植幼稚产业、限制过剩产业以及纠正市场失败、弥补市场缺陷所制定和实施的一系列经济政策的总称。⑤ 中国产业政策的内涵十分广泛：有产业结构、产业布局、产业技术、产业组织、产业全球化、产业现代化等政策；也有财政、税收、货币、土地、进出口、政府采购、知识产权保护等经济政策。⑥

一些欧美学者将产业政策理解为无非是采用了一个“温和、更加悦目的名词”替代“计划”。⑦ 由于发展型国家产业发展的政策选取与“计划”之间的明显差异，这一观点当前已不再被广泛接受。当然，产业政策在被认为具有弥补市场失灵、优化产业结构、实现规模经济、调整产业布局和促进经济协调发展等正效应的同时，似乎也承袭了部分计划的弊端，如有可能阻碍市场机制的正常运行、扭曲市场结构、降低经济运行活力和易产生贸易摩擦等。东亚新兴国家工业化的历程似乎无一例外地表明，依靠资源和资本投入驱动的经济增长无法长期持续，必须更多依靠提高资源配置效率和各类创新活动。⑧ 反观在市场经济成熟国家，长期以来，竞争政策才是产业发展的基础性、持续性保障。而长期处于赶超压力之下，似乎使发展型国家遗忘了这样一个事实：产业政策显然并不

---

① 参见马晓河著：《中国产业结构变动与产业政策演变》，中国计划出版社2009年版，第85页。

② 同上书，第85～86页。

③ 参见刘鹤、杨伟民著：《中国的产业政策：理论与实践》，中国经济出版社1999年版，第33页。

④ 同上书，第79页。

⑤ 参见蓝世良：《中国产业政策的走向》，载《经济工作者学习资料》1998年第6期。转引自盛斌著：《中国对外贸易政策的政治经济分析》，上海三联书店、上海人民出版社2002年版，第192页。

⑥ 参见马晓河著：《中国产业结构变动与产业政策演变》，中国计划出版社2009年版，第86页。

⑦ 同上书，第85～86页。

⑧ 参见吴敬琏著：《中国增长模式抉择》，上海远东出版社2013年版，第53页。

是通过推动产业发展、获得全球竞争力的公共政策的全部。跳出“发展型国家”的框架，在产业发展的全球背景下考察，产业政策和竞争政策都是政府解决市场失灵、促进经济发展的政策工具选择。问题的根本是：发展型国家是否会随着“历史的终结”①而终结？如果发展型国家必然走向终结，在其走向终结的过程中，及至发展型国家这一过程状态终结后，如何进行有效的政策工具选择？

二、经济发展与竞争政策

在市场经济成熟国家，竞争政策的载体是竞争法律，政策的位阶则服从于法律的位阶。竞争政策的实施消融于竞争法律的常态实施之中，因此竞争政策并没有与或强或若的产业政策进行对冲的需要。20 世纪 80 年代为应对拉丁美洲国家的通货膨胀等问题确立了华盛顿共识，②不仅在转型国家所起的作用引发极大争议，也被证明没有提供合适的框架来理解东亚经济的成功与失落。然而，恰恰是对华盛顿共识的反思，凸显出经济发展的“政策工具箱”意识：要使市场运行良好，需要的不仅仅是低通货膨胀，还需要有健全的金融规制、竞争政策、有助于技术转移的政策以及政策透明度。③ 在这一系列政策工具中，竞争被认为最终可能在决定长期经济成功方面比其他因素都要重要。④ 实际上，竞争构成贯穿支撑经济发展的重要政策目标和工具的引线：一是对于解决如何在稳定产出或就业的意义上促进宏观经济稳定的问题，除了有效的宏观经济政策，越来越多的文献强调宏观经济稳定的重要微观经济基础；⑤二是就所有权的功

---

① 黑格尔和马克思都认为，人类社会的演化并不是无限开放的，在人类达成一个能满足其最深层、最基本的愿望的社会形式之后，它就会终结，即所谓“历史的终结”。福山认为，确切地说，“历史的终结”是指那些奠基性原则和制度不再进一步发展了，因为所有真正的大问题都已经得到解决。参见[美]弗朗西斯·福山著：《历史的终结与最后的人》，陈高华译，孟凡礼校，广西师范大学出版社 2014 年版，第 10～11 页。

② 该共识包括十个方面：(1)加强财政纪律，压缩财政赤字，降低通货膨胀率，稳定宏观经济形势；(2)把政府开支的重点转向经济效益高的领域和有利于改善收入分配的领域（如文教卫生和基础设施）；(3)开展税制改革，降低边际税率，扩大税基；(4)实施利率市场化；(5)采用一种具有竞争力的汇率制度；(6)实施贸易自由化，开放市场；(7)放松对外资的限制；(8)对国有企业实施私有化；(9)放松政府的管制；(10)保护私人财产权。

③ 参见[美]约瑟夫·斯蒂格利茨著：《发展与发展政策》，纪沫、仝冰、海荣译，中国金融出版社 2009 年版，第 107～109 页。

④ 同上书，第 111～125 页。

⑤ 同上书，第 113 页。

能发挥而言,对私有化的强调更多的是出于对竞争的考虑而不是对激励的考虑,①以及对私有化和管制两者的实施顺序的考虑;②三是回到竞争本身,竞争是市场经济成功的关键,但应该被视作使市场更具竞争性的手段,政策自身不能被当成了目标。③ 在此,除了对宏观经济之微观基础的强调和所有权的竞争意义的考量,涉及竞争政策问题,在许多市场经济不成熟国家,虽然竞争的可行范围被扩展,但竞争并不完全。④ 尤其对于"发展型国家"而言,明确竞争政策作为手段还是目的是至关重要的。如果竞争政策本身就是目的,则难以摆脱置之高阁、只供远观的命运;只有将其作为扩展竞争可行范围、促使竞争完全和推动发展的手段,政策的生命力才能够充分展现,政策的活跃度才能够实质提升。

竞争政策在成熟市场经济国家并非频繁被提及,讨论多集中于学术领域。在经济学领域,广义的竞争政策被认为是一切有利于竞争的政策,包括反垄断政策、政府对国有企业的私有化政策、放松规制、政府削减对企业的补贴、减少不利于外国产品和外国生产者的政策等;⑤而狭义的竞争政策,仅指鼓励竞争、限制垄断的反垄断政策,它作为对竞争结果的"事后调节"措施,通常以法律形式出现。⑥ 其中,比较有代表性的是伯纳德·霍克曼和马西莫·莫塔的界定。伯纳德·霍克曼认为:竞争政策的恰当定义为"一国政府实施的一套内容广泛的旨在增强市场的可竞争性的手段与措施,包括国有企业的私有化、解除管制、减少新投资或准入的许可、削减专向补贴以及贸易自由化等"。⑦ 马西莫·莫塔则认为,竞争政策可界定为"一整套确保市场竞争不因受限制而减少经济福利

---

① 事实已经证明,要想在不引起腐败和其他问题的情况下实行私有化是非常困难的。企业家将有动力获得私有化了的企业而不是投资建立他们自己的公司。相反,竞争政策通常会减少租金,并激励人们创造财富。

② 将垄断私有化会形成非常稳定的利益,这会降低未来进行管制和竞争的可能性。参见[美]约瑟夫·斯蒂格利茨著:《发展与发展政策》,纪沫、仝冰、海荣译,中国金融出版社2009年版,第120页。

③ 参见[美]约瑟夫·斯蒂格利茨著:《发展与发展政策》,纪沫、仝冰、海荣译,中国金融出版社2009年版,第117页。

④ 同上书,第121页。

⑤ 参见李向阳:《国际经济规则与企业竞争方式的变化——兼评全球竞争政策和竞争方式的发展方向》,载《国际经济评论》2000年第11期。

⑥ 参见赵伟著:《干预市场——当代发达市场经济政府主要经济政策理论分析与实证研究》,经济科学出版社1999年版。

⑦ Bernard Hoekman, Petros C. Mavroidis, "Economic Development, Competition Policy and the WTO" (World Bank Policy Research Working Paper 2917, October 2002), p. 4.

的政策和法律”。① 在法学领域，竞争政策当然地与法律关联起来。赫伯特·霍温坎普认为，竞争政策是一组全方位的公共规则和禁令，用来确保市场保持一种现实的竞争性。② 金泽良雄认为，狭义的竞争政策可以理解为是维持和促进竞争经济的政策，主要规制和防止自由竞争经济受到垄断的阻碍；实现这种政策的手段的法律，可称之为竞争政策法；为了促进垄断的政策，或是为了限制竞争的政策，也可称之为……广义的竞争政策。③ 在中国竞争政策与法律学界，竞争政策被认为是政府制定并实施的促进和保护竞争、确保市场竞争机制发挥作用的一系列政策、法律法规和制度。④

综上观点，对于狭义的竞争政策形成了这样一种认识，即政府通过竞争法

---

① ［意］马西莫·莫塔著：《竞争政策：理论与实践》，上海财经大学出版社2006年版，第20页。

② See Herbert Hovenkamp, “Empire: Innovation and the Domain of Competition Policy”, 60 *Ala. L. Rev.* 103, 104(2008).

③ 参见［日］金泽良雄著：《经济法概论》，满达人译，中国法制出版社2005年版，第165页。

④ 陈秀山认为，竞争政策一般可以表述为：所有那些为保护和促进市场经济中的竞争而采取的行动措施、制定的法规条例和设立的监察实施机构的总和。参见陈秀山著：《现代竞争理论与竞争政策》，商务印书馆1997年版，第133页。盛杰民认为，竞争政策的目标在于促进和维护竞争并通过竞争配置资源；竞争政策是产业政策的基础，产业政策则为竞争政策的补充。参见盛杰民：《竞争法在中国：现状及其展望》，载杨紫烜主编：《经济法研究》（第1卷），北京大学出版社2000年版，第289页。王晓晔指出，竞争政策是市场经济国家的一种经济政策，其目的是保护竞争，防止市场垄断，以使竞争能够真正成为调节供求和优化配置资源的根本手段。参见王晓晔、陶正华：《WTO的竞争政策及其对中国的影响——兼论制定反垄断法的意义》，载《中国社会科学》2003年第5期。在吴宏伟看来，竞争政策是为在市场竞争的过程中实现经济发展的目标和规划，消除与禁止市场竞争中反竞争行为，而作用于竞争领域、竞争目标、竞争者、竞争活动、竞争秩序等诸多方面的政策。参见吴宏伟：《我国反垄断法与产业政策、竞争政策目标》，载《法学杂志》2005年第2期。王先林认为，竞争政策一般是指市场经济国家为保护和促进市场竞争而实施的一项基本经济政策，其核心目标是通过保护和促进市场竞争，确保竞争机制在相关市场发挥作用，从而提高生产效率和资源配置效率，增进消费者福利。参见王先林：《试论竞争政策与贸易政策的关系》，载《河北法学》2006年第1期。黄勇认为，竞争政策是政府制定并实施的促进和保护竞争的策略选择：竞争法是竞争政策的主要表现形式，是规范和限制私人反竞争行为的法律规范的总称。参见黄勇：《论贸易政策与竞争政策的相互关系及对策建议》，载《国际贸易》2006年第6期。吴汉洪认为，竞争政策可以被界定为，政府为保护和促进市场经济中的有效竞争而采取的行动措施、制定的法规条例和设立的监督实施机构的总和。参见吴汉洪、周炜、张晓雅：《中国竞争政策的过去、现在和未来》，载《财贸经济》2008年第11期。时建中认为，竞争政策是指国家机关按照规定的权限和程序制定并发布的旨在促进市场竞争的准则和措施，一般包括促进竞争的目标、原则、任务以及实现促进竞争目标可以采取的具体措施等内容，其核心内容是尊重市场经济竞争规律，充分发挥市场机制在资源配置中起决定性作用。参见时建中：《论竞争政策在经济政策体系中的地位》，载《价格理论与实践》2014年第7期。徐士英认为，竞争政策是一国政府所使用的、决定市场竞争机制运作条件的一系列方法和制度工具。参见徐士英：《竞争政策：反垄断法实施的政策前提》，载《中国价格监督与反垄断》2014年第11期。

律干预经济的一种手段,以竞争法律为基本依托,有效促进和确保市场的现实竞争。对于广义的竞争政策而言,似乎有两种截然背离的观点,即一方认为是一切有利于竞争的政策;另一方认为是促进垄断的政策,或是为了限制竞争的政策。实际上,后者与某些“发展型国家”(如日本)所处的特定发展阶段有关的——其时,反垄断的适用除外、按规制令以促进垄断的一些法律和规制进入市场的各种法律盛行。① 当时的学者触及了广义竞争政策的核心问题,即竞争政策与产业政策、管制政策的边界变化问题,但在当时边界推移的方向是朝着加强产业政策和管制的方向运行的。而在当今,政策之间的边界推移朝向放松管制和产业政策的竞争评估已经成为大势所趋。正因如此,广义的竞争政策应当被界定为政府制定并实施的促进和保护竞争的基本经济政策和策略选择,旨在通过控制或消除一国国内的限制性商业行为,培育竞争环境,以确保市场机制的有效运作和资源配置的畅顺高效,进而推动实现经济体制的成功转型。在广义竞争政策项下,有众多的政策工具可供选择、组合,如国有企业的私有化、放松管制、重新管制、消除行政垄断、减少新投资或准入的许可、削减专向补贴以及贸易自由化等,这些政策工具依据不同经济发展阶段组合,有选择、分次序、按步骤地实施。

易言之,竞争政策本质上是通过市场的内在机制发挥作用,是政府通过法律方式对市场竞争失序的矫正,而不是直接干预。以现代反垄断法诞生为起点,竞争政策在产生发展的100余年时间里历经变迁,通过与产业政策、管制政策之间的互动,逐步廓清了各自的边界。竞争政策应当是广义的,从根本上说应当是国家建设社会主义市场经济体制、推动经济体制的成功转型的基本经济政策。历史上,在诸多发展型国家,由政府主导的竞争政策是对经济发展的方向和节奏进行控制和引导的重要政策工具。发展到今天,竞争政策在多数市场经济国家已经成为了规制市场竞争的主导性政策工具,成为市场机制的有效补充。在中国,在全国人大常委会法制工作委员会看来,竞争政策是“市场经济国家为了保护和促进市场竞争而实施的经济政策”,“竞争政策是反垄断法制定的依据,反垄断法是竞争政策的表现形式”。② 以此为起点,探求中国的产业政策和竞争政策走向和谐的道路,应该奠定以维护市场机制为皈依的竞争政策的基

---

① 参见[日]金泽良雄著:《经济法概论》,满达人译,中国法制出版社2005年版,第166页。

② 全国人大常委会法制工作委员会经济法室编:《中华人民共和国反垄断法:条文说明、立法理由及相关规定》,北京大学出版社2007年版,第44页。

础性地位,并逐步促使竞争政策上升为主导性经济政策,产业政策作为竞争政策的有效辅助或者补充,共同推动产业竞争力的实质提升和市场经济的持续繁荣。

第二节 国家—市场尺度下的产业发展:走向政策的复调

考察产业政策与竞争政策的互动,其背后的宏大图景是"国家—市场"之间边界的变迁。这种变迁,在中央集权的中国长久以来都是国家把握尺度的变化及其自上而下推行的结果,构成了市场制度发展的重要参照系。研究中国古代经济史中的市场问题的文献揭示,无论是春秋战国时期的生活市场,还是大一统之后的国家财政市场,均存在一个"国家—市场"之尺度变化的问题。① 整个封建时代,在大一统之前国家权力处于分散状态的时期,生活市场是较为发达的;在大一统之后生活市场则逐渐被国家财政市场所挤占。财政市场上的"商品经济"越是"繁荣"和"发展",乡村生活市场上的商品经济就越是萧条、萎缩。② 中国古代历史的"分合"过程,始终伴随着生活市场和国家财政市场的消长。这个问题延续到中华人民共和国成立之后,从计划经济下商品经济的萧条、萎缩到改革开放以来市场体系建构所体现出的国家垄断、国家计划和市场竞争、市场调节之间的消长,而产业政策与竞争政策的生成深嵌于其中。基于这种认识,在"国家—市场"尺度的视角下,分析产业政策与竞争政策演化、摩擦及至碰撞的历程,可以对产业发展政策工具组合的变奏产生更有纵深的理解。

自新中国成立初期,我国就开始实施具有产业政策特征的经济计划与政策,但是正式颁布、实施产业政策是在1989年颁布《关于当前产业政策要点的决定》③之后。尽管如此,实质意义上的产业政策在一系列的五年计划/规划中从来就没有停止其推进的步伐。以十一届三中全会为起点,根据明显的历史阶段性,产业政策可以分为:1978~1989年解决比例失调的产业政策、1989~2000年"为发展提纲"的产业政策和2000年以来至今建构体系化的产业政策三个阶段。与此几乎平行,中国改革开放30余年的历程中,从1980年国务院《关于开展和保护社会主义竞争的暂行规定》开始,实质意义上的竞争政策在中国的生

① 参见程念祺著:《国家力量与中国经济的历史变迁》,新星出版社2006年版,第164~200页。

② 同上书,第199页。

③ 参见马晓河著:《中国产业结构变动与产业政策演变》,中国计划出版社2009年版,第20页。

成也经历了1978~1993年培植市场土壤的竞争政策、1993~2003年“为市场立法”的竞争政策和2003~2015年探寻法定化的竞争政策三个阶段。改革开放以来，产业政策由国家自上而下的意志强力贯彻，早期被认为与计划类同，[①]随后开始逐步脱离计划成就独立的政策，进而通过专项产业政策的颁布开始建立起政策体系；而呼应扩展市场空间、稳定市场秩序的现实需求，随着改革开放的深入，市场化逻辑的渗透，竞争政策由分散、模糊的表达逐渐成为影响产业发展的重要力量，从起初与产业政策关系平行发展，到作为在西方市场经济发达国家的“经济宪法”[②]或“自由企业的大宪章”[③]的《反垄断法》[④]的出台，构成竞争政策法定化的起点，更是开启了竞争政策与产业政策板块运动时代的新篇章，进而走向共同构成型塑产业发展的政策复调。

一、产业政策与竞争政策的平行演化

1978年《中国共产党第十一届中央委员会第三次全体会议公报》以“彻底否定‘以阶级斗争为纲’的错误理论和实践……把党和国家工作中心转移到经济建设上来、实行改革开放”为新起点，展开顶层设计。1982年中国共产党第十二次全国代表大会通过了《全面开创社会主义现代化建设的新局面》的报告，阐述了“计划经济为主、市场调节为辅”的立场：“允许对于部分产品的生产和流通不作计划，由市场来调节，也就是说，根据不同时期的具体情况，由国家统一计划划出一定的范围，由价值规律自发地起调节作用。”1984年中国共产党第十二届三中全会发布《中共中央关于经济体制改革的决定》指出：“……改革现行的计划体制，就要有步骤地适当缩小指令性计划的范围，适当扩大指导性计划的范围。”1987年中国共产党第十三次全国代表大会工作报告《沿着有中国特色的社会主义道路前进》提出，“社会主义有计划商品经济的体制，应该是计划与

---

① 在中国的产业政策制定圈，早期存在一种共识：即计划就是产业政策，产业政策就是计划，二者都体现了政府对经济生活、资源配置的干预。参见刘鹤、杨伟民著：《中国的产业政策：理论与实践》，中国经济出版社1999年版，第31页。

② ［美］戴维·格博尔著：《二十世纪欧洲的法律与竞争》，冯兴元、魏志梅译，中国社会科学出版社2004年版，第303~317页。

③ U. S. v. Topco Associates, Inc. 405 U. S. 596 (1972).

④ 在此，“反垄断法”指实质意义上的反垄断法，包括在各种实体法律、法规和条例中所规定的具有“反垄断法”内涵的条文；而“《反垄断法》”指代形式意义上的反垄断法，即2007年8月30日颁布并于2008年8月1日实施的《中华人民共和国反垄断法》。

市场内在统一的体制……计划和市场的作用范围都是覆盖全社会的……社会主义的市场体系还必须是竞争的和开放的;垄断的或分割的市场不可能促进商品生产者提高效率,封闭的市场不利于发展国内的合理分工和促进国际贸易。”1989 年中国共产党第十三届五中全会通过《中共中央关于进一步治理整顿和深化改革的决定》指出“计划经济和市场调节相结合的程度、方式和范围,要经常根据实际情况进行调整和改进”。由此,改革开放伊始,大政方针初定,“国家—市场”之间的坚固壁垒被击穿,产业需要发展,市场秩序需要维护,进而生发了产业政策与竞争政策的雏形。

(一)解决比例失调的产业政策:1978~1989 年

改革开放前夕,我国农、轻、重之间的比例严重失调,生活消费品全面短缺,呈现出严重的短缺经济特征;国民经济各部门比例严重失调,产业结构失衡问题十分严重。[①] 为此,国家于 1978 年颁布《中共中央关于加快工业发展若干问题的决定》,并于“六五”(1981~1985 年)时期提出“继续贯彻执行调整、改革、整顿、提高的方针”。进而,在“七五”计划中明确指出,要重视加快发展第三产业,努力实现第一、第二、第三产业协调发展。

为解决产业结构失衡,国家把发展消费品工业作为当时发展国民经济的主要方针之一,确立了重点发展轻纺工业的产业政策,于 20 世纪 80 年代初从资金、外汇、资源、基建、技改、运输六个方面对轻工业发展予以优先保证。[②] 自此,在解决(或没有解决)已有产业发展的急迫问题的同时,产业政策的一个重要负外部性开始显现:增加或强化了产业发展的重复建设。1981 年 3 月国家计委在《关于制止盲目建设、重复建设的几项规定》中提出“十二个不准”,规定不准搞长线项目、重复建设项目和与现有企业争原料的项目等;1982 年年底又提出要控制的行业有棉纺锭、毛纺锭、化纤原料与抽丝、纺织机械等。[③] 随后,由于家电工业的发展远远超过了政府所认为的合理程度,1981 年以后的政策重点转向了规划和控制家电工业的发展;1982 年国务院在《关于严格控制固定资产规模的补充规定》中进一步明确,将电冰箱、洗衣机列为严格控制建设项目的行业;1985 年国家计委、国家经委发出《关于采取紧急措施严格控制盲目引进电冰箱生产线的通知》,将彩电和洗衣机、空调器列为第一批暂停进口和引进生产线的

---

① 参见马晓河著:《中国产业结构变动与产业政策演变》,中国计划出版社 2009 年版,第 21 页。

② 同上书,第 22 页。

③ 同上书,第 23 页。

项目。在基础产业方面,为解决改革初期的能源与原材料短缺、交通运输紧张、通信业滞后等问题,促进"短线"基础设施和基础产业发展,《中共中央关于加快工业发展若干问题的决定》明确指出,要把发展燃料、动力、原材工业和交通运输业放在突出地位;1982 年中共中央、国务院《关于征集国家能源交通重点建设基金的通知》决定,增加相关重点建设投资,并在预算外筹集专项基金。①

"七五"时期,国家首次明确合理调整产业结构的要求,指出调整必须以消费需求结构及变化为导向,并第一次在正式政府政策文件中提出"产业政策"。在轻工业方面,产业政策的目标主要是针对 20 世纪 80 年代中后期出现的以家电产业为代表的全国范围内的轻纺工业大规模重复建设,采取计划定点和目录管理的方法,在行业内选择部分国有企业作为定点生产企业进行扶持和支持,限制定点和目录之外的企业发展;并于 1990 年发布《全国轻工业行业管理暂行规定》,通过发放许可证来加强行业管理。② 在基础工业方面,"七五"期间财政向工业交通部门减税让利约 1900 亿元,其中 60% 以上用于能源交通部门。在高新技术产业方面,国家于 20 世纪 80 年代中后期明确提出"有重点地开发知识密集和技术密集产品,努力开拓新的生产领域,有计划地促进新型产业的形成和发展"及"运用新技术改造传统产业";1986 年国务院决定把集成电路、电子计算机、程控交换机列为优先发展的高科技产品,在"七五"期间对这四个行业实行一系列的优惠政策,包括免征产品税,减半征收所得税,免征关键设备和仪器的进口税,此外国家还通过"863"计划为高新技术的发展注入大量资金。③在这一时期,产业政策的运用以定点扶持、目录管理、减税为主要特征,资金注入为辅助性手段。

(二)培植市场土壤的竞争政策:1978 ~ 1993 年

改革开放开启之初面临的另一重大问题是:市场作为一种概念、制度和交换实践,为运动的强烈摧毁和计划的无声覆盖消灭并持续降解,其影响不论是在全国还是局部,不论是在物质还是在精神层面上都是显著的、深刻的。此去经年,市场甚至隐退于民众的日常生活记忆。当然,市场交易这种人类生活的本能无法被扼杀,而恢复这种记忆、行为和实践,却要耗费与摧毁其同等的,甚至是更为持续的制度建设和文化培育的努力。竞争政策是耕培被计划经济所

---

① 参见马晓河著:《中国产业结构变动与产业政策演变》,中国计划出版社 2009 年版,第 24 页。

② 同上书,第 26 ~ 27 页。

③ 同上书,第 27 ~ 28 页。

盐碱化的市场土壤的首选政策工具，其表现形式是政策、法律、法规和各种规范性文件。

随着调整、改革、整顿、提高方针的贯彻，特别是企业自主权的扩大和市场调节作用的发挥，竞争逐步开展并在经济生活中显示出它的活力，推动着经济的发展和技术的进步，国务院于1980年颁布《关于开展和保护社会主义竞争的暂行规定》（以下简称《竞争十条》），[①]提出“应当逐步改革现行的经济管理体制，积极地开展竞争，保护竞争的顺利进行”。《竞争十条》整合了竞争权、[②]竞争激励、竞争环境等内容：包括涉及激活其他经济成分主体的规定，鼓励非公有经济成分的企业“发挥所长，开展竞争”（第3条）；涉及市场扩大企业的“自主权”，尊重企业“相对独立的商品生产者的地位”（第4条）；涉及价格问题的规定，指出“国家指定的一部分商品，其价格允许在规定的幅度内上下浮动”（第5条）；涉及性垄断的规定“开展竞争必须打破地区封锁和部门分割”（第6条）。据此，竞争规制框架得以展开。

市场的恢复首先是局部的，竞争的秩序也被限定在局部，为了保护本地、本部门经济和产业，改革开放初期地区封锁和部门分割大量滋生。《竞争十条》第6条指出，“任何地区和部门都不准封锁市场，不得禁止外地商品在本地区、本部门销售。对本地区出产的原材料必须保证按国家计划调出，不准进行封锁。工业、交通、财贸等有关部门对现行规章制度中妨碍竞争的部分，必须进行修改，以利于开展竞争。采取行政手段保护落后，抑制先进，妨碍商品正常流通的做法，是不合法的，应当予以废止。”为应对屡禁不止的地区封锁，1990年国务院发布《关于打破地区间市场封锁进一步搞活商品流通的通知》进一步指出，“开展竞争必须打破地区封锁和部门分割”，“要确保商品流通畅通无阻。各地区、各部门不得擅自在道路、车站、码头、省区边界设关卡，阻碍商品的正常运

---

① 国务院《关于开展和保护社会主义竞争的暂行规定》（1980年10月17日），因该规定共10条，又称为《竞争十条》，下文中均称《竞争十条》。

② 就如何为竞争赋权的问题，存在主张竞争权和公平竞争权的论争。竞争权的理论，参见王艳林著：《竞争法导论》，中国地质大学出版社1992年版，第1～2页；文海兴、王艳林著：《市场秩序的守护神——公平竞争法研究》，贵州人民出版社1995年版，第6页；王艳林：《竞争权研究》，载《国家检察官学院学报》2005年第2期。公平竞争权的理论，参见邵建东著：《竞争法教程》，知识产权出版社2003年版，第47页；王显勇著：《公平竞争权论》，人民法院出版社2007年版，第102～103页；李友根：《经营者公平竞争权初论：基于判例的整理与研究》，载《南京大学学报》（哲学人文科学社会科学版）2009年第4期。

输……工商行政管理、质量监督检查和卫生检查等部门不得以打击假冒、伪劣商品为名，抬高外地产品的检验标准，变相阻止外地产品进入本地区销售”。从此，应对与产业发展相伴生的问题的政策贯彻改革始终。

针对具体的竞争行为，国务院陆续颁布《关于认真解决商品搭售问题的通知》（1986 年）和《价格管理条例》（1987 年）。价格竞争是竞争的主要表现形式，在竞争刚刚恢复的初始阶段更是如此。就此，《价格管理条例》指出，“国家对价格管理采取直接管理和间接控制相结合的原则，实行国家定价、国家指导价和市场调节价三种价格形式”。其中，第 29 条规定的 12 项价格违法行为中，“（九）企业之间或者行业组织商定垄断价格的”被明令禁止。搭售，即以名牌、优质、畅销商品搭配杂牌、劣质、滞销商品出售，亦是市场放开初期所存在一种典型反竞争行为，实际上是供给与需求脱节的反映。根据《关于认真解决商品搭售问题的通知》，该等行为被要求从生产和商业两个环节予以严控。竞争开放了优胜劣汰的空间、催生了合并收购的可能，而产业政策则要求在各产业间特别是需要扶持的产业间选择效益好、经营能力强的大企业重点扶持，鼓励重点企业的生产集中行为，鼓励其兼并其他企业，并对其给予税收优惠和银行优先贷给。[①] 1989 年，国家体改委、国家计委、财政部、国家国有资产管理局的《关于企业兼并的暂行办法》确立了“企业兼并的原则”：企业兼并应遵循自愿、互利和有偿的原则，在竞争过程中进行，实现优胜劣汰，不能用行政命令强制或阻挠优势企业兼并劣势企业；企业兼并除国家有特殊规定者外，不受地区、所有制、行业和隶属关系的限制；企业兼并既要促进规模经济效益，又要防止形成垄断，以有利于企业之间的竞争。

（三）政策实施的效果与交集

在改革初期，“国家—市场”的关系被框定为在国家计划的前提下，允许市场发挥调节的作用。在一定程度上，市场调节是国家计划调节的例外。随着改革的深入，“有计划的商品经济”被提出，“国家—市场”互动的以“指令性计划—指导性计划—市场调节”的混合形态开展。进而，“有计划的商品经济”被解读为“计划与市场内在统一的体制”，且“计划和市场的作用范围都是覆盖全社会的”。在随后的治理整顿时期，仍然强调“改革的核心问题，在于逐步建立计划经济同市场调节相结合的经济运行机制”，但只是提出根据情况对这种“结

---

① 参见刘鹤、杨伟民著：《中国的产业政策：理论与实践》，中国经济出版社 1999 年版，第 18 页。

合”进行调整。这一时期,国家作为主导力量,由自上而下的政策推动来探索市场的可能空间,“建立和扩展市场作用的主要责任……落在了政府自己的身上”。①

20 世纪 80 年代由于改革开放释放了巨大能量,加上产业结构调整政策的实施,我国农业和轻工业发展非常迅速,三次产业之间的比例关系逐渐协调,工业产业结构逐渐由传统的“重重、轻轻”向“轻型化”方向转化,高加工度化的倾向明显。而这造成的问题是,一方面,轻纺工业超高速增长导致农业支撑不了过大的工业发展规模的问题凸显;另一方面,由于基础产业、基础设施与加工工业之间的比价不合理,造成加工工业价格不断上升,各地方政府都争取建设“价高利厚”的加工工业项目,使其超高速增长大大超过了基础工业的承受能力,能源、交通基本原材料供给不足的矛盾凸显。由此,产业发展的高度同质化实际上构成地区封锁的内因。促进“短线”基础设施和基础产业发展、限制“长线”加工工业发展的产业政策效果不明显,基础设施和基础产业的发展仍滞后于国民经济的发展,加工工业则仍以惊人的速度增长,而建立新兴产业和改造传统产业的进展却十分缓慢,到 20 世纪 90 年代初我国产业结构失衡的问题仍然严重。② 这又产生并形成了部门分割、搭售等问题。

平行发展的竞争政策没有形成体系,多以低效力层级的“暂行规定”或“通知”的形式作出,就具体反竞争行为所做出的规制凸显出诸多问题。从制度体系上来看,基于该时期市场经济发展的水平,较为完整的竞争政策与法律体系是不可能产生的。从规制模式来看,体现了竞争法律正式制度的缺失,未能确立标准的竞争法分析方式。从法律责任来看,唯一具有法律责任的是价格类“垄断协议”(《价格管理条例》第 30 条);而对地区封锁问题的处理办法,要么是对相关规章制度的修改和不合法的规定的废止,要么是要求对相关关卡的撤销、相关规定一律废止以及追究有关领导者的责任(《竞争十条》)。这类粗放的处理或追究的方式,不具备可落实的法律责任,往往是无从查究。当时,即便规范化的竞争政策,在强力的产业发展结构调整政策面前是否可以稳住阵脚亦不可知,仍处在低层级、无体系、缺责任阶段的竞争政策效力不彰,也是理有可据的。值得一提的是,处于交集的关于企业兼并的政策:从竞争政策的角度,应

---

① [美]查尔斯·沃尔夫著:《市场,还是政府——不完善的可选事物间的抉择》,陆俊、谢旭译,重庆出版社 2007 年版,第 130 页。

② 参见马晓河著:《中国产业结构变动与产业政策演变》,中国计划出版社 2009 年版,第 30 页。

属于经营者集中的规制,重在预防可能的排除、限制竞争影响;从产业政策的角度,则属于产业组织的基本内容。二者之间的平衡已被列入政策议程。

二、产业政策的独大与竞争政策的渗透

1992年年底,中国共产党第十四次全国代表大会发布报告《加快改革开放和现代化建设步伐,夺取有中国特色社会主义事业的更大胜利》指出:“我们要建立的社会主义市场经济体制,就是要使市场在社会主义国家宏观调控下对资源配置起基础性作用……尽快形成全国统一的开放的市场体系。加强市场制度和法规建设,坚决打破条条块块的分割、封锁和垄断,促进和保护公平竞争。”1993年第八届全国人民代表大会第一次会议通过《宪法修正案》,将《宪法》第15条修订为:“国家实行社会主义市场经济。国家加强经济立法,完善宏观调控。”①同年末,中国共产党第十四届三中全会通过中共中央《关于建立社会主义市场经济体制若干问题的决定》指出,“……社会主义市场经济体制是同社会主义基本制度结合在一起的。建立社会主义市场经济体制,就是要使市场在国家宏观调控下对资源配置起基础性作用……建立全国统一开放的市场体系,实现城乡市场紧密结合,国内市场与国际市场相互衔接……”还指出要“发挥市场机制在资源配置中的基础性作用,必须培育和发展市场体系。当前要着重发展生产要素市场,规范市场行为,打破地区、部门的分割和封锁,反对不正当竞争,创造平等竞争的环境,形成统一、开放、竞争、有序的大市场……建立正常的市场进入、市场竞争和市场交易秩序,保证公平交易,平等竞争,保护经营者和消费者的合法权益……”在《宪法》确立了“社会主义市场经济”的基调之后,该决定作为纲领性的文件揭开了“市场建立期”的序幕。由此,市场的边界向前大幅推移,在推动产业发展的明确的产业政策与服务于市场建立的发展中的竞争政策之间,打开了相互影响渗透的新局面。

(一)“为发展提纲”的产业政策:1989~2000年

20世纪90年代以来,我国在实现经济增长方式由粗放型向集约型转变过程中,走跨越式产业结构升级道路,采取了一系列产业结构政策,以解决企业生产能力大量过剩、资源严重闲置;企业经济效益滑坡,负债率居高不下;地方重

① 原第15条为:“国家在社会主义公有制基础上实行计划经济。国家通过经济计划的综合平衡和市场调节的辅助作用,保证国民经济按比例地协调发展。”

复建设严重，地区产业结构趋同等问题。① 在这一时期，单一指向的产业政策已经不再能够有效地回应产业发展带来的系统性挑战，呼唤综合性产业政策的推出。以国务院《关于当前产业政策要点的决定》和《90 年代国家产业政策纲要》为纲，中国的产业政策纲举目张，逐渐走向条理化、规范化。

1989 年国家颁布了第一个明确的产业政策文件国务院《关于当前产业政策要点的决定》(国发〔1989〕29 号)，对主要产业发展方向和目标提出了基本要求，提出了 20 世纪 90 年代政府支持、限制以及禁止发展的产业和产品，制定了投资优先顺序表和有差别的税率和利率。接下来，《"八五"计划纲要》提出积极调整产业结构，重点加强农业、基础工业和基础设施，改造和提高加工工业，把电子工业放在突出位置，积极发展建筑业和第三产业，促进产业结构合理化并逐步现代化。1992 年十四大报告明确提出把机械电子、石油化工、汽车制造业和建筑业作为我国经济发展的支柱产业，加快发展第三产业。1994 年国家颁布《90 年代国家产业政策纲要》，阐明了 20 世纪 90 年代我国经济的重大课题就是优化产业结构，强调加快农业、基础设施和基础产业的建设；确定机械电子、石油化工、汽车制造和建筑业等为国民经济的支柱产业；鼓励具有高附加值和国际竞争力的产品出口；支持高新技术产业和新兴产业的发展；鼓励发展第三产业等。根据该纲要提出的原则，国家先后颁布了《汽车工业产业政策》、《水利产业政策》、国务院《关于印发鼓励软件产业和集成电路产业发展若干政策的通知》等专项产业政策。② 随着我国市场准入条件的放宽和外商投资热潮的激发，1995 年国家颁布《指导外商投资方向暂行规定》和《外商投资产业指导目录》，正式把外商投资行为纳入国家产业政策规范指导下。③ 1997 年之后，根据社会经济发展状况和宏观调控的要求，国家颁布《当前国家重点鼓励发展的产业、产品和技术目录》(1997 年)，制定了国家重点鼓励的产业、产品和技术目录以及鼓励软件和集成电路产业发展的政策，以促进高新技术产业发展并用高新技术改造传统产业。同时，还颁布了《淘汰落后生产能力 、工艺和产品的目录》以及《工商投资领域制止重复建设目录》(1999 年)等，制定制止重复建设目录，限制和淘汰和落后产能。

国务院《关于当前产业政策要点的决定》针对不同产业选择了不同的政策

---

① 参见马晓河著:《中国产业结构变动与产业政策演变》，中国计划出版社 2009 年版，第 31 页。

② 同上书，第 32 页。

③ 同上。

措施。在加工工业方面,针对粗放型投资和低水平重复建设问题,采取了限产压锭、限产关井、关闭"十五小"等措施进行工业结构调整。在基础产业方面,国家重点加强了对能源、原材料和基础设施的投资;在1994年的财税体制改革中,继续保留了对基础设施建设"减税让利"、专项建设基金等政策。这一阶段,产业政策的重大进展是确立了支柱产业的重点发展规划,并制定了一系列的产业政策,在投资、融资、发行股票债券、技术开发和资金担保等诸多方面给予政策倾斜。①《90年代国家产业政策纲要》进一步提出:②不断强化农业的基础地位,全面发展农村经济;大力加强基础产业,努力缓解基础设施和基础工业严重滞后的局面;加快发展支柱产业,带动国民经济的全面振兴;合理调整对外经济贸易结构,增强我国产业的国际竞争能力;加快高新技术产业发展的步伐,支持新兴产业的发展和新产品开发;继续大力发展第三产业。同时,要优化产业组织结构,提高产业技术水平,使产业布局更加合理。进一步地,在高新技术方面,国家通过一系列财税手段实行税收减免、贷款贴息等优惠政策鼓励高技术产业发展。1991年、1994年先后出台《国家高新技术产业开发区税收政策的规定》和《关于企业所得税若干优惠政策的通知》,对高技术企业做出了减免所得税的规定;1999年国家在自行开发软件产品、技术转让、科研资助、高新技术产品有关的进出口和科研机构转制五个方面规定了一系列税收优惠政策,以鼓励技术革新和高新技术的产业化。③

(二)"为市场立法"的竞争政策:1993~2003年

以1993年《反不正当竞争法》和1997年《价格法》为中心,该时期的竞争政策主要覆盖价格与非价格竞争、地区封锁、公用事业和经营者集中的问题,涉及的规范性文件包括:国务院于2001年颁布的《关于禁止在市场经济活动中实行地区封锁的规定》、《关于整顿和规范市场经济秩序的决定》和2002年颁布的《电信条例》;1993年国家工商总局颁布的《关于禁止公用企业限制竞争行为的若干规定》;国家计委/发改委于1995年颁布的《制止谋取暴利的暂行规定》,1999年颁布的《价格违法行为行政处罚规定》和《关于制止低价倾销行为的规定》,2001年颁布的《价格行政处罚程序规定》,2003年颁布的《制止价格垄断行为暂行规定》和《关于引导和规范市场价格行为的通知》;1996年民航总局发布

---

① 参见马晓河著:《中国产业结构变动与产业政策演变》,中国计划出版社2009年版,第34~35页。

② 参见国务院《关于印发〈90年代国家产业政策纲要〉的通知》(国发〔1994〕33号)。

③ 参见马晓河著:《中国产业结构变动与产业政策演变》,中国计划出版社2009年版,第36页。

的《制止民用航空运输市场不正当竞争行为规定》;2003 年商务部颁布的《外国投资者并购境内企业暂行规定》(2006 年修订为《关于外国投资者并购境内企业的规定》)。

在反竞争行为之中,价格垄断行为被不断地规定、确认,非价格类垄断行为则仍然聚焦于对搭售的禁止。然而,所规定的这几类具体的垄断行为并不构成政策层面的重要影响。值得注意的是,关于经营者集中,《外国投资者并购境内企业暂行规定》为"外国投资者购买境内企业股东的股权或认购境内公司增资;或外国投资者设立外商投资企业,并通过该企业协议购买境内企业资产且运营该资产,或外国投资者协议购买境内企业资产,并以该资产投资设立外商投资企业运营该资产"设计了基本的规制框架。《关于外国投资者并购境内企业的规定》对申报的程序性问题作出了更为详尽的规定,构成了经营者集中规制制度的前身。

关于地区封锁问题。《反不正当竞争法》第 7 条规定:"政府及其所属部门不得滥用行政权力,限定他人购买其指定的经营者的商品,限制其他经营者正当的经营活动。政府及及其所属部门不得滥用行政权力,限制外地商品进入本地市场,或者本地商品流向外地市场。"1999 年《招标投标法》第 6 条也规定了招标投标活动不受地区或者部门的限制的内容。国务院《关于禁止在市场经济活动中实行地区封锁的规定》在第 3 条对地区封锁作出了概括性禁止的基础上,还规定地方各级人民政府及其所属部门(包括被授权或者委托行使行政权的组织)不得违反法律、行政法规和国务院的规定,实行限定交易、设置关卡、歧视性待遇等地区封锁行为(第 4 条),任何地方不得制定实行地区封锁或者含有地区封锁内容的规定,妨碍建立和完善全国统一、公平竞争、规范有序的市场体系,损害公平竞争环境(第 5 条)。[①] 该等规定对地区封锁规制的细化,也反映出该问题一直未能真正有效解决。

关于公用事业与管制行业问题。《反不正当竞争法》第 6 条规定:"公用企

---

① 随后,1999 年国务院发布的《关于整顿和规范市场经济秩序的决定》(国发〔2001〕11 号)指出,"整顿和规范市场经济秩序的主要内容和当前工作重点"包括"打破地区封锁和部门、行业垄断。查处行政机关、事业单位、垄断性行业和公用企业妨碍公平竞争,阻挠外地产品或工程建设类服务进入本地市场的行为,以及其他各种限制企业竞争的做法"。该决定还要求"打破地方封锁和行业垄断。彻底清理并废除各地区、各部门制定的带有地方封锁和行业垄断内容的规章。禁止任何单位或个人违反法律、行政法规,以任何形式阻挠、干预外地产品或工程建设类等服务进入本地市场,或者对阻挠、干预外地产品或工程建设类等服务进人本地市场的行为纵容、包庇,限制公平竞争"。

业或者其他依法具有独占地位的经营者，不得限定他人购买其指定的经营者的商品，以排挤其他经营者的公平竞争。”《关于禁止公用企业限制竞争行为的若干规定》第3条规定：公用企业应当遵守国家法律的规定，不得利用自身的优势地位妨碍其他经营者的公平竞争，也不得侵害消费者的合法权益；第4条规定：公用企业在市场交易中，不得实施拒绝交易、限定交易和搭售等限制竞争的行为。《电信条例》第17条规定：“电信网之间应当按照技术可行、经济合理、公平公正、相互配合的原则，实现互联互通。主导的电信业务经营者不得拒绝其他电信业务经营者和专用网运营单位提出的互联互通要求。”除规定互联互通的义务外，电信业务经营者在电信服务中，不得有拒绝交易和限定交易等行为（第41条）；电信业务经营者在电信业务经营活动中，不得有限定交易和掠夺性定价等行为（第42条）。《制止民用航空运输市场不正当竞争行为规定》第6条明确：“航空运输企业在经营活动中，不得采取下列不正当行为从事经营：（一）违反国家和民航总局有关国内航空运价管理规定，擅自提高或压低航空运价……（四）限制旅客、货主自由选择承运人，以排斥其他航空运输企业。但国家另有规定者，从其规定。”所谓“国家另有规定者”，则是希望为行业的适用除外提供接口。

（三）政策实施的效果与交集

在市场建立期之初的修宪时刻，计划与市场之争终被国家意志决定——“国家实行社会主义市场经济”成为“国家—市场”关系的界碑。在此法定前提下，新的改革篇章中政策重心移至“建立全国统一开放的市场体系”，以及“规范市场行为，打破地区、部门的分割和封锁，反对不正当竞争，创造平等竞争的环境，形成统一、开放、竞争、有序的大市场”。该阶段，市场相关的两大改革议题贯穿始终：第一，计划与市场关系的明确，使国企改革从政策调整阶段进入了制度创新阶段，国企改革成为国家政策的核心议题；①而国企改革进程的推进所培植出的市场主体，反过来也更加促进了市场作用的发挥。第二，价格体制从双轨向单轨过渡，20世纪90年代中期价格改革基本完成，只有国家继续保持控制的垄断性行业的价格没有完全放开，而价格自由化和合理化的过程，实际上也就是中国经济不断市场化的过程。在该时期，影响“国家—市场”尺度变化的主导力量仍为国家，但随着改革开放的推进，除了自上而下的推动之外，市场自身

① 参见周天勇、夏徐迁：《我国国有企业改革与发展30年》，载邹东涛主编：《中国经济发展和体制改革报告NO.1：中国改革开放三十年（1978—2008）》，社会科学文献出版社2008年版，第349页。

逐渐成熟所带来的自我实现的力量也开始次第展现。①

20世纪90年代以后，随着国家制定了一批行业的专项产业政策，以及产业政策实践的条理化，产业结构比例关系进一步趋于协调，产业结构升级取得一定的进展，一般加工工业在制造业中的比重有所下降，而技术相对密集产业比重有所上升；所指向的行业快速发展，但也再次引发了重复引进和重复建设的问题。② 其一，调整加工工业的产业政策未能取得明显效果，生产能力过剩、低水平重复建设、企业平均规模过小的问题依然突出；由于重复建设严重，产业结构地区性趋同问题也十分突出，中部地区和东部地区工业结构相似系数率为93.5%，西部地区与中部地区工业结构相似系数率为97%。③ 其二，轿车生产快速发展，而汽车产业政策虽然要求严格限制新进入者，但未有明显效果，新的进入者使得重复建设下的同质化竞争逐渐激烈。其三，“八五”期间，代表高新产业的电子及通信设备制造业、电气机械及器材制造业表现出很强的成长性。④ 与此同时，在《指导外商投资方向暂行规定》和《外商投资产业指导目录》指导下的开放引资，外商直接投资的结构性倾斜十分突出，过度集中于工业和房地产行业，加剧了我国三次产业结构以及产业内部结构偏差。⑤ 这一时期，政策的影响是多重的，在不同行业也展现出不同的效果，其中功过亦各有评说。但毫无疑问，产业政策成为该时期产业发展政策的主导性选择，形成一支独大的局面。

竞争政策对于产业政策的渗透，是这一时期的新特点。特别是由竞争执法机构和管制机构分别颁布的《关于禁止公用企业限制竞争行为的若干规定》、《制止民用航空运输市场不正当竞争行为规定》、《电信条例》和《外国投资者并购境内企业暂行规定》等部门规章，皆涉及更多、更复杂的垄断行为和竞争与管制问题，构成竞争政策的切入点。然而，在向市场经济的艰难转型过程中，思维、理念、体制、政府职能等却长期未能摆脱计划经济的桎梏。计划体制内的制度“阻力”和观念“惯性”，直接影响竞争政策在转型期经济改革的体系中的处

---

① 参见黄勇、江山：《“国家—市场”尺度下的反垄断法三十年：迈向“自治—回应”型法》，载《法学论坛》2008年第3期。

② 参见马晓河著：《中国产业结构变动与产业政策演变》，中国计划出版社2009年版，第34～35页。

③ 同上书，第38页。

④ 同上书，第39页。

⑤ 同上书，第40页。

境:政治体制改革的滞后、国有企业改革的攻坚战、产业政策所占据的主导地位,都决定了竞争政策的式微处境。这一时期,竞争法的立法层级大有提升,竞争政策法律体系初步形成。然而,《反不正当竞争法》由于立法技术问题被层层肢解、[①]执行乏力,已有松散系统内部的各项制度本身的衔接无序,始终没有一个统一的目的价值标准来统帅竞争法律法规和规范性文件的体系,造成了竞争政策体系(或无体系)内部呈现系统失调的状态。虽然,竞争作为考量因素在公用事业、航空、电信等诸多领域被纳入规范性文件的规定之中,但竞争政策体系(或无体系)与外部政策之间的互动贫乏,始终无法与以产业政策为代表的关联政策体系形成正式沟通。显然,对于中国的市场经济建设及其政策体系支撑本身,都需要一个较长的时间来消除计划时代的阻力和惯性。然而,在看似平静的地表之下,地壳运动的能量在持续累积,当竞争政策板块形成之际,其与产业政策的碰撞和摩擦就不可避免了。

三、产业政策与竞争政策的板块碰撞

2003 年,中国共产党十六届三中全会通过《中共中央关于完善社会主义市场经济体制若干问题的决定》,“更大程度地发挥市场在资源配置中的基础性作用,增强企业活力和竞争力,健全国家宏观调控,完善政府社会管理和公共服务职能”被确定为完善社会主义市场经济体制的目标,而任务之一就是“建设统一开放竞争有序的现代市场体系”。该决定强调“完善市场体系,规范市场秩序”,提出加快建设全国统一市场,将强化市场的统一性作为建设现代市场体系的重要任务;大力推进市场对内对外开放,加快要素价格市场化……促进商品和各种要素在全国范围自由流动和充分竞争;废止妨碍公平竞争、设置行政壁垒、排斥外地产品和服务的各种分割市场的规定,打破行业垄断和地区封锁。在《中共中央关于建设社会主义市场经济体制若干问题的决定》颁布 10 年之后,这一新的纲领性文件开启了“市场完善期”的序幕,更直接地指向《反垄断法》的出台。2007 年,中国共产党第十七次全国代表大会发表《高举中国特色社会主义伟大旗帜,为夺取全面建设小康社会新胜利而奋斗》的报告,提出“完善基本经济制度,健全现代市场体系”,指出要“……形成各种所有制经济平等竞争、相互促进新格局……深化垄断行业改革,引入竞争机制……推进公平准入,改善融

---

① 参见彭海斌著:《公平竞争制度选择》,商务印书馆 2006 年版,第 319 页。

资条件,破除体制障碍,促进个体、私营经济和中小企业发展……加快形成统一开放竞争有序的现代市场体系,发展各类生产要素市场,完善反映市场供求关系、资源稀缺程度、环境损害成本的生产要素和资源价格形成机制,规范发展行业协会和市场中介组织,健全社会信用体系”。据此,随着国家—市场之间边界的不断清晰,《反垄断法》更是将竞争政策法定化,产业政策也在市场经济的完善期更加体系化,政策板块碰撞的时代从此开启。

(一)建构体系化的产业政策:2000~2015年

经过改革开放20多年的发展,我国跨入中低收入国家行列,进入了工业化、城市化加速发展的时期。与此同时,由于长期高速经济增长主要依靠投资拉动,增长方式相对粗放,资源、能源消耗大,产业结构中高能耗、高污染、低附加值的产业比重偏高,技术和知识密集的高附加值的产业比重偏低,且存在地区产业结构的趋同化、过度竞争等问题。① 2000年以来,产业结构的调整仍然是产业发展的主旋律,产业政策的主要目标是实现产业结构的优化升级;“十五”计划和“十一五”规划都把推进产业结构优化升级列为重点目标,并发布了关于农业、工业、部分服务业的结构调整以及改革方向。② 根据“十五”计划,2004年国家颁布了《政府核准的投资项目目录(2004年本)》,对投资方向进行引导:对沿用多年的《外商投资产业指导目录》进行了修改,适当扩大外商投资范围,减少限制外商投资的领域。2005年国务院颁布《关于发布实施〈促进产业结构调整暂行规定〉的决定》,国家发改委配套发布《产业结构调整指导目录》,明确了今后一段时期产业结构调整的目标、原则、方向和重点:前者对国家鼓励类、限制类、淘汰类产业目录提出要求,并确定综合利用行政、财税、价格、信贷、环保审批等多种手段进行调控;后者提出了鼓励、限制和淘汰三类目录的分类原则和具体的配套政策措施。③ 在此基础上,政府还颁布了《关于进一步加强国家产业政策导向,促进新兴工业化发展的指导目录(试行)》、国务院《关于加快推进产能过剩行业结构调整的通知》、国务院《关于加快发展服务业的若干意见》、《外商投资产业指导目录(2007年修改)》等文件,以及《汽车产业发展政策》(2004年)、《钢铁产业发展政策》(2005年)、《水泥工业产业发展政策》

---

① 参见马晓河著:《中国产业结构变动与产业政策演变》,中国计划出版社2009年版,第41页。

② 同上书,第41~42页。

③ 同上书,第42页。

(2006年)、《煤炭产业政策》(2007年)等具体行业的产业政策。①

控制产能过剩、遏制高污染、高耗能产业的发展是"十五"和"十一五"时期的重要任务，为此国家发改委发布《当前部分行业制止低水平重复建设目录》(2004年)和《关于加快推进产业结构调整，遏制高耗能行业再度盲目扩张的紧急通知》(2007年)。② 2004年的《汽车产业发展政策》仍然遵循了一贯的"产业集中度"和"规模经济"原则；2006年的《钢铁行业产业发展政策》重点对行业的协调干预、行业重组与兼并、集约化经营和资源问题的解决提出了要求，通过严格的市场准入制度以防止规模的过度扩张。③ 政府对基础产业和基础设施建设的投入加大，并鼓励外资和民营资本投资，交通、通信、能源等基础产业和基础设施得到加强，长期以来困扰经济发展的煤电油运等"瓶颈"制约得到明显缓解。④ 在高新技术产业方面，"十五"计划纲要首次提出"建设国家创新体系"，出台《关于支持高新技术产业发展若干问题的通知》《国家鼓励的集成电路企业认定管理办法(试行)》对选定的企业进行支持；在《产业结构调整指导目录》中，对高新技术产业和产品作为鼓励类进行重点支持；对科技型中心企业，在创新基金、融资等方面进行重点支持；国务院发布《关于鼓励软件产业和集成电路产业发展的若干政策》(2000年)对软件产业在投融资、税收、出口、收入分配、知识产权保护以及行业管理等方面制定了全面、系统的鼓励性措施，相关部委则出台相应配套措施；《鼓励外商投资高新技术产业目录》亦制定出台以提高外商投资的质量。⑤

(二)探寻法定化的竞争政策：2003～2015年

延续2003年以来完善中国社会主义市场经济体制的努力，在价格改革、国企改革等一系列改革目标逐渐实现或初具成效之后，在一系列社会主义市场经济法制规则初步搭建之后，"国家—市场"的关系在原有基础上进一步巩固，政

---

① 在服务业方面，2001年国务院办公厅转发国家计委《关于"十五"期间加快发展服务业若干政策措施意见的通知》(国办发〔2001〕98号)，提出放宽服务业市场准入、以市场为取向大力调整和优化行业结构；2004年国家发改委等九部委发布《关于促进我国现代物流业发展的意见》(发改运行〔2004〕1617号)；2007年国务院发布《国务院关于加快发展服务业的若干意见》(国发〔2007〕7号)，提出重点发展现代服务业，规范提升传统服务业。由于服务业方面的产业政策，并不构成产业政策的重心及其问题的中心，在此暂且不表。

② 参见马晓河著：《中国产业结构变动与产业政策演变》，中国计划出版社2009年版，第43页。

③ 同上书，第45页。

④ 同上书，第46页。

⑤ 同上书，第48～49页。

策的焦点从“形成”演进为“健全”“统一、开放、竞争、有序的现代市场体系”。而健全和完善社会主义市场经济，主要在于解决“市场建设期”的遗留问题和加入世界贸易组织（World Trade Organization，WTO）面临的新问题。一方面，市场建设期努力解决但仍然存在的——包括行业垄断、地区封锁和公平自由竞争的其他问题；另一方面，就是入世之后“市场经济地位”在主要经济体长期得不到承认的问题。这些问题，从国内制度层面来看，归结起来则是竞争秩序的建立问题。没有作为“经济宪法”的《反垄断法》进行支撑，单靠《反不正当竞争法》及相关配套法律法规的分散规定，显然无法完成竞争机制建立的使命。在这一时期，市场的需求，特别是全球化背景下经济一体化和市场化的需求，推动了“国家—市场”关系的进一步成熟。[①] 在《中共中央关于完善社会主义市场经济体制若干问题的决定》发布之后，《反垄断法》立法加速，2007 年 8 月 31 日作为“国家—市场”尺度变化的过程中上述一系列推动力量逐渐形成合力的结果——《反垄断法》历时 13 年之后终于出台。

《反垄断法》颁布实施之后，逐渐形成了行政法规、部门规章与指南为主的规范体系。国务院法制办颁布《关于经营者集中申报标准的规定》（2008 年），国务院反垄断委员会颁布《关于相关市场界定的指南》（2009 年）。国务院反垄断执法机构先后颁布了一系列的部门规章：商务部颁布《经营者集中申报办法》（2010 年）、《经营者集中审查办法》（2010 年）、《关于评估经营者集中竞争影响的暂行规定》（2011 年）、《关于实施经营者集中资产或业务剥离的暂行规定》（2010 年）、《未依法申报经营者集中调查处理暂行办法》（2012 年）、《关于经营者集中简易案件适用标准的暂行规定》（2014 年）、《关于经营者集中申报的指导意见》（2014 年）；国家发改委颁布《反价格垄断规定》（2010 年）和《反价格垄断行政执法程序规定》（2010 年）；国家工商总局颁布《工商行政管理机关禁止垄断协议行为的规定》（2010 年）、《工商行政管理机关禁止滥用市场支配地位行为的规定》（2010 年）和《工商行政管理机关制止滥用行政权力排除、限制竞争行为的规定》（2010 年），以及《工商行政管理机关制止滥用行政权力排除、限制竞争行为程序规定》（2009 年）和《工商行政管理机关查处垄断协议、滥用市场支配地位案件程序规定》（2009 年）。进一步地，国家工商总局细化《反垄断法》第 55 条规定，颁布了《关于禁止滥用知识产权排除、限制竞争行为的规定》

---

① 参见黄勇、江山：《“国家—市场”尺度下的反垄断法三十年：迈向“自治—回应”型法》，载《法学论坛》2008 年第 3 期。

(2015 年),并组织起草《关于知识产权领域反垄断执法的指南》;2015 年以来,国家发改委也正在着手推进《禁止滥用知识产权排除限制竞争指南》《汽车业反垄断指南》《宽大制度指南》《经营者承诺指南》《违法所得和罚款计算指南》和《垄断协议豁免程序指南》六部指南的起草工作。

(三)政策实施效果与交集

这一时期,我国逐步建立了以市场经济为基础的国家产业政策体系,开展了新一轮的经济结构调整,并取得了重要进展。在政策手段上,产业政策向更注重发挥比较优势、强化市场功能和提供信息的方向转变,产业结构调整的主体和手段逐步转向依靠企业和市场,不再采取以往那种计划方式,通过压缩总需求的办法来实现。① 更重要的是,产业政策对这一轮以重化工业快速增长为特征的经济增长周期有一定影响:20 世纪 90 年代以来,国家虽然没有明确提出以重化工业为中心的发展战略,但围绕各产业部门的发展,制定了相应的产业政策和发展战略,对引导重化工业迅速发展发挥了重要作用;在吸引外商直接投资方面,也将重点引向了电子工业、家用电器行业、信息通信工业和汽车工业等重化工部门,对我国的产业结构升级和重化工业发展起到了很大的推动作用;但从总体上看,重化工业迅速发展主要是在市场机制主导和市场需求拉动下实现的。② 进一步地,从"十一五"时期开始,"五年计划"变成了"五年规划",发出了中国的发展规划体制更明确地告别计划经济和向市场经济转变的信号。最终,中国共产党十八届三中全会又提出要发挥市场机制配置资源的决定性作用,减少政府对微观主体的干预等一系列体制改革的目标,③宣告新时代的来临。

在竞争政策方面,以《反垄断法》为中心结合形成了较为完整的规范性文件体系,并将竞争政策法定化。《反垄断法》第 9 条规定:"国务院设立反垄断委员会,负责组织、协调、指导反垄断工作,履行下列职责:(一)研究拟订有关竞争政策;(二)组织调查、评估市场总体竞争状况,发布评估报告……"由此,竞争政策成为法定的、独立的板块,确立与产业政策协调的前提,并建构了政策沟通的正式渠道。回应竞争政策与产业政策相比谁优先的问题,政策的板块运动开始活跃。实际上,自中国开始推行市场经济体制改革以来的政策修辞中,就不断地提出、突出和强化市场经济中市场始终是资源配置的基础性方式,甚至决定性

---

① 参见马晓河著:《中国产业结构变动与产业政策演变》,中国计划出版社 2009 年版,第 50 页。

② 同上。

③ 参见樊纲:《"五年规划"该规划什么,不该规划什么?》,载《开放导报》2015 年第 1 期。

的方式。由此,自然的逻辑延伸是,发展市场经济的政策体系中竞争政策应处于核心地位,产业政策只能在认可竞争政策的基础性作用的前提下才能实施;二者发生冲突时,竞争政策应优先。然而,对于中国这样经济体制尚处于转型阶段,经济水平和发达国家有很大差距,产业结构不合理、市场经济体制并未完全建立的政府主导型发展中国家,产业政策又一直被视为更为现实的选择。直面理想与现实的冲突,应考察竞争政策与产业政策的板块碰撞现象。

《反垄断法》出台之后,竞争政策与产业政策的板块碰撞,集中表现在个案适用之中。竞争与管制之间的边界,在联通和电信涉嫌滥用市场支配地位排除限制竞争案中得以凸显。基于发改委对涉嫌垄断行为的调查,涉案企业对涉嫌滥用市场支配地位的行为作出承诺整改,并由发改委就其整改效果作出认定。① 进一步地,在法院审理的"中国石油反垄断第一案"中,法院认定中石化作为石油销售企业,在云南省政府和云南省能源局的多次要求下,一直拒绝将原告生产的合格生物柴油纳入其燃料销售体系,违反了《可再生能源法》中的相关规定。被告对原告发出的交易请求长期不做正式回复,不给原告交易谈判的机会,属于《反垄断法》规定的"没有正当理由,拒绝与交易相对人进行交易"的行为。与此同时,针对滥用行政权力排除限制竞争的行为,发改委系统先后查处了5起案件,对河北省交通厅、山东省交通厅、云南省通信管理局、安徽省蚌埠市卫计委、四川省卫计委、浙江省卫计委等政府部门实施的地方保护、指定交易、强制交易、制定含有排除和限制竞争内容的规定等违反《反垄断法》的行为进行了依法纠正。② 不仅如此,各地工商机关依法亦查处制止滥用行政权力排除、限制竞争行为案件30余件。③ 从此,长期滞留在政策文件中的地区封锁问题,在法律适用中得到了个案的解决。当然,个案只是板块碰撞崩裂出的岩浆,板块运动的结果,必然走向板块的漂移和整个地貌的变迁。在当前的个案处理

---

① 认定结果为,互联互通质量有较大幅度提高、互联网专线接入支配管理得以规范,且消费者上网速率提高、单位宽带价格降低。参见国家发改委:《将优先对民生领域进行反垄断调查》,载中国新闻网:http://www.chinanews.com/gn/2014/02-19/5855142.shtml,最后访问日期:2016年7月18日。

② 参见《国家发改委就价格改革与价格监管工作有关情况举行发布会》,载中国网:http://www.china.com.cn/zhibo/2015-11/05/content_36977125.htm,最后访问日期:2016年4月19日。

③ 参见《〈反垄断法〉实施五年:公平竞争市场环境的有力维护者》,载国家工商总局网:http://www.saic.gov.cn/ywdt/gsyw/zjyw/xxb/201307/t20130731_136912.html,最后访问日期:2016年5月4日。

机制下，局限性不仅是只见树木不见森林的问题，还在于：第一，大量的通过产业政策中差别性援助、补贴等的运用而产生的对市场竞争条件的影响，由于法律并未有明确的规定，无法通过个案的方式得以评估和解决；第二，对滥用行政权力排除限制竞争的行为的救济手段，仍处在反垄断执法机构可以向有关上级机关提出依法处理的建议、由上级机关责令改正的阶段（《反垄断法》第 51 条），存在软约束的问题；第三，对于管制行业，“国家对其经营者的合法经营活动予以保护，并对经营者的经营行为及其商品和服务的价格依法实施监管和调控”（《反垄断法》第 7 条），但管制机构对管制体制下经营者实施的超出管制权限的竞争性限制，当前亦无解决方案。努力的方向，是确立正式的政策竞争影响评估机制：确保竞争政策优先，产业政策必须在符合竞争政策的前提下才能加以运用，其制定和实施应当确保对竞争的最小损害原则；通过聚焦经济效率为产业政策与竞争政策相互连通提供渠道。而明晰其要害，得先解开观念的疙瘩。

第三节　产业发展的公共政策结构：政策工具组合的变奏

在发展型国家，要达至产业政策与竞争政策的和谐，径直移用西方经验并没有说服力。只有进入产业发展的公共政策结构内部，才能回答发展型国家的政策选择问题。依据公共政策研究的两条路径，政策过程主要聚焦于从政策问题提上议程到政策的修正与终止等一系列政策循环周期，政策工具则被界定为达成政策目标所采用的手段。[①] 基于公共政策的“结构论”发展起来的政策工具的分析路径，认为公共政策是“结构性”的，可以由“要素”或“模块”构成，这些“要素”和“模块”就是政策工具，经由一定的方法和程序合理组织（组装）并最终形成政策系统。[②] 进一步地，在公共政策研究中也形成了一个假定，即不同的工具类型分别构造了不同的政策活动，同样也引发了问题并产生不同的效果。[③] 这一核心假定暗含了实现政策目标的政策工具并非唯一的认识，也揭示了工具类型对政策活动本身的构造功能。这种现实的反思和理论的演进，击碎

---

① 参见苏竣著：《公共科技政策导论》，科学出版社 2014 年版，第 85 页。

② 同上书，第 86 页。

③ 参见［美］H. 布鲁金、H. 霍芬：《研究政策工具的传统方法》，载［美］B. 彼得斯、弗兰斯·冯尼斯潘编：《公共政策工具：对公共管理工具的评价》，顾建光译，中国人民大学出版社 2007 年版，第 15 页。

了板结的政策的表层。实际上,是政策与政策工具在概念上的分离,使政策工具可以在不同的政策目标下动态组合。当前,政策工具分析已经被运用到社会科学的诸多门类,工资政策、价格政策和社会保险福利政策被看作取得宏观经济效果的工具;法律也常被看作社会控制的一种工具,以解决复杂问题;公共管理学的发展,也构造了这种工具性的方向。① 进一步地,政治学注重工具的政治属性和政策功能两个维度,在公共行政学中,行政手段、方法也早已构成一个重要的理论主题,受到广泛的关注和研究。② 鉴于此,从公共政策工具切入考察发展型国家的产业发展,有超越法律的意义。

一、产业发展的政策工具

(一)政策工具的起源与组成

政策工具的起源,在于西方各国 20 世纪两次大战之后重建过程中的近乎全能的"大有为"政府,而通过采用国有化、经济管制和社会管制等传统的干预手段来解决经济社会发展中出现的各种问题,却又于 20 世纪 70 年代开始相继陷入了空前深刻的治理危机,传统的治理工具(过分管制等)的基础由于财政危机和权威信任危机受到削弱。而政策工具知识的缺乏和不足被认为是导致政策失败的重要原因,政策工具的研究就此发端,手段创新也被各国政府和公众认可为是良好治理的先决条件。③ 在传统的框架下,政策工具形成了三大家族:一是由管制类工具所组成,比如,命令和禁令(执照、许可、管制)等;二是经济类工具,特点是较之管制性手段有更多的激励和更少的强迫,表现为积极的补贴、津贴,或者是消极的税收和使用开支;三是沟通性的工具,目的可能在于使对方获得更多或者更少的信息。④ 在发展型国家,管制类工具、经济类手段中的补贴等财政类政策长期被作为产业发展政策工具的主导选择。中国脱离计划经济以来,作为发展型国家的一分子,亦展现此种特征。唯其表现形式,由于所选择

① 参见[美]H. 布鲁金、H. 霍芬:《研究政策工具的传统方法》,载[美]B. 彼得斯、弗兰斯·冯尼斯潘编:《公共政策工具:对公共管理工具的评价》,顾建光译,中国人民大学出版社 2007 年版,第 12 页。

② 参见陈振明著:《政府工具导论》,北京大学出版社 2009 年版,第 1 ~2 页。

③ 同上书,第 5 页。

④ 伍德(Hood,1983)还补充了一个被他称为"组织"的第四类范畴,包括行为指导和处理。参见[美]弗兰斯·冯尼斯潘、A. 林格林:《论工具与工具性:一种批判性的评价》,载[美]B. 彼得斯、弗兰斯·冯尼斯潘编:《公共政策工具:对公共管理工具的评价》,顾建光译,中国人民大学出版社 2007 年版,第 204 页。

的主导性产业政策类型不同,在改革的不同阶段呈现出不同的特点。

(二)中国产业发展政策工具的刻画

为了更好地聚焦政策工具的文本分析,在此需要对规划与政策作进一步区分。杨伟民指出,规划,是从人口分布、经济布局与区域资源环境承载能力相协调的高度谋划发展。① 刘鹤、杨伟民指出,如果将广义的产业政策同义于中央政府引导和干预产业经济活动的方式,结果是涉及各个产业发展的规定、法规、计划、政令、条例等多样化的产业政策形式都将被纳入:导向型的产业政策倾向于对未来发展格局的展望,对产业结构变化可能性的判断,以及政府政策意向的表述,表现形式为发展战略、长期规划、长期预测等;差别化的产业政策,则针对边际收益递增的重点产业,通过提供资金、税收、价格、金融等方面的特殊政策,以形成优于其他产业的市场环境,促进这类产业的超常规发展;功能性的产业政策,并不改变特定产业的资源配置状况,而在于提高产业的竞争力,通过提供一系列促进竞争的政策和法律,以期维护市场机制的正常运转(如美国1980年制定的《反托拉斯法》和日本进行的若干产业的重组)。② 依此初步分类,规划可能被置于与导向型产业政策部分重叠的位阶。进而,杨伟民提炼出政策与规划的区别在于:(1)政策可以有目标,但没有指标;规划既有目标,也有指标。(2)政策有任务,但没有项目;规划既有任务,也要有项目。(3)规划中包括政策,但政策不包括规划,如规划的内容中可能用专门的篇章阐述实现规划目标的政策,但没有政策用专章来阐述规划。③ 国务院《关于加强国民经济和社会发展规划编制工作的若干意见》明确规定,总体规划是制定有关政策的依据。④ 依此规划与政策之间的界分,结合实践的发展情况可以显见,导向型产业政策在界定上与发展计划/规划存在重叠,被逐步纳入发展规划的范围。进一步地,相较于功能性,差别化是当前产业政策最突出的表现,基本依据是“市场失灵”理论和后发国“赶超”理论——发达国家更重视前者,发展中国家往往重视后者。⑤ 据此,可以刻画改革开放以来主要纲要型产业政策和专项产业政策的政策工具特性。

---

① 参见杨伟民主编:《发展规划的理论与实践》,清华大学出版社2010年版,第4页。

② 参见刘鹤、杨伟民著:《中国的产业政策:理论与实践》,中国经济出版社1999年版,第61页。

③ 参见杨伟民主编:《发展规划的理论与实践》,清华大学出版社2010年版,第4页。

④ 参见国务院《关于加强国民经济和社会发展规划编制工作的若干意见》(国发〔2005〕33号)。

⑤ 参见刘鹤、杨伟民著:《中国的产业政策:理论与实践》,中国经济出版社1999年版,第61页。

表1－1 主要纲要型产业政策与专项产业政策①

	管制类工具	经济类工具	沟通性的工具
1989年国务院《关于当前产业政策要点的决定》	产业发展序列：重点支持、严格限制类与停止生产类产业	银行、税务、财政、外汇、铁道、交通、能源、物资和计划部门要根据产业发展序列的要求，对企业分类排队，区别对待，限劣扶优，发挥对产业发展的引导作用	N/A
1994年《90年代国家产业政策纲要》	产业发展序列：加快基础设施建设和基础工业发展；努力加快机械电子、石油化工、汽车制造和建筑业的发展，使它们成为国民经济的支柱产业	计划、财政、银行、税务、内外贸易、关税、证券管理、工商行政管理、国有资产管理等经济管理部门，必须认真贯彻执行国家产业政策，在制定涉及产业发展的重大政策措施之前，须与国家计委协调	N/A
1994年《汽车工业产业政策》	参见表1－2		
2000年国务院《关于印发鼓励软件产业和集成电路产业发展若干政策的通知》	软件企业的认定标准由信息产业部会同教育部、科技部、国家税务总局等有关部门制定；软件企业实行年审制度。年审不合格的企业，即取消其软件企业的资格，并不再享受有关优惠政策；信息产业部、国家质量技术监督局负责拟定软件产品国家标准	建立软件产业风险投资机制；"十五"计划中安排一部分预算内基本建设资金，用于软件产业和集成电路产业的基础设施建设和产业化项目；建立由国家扶持的软件园区；国家计委、财政部、科技部、信息产业部出资用于支持基础软件开发，或作为软件产业的孵化开办资金；为上市融资创造条件；企业所得税、增值税等税收优惠；出口便利；采购倾斜；加速折旧	信息产业主管部门要充分发挥软件行业协会在市场调查、信息交流、咨询评估、行业自律、知识产权保护、资质认定、政策研究等方面的作用，促进软件产业的健康发展

① 其中，《水利产业政策》（国发〔1997〕35号），主要围绕"江河湖泊综合治理、防洪除涝、灌溉、供水、水资源保护、水力发电、水土保持、河道疏浚、海堤防建设等开发水利、防治水害的所有活动"，属于国家提供的基础公共物品的供给，不被纳入专项产业政策考察的范围。此外，《汽车工业产业政策》（国发〔1994〕17号）于2004年停止执行，由2004年《汽车产业发展政策》（发改委第8号令，2009年修订）所替代，在此只将前者作为样本，汽车产业发展政策的变迁放在下文政策工具的恰当性、适配性中详细分析。

续表

	管制类工具	经济类工具	沟通性的工具
2005年《钢铁产业发展政策》	钢铁产业布局调整，原则上不再单独建设新的钢铁联合企业、独立炼铁厂、炼钢厂，不提倡建设独立轧钢厂；新增生产能力要和淘汰落后生产能力相结合，原则上不再大幅度扩大钢铁生产能力；防止低水平重复建设，对钢铁工业装备水平和技术经济指标准入条件规定如下，现有企业要通过技术改造努力达标；所有生产企业必须达到国家和地方污染物排放标准	支持钢铁企业向集团化方向发展，通过强强联合、兼并重组、互相持股等方式进行战略重组，减少钢铁生产企业数量，实现钢铁工业组织结构调整、优化和产业升级	发挥行业协会的作用，行业协会要建立和完善钢铁市场供求、生产能力、技术经济指标等方面信息定期发布制度和行业预警制度，向政府行政部门及时反映行业动向和提出政策建议，协调行业发展的重大事项，加强行业自律，引导企业的发展
2006年《水泥工业产业发展政策》	国家鼓励地方和企业以淘汰落后生产能力方式发展新型干法水泥，重点支持在有资源的地区建设日产4000吨及以上规模新型干法水泥项目，建设大型熟料基地；在靠近市场的地区建设大型水泥粉磨站	除禁止类项目外，其他水泥类项目由省级投资主管部门核准；违规建设或达不到环保要求的水泥企业，一律不得享受税收上减免等优惠政策；对符合产业政策和规划的项目，银行根据独立审贷原则，提供信贷支持；证券监管部门应支持符合产业政策的水泥建设项目按有关程序上市募集资金	发挥行业协会的咨询参谋和行业自律作用，支持建立和完善有关水泥行业信息的定期发布制度和行业预警制度，引导投资方向

续表

	管制类工具	经济类工具	沟通性的工具
2007年《煤炭产业政策》	严格产业准入,规范开发秩序,完善退出机制,形成以大型煤炭基地为主体、与环境和运输等外部条件相适应、与区域经济发展相协调的产业布局;“十一五”期间一律停止核准(审批)30万吨/年以下的新建煤矿项目	完善有利于提高煤矿安全生产水平和煤炭资源利用率、促进煤炭工业健康发展的税费政策,完善资源勘查、开发和综合利用的税收优惠政策	发挥中介组织作用。煤炭行业协会应当建立和完善煤炭市场供求、技术经济指标等方面的信息定期发布制度和行业预警制度,及时反映行业动态和提出政策建议,加强行业自律,引导企业发展

资料来源:笔者根据相关政策文本整理摘编。

可以看出,上述产业政策具有显著差别化特点:第一,表现形式。流行方式主要有:产业发展序列,即根据一个国家产业结构调整的需要,在众多需要支持的产业及产品项目中排列出先后顺序,供银行、财政等掌握资金的部门使用;投资有限许可证,投资者拿到投资许可证后,就可以享受到差别于其他产业的由银行等金融机构和税务当局实施的种种优惠政策;封闭式的项目建设制度,对特定产业的建设项目、布局、组织形态、使用技术、资金来源、建设主体、招标方式和完工期限进行明确、严格和细致的布置,整个产业的发展被严格封闭在一个特定的系统之中。① 第二,影响环节。在市场进入环节,对国内投资者实行许可证和配额制度,扶持意向投资者,防止投资者数目过多,投资过密的现象;②在

① 参见刘鹤、杨伟民著:《中国的产业政策:理论与实践》,中国经济出版社1999年版,第62~63页。

② 国家对市场准入的控制是强力的。例如,2005年的《钢铁产业发展政策》就规定,不符合本产业发展政策和未经审批或违规审批的项目,国土资源部门不予办理土地使用手续,工商管理部门不予登记,商务管理部门不批准合同和章程,金融机构不提供贷款和其他形式的授信支持,海关不予办理免税进口设备手续,质检部门不予颁发生产许可证,环保部门不予审批项目环境影响评价文件和不予发放排污许可证。2007年的《煤炭产业政策》也规定,对不符合规划和产业发展方向的建设项目,国土资源部门不予办理矿业权登记和土地使用手续,环保部门不予审批环境影响评价文件和发放排污许可证,水利部门不予审批水土保持方案文件,工商管理部门不予办理工商登记,金融机构不予提供贷款和其他形式的授信支持,投资主管部门不予办理核准手续。

资本和技术形成环节,对意向生产者提供优惠条件,通常包括预算优先供应、快速折旧、优惠利率及特种贷款、新的金融产品、股份参与、股票溢价、补贴等;在贸易环节,通常采用有期限的关税及非关税壁垒,保护生产者的利益;在收益分配环节,提供税收宽减方面的优惠待遇和其他促进条件。① 第三,政策工具。产业政策一旦确定,在特定产业领域内,各项杠杆性经济政策(税收、折旧、信贷、投资政策等)就要围绕产业政策的目标联合行动。② 政策工具安置在要素投入—产出—再投入全过程的关键环节,资本形成、技术创新和开发、竞争力提高是政策的直接目标;政策工具设置的实质,都在于创造一种人工的环境,使边际产出增加更快。③

(三)中国产业发展政策的基本理念

产业政策的差别化定位及其特性与中国产业发展政策的基本理念是分不开的。早在1989年国务院颁布的《关于当前产业政策要点的决定》中就指出,产业政策的制定和实施,有利于把改革与发展、计划与市场有机地结合起来。④ 在观念上,产业政策并非一开始就被认为应是差别性的,而被认为是探索计划经济与市场调节结合方式的产物:产业政策是为了加快经济发展,补充并纠正市场缺陷和不足,创造有效竞争的市场环境而制定、实施的,其既构成对市场的补充和引导,也是对计划的补充;经济和社会发展基本目标中的稳定和公平问题由计划解决,发展和效率问题主要由产业政策结合市场调节解决。⑤

然而,改革开放初期,为解决制约我国产业结构高度化的两个"瓶颈",上述产业政策的理念在落实的过程中,似乎不得不向现实折中:随着城市化加快而引起的基础产业供给"瓶颈",若不解决,基础产业的缺口得不到迅速而有效的弥合;以及高消费导致的技术供给"瓶颈",若不解决,我国的产业关联就会始终处于层层断裂状态,就会失去经济增长的动力源。⑥ 据此,产业政策的总体思路是充实基础产业、发展创汇产业和加强市场组织化。其中,充实基础产业的要点被认为是应选择重点产业、实行必要的倾斜投资,完善机制、形成规范化的资

---

① 参见刘鹤、杨伟民著:《中国的产业政策:理论与实践》,中国经济出版社1999年版,第63页。

② 同上书,第54页。

③ 同上书,第63页。

④ 参见国务院《关于当前产业政策要点的决定》(国发〔1989〕29号)。

⑤ 参见刘鹤、杨伟民著:《中国的产业政策:理论与实践》,中国经济出版社1999年版,第31~34页。

⑥ 同上书,第20页。

金来源（包括明确政府在充实基础产业方面的法律责任）、追求规模效益、加快技术进步；发展创汇产业的重点是机械、电子、精细化工等技术、劳动和资本综合密集型产业，而由于不可能超过国内市场竞争，必须强调企业的竞争环境、控制国内高消费与高物价的增长势头和外贸体制本身的改革；加强市场组织化的重点，产业组织政策的基本内容则应当是：塑造市场主体、实施政府与产业组织的剥离；通过充分利用规模经济和刺激竞争等政策加强市场组织化力量等。① 在这些产业政策背后的考量中，培育竞争环境、塑造市场主体、剥离政企关系等议题有局部改善，但真正大范围落实并造成重大影响的恰恰是对重点产业的倾斜投资。从政策工具的家族谱系来看，当前中国采用的经济政策工具中，管制类工具为最主要的手段，先是体现为行政审批、许可，之后开始了向行业监管等管制手段的转换；经济类手段中的补贴、税收和信贷倾斜等方式一直占据主导，而应当在市场经济运行中起基础性作用的竞争政策工具一直未能被纳入产业发展的政策工具箱。可见，中国经济政策体系存在结构性空缺。

二、产业发展政策工具运用的恰当性、适配性

（一）政策工具的恰当性、适配性

政策工具既然有分类，就存在选择。一般来说，政策工具的选择有诸多理由。在实践中，政策工具的选择并不是依据诸如以效果、效率为基础的客观标准，而是依据诸如可获得性、经验、偏好、惯例等主观标准：②第一，工具主义的研究方法认为，工具是根据目标加以选择的。然而，政策工具的选择可能出于文化或制度上的原因，也可能是因为某个组织对这些政策更为熟悉。第二，政策工具的选择有时是受到流行的影响，成为试图表明自己掌握了时代精神的政策制定者的选择，而不在于它们是否是最优化的。第三，政策工具可能会因为它能提高行为者的地位，或者可能削弱另外一些行为者的地位而被选用。从政策工具选择的理由来看，当前中国产业发展的政策工具选择，存在恰当性和适配性两个方面的问题。在恰当性方面，计划经济所遗留的审批、许可权限虽然在

---

① 参见刘鹤、杨伟民著：《中国的产业政策：理论与实践》，中国经济出版社 1999 年版，第 21 ~ 23 页。

② 参见［美］弗兰斯·冯尼斯潘、A. 林格林：《论工具与工具性：一种批判性的评价》，载［美］B. 彼得斯、弗兰斯·冯尼斯潘编：《公共政策工具：对公共管理工具的评价》，顾建光译，中国人民大学出版社 2007 年版，第 205 ~ 206 页。

市场经济改革的历程中被不断剥离,但由于发展型政府的赶超特质,仍有实质性的审批、许可或者以不同的名目得以保留,或者融入管制体制,补贴等经济类手段亦长盛不衰。其中,政策工具是行为者确立和提高地位的重要依凭,与行为者之间呈现出一种相互强化的态势,政策工具与政策目的之间的恰当性考量标准由此被相应稀释。在适配性方面,由于政策实施者多依据诸如可获得性、经验、偏好、惯例等主观标准,而以往的经验、偏好和惯例形成路径依赖,往往会强化可获得性,进而排斥政策体系中新政策工具的适用,而不考虑或笼统处理对于既定政策目标的政策适配性问题。

(二)中国产业发展初期的政策工具的恰当性

改革开放初期,中国的产业政策现状是:基础产业严重滞后,加工工业发展过快且各省结构趋同;生产力闲置与紧张并存,资源短缺和积压并存的双重异向并存格局。[①] 而该阶段造成产业结构问题没有得到根治的主要原因是:在改革过程中既缺乏产业结构调整目标,又缺乏对预算外资金的引导手段;既缺乏明确的区域政策,又缺乏结构性出口战略;既缺乏对资源实现总体优化配置的手段,又缺乏提高宏观调控总体收益的措施。[②] 这就要求我国制定明确的产业政策,而且初期的政策工具应当具备以下特征方为适当:(1)赶超性,即更加重视刺激供给,是主动地为后进赶先进而制定的政策,着眼于提高本国产业的国际竞争力和有效益的产业结构;(2)差别性,即在一定时期内有意识地影响市场资源配置的方向,使用有限的资源集中配置特定的少数产业,使这类产业达到市场机制正常发挥作用情况下所达不到的高速增长;(3)诱导性,即通过经济利益引导使产业政策目标化作市场中的经济主体的内在行为;(4)指导性,即通过列出国家重点支持产业、国家鼓励发展产业、国家不鼓励发展产业以及国家限制产业的清单,表明政府对长期性资源配置的意图;(5)阶段性,即政策目标以及政策手段的选择、运用,是与经济发展阶段以及市场机制的发育程度相适应的。[③] 然而,在实施中,政策的赶超性和差别性被凸显,诱导性部分实现,而指导性和阶段性却相对失落了。

综观发展中国家经济赶超的历程,取得实绩的差别化产业政策在制定和实施过程中通常有以下特点:(1)政府具有强烈的民族主义赶超愿望,使政策目标

---

① 参见刘鹤、杨伟民著:《中国的产业政策:理论与实践》,中国经济出版社1999年版,第3页。

② 同上书,第4页。

③ 同上书,第48页。

上通常具有进口替代或在国际分工中占据高级有利地位的色彩;(2)树立引起争议,充满雄心的赶超目标;(3)极不公平、但刺激性极强的政策工具,在对待产业、地区、企业和投资者的方式上存在极大差别;(4)对市场机制的效仿、替代和补充;(5)在特定的经济发展阶段是必要、必须和有益的,但过了这样的阶段政策威力就会下降,是一种有限目标、有限期的政策;(6)在力图纠正"市场失败"和"市场低效"的同时,也存在"政府失败"和"政府低效"的可能性,存在较大的风险。① 以实现赶超的重要依托汽车产业为例,从20世纪80年代初期开始到90年代初期,政府的汽车工业产业政策是以高保护、引进技术、自给自足三原则为主,其效果是一方面汽车产量迅速增长,到90年代初可以满足90%的国内市场需求;另一方面也存在比较严重的系统性和结构性问题。② 以汽车产业为例,可对产业政策的适配性进行重新评估。

(三)中国产业发展的政策工具适配性的重估

在差别性产业政策的制定中,其基本逻辑思维方式为:(1)在某个特定的经济发展阶段和产业结构中,哪个产业或产品是最重要的?(2)用什么办法对最重要的产业和产品进行扶植,资源从何而来?(3)要达到什么样的政策目标?③ 1994年的《汽车工业产业政策》适当降低保护水平、调整保护结构,并加强对产业组织的重组和内部结构调整,但仍然延续进口替代战略:通过贸易保护发展"幼稚"工业,使其在较短时间内提高竞争力;改变投资分散和规模不足的局面,限制行业准入,提高汽车产业审查的集中度,实现规模经济;有限发展汽车零部件的生产,改变整车和零部件的比例结构;提高生产的国有化比率,废止散件进口的组装生产;促进技术进步,增强企业的自主研发能力。④ 由此,汽车产业发展的主要问题也一直延续:(1)由于整车非常高的保护率,加之缺乏有力的产业组织管理和地方利益,促使对容量有限的汽车工业过度进入和分散投资,使集中和规模生产的核心目标没有充分实现,本来进入壁垒较高的行业扭曲成为畸形结构;(2)由于进口零部件的税率远低于整车税率,造成了对零部件生产的歧视,没有有效缓解对零部件的进口依赖;(3)资源配置的扭曲,以消费者利益为

① 参见刘鹤、杨伟民著:《中国的产业政策:理论与实践》,中国经济出版社1999年版,第61~62页。

② 参见盛斌著:《中国对外贸易政策的政治经济分析》,上海三联书店、上海人民出版社2002年版,第196~197页。

③ 参见刘鹤、杨伟民著:《中国的产业政策:理论与实践》,中国经济出版社1999年版,第66页。

④ 参见盛斌著:《中国对外贸易政策的政治经济分析》,上海三联书店、上海人民出版社2002年版,第203页。

代价促进国内汽车行业的发展,造成了社会福利的净损失。[①] 就此,2004 年《汽车产业发展政策》及其 2009 年的修订,对上述问题作出部分回应,逐步弱化、取消了国产化的优惠,开始向促进竞争有序的市场结构导引,但始终处于差别性产业政策的窠臼。

表 1-2　汽车产业专项产业政策的演进

	管制类工具	经济类工具	沟通性的工具
1994 年《汽车工业产业政策》	产品发展重点:重点扶植国家已批准的整车和零部件项目;未经认证合格的产品,不得销售、进口和使用;每年进口汽车数量与品种必须与国家汽车生产计划相衔接,报经国务院批准后进行采购;禁止以贸易方式和接受捐赠方式进口旧汽车和旧摩托车	国家引导具有技术和管理优势的企业或企业集团与具有良好的投资环境和资金优势的地方相结合,按照国家统一规划,发展汽车工业重点产品;国家鼓励汽车工业企业利用多种渠道筹集发展资金;国家对进口汽车、摩托车及关键总成仍采取必要的管理措施;国家根据汽车工业产品的国产化率,制定进口关税的优惠税率	国家通过汽车工业产业政策和规划指导汽车工业发展。各地方、各部门要根据国务院发布的汽车工业产业政策和发展规划支持汽车工业的发展
2004 年《汽车产业发展政策》	制定道路机动车辆安全等技术规范的强制性要求;依据国家认证认可条例建立统一的道路机动车辆生产企业和产品的准入管理制度;改革政府对汽车生产企业投资项目的审批管理制度,实行备案和核准两种方式;对进口整车、零部件的具体管理办法由海关总署会同有关部门制订,报国务院批准后实施	国家鼓励汽车企业集团化发展,形成新的竞争格局;对能为多个独立的汽车整车生产企业配套和进入国际汽车零部件采购体系的零部件生产企业,在技术引进、技术改造、融资以及兼并重组等方面予以优先扶持; 国家支持汽车生产企业努力提高汽车产品本地化生产能力,带动汽车零部件企业技术进步;汽车生产企业凡用进口零部件生产汽车构成整车特征的,应如实向商务部、海关总署、国家发展改革委报告,其所涉及车型的进口件必须全部在属地海关报关纳税,以便有关部门实施有效管理	汽车行业组织、中介机构等社会团体要加强自身建设,增强服务意识,努力发挥中介组织的作用;要积极参与国际间相关业界的交流活动,在政府与企业间充分发挥桥梁和纽带作用,促进汽车产业发展

① 参见盛斌著:《中国对外贸易政策的政治经济分析》,上海三联书店、上海人民出版社 2002 年版,第 198~202 页。

续表

	管制类工具	经济类工具	沟通性的工具
《汽车产业发展政策》(2009 年修订)	删除:对进口整车、零部件的具体管理办法由海关总署会同有关部门制订,报国务院批准后实施	删除:国家支持汽车生产企业努力提高汽车产品本地化生产能力,带动汽车零部件企业技术进步;汽车生产企业凡用进口零部件生产汽车构成整车特征的,应如实向商务部、海关总署、国家发展改革委报告,其所涉及车型的进口件必须全部在属地海关报关纳税,以便有关部门实施有效管理	同上

资料来源:笔者根据相关政策文本整理摘编。

汽车产业发展政策所暴露的问题是典型的。进入 20 世纪 90 年代,产业政策制定者也曾提出制定进一步的产业政策的三个重点:一是具有导向型的中长期结构变化展望,以利于为市场主体提供信息和眼界,并利于打破条块分割、促进市场经济发育;二是极为有限但力度较强的专门化政策,包括贸易格局的对弈、支柱产业振兴和社会资本形成政策;三是促进市场发育的功能性政策,促进竞争反对垄断,加快市场秩序的形成和完善。① 不仅如此,综合考虑产业间关联及产业结构演变,不能单纯一味要求增加对基础产业的投入:要正确处理战略需要和产业结构演变规律之间的关系,不要勉强扶持衰退产业;要正确处理产业结构的均衡化与产业结构现代化的关系,不能为了产业结构的均衡而牺牲产业结构的现代化。② 这无疑都是从差别性向功能性产业政策思维的重要转变,但在政策实施中,由于产业政策与行为者之间呈现出一种相互强化的态势和强烈的路径依赖,既定政策目标的政策适配性问题被搁在一边。

产业政策制定者进一步提出:从中国经济改革和世界经济制度变化的角度看,把传统的保护具有战略性的幼稚产业理论和规模经济理论作为制定产业政策依据的充分性正逐步丧失;而走向大国开放经济时,功能性产业政策将逐步

① 参见刘鹤、杨伟民著:《中国的产业政策:理论与实践》,中国经济出版社 1999 年版,第 59 页。

② 同上书,第 37 页。

取代差别化的产业政策。① 第一,在中国经济向大国开放经济并轨的过程中,世界经济的运作方式已有重大变化,封闭式的研究开发方式已经无法适应快速的技术变化,扶植一两个战略产业去争占市场的目标即便实现,其贸易利益也会被招致的贸易报复一扫而光。② 第二,在中国进行市场取向改革的现实条件下,市场机制的确不足以使高效企业获得充分的资源去实现规模经济标准,但这并不是说,这些高效企业不能够实现经济规模,而仅仅说明必须进一步发展资本市场和深化企业改革;市场机制发生失败时,亦不能保证不发生"政府失败";即使投资有了净收益,这类行为不是鼓励了竞争,而是助长了垄断,不利于提高企业竞争力。③ 第三,功能性的产业政策并不改变特定产业的资源配置状况,而在于提高产业的竞争力,通过提供一系列促进竞争的政策和法律,以期维护市场机制的正常运转。④ 在走向大国开放经济时,功能性产业政策将逐步取代差别化的产业政策,逐步淡化传统计划模式下差别对待不同产业的色彩,将反对垄断、保持竞争、规范交易制度和建立市场秩序,以及广泛提供信息作为中国产业政策的重要任务。⑤ 该等观念,不仅考虑到产业发展的外部国际环境,还检视了产业政策所潜藏的政府失灵问题,更是触及了公共政策理论中的另一个核心命题:政策生命周期与政策工具的节律。

三、产业发展政策的生命周期与政策工具的节律

(一)政策生命周期与政策工具节律

政策有其生命的周期。也就是说,一项政策在其成果变得明显之前,总是需要经历一系列阶段的塑造。不仅如此,政策是要由某种权力形式支持的权威部门,通过采取一些制裁或者战略性的威胁等来实施。于是,伴随着政策工具而来的会有一些有意或无意的效果,引致所谓的"公共政策效果递减法则":随着时间的推移,那些有意识、可预见的效果会渐渐缩小,而那些无意识不可预见

---

① 参见刘鹤、杨伟民著:《中国的产业政策:理论与实践》,中国经济出版社 1999 年版,第 64 ~ 66 页。

② 同上书,第 64 ~ 65 页。

③ 同上书,第 65 页。

④ 同上书,第 61 页。

⑤ 同上书,第 65 ~ 66 页。

的效果则会变得越来越重要。[①] 一旦一种政策体制的生命周期被人们所接受，就会产生如何使政策工具能够与政策体制所体现的阶段性相对应的问题，以及出于社会需要和政策工具变革效果的考虑，政策工具不断地加以调整和替代的问题。据此，除了将政策工具看作静态的实体之外，还应当将其理解为动态的政治过程的组成部分。那么，对于促进产业发展的政策体制的全面、动态认知，应当理解政策生命周期，把握政策工具运用的节律，有意识地调适政策体系内部工具组合的权重，应当使效果递减却因路径依赖而持续运用的政策工具，让位于对应政策目标更为适当、适配的新型政策工具。

对此，中国的产业政策制定者在20世纪末已有认识，提出在政策工具的设置中，产业生命周期理论占有重要地位，优惠政策针对幼稚期，一旦进入成熟期政策力度明显弱化。[②] 产业政策制定所依赖的保护战略性幼稚产业和规模经济理论这两个传统依据的丧失，需要进行内容和方法上的调整，逐步淡化计划经济模式下差别对待不同产业的色彩，以增强产业竞争力、反对垄断、保持竞争和广泛提供信息等原则支持产业的健康发展。[③] 该等功能性的产业政策所考虑的主要问题是形成市场功能：(1)政策对象的产业属性及其竞争特点是寡头垄断、垄断竞争还是自由竞争？(2)基于这些特点，要建立和完善哪些基本的市场制度，以有利于要素的进入、最佳组合和退出，与此同时公平分配消费者、生产者和政府利益？(3)为实现建立新秩序或市场制度的要求，要进行什么样的改革？[④] 从政策工具分类的角度来观察，则是从过于倚赖植根于计划思维和体制之上所演变而来的管制类工具和经济类工具中的补贴或税收措施，转向强化运用包括经济类工具中的竞争政策、竞争文化培育在内的沟通类工具以回应经济现实变迁。然而，待该等产业发展政策工具组合思维成为现实已是10年之后了。

---

① 参见[美]R. 英特威尔德：《政策工具动力学》，载[美]B. 彼得斯、弗兰斯·冯尼斯潘编：《公共政策工具：对公共管理工具的评价》，顾建光译，中国人民大学出版社2007年版，第151～153页。

② 参见刘鹤、杨伟民著：《中国的产业政策：理论与实践》，中国经济出版社1999年版，第63页。

③ 同上书，第65页。

④ 同上书，第67页。

表 1-3 产业发展政策工具组合

	管制类工具	经济类工具	沟通性的工具
2007 年国务院《关于加快发展服务业的若干意见》	进一步推进服务领域各项改革;按照国有经济布局战略性调整的要求,将服务业国有资本集中在重要公共产品和服务领域;深化电信、铁路、民航等服务行业改革,放宽市场准入,引入竞争机制,推进国有资产重组,实现投资主体多元化;建立公开、平等、规范的服务业准入制度	依据国家产业政策完善和细化服务业发展指导目录,从财税、信贷、土地和价格等方面进一步完善促进服务业发展政策体系;国家财政预算安排资金,重点支持服务业关键领域、薄弱环节发展和提高自主创新能力,引导社会资金加大对服务业的投入;积极支持符合条件的服务企业进入境内外资本市场融资;建立健全服务业标准体系;积极营造有利于扩大服务消费的社会氛围;完善人才资源配置体系	尽快建立服务业统计调查制度和信息管理制度,完善服务业统计调查方法和指标体系,充实服务业统计力量,增加经费投入。充分发挥各部门和行业协会的作用,促进服务行业统计信息交流,建立健全共享机制

资料来源:笔者根据相关政策文本整理摘编。

(二)中国产业发展政策工具的节律变化

如前所述,早在 20 世纪 90 年代,产业政策制定者就提出由差别性产业政策向功能性产业政策转化。在制定功能性产业政策的进路中,涉及的产业领域更宽,政策意向并不在于提高某个产业或个别产品的市场占有率,而在于引导该产业或产品健康发展的市场秩序,提高政策环境的透明度和可预见性,使企业进行自主竞争,使要素资源可以依据价格信号进行流动。① 基于此,功能性产业政策的提倡者认为,目前亟须完善市场秩序并有可能获得产业政策支持的产业主要有两类:一类是具有公益性特征的基础设施产业,如通信、能源、交通、水利,其"通病"是供给不足,难以满足急剧扩张的需求,供给体系存在垄断过度倾向——电力政策要促进政企分离,并使竞争性业务和垄断性业务分开,在此基础上重点改革分电系统的激励机制,提高国有企业的效率;另一类是具有全球竞争特点的机械、汽车和电子等制造业,其困境在于供给体系难以适应需求结构的升级换代,国外供给正急欲取代之——产业政策要解决的根本问题,是在

① 参见刘鹤、杨伟民著:《中国的产业政策:理论与实践》,中国经济出版社 1999 年版,第 66 页。

这个产业属性下建立本来应有的,并符合国际潮流的市场秩序。[①] 在此,供给体系存在垄断过度而造成的供给不足应当交由管制机构实施积极监管,目前已无疑义;而供给体系难以适应需求结构换代,仍然是产业政策制定者纠结的问题。

当前,中国产业发展所处阶段已更进一步,然而从差别性向功能性产业政策的转型至今尚未完成,中国的产业发展政策体系表现出对于管制类、财政类工具深度依赖。一方面,差别性产业政策的运用在传统产业存在反复。2008 年金融危机以来,政府两次大规模实施财政投入和加大对诸多产业的补贴,对经济短期提振效果明显,但无法抵消其所造成投资的过度集中带来的对市场机制的扭曲和通货膨胀的激化,以及对经济稳定增长基础的损害和侵蚀。另一方面,差别性产业政策被无差别地应用于传统产业与新兴产业。而处在升级换代中的中国产业,产业政策受到"公共政策效果递减法则"的影响,实际产业促进效果较 20 年前更微。就此,陈清泰指出,在产业升级中应改变政府主导产业发展模式,应当由直接干预、组织推进转向创造好的发展环境、实施政策引导:如果在体制转轨和经济追赶时期,在建设基础设施、开发矿产资源、保障能源供应、建设基础原材料生产能力等为工业化建设奠基的领域,政府以强大的动员能力,制订规划、计划,调配资源、组织指挥、督促监督,较快地缓解了工业化基本条件不足的状况,取得了较好的效果,那么在以技术创新为基础的结构升级和发展新型产业阶段,由于是在缺乏预知情况下的创新,具有极大的挑战性。[②]

长期以来,在发展型国家被长期用来直接推动产业发展的财政政策、货币政策与金融政策,在市场经济成熟国家多是作为促进稳定增长的宏观经济政策。而竞争政策要么是自始就处于主导地位,要么是在经济的发展演进中替代了产业政策,并在经济政策组合中发挥着基础性作用。中国改革开放以来,产业政策在的重要历史时期发挥的巨大作用不可否认,促进了我国国民经济体系的建立和经济高速增长,在较短时间内跃居全球第二大经济体。但是,随着赶超的收尾,产业政策的弊端越来越明显,由其引起的经济结构失衡抑制了经济转型的深化,对经济发展深入构成了强大的、路径依赖意义上的阻力。据此,作为应对市场经济领域失灵的主导性政策工具的竞争政策,应当基于恰当性和适配性的考量,成为促进产业发展政策体系的重要组成。进一步地,回应当前发展型国家处于赶超战略尾期的现实,要实现赶超战略结束之后的经济稳定增长

① 参见刘鹤、杨伟民著:《中国的产业政策:理论与实践》,中国经济出版社 1999 年版,第 66 页。

② 参见陈清泰著:《自主创新与产业升级》,中信出版社 2011 年版,第 130~131 页。

目标，在市场经济领域，应当坚定地将以处于政策生命周期初始阶段，效果正逐步彰显的竞争政策，替代已经处于政策生命周期末端、效果已逐步递减的产业政策。这是对十八届三中全会以来“处理好政府和市场的关系、发挥市场在资源配置中的决定性作用”改革目标的落实，也是对我国《反垄断法》在法律层面提出“竞争政策”及其法治化的路径的实施，更是推动工具重组和提出可操作的竞争评估方案的基点。

（三）促进产业发展的政策工具更新：发展趋势

产业发展政策工具更新的关键，是廓清产业政策的转换方式与竞争政策的作用空间。

第一，在政策目标上，从挑选赢家（pick winner）到力促整体产业竞争力的提升。为强调结构调整的重要性以及避免中央集权干预主义的色彩，1993 年欧盟委员会（以下简称欧委会）向欧洲理事会提交了《增长、竞争力、就业：进入 21 世纪面临的挑战和出路》①的白皮书，把“产业政策”改称为“竞争力政策”。② 根据该白皮书，提升欧洲产业竞争力的措施应该符合竞争规则，并集中精力完成内部市场的建设。③ 与之相匹配，欧盟在实施方式上更多由纵向选择型转向横向非选择型，并将竞争政策作为提升产业竞争力的主导选择，推行的是在广义理念下的产业政策竞争化的道路。即使在非常时期，欧盟及其各成员国国内的救市计划也是在法治的框架下运行的，比如通过受到竞争法监督的国家援助等方式，保证了投入的绩效保持在较高水平。

第二，在政策结构上，产业发展的财税类直接干预性政策从主导走向辅助。毋庸置疑，在自由市场作用发挥作用最大的美国，产业发展的竞争政策历来就占据主导地位；日、韩两国从强势的产业政策走向竞争政策，也是后发型国家赶超阶段结束之后的必然。而在欧盟，产业发展的财税政策与竞争政策之间的主从变换，则更具有中间路线意义上的典型意义。在 1973 ~ 1974 年石油危机冲击欧洲产业、造成严重经济衰退的背景下，干预性的国内产业政策愈演愈烈。但是，这些措施是否符合有关竞争及国家援助的共同体规则，并没有得到有效

① See Growth, Competitiveness, Employment: The Challenges and Ways Forward into the 21st Century-White Paper, COM (93) 700, December 1993, p. 5.

② Ibid., p. 9.

③ See Wolf Sauter, *Competition Law and Industrial Policy in the EU*, Oxford, Clarendon Press, 1997, p. 102.

的监管。而随着20世纪80年代初期“欧洲硬化症”的成员国直接干预产业政策的失败,欧委会开展了一系列有关产业政策的研究工作,发现共同体在促进结构调整方面的角色应该是强化单一市场,确保条约规则得到遵守,提供稳定的环境,以及通过研发合作促进积极调整。[①] 以此为起点,产业发展的财税类直接干预性政策逐步退避,为竞争政策走向前台奠定了基调。

第三,在治理模式上,产业发展从落实政策指标走向依托法治框架。美国与欧盟推行产业政策,都在法治的框架下运行,而且适用的范围极其有限,采取更为软性的、不直接干预市场的政策工具,立法理念上和政策实施中都注重与作为市场经济的基础性政策的竞争政策开展协调。这契合了软法治理的理念,即虽然不能运用国家强制力保证实施,但其创制与实施具有更高程度的民主协商性,更充分地体现自发生成秩序,更多地采用一种诱致性制度变革的方式,从而具有较强的可接受性。[②] 1990年欧委会发布《开放与竞争环境下的产业政策:共同体方式指南》(以下简称《产业政策指南》)认识到干预性的针对具体行业的政策不是促进结构调整的有效工具;[③]并明确提出共同体产业政策方式的背后是促进市场最优发挥功能的意愿,应采用市场导向的产业政策概念,强调有效市场运作和结构调整。[④] 1994年《加强共同体产业竞争力的决议》重申:“共同体及成员国的所有经济政策措施都必须符合自由竞争的开放市场经济原则以及辅助性原则。”这一系列欧盟官方的立场性和指引性文件,体现了对竞争政策从排斥到吸纳的过程,也为竞争政策评估奠定了基础。

第四,在适用机制上,产业政策从纵向调节走向横向协调。在美国,虽然1791年时任财政部长亚历山大·汉密尔顿现美国国会提交了《关于制造业的报告》,认为新建立制造业的国家与制造业已成熟的国家在平等条件下的竞争,在多数条件下是不可行的。提出作为落后于西欧诸强国的农业国,美国发展制造

---

① See Strengthening the Technological Base to and Competitiveness of Community Industry, COM (85) 84, March 1985, pp. 1 –2.

② 参见罗豪才、宋功德著:《软法亦法:公共治理呼唤软法之治》,法律出版社2009年版,第372~375页。

③ See Industrial Policy in an Open and Competitive Environment-guidelines for a Community Approach, COM(90) 556 final, November 1990, p. 19.

④ Ibid., pp. 5 –6.

业必须依靠政府的保护。① 该报告没有得到国会批准,从此直接干预一直未成为主流,即便是到了工业化中后期美国政府选择政策工具以促进技术创新时也是如此。政府不是通过财政、金融等措施直接“帮扶”特定的企业,而是通过构建可持续的政策框架和服务体系为制造业企业营造有利的商业环境。② 在欧盟产业政策的发展过程中,由最初的对煤和钢铁业的直接强力干预,发展到20世纪70年代对一些传统产业部门的直接干预,自20世纪90年代开始横向政策占据了绝对主导地位,部门政策的重要性下降。而进入21世纪之后欧盟产业政策的部门政策指向越来越明显,几乎每份政策通报都有强调横向政策要与部门政策结合的内容,而且近年来的部门政策富有新的内涵:横向政策在改革具体部门的优先应用,为各具体部门的发展及结构调整创造其急需的外部环境。③ 这种产业政策从纵向走向横向,并通过横向政策创造竞争环境、支持研发创新、完善统一市场等制度手段和预算手段来针对不同的产业部门的特点,进行有机的政策设计,应当是一种趋势。

第五,在覆盖领域上,从传统行业走向高科技领域。考察美国一贯奉行的做法,几乎完全选择竞争政策甚至否认实质存在产业政策,仅限于在诸如国防和高新技术等有限领域采取温和的、有限的刺激。从20世纪80年代开始,欧盟在充分运用竞争政策基础上引入共同体层面的产业政策,起初旨在探讨如何协调研发计划,因为当时认为协同研发有助于提升欧洲的研究数量和质量,有助于欧洲产业追赶美国竞争对手。欧委会《产业政策指南》指出,产业政策的“关键问题在于,为加强市场力量的最佳资源配置功能需要具备哪些条件,以加速结构调整,提升产业竞争力以及产业特别是长期技术框架”。④ 但是,这种产业政策在一开始就将基本原则确立为专注于竞争前的研究阶段,以确保参与企业不会触犯共同体的竞争政策。

---

① 参见黄群慧、贺俊等著:《真实的产业政策:发达国家促进工业发展的历史经验与最新实践》,经济管理出版社2015年版,第29页。

② 同上书,第45页。

③ 参见孙彦红著:《欧盟产业政策研究》,社会科学文献出版社2012年版,第57页。

④ Industrial Policy in an Open and Competitive Environment-guidelines for a Community Approach, COM(90) 556 final, November 1990, p. 1.

第二章　产业发展的法律治理结构

深陷东亚发展型国家所需面对的现实，中国当前的行政体制改革将持续在挑战下前行：社会各界逐渐形成的共识是：该等全方位的压力和合法性诉求，最终应转化为制度优劣的竞争，而政府—市场关系的进一步理顺，是建就良性制度体系及其传承的核心要件。从行政审批到管制的步伐应当继续放松，使政府对于市场的介入缩小到恰当的范围，是发展型国家从赶超阶段进入常态运行的必然要求。竞争政策作为国家经济政策的新兴板块，其诞生之初就带有“政治—经济”的双重印记，其面临的挑战，更是与政治/行政体制息息相关。在体制面上，涉及深化转型、权力和利益分离，以及坐实监督和制衡机制的问题；而在落实的政策面上，毋宁说是由于当前中国的政策体系的结构性的空缺，使政府主动或被动地卷入市场经济的过程，程度之深、辐射之广、盘结之错综，使一方面机构和人员持续膨胀、扩充，寻租、腐败野蛮生长，而另一方面社会经济活力、动力和创造力被持续地挤压、削弱和扭曲。这种政策体系的结构性空缺根源于由审批向管制转换的过程中，政策的外在似乎转型，而内核却仍为权力和利益相扭结，设租与寻租为因果的初始格局。而与此同时，放松管制的口号虽不绝于耳，但其进程之缓慢，步履之艰难，既凸显出利益集团嵌入管制体制格局下的改革“瓶颈”，也呼唤新的政策选择以填补放松管制之后的空缺。鉴于此，要实现长效机制的建立和稳态秩序的供给,政策工具的更新是起点,法律治理结构的确立是根本。[①] 政策工具的更新需要法律治理的确认,以达致政策的稳定;而法律治理的确立有赖于政策更新的有序。更进一步地,法律治理的确立,还需要厘清产业发展的公共政策的性质或模式的认知。从西方传统来看,对公共管理/治理的性质或模式有着执行社会的公共决定和配置公共资源两种对立的解释:在柏拉图传统下,公共管理者不享有行政自由裁量权而只能中立地适用法律;在亚里士多德传统下,则承认行政自由裁量权的模糊性,并认识到公共管理者需要依赖实体规范来指导他们解释法律和配置资源。[②] 在此基础上,西奥多·罗伊提出了被称为现代行政的柏拉图主义的公共治理范式,认为行政国家的扩张与行政自由裁量权的扩张是联系在一起的,行政部门广泛的自由裁量权以及利益集团对行政过程的影响如果侵害公共利益,也就损害了法治的准则;应通过恢复法治来限定行政自由裁量权,建构一种行政决策权收归国会以减少行政自由裁量权的模式。[③] 回到产业发展这一议题,在政策更新之后,行政自由裁量权的行使及其限定,需要法律治理结构的完善:完成治理模式迭代,确定产业发展法律治理的管制—竞争边界,以及型构政策融合下的管制—竞争法律链接。

第一节　产业发展的政策体系更新与治理模式迭代

从"结构论"出发,以政策工具的角度来分析公共政策仍然是当今公共管理和公共政策研究中最佳和最有效的路径之一。特别是其与政策过程的视角相配合构建出研究公共政策的"工具—过程"二维分析框架,使研究者能在政策过

---

① 就产业政策与法律治理的问题,学界已经开展了大量的研究。参见王健:《产业政策法若干问题研究》,载《法律科学》2002 年第 1 期;王先林:《产业政策法初论》,载《中国法学》2003 年第 3 期;卢炯星:《论宏观经济法中产业调节法理论及体系的完善》,载《政法论坛》2004 年第 1 期;张波:《论我国产业政策的法治化及实施制度重构》,载《当代法学》2008 年第 1 期;王立君:《后危机时代的中国产业政策法律化思考——以日韩经验为借鉴》,载《法学》2011 年第 6 期;李青贤、张志华、苏婷:《全面深化改革背景下我国产业政策法的发展与完善》,载《天津经济》2014 年第 9 期;刘桂清:《产业政策失效法律治理的优先路径——"产业政策内容法律化"路径的反思》,载《法商研究》2015 年第 2 期;郭宗杰著:《行政监管与反垄断法规制研究》,法律出版社 2015 年版。

② 参见[美]乔治·弗雷德里克森著:《公共行政的精神》,张成福等译,中国人民大学出版社 2006 年版,第 89 页。

③ 参见李清伟:《论公共治理理念及其法律范式的构建》,载《法商研究》2009 年第 1 期。

程中检验政策工具的有效性，在分析政策工具中归纳政策过程的特点和规律。[①]据此，在明确了发展型国家产业发展的政策工具迭代特征的基础上，进一步构建产业发展的法律治理结构，还需要理解政策过程，并从一系列政策循环周期出发[②]——政策问题提上议程、形成备选方案、作出政策决定、实施政策内容、评估和反馈政策效果、政策的修正与终止——辨析确认法律与政策的结合部、接口和对接方式。一般来说，政策评估和政策效果反馈是政策循环周期中政策修正与终止的窗口。在推动产业发展的政策过程中，随着竞争政策的引入，旧政策的修正与终止，新政策的形成和实施，增加了政策评估的维度和反馈要素，产业发展的法律治理结构由此展开。

一、产业发展的竞争法律问题及其治理

产业发展的政策选择正在发生工具组合的转变，产业政策本身也在经历转型。根据产业发展政策工具迭代的认识，及其廓清的竞争政策作用空间，产业发展中通过政策法律赋予竞争优势和施加竞争限制的两大竞争法律问题自然呈现出来，竞争法律治理结构于此建基。

（一）通过政策法律赋予竞争优势（或弥补其竞争劣势）的问题

在产业发展的过程中，通过政策法律赋予特定行业、地区和主体以竞争优势（或弥补其竞争劣势），通常是以产业政策来承载的。据此，考察产业政策的多元维度，即其内部结构来分析政策的不同类型对竞争的影响，是认识产业发展的竞争法律问题的基础。产业政策的基本功能，被认为是促进产业的有效与协调发展，包括实现产业的超常规发展、在全球经济中趋利避害、在促进产业结构高级化过程中不断提高市场竞争力等，其核心是有利于产业结构的高级化。[③]将这一概念打开来，既涉及着力于推动产业结构向高级化有序变动，实现三次产业先进性不断推进与相互传递，以及产业先进面的不断扩大[④]的产业结构政策；也涉及通过协调竞争和规模经济的关系，干预和调整市场结构和市场行为，通常被认为包括反垄断政策（含企业兼并政策）、直接规制政策、中小企业政策

---

① 参见苏竣著：《公共科技政策导论》，科学出版社2014年版，第86页。

② 同上书，第85页。

③ 参见马晓河著：《中国产业结构变动与产业政策演变》，中国计划出版社2009年版，第87页。

④ 同上书，第78～79页。

等[①]的产业组织政策；通过研究开发援助、高新技术鼓励和知识产权保护等来引导和促进产业技术进步的产业技术政策；[②]推动资源要素和产业在地域和空间上的分布与组合，着力于地区发展重点产业的选择和产业集聚发展[③]的产业布局政策。以竞争法律治理来关照产业发展的政策组合，首先就要明确产业政策主要组成部分在产业发展中的基本功能及其实施中存在的竞争法律问题。

日本产业政策以产业结构政策为重点，政府根据每个时期经济发展的需要和有关产业的地位及其作用来确定各个时期的重点产业（如20世纪50年代日本政府划定的钢铁、煤炭、电力和造船四大产业），以特定部门为对象，以促进特定产业的发展为目标，在实施过程中综合利用经济计划、经济立法、补助金、税收优惠、政策性金融等手段加以扶持，以促成整个产业结构的合理化与高度化。[④] 韩国在20世纪50～70年代推行"政府主导型市场经济模式"，强调政府在推动产业结构升级与经济发展方面应发挥主导作用；进入20世纪80年代以来，政府制定产业政策的出发点，不再是直接推动产业结构的演变和追求经济增长，而更多的是利用市场力量促进各部门的均衡发展。[⑤] 联邦德国产业政策思路并不具有清晰的赶超特点，阶段性也不明显，经济学家认为市场秩序的公平比产业结构优化更为重要，政府对经济干预手段的选择非常慎重，重视对从产业组织的引导与优化，将"反垄断优先"视为德国社会市场经济的精髓，对产业结构的干预相对较小，依靠市场竞争选择支柱产业和外贸产业。[⑥] 在中国，从改革开放以来产业政策的发展来看，数量扩张型产业政策比质量提高型产业政策实施效果好：从20世纪80年代中期至90年代中期，以扩张性政策为主，重点促进产业发展，成效显著；从20世纪90年代中期至今，以产业结构升级政策为主，重点是调整企业组织结构和技术结构，成效不大。[⑦] 在此基础上，很显然，在不同的产业发展的主导政策模式下，对产业政策的竞争法律治理不能够笼而统之，还应作出分类解析。

如前所述，以日本、韩国为代表的东亚发展型国家的早期产业政策就是以

① 参见赵嘉辉著：《产业政策的理论分析与效应评价》，中国经济出版社2013年版，第31页。

② 同上。

③ 同上。

④ 参见黄群慧、贺俊等著：《真实的产业政策：发达国家促进工业发展的历史经验与最新实践》，经济管理出版社2015年版，第56～57页。

⑤ 同上书，第154～155页。

⑥ 同上书，第119～120页。

⑦ 参见马晓河著：《中国产业结构变动与产业政策演变》，中国计划出版社2009年版，第89页。

处理产业间关系的产业结构政策为中心的。与产业结构政策相配套的，是推动地区产业分化及规律的产业布局政策。[①] 产业技术政策通常是在产业结构政策和产业布局政策中得以落地，从而被内含于产业结构和产业布局政策之中，并在产业发展的中后期被逐渐被吸收到创新政策之中。[②] 而主要处理产业内部企业间关系的产业组织政策，由于其微观经济特性，则一直都是与竞争法律治理直接面向的产业政策类型。可以认为，在发展型国家，产业结构政策是带动整个产业政策体系有效运转的主轴，产业布局政策和产业技术政策是围绕产业结构政策的规划来运行的，而与竞争相关的问题主要在于支撑产业结构政策实现，是否需要介入产业组织，以及介入以何种程度为限？即使是在发展型国家，于产业发展的前期和中后期推进产业结构优化之时，对介入产业组织也有着不同的认识。与产业结构优化相辅相成的是，产业布局系由竞争形成，还是政府划定或者引导？与产业结构优化相匹配，产业技术系由竞争决定，还是由政府选定或者指引？最终，产业政策体系的重心下沉到产业组织层面，产业政策与竞争政策的冲突将聚焦于解决通过政策法律赋予竞争优势（或弥补其竞争劣势）的问题。

（二）通过政策法律施加竞争限制的问题

在产业发展的过程中，通过政策法律确立扩张性的管制边界、设定歧视性的条件、限定经营者的竞争能力、削弱经营者的积极性等方式施加竞争限制，是管制体制中的惯常经验。一方面，管制机构在配合产业发展的竞争政策和产业结构调整政策时，能发挥其直接控制的功能，使产业政策的诱导性功能得以有效的落实，也可以通过放松管制在传统的垄断产业领域引入竞争；另一方面，当政府的产业政策偏向维护不合理的产业垄断时，如果微观监管机构缺乏独立性，它就能改运用其直控功能，通过限制进入企业数量和民间资本进入，使竞争性市场结构长期难以形成。[③] 鉴于此，产业发展的法律治理还需要结合管制体制

---

① 例如，在日本经济产业省2001年制订的“产业集群计划”下，展开了包括产业集群启动期、产业集群成长期和产业集群自律发展期在内为期20年的产业集群政策周期，由地方政府提出项目申请——经济产业省审核批准——地方政府机构指定的推进机构组织实施。参见黄群慧、贺俊等著：《真实的产业政策：发达国家促进工业发展的历史经验与最新实践》，经济管理出版社2015年版，第83页。

② 如为了实现“优质经济增长”，韩国政府积极推动产业结构调整优化，发展重点是：实施新增长动力战略，由大力发展传统的电子信息产业转向扶持新兴产业，推动信息技术与传统支柱产业融合等，而在产业技术政策上则从既有的“快速跟随者战略”转变为“领先的创新者”战略，重点支持核心、原创和基础性技术的开发。参见黄群慧、贺俊等著：《真实的产业政策：发达国家促进工业发展的历史经验与最新实践》，经济管理出版社2015年版，第166页。

③ 参见余晖著：《管制与自律》，浙江大学出版社2008年版，第50～51页。

的合理有效的制度安排。而该等制度安排的构想,首先,应明确管制定位于提供激励,既然政府不能够也不应该监督所有的交易,确保参与者都有正确的激励就应该成为管制的一个主要目的。[①] 其次,管制者应当是中立的,受管制市场里所有的企业都应该是平等竞争的主体,不能因为它们之间产权结构的不同而采取歧视性的管制政策。最后,管制体制之中存在国有企业的数量和与非国有企业之间的比例并不是问题的重点。关键是,如果国有企业的范围远远超出纯粹的公共物品提供,广泛存在于竞争性领域,则微观管制政策可能成为国有企业保护的工具——特别是政府在制定和执行有关产业结构调整政策和整顿市场竞争秩序时;[②]如果国有企业或作为被管制企业作为整体的质量(主要体现为效率)远远低于同等管制条件下的企业效率,则微观管制政策可能需要进行局部或全面调整。不仅如此,脱胎于传统的政企合一的专业性管理部门的大量的微观管制机构,往往自觉或不自觉地承担宏观调控和微观管理的职能,开展随处可见的权力寻租活动。[③] 如此种种,源于在产业发展与管制之间,管制与管理之间,管制与竞争之间没有明确的界限,或在发展中固守成规,且在管制的目标和手段上缺乏约束。

实际上,管制在产业发展法律治理中权重的增加是一个历史的过程。1990年之前,管制并不是东亚地区关心的主要问题。[④] 当时,产业发展要么是被计划全面覆盖,要么被产业政策体系所强力支撑。而作为强劲增长的条件,一般在经济向高级阶段演进时才被认为必须加强管制。[⑤] 20 世纪 90 年代以来,东亚的产业政策是在持续弱化,其背后所内涵的经济发展的高阶化自然呼唤管制的变革。引入管制后,在一个国家的不同发展时期,政府管制的强度也是不同的:在经济发展初期,为达成稳定中求成长的目标,政府管制对竞争的影响最大;随着经济的发展和技术的进步,开始逐步放松或解除管制后,政府管制对竞争的影响逐渐减弱;当开始进入高品质管制阶段后,政府管制对竞争的影响将降到最低程度——但毋庸置疑,只要存在政府管制,对竞争的影响就会不同程度地

---

① 参见[美]约瑟夫·斯蒂格利茨著:《发展与发展政策》,纪沫、仝冰、海荣译,中国金融出版社 2009 年版,第 116 页。

② 参见余晖著:《管制与自律》,浙江大学出版社 2008 年版,第 51 ~ 52 页。

③ 同上。

④ 参见[美]约瑟夫·斯蒂格利茨、沙希德·尤素福著:《东亚奇迹的反思》,中国人民大学出版社 2013 年版,第 21 页。

⑤ 同上书,第 71 页。

存在。[①] 更进一步地，当前，中国一方面在继续推进从计划经济到市场经济的转型，另一方面在通过政企分离强化国有企业作为市场主体的自我意识和行动空间。这意味着，对于从国家直接经营之中脱离出来的由国家所有的企业，不仅需要《公司法》等法律促使其重构内部治理结构，也需要营造良好的管制环境。一般而言，管制环境的营造，需要管制法律来奠定管制的目的、范围、方法和程序等必要的内容。

应对这种经典管制模式运用时出现的问题，需要寻找有效的替代方案：有时是对管制的恰当取代；有时也是对运用具体领域中的管制的有益补充。[②] 在此，反垄断对经典管制的替代与补充是一种可行的选择，实际上也就是市场机制对管制体制的替代与补充。当然，需要明确，无论在目标上还是方法上，反垄断法均与经典管制有所不同：反垄断法所追求的是创造或维持竞争市场所需要的条件，而不是复制竞争的结果，或矫正竞争市场的缺陷。[③] 据此，在考察管制体制与市场体制的时候，首先，需要认识到界定管制的范围，即明确市场机制对管制体制予以替代或补充的空间。由于行业的不同，典型的管制又与竞争体制之间存在不同程度的替代性，于是就引出了管制法律与竞争法律之间的关系及其边界问题，管制体制本身是否有存在的必要、存在的边界和运行的规则都需要进行重估，以祛除不合理的、歧视性的竞争限制。其次，要确立如下原则，即为了维持可以有效运作的竞争市场，无规制市场需要服从反垄断法，[④]并基于管制体制与市场机制之间的区分，在目标和方法上将具有替代性的两种经济治理方式进行区格。将管制看作一个封闭的盒子[⑤]的传统方法已经不能适用了，即反垄断法院如果确定该管制体制是“普遍性的”，则该体制内的所有活动都被推定除外于反垄断审查。因为，放松管制运动已经确立关涉管制的性质和范围的关键问题：某一行为是由政府管制机构所促成——可能是经过相当全面的事实审查之后批准的，还是由基本上不受监管的私人行为造成的。若该私人行为既

---

① 参见王健：《政府管制的竞争评估》，载《华东政法大学学报》2015 年第 4 期。

② 另外的五种替代方式——信息披露、税收、可交易的权利、规则原则以及谈判，可被视为能实现管制目的，总体来说限制性较小的方法。最后一种替代是包含更高程度的政府介入的国有化。参见[美]史蒂芬·布雷耶著：《规制及其改革》，李洪雷等译，北京大学出版社 2008 年版，第 230 页。

③ 同上书，第 231 页。

④ 同上书，第 230 页。

⑤ 某个市场要么是在该盒子之内，要么是在该盒子之外；一个市场要么是“受管制的”，要么就是“不受管制的”。如果是“受管制的”，则反垄断通常不受欢迎，或至少受到严重限制。参见[美]赫伯特·霍温坎普著：《联邦反托拉斯政策》，许光耀、江山、王晨译，中国政法大学出版社 2009 年版，第 787 页。

非政府管制机构“强制”,也不是它“批准的”,法院一般会拒绝作出适用除外,除非适用反垄断法将使导致所涉管制法律与联邦反垄断政策之间产生“明显的矛盾”。① 进一步地,还需要明确二者之间的互补关系。由此,针对不同的市场失灵问题,可以基于不同的规制目的匹配以正确的规制手段,实现管制与市场之间各就其位,管制机构和市场监管机构各司其职。② 最终,管制体制与竞争体制的冲突聚焦于此:评估并解决通过政策法律施加竞争限制是否合理和非歧视的问题。

二、产业发展的竞争法律治理的层次

顺着产业发展中通过政策法律赋予竞争优势和施加竞争限制的两大竞争法律问题,贯彻政策法律治理结构蕴含的制度逻辑,切入产业政策和竞争政策的结合面、打开管制体制与竞争领域的交叉部,穿过语词和概念的迷雾,可以发现其背后的政策法律制度联结点。

(一)国家援助制度

通过政策法律赋予竞争优势(或弥补其竞争劣势)问题的重要制度构建,当推欧盟国家援助制度。根据《欧洲联盟运行条约》第 107 条第 1 款规定:除与本条约相反的规定,国家给予或者利用国家财源给予的援助,不论方式如何,凡优待某些企业或者某些生产部门,以致破坏竞争或者对竞争产生威胁,从而对成员国间的贸易有不利影响时,应被视为与内部市场相抵触。③ 欧洲法院进一步丰富了这一概念,指出,由国家或通过国家财源所进行的由国家承担财政负担的干预,通过减少通常包含在一个企业预算中的费用而使企业处于优势地位。④ 欧盟国家援助规制制度旨在解决欧盟内部市场的竞争扭曲,从公共政策选择的角度来看,是将产业政策纳入竞争政策评估框架;从法律治理的角度来看,则为成员国的产业政策提供了一个法定规制框架,对国家援助进行原则禁止加例外豁免,后者仅限于对特定行业、地区和特殊情形。由此观之,中国的产业政策与欧盟国家援助不论在形式还是内容上都高度重合:中央和地方政府提供的通过直接补贴、税收减免、资本注入等各种形式,面向民族地区、革命老区、边境地

---

① [美]赫伯特·霍温坎普著:《联邦反托拉斯政策》,许光耀、江山、王晨译,中国政法大学出版社 2009 年版,第 787 页。

② 参见[美]史蒂芬·布雷耶著:《规制及其改革》,李洪雷等译,北京大学出版社 2008 年版,第 283 页。

③ See Article 107 (ex Article 87 TEC). Accessed June 30, 2016. http://eur-lex.europa.eu/legal-content/EN/TXT/HTML/? uri = CELEX:12008E107&from = EN.

④ See Conor Quigley, *European State Aid Law and Policy*, 2rd edition, Hart Publishing, 2009, p. 3.

区、贫困地区、资源枯竭城市、自然灾害突发区、西部地区、东北地区等老工业基地等的提供地区援助,针对农业、光伏产业和传统支柱产业等的提供行业援助等。①

对于国家援助的规制,欧委会设定的标准形成了比较完善的体系。在形式上,由国家实施的援助或者通过国家资源实施的援助,被认定为可采取财政补贴、利息和税收减免、担保、政府对一个公司全部或部分控股,或者以优惠条件提供货物和服务等不同形式;在实质上,应受到规制的国家援助是有选择地给予接受者一种优势,如对特定的企业或行业的某些领域,或对特定地区的企业;在效果上,需要认定竞争已经或可能被扭曲,援助可能影响成员国之间的贸易。② 问题的核心是,国家的措施必须"使特定的经营者或商品生产受益",因此只有那些以选择性方式使特定经营者、一类经营者或特定经济部门受益的才是国家援助,而由成员国在平等基础上操作且向所有经营者开放的普遍措施,不具有选择性,不构成应受到法律规制的国家援助。在规制实践中,国家援助是政府给付国有资产的具体行政行为,必然使个别企业获得利益和竞争优势且必然引起财政负担,欧委会一般遵循"可归因性测试"(Imputability Test)和"市场投资者测试"(Market Economy Investor Test)两项重要原则:一是当成员国通过国有企业对其他企业实施了援助时,欧委会须证明该援助"可归因于"该国政府,否则国家行为不构成国家援助;二是如果成员国政府的行为符合市场规律,与相同条件下一个私营投资者的作为相吻合,则不构成国家援助。③ 综上可知,国家援助制度直接应对的,就是通过政策法律赋予竞争优势(或弥补其竞争劣势)问题。

随着经验的积累,欧委会通过《国家援助行动计划》(2005 年)将规制聚焦于:第一,明确国家援助系服务于关于共同利益的公认目标;第二,确认在应对特定问题上国家援助相较于其他政策工具的恰当性,评估国家援助是否产生了必要的激励,以及所采取的手段是否与达到该等必要目标相称;第三,从选择受益人的程序和援助所附带的条件、市场和受益人的特点,以及援助的数额和类型等方面判断援助所造成的竞争扭曲程度。④ 在《国家援助行动计划》的指引

① 参见周海涛:《欧盟国家援助制度的现代化及其借鉴》,载《河北法学》2016 年第 8 期。

② See EC DG Competition, "State aid control", Accessed June 30, 2016. http://ec. europa. eu/competition/state_aid/overview/index_en. html.

③ 参见周牧:《欧盟实践中关于国家援助的判定问题——论"可归因性测试"与"市场投资人测试"的适用》,载《欧洲研究》2011 年第 6 期。

④ See European Council, Brussels, 22 – 23 March 2005, Presidency Conclusions, Doc 05/1, point 23. Para 20.

下,《环境保护援助指南》和《研发创新框架和区域援助指南》等规范性文件将成员国实施的国家援助逐渐框定于三个主要非危机目标:地区发展,保护环境包括能源的节约及促进可再生能源的使用,以及研究、开发和创新。为此,欧盟国家援助制度中还设置了可以免予事前申报的集体豁免安排。进而,2012 年欧盟通过了关于改革授权条例的提议,扩大豁免领域的范围,包括对下列领域的援助:创新、文化和文物保护、补偿自然灾害引起的损失、对渔业、林业和某些食品产品、海洋生物资源的保护、业余体育运动、边远地区居民出行交通、公共服务交通以及边远地区的宽带覆盖等。[①] 及至晚近,委员会更是通过《关于援助概念的通知》(2016 年)对公共投资在什么情况下不属于国家援助范畴作出了澄清,包括:(1)行使公共权力的行为(如军队或警察);(2)以社会连带为基础的社会保障机制;(3)建立在社会连带原则上的医疗保健服务;(4)教育与非商业性的研究活动;(5)大多数与文化、遗产和自然保护相关的活动;(6)一般性措施(非选择性的);(7)市场化的投资;(8)对贸易没有影响的投资。[②] 由此,欧盟国家援助所覆盖的范围和豁免的边界得到了清晰的界定。

欧盟国家援助控制设置了系统化的程序与救济安排,实施事前申报制度,申报的结果可能是认定不存在国家援助(或者是申报后 15 天没有决定则视为默示授权),或者因所涉国家援助明显合规而确认不反对,或者认定存在竞争关切而需开展正式调查。正式调查的过程中需要征求成员国和第三方意见,最终作出的决定分四类:(1)认定不存在国家援助;(2)不反对该项国家援助;(3)附条件通过该项国家援助;(4)否定该项国家援助并采取恢复措施。此外,由于成员国时常不遵守国家援助的有关规定,欧委会试图实施强化的事后评估以确保成员国对有关法律的全面遵守。与事前评估聚焦于竞争性影响不同,国家援助制度的事后评估更类似于政策绩效评估,面向政策本身的必要性,决定现有政策存续、修订和新政策的启动。这种事后的政策绩效评估,是否能在欧盟国家援助制度中最终确立,尚存疑问。实践中,根据当前欧盟国家援助制度,事后评估不构成成员国的义务,因此通常很少被使用,或者仅是临时性的适用。但是,

---

① See Conor Quigley Q. C., "The European Commission's Programme for State Aid Modernization", *The Maastricht Journal of European and Comparative Law*, 20 MJ 1 (2013), p. 46.

② See Commission Notice on the notion of State aid as referred to in Article 107(1) of the Treaty on the Functioning of the European Union (2016/C 262/01), Accessed March 15, 2017. http://ec.europa.eu/competition/state_aid/modernisation/notice_aid_en.html.

这一发展趋势是值得注意的。

（二）竞争评估（Competition Assessment）制度

竞争评估制度是解决通过政策法律施加竞争限制是否合理和非歧视问题的关键。就此，首倡者经济合作与发展组织（Organization for Economic Co-operation and Development，OECD）发展出了一套评估的标准，其在《对竞争评估的理事会建议案》中提出："竞争不仅提高效率，确保向消费者提供其满意的商品和服务，而且还降低了价格，提高了质量，带来了更多的创新和更高的生产效率；经济增长和就业的增加必须依靠生产效率的提高……而有时候，公共政策不适当地限制了竞争；即使公共政策并无意于对经济进行调节和以任何方式影响竞争，但其对竞争的不必要限制可能会导致一些问题；可以对竞争产生不利影响的公共政策进行重新修改，使其促进市场竞争，并且实现公共政策目标；管理和监管行业的改革通常需要对竞争可能产生的影响进行详细评估；只要能达到所确定的公共政策目标，对平等竞争的损害较少的公共政策应成为政策首选。"①从这一建议案的定位可知，该等竞争评估主要旨在规制管制行业的施加竞争限制的行为。

为此，OECD 编撰了《竞争评估工具书》，在确认不必要限制和制定可达到同样政策目标的其他候选政策方面提供了一般方法，提供竞争核对清单以判断法律法规是否对竞争有潜在限制作用，覆盖新法律法规草案的评估（如通过监管市场影响评估）、（整个经济或某个特定市场）现行法律法规及规章制度的总体评估，以及政府部门政策的制定和审核，如政府部门制定法律法规或竞争机构对规章的竞争影响评估。② 据此，产业发展的法律治理结构之中，有必要引入竞争评估制度，通过分析、评价拟订中（或现行）政策法律可能（或已经产生）的竞争影响，提出不妨碍法律目标实现而对竞争损害最小替代方案，使法律对竞争的影响恢复到政府干预与自由竞争的最优组合状态。中央或地方政府部门可以分散使用"竞争评估工具书"，③且竞争评估不仅是竞争执法机构的责任，政策制定部门、审批监督组织都负有相应义务；不同类型的责任主体可以通过竞争合规模式、审批监督模式、竞争执法模式、竞争倡导模式各自开展对产业政

---

① OECD 编：《竞争评估工具书 1：原则》（版本 2.0），第 53～54 页，载 OECD 网：http://www.oecd.org/daf/competition/98765436.pdf，最后访问日期：2016 年 6 月 30 日。

② See OECD, "Competition Assessment Toolkit", Accessed June 30, 2016. http://www.oecd.org/daf/competition/assessment-toolkit.htm.

③ Ibid.

策的竞争评估。① 具体流程,可以是在初步评估阶段甄别出限制竞争的制度安排,然后在全面评估阶段判断其对竞争的限制是否合理,进而针对不合理限制竞争的制度安排提出对竞争损害更小的替代方案。初步评估阶段是对可能发生的限制竞争影响的规模和范围进行初始评估,重点是主要市场,②关键是识别限制竞争的政策法律。OECD 形成应用于识别反竞争法律的"竞争核对清单"(参见表 2-1),旨在初步识别政策法律是否限制竞争,并不就限制本身是否构成竞争法上的"不合理限制竞争"作判断。

表 2-1　OECD 竞争核对清单③

应实行竞争评估的政策影响类型	拟执行的政策的具体效果
限制供应商的数量或经营范围	1. 授予某供应商提供商品或服务的特许经营权 2. 确立颁发营业执照或经营许可证制度 3. 对某些类型的供应商提供商品或服务的能力进行限制 4. 大幅提高市场的进入或退出成本 5. 对公司提供产品或服务,资本投资和劳务供应能力设置地域壁垒
限制供应商的竞争能力	1. 控制或影响商品和服务的价格 2. 限制供应商进行广告宣传或市场营销的自由 3. 设置有利于某些供应商的产品质量标准,或者设置过度超前的产品质量标准 4. 大幅提高某些供应商的生产成本(尤其是对市场新进入者和现有企业进行区别对待)
打击供应商参与竞争的积极性	1. 创建自我管理或联合管理的体制 2. 要求或鼓励供应商披露产量,价格,销售额或成本的信息 3. 对特定行业或特定供应商给予一般竞争法的豁免
对消费者可获信息及其选择的限制	1. 限制消费者的选择能力 2. 通过直接或间接增加更换供应商的成本来限制消费者选择供应商的自由 3. 从根本上改变消费者进行高效购买所需的信息

① 参见丁茂中:《产业政策的竞争评估研究》,载《法学杂志》2016 年第 3 期。

② 参见 OECD 编:《竞争评估工具书 2:指南》(版本 2.0),第 73 页,载 OECD 网:http://www.oecd.org/daf/competition/98765437.pdf,最后访问日期:2016 年 6 月 30 日。

③ OECD 编:《竞争评估工具书 1:原则》(版本 2.0),第 8 页。

如果初始评估表明监管制度对竞争有潜在的危害,则须实行全面评估。[①] 全面评估的重点是判断法律对竞争限制的合理性,即评估旨在判断产业政策法律对竞争限制的合理性。所谓合理性,是指政策法律所选择的制度方案以最小的竞争损害实现了既定的目标。这种判断是一种"目标"与"手段"之间的权衡,全面评估一般分析政策法律对竞争的影响效果:如果法律没有实现既定目标,却导致了对竞争的严重损害,则该项法律规则就是不合理的。相反,如果法律实现了既定目标,但也导致了对竞争的损害,则要进一步审查有无对竞争损害更小的替代方案,进而仔细权衡而选取对竞争损害最小的方案,或采取一些辅助的措施来减轻对竞争的损害。[②] 在此,展开深入评估的定性分析是必要的,涉及的一个重要问题就是是否增加了市场参与者的成本,即评估现有相关政策法律和提议的候选政策是否可能:设置市场进入障碍,强迫某些类型的现有企业退出市场,提高产品和服务的价格,减少产品种类,大幅增加相关市场集中度,减少市场创新,影响上游和下游市场。[③]

(三)竞争中立原则

竞争中立是 OECD 提出的一项重要原则(Principle of Competitive Neutrality),旨在在公共企业和私人企业之间创造一个公平的竞争环境(a Level Playing Field)。[④] 根据 OECD 的《竞争中立:建议、指南和最佳实践纲要》,该原则的落实聚焦于八个优先领域:理顺政府企业的运营形式、识别政府商业活动特定功能的成本、政府商业活动的商业回报率、国有企业的公共服务义务、公共和私人企业的平等税收待遇、针对国有企业的管制中立、防止针对国有企业的融资和和直接补贴等优惠安排,以及保证公共采购政策、程序的竞争性和高标准的透明度。由此可见,竞争中立作为一项被 OECD 提议的原则,主要是针对市场主体的不平等问题而提出的,在并不构成一个独立的维度的情况下,其诸多内容与国家援助制度和竞争评估制度的主要内容存在部分重叠,应被有效吸收并整合到产业发展的竞争法律治理之中。

---

① 参见 OECD 编:《竞争评估工具书 2:指南》(版本 2.0),第 74 页。

② 参见张占江:《中国法律竞争评估制度的建构》,载《法学》2015 年第 4 期。

③ 参见 OECD 编:《竞争评估工具书 2:指南》(版本 2.0),第 74 ~76 页。

④ 参见 OECD:"Competition Neutrality: A Compendium of OECD Recommendations", *Guidelines and Best Practices*. Accessed June 30, 2016. http://www.oecd.org/daf/ca/50250955.pdf, p.5.

三、转型中的发展政策、管制竞争与法律治理

综上所述，在产业发展中，国家援助是链接产业政策与竞争政策的制度，竞争评估是链接管制体制与竞争领域的制度，竞争中立则作为一种原则试图消解在产业政策—竞争政策、管制体制—竞争领域中的公共企业与私人企业的差别待遇。考察这两大制度安排和一条隐含的原则在发展型国家语境下的实践意义，可以试图提出解决两大竞争法律问题的结构性方案。

（一）中国建立公平竞争审查制度的探索

在后发的、转型中的市场经济迈向成熟市场经济的进程中，国家经济政策组合的最重要的特点，就是竞争政策的不断强化和产业政策的逐步限缩。这种产业政策的调整趋势，朝着配合竞争政策的方向发展。东亚的日、韩两国在不同历史时期和经济发展阶段，通过强化竞争政策和限缩产业政策，实现了经济的成功转型。在同为发展型国家的中国，产业政策是强大行政体制的有形延伸，长期适用产业政策不仅使被扶持的行业和企业更多地依赖政府的投入而竞争动力不足，而且使主管部门在深陷政策制定和实施的路径依赖。虽然产业政策与竞争政策同为政府干预市场的手段，但是我国目前在实践中近乎一元化的产业政策主导格局，其积弊随着市场经济的发展日益凸显。与此同时，我国政府管制对市场竞争的影响比较大，现有的反垄断执法和司法对于解决"影响竞争的政府管制行为"（具体行政行为）还是有一定效果的，但对于解决"影响竞争的政府管制措施"（大量的以规章、政策、文件、规定、做法等合法形式存在）的效果则是非常有限的。而清理和废除"妨碍公平竞争的各种规定和做法"具有一次性、运动式的特点，所出台的原则性规定可操作性不强，特别是缺乏"妨碍公平竞争的规定与做法"的判断标准，其局限性也相当明显。因此，需要导入竞争评估制度。[①] 随着我国从"半市场经济"向市场经济的过渡，通过对竞争评估的法治化构建对行政干预的合理限制，使竞争政策成为基础性经济政策，并且发挥主导性作用是市场归位的应有之义和必然之选。就突破现有体制下产业政策一家独大现状的操作路径来看，应当在法治基础上，充分发挥竞争政策作用，并通过正当程序将其引入产业政策。

2014 年 6 月国务院《关于促进市场公平竞争维护市场正常秩序的若干意见》中开始将这项工作提上政策议程，要求对各级政府和部门涉及市场准入、经

---

① 参见王健：《政府管制的竞争评估》，载《华东政法大学学报》2015 年第 4 期。

营行为规范的法规、规章和规定进行全面清理,废除妨碍全国统一市场和公平竞争的规定和做法,纠正违反法律法规实行优惠政策招商的行为,纠正违反法律法规对外地产品或者服务设定歧视性准入条件及收费项目、规定歧视性价格及购买指定的产品、服务等行为。2015 年陆续出台的中共中央、国务院《关于深化体制机制改革加快实施创新驱动发展战略的若干意见》(3 月 13 日)、《关于 2015 年深化经济体制改革重点工作的意见》(5 月 18 日)、国务院《关于大力推进大众创业万众创新若干政策措施的意见》(6 月 16 日)中,从"打破地方保护,清理和废除妨碍全国统一市场的规定和做法,纠正地方政府不当补贴或利用行政权力限制、排除竞争的行为,探索实施公平竞争审查制度",到"促进产业政策和竞争政策有效协调,建立和规范产业政策的公平性、竞争性审查机制",再到"逐步清理并废除妨碍创业发展的制度和规定,打破地方保护主义。加快出台公平竞争审查制度,建立统一透明、有序规范的市场环境"。

(二)中国公平竞争审查的制度剖面

2016 年 6 月 14 日国务院印发《关于在市场体系建设中建立公平竞争审查制度的意见》(国发〔2016〕34 号)(以下简称《意见》),公平竞争审查制度从理想转为现实。《意见》提出:"建立公平竞争审查制度,要按照加快建设统一开放、竞争有序市场体系的要求,确保政府相关行为符合公平竞争要求和相关法律法规,维护公平竞争秩序,保障各类市场主体平等使用生产要素、公平参与市场竞争、同等受到法律保护,激发市场活力,提高资源配置效率,推动大众创业、万众创新,促进实现创新驱动发展和经济持续健康发展。"发改委主管官员解读该制度要点指出:"以自我审查为主,同时也强调外部监督;清理存量政策要分类处理,与产业政策并不矛盾;四种例外留出实施空间,防止滥用例外情形有监督机制。"①有学者则指出,《意见》与《反垄断法》是配套衔接的,其宗旨与《反垄断法》一致,具有后续法律支撑。②

《意见》明确审查对象为行政机关和法律、法规授权的具有管理公共事务职能的组织制定市场准入、产业发展、招商引资、招标投标、政府采购、经营行为规范、资质标准等涉及市场主体经济活动的规章、规范性文件和其他政策措施。审查的方式是以自我审查为主,在条件成熟时组织开展第三方评估。政策制定

---

① 《国家发改委解读公平竞争审查制度》,载人民网:http://gx.m.people.cn/n4/2016/0708/c1509-7179891.html,最后访问日期:2016 年 7 月 18 日。

② 参见《有力维护公平竞争 充分释放市场活力》,载中国改革报网:http://www.crd.net.cn/2016-07/06/content_20846216.htm,最后访问日期:2016 年 7 月 18 日。

机关在政策制定过程中,要严格对照审查标准进行自我审查,听取利害关系人的意见,或者向社会公开征求意见。经审查认为不具有排除、限制竞争效果的,可以实施;具有排除、限制竞争效果的,应当不予出台,或调整至符合相关要求后出台。未进行自我审查的,不得提交审议。没有进行公平竞争审查的,不得出台。此外,《意见》要求政策制定机关要逐年评估相关政策措施的实施效果;实施期限到期或未达到预期效果的政策措施,应当及时停止执行或者进行调整。

进一步地,公平竞争审查制度的标准以分四个大类及例外规定的情形作出列举,并给出了兜底性的条款,即没有法律、法规依据,各地区、各部门不得制定减损市场主体合法权益或者增加其义务的政策措施;不得违反《反垄断法》,制定含有排除、限制竞争内容的政策措施。此外,政策制定机关应当说明相关政策措施对实现政策目的不可或缺,且不会严重排除和限制市场竞争,并明确实施期限。该等规定已经具备了公平竞争审查的基础构架,唯其侧重点在于对通过政策法律施加竞争限制的规制,尚存优化空间。《意见》落实还要进一步细化相关标准,明确审查程序,强化问责制度,落实法律责任,最终要走上法治化道路。①

表 2－2　中国公平竞争审查制度审查标准

审查标准类型	通过政策法律施加竞争限制	通过政策法律赋予竞争优势
市场准入和退出标准	1. 不得设置不合理和歧视性的准入和退出条件 3. 不得限定经营、购买、使用特定经营者提供的商品和服务 4. 不得设置没有法律法规依据的审批或者事前备案程序 5. 不得对市场准入负面清单以外的行业、领域、业务等设置审批程序	2. 公布特许经营权目录清单,且未经公平竞争,不得授予经营者特许经营权
商品和要素自由流动标准	1. 不得对外地和进口商品、服务实行歧视性价格和歧视性补贴政策 2. 不得限制外地和进口商品、服务进入本地市场或者阻碍本地商品运出、服务输出 3. 不得排斥或者限制外地经营者参加本地招标投标活动 4. 不得排斥、限制或者强制外地经营者在本地投资或者设立分支机构 5. 不得对外地经营者在本地的投资或者设立的分支机构实行歧视性待遇,侵害其合法权益	N/A

① 参见《有力维护公平竞争 充分释放市场活力》,载中国改革报网:http://www.crd.net.cn/2016－07/06/content_20846216.htm,最后访问日期:2016 年 7 月 18 日。

续表

审查标准类型	通过政策法律施加竞争限制	通过政策法律赋予竞争优势
影响生产经营成本标准	2. 安排财政支出一般不得与企业缴纳的税收或非税收入挂钩 4. 不得在法律规定之外要求经营者提供或者扣留经营者各类保证金	1. 不得违法给予特定经营者优惠政策 2. 安排财政支出一般不得与企业缴纳的税收或非税收入挂钩 3. 不得违法免除特定经营者需要缴纳的社会保险费用
影响生产经营行为标准	1. 不得强制经营者从事《中华人民共和国反垄断法》规定的垄断行为 2. 不得违法披露或者要求经营者披露生产经营敏感信息，为经营者从事垄断行为提供便利条件 3. 不得超越定价权限进行政府定价 4. 不得违法干预实行市场调节价的商品和服务的价格水平	N/A
例外规定	1. 维护国家经济安全、文化安全或者涉及国防建设的 3. 为实现节约能源资源、保护生态环境等社会公共利益的 4. 法律、行政法规规定的其他情形	2. 为实现扶贫开发、救灾救助等社会保障目的的 3. 为实现节约能源资源、保护生态环境等社会公共利益的

（三）中国产业发展法律治理结构的展望

公平竞争审查制度的确立是产业发展政策组合重构的里程碑，其有效实施要在更大范围内强化产业发展法律治理的共识。进一步对比中、俄转型历程可知，经济发展并不大量取决于寻找给定资源和生产要素的最佳组合，而有赖于唤起和聚集那些隐匿的、分散的和未好好利用的发展意图、资源和能力。① 当前,随着中国改革的深化,发展意图、资源和能力和唤起和聚集,有赖于更新政策体系,补足政策体系的结构性空缺。发展型的中国,在发展初期以赶超为首要目标,随着赶超逐渐收尾,权力集中不再理所当然,②将处于政策生命周期初始阶段,效果正逐步彰显的竞争政策,替代已经处于政策生命周期末端,效果已然逐步递减的产业政策,以补足政策体系的结构性空缺。进一步地,在完善结构的基础上实现政策的更新,在于切实推行放松管制,更在于放松管制之后新的政策重心选择——竞争政策作为市场经济领域的主导性政策。通过放松管制,拉大政府与市场之间的距离,才能够削减政府自身的规模,隔绝腐败滋生的土壤,进而调动企业创业创新和社会经济发展的活力。而只有在放松管制的同时引入竞争政策,才能够在管制褪去之后的灰色地带切实地通过自由、公平的竞争提升效率、推动创新、促进繁荣,通过竞争提升消费者的福利。据此,产业发展的革新不能仅停留在宏观面的指向性讨论,还应当落实到政策面的评估和法律面的治理。当前,《反垄断法》明确规定了竞争政策,如何在推动法律有效实施的同时,将竞争政策有机纳入中国经济政策的体系,实现政策体系的更新,是新时期经济领域改革是否能够稳步有效推进的原点。

进一步地,随着产业发展法律治理的确立,还需要立足发展型国家的特质,基于功能性比较的立场作出制度移植。具体到中国,这就意味着要使前述政策确定的“公平竞争审查制度”的内涵需要有充分丰富的层次,能够足以涵盖产业政策与竞争政策的主要板块及其联结点,有效吸纳国家援助制度、竞争评估制度和竞争中立原则,清晰地划定管制体制与竞争领域的边界和法律治理。当前,中国改革带来的简政放权,在经济领域的最直接的影响就是对政企分离之后作为独立于政府的企业主体的培育,以及对企业主体活动的环境进行营造。因为,一般而言,企业作为独立的主体,其活动的环境要么主要是管制体制内,要么就主要在竞争性市场中。如果缺乏竞争,那么创造出一个不受管制的私人垄断企业很可能使消费者面临更高的价格、更低的质量和更少的选择。在一定

---

① See Albert Hirschman, *The Strategy of Economic Development*, New Haven, Yale University Press,1958,p.5. 转引自[英]张夏准:《发展型国家的政治经济理论》,载[美]禹贞恩编:《发展型国家》,曹海军译,吉林出版集团2008年版,第223页。

② 参见姚洋著:《作为制度创新过程的经济改革》,格致出版社、上海人民出版社2008年版,第56~58页。

程度上,中国和俄罗斯的经验可以证明竞争而非所有权的相对重要性:通过扩展竞争范围而不是对国有企业进行私有化,中国曾保持着两位数的增长率。相反,俄罗斯将国有经济的很大一部分私有化了,而到目前为止也没有采取足够的措施来促进竞争,和其他一些因素导致了经济的大崩溃。① 因此,为了避免自由贸易和私有化所带来的收益会在"寻租"活动中消散掉,而不是用于财富的创造,应当提出在转型时期发展型国家产业发展政策选择与法律治理的结构(参见图2-1)。

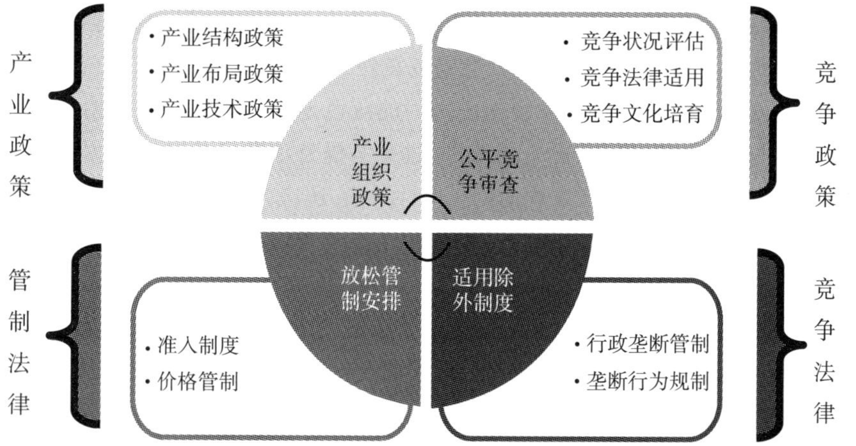

图2-1 产业发展的政策法律治理结构

第一,产业发展的各项产业政策,最终归集于产业组织政策作为与国家援助制度的对接板块,以解决通过政策法律赋予竞争优势的问题;第二,管制体制及其规则的确立、放松管制的方案设计,都需要经过竞争评估制度的筛选,以解决通过政策法律施加竞争限制;第三,管制体制内的所有企业,都应受到积极的、有效的监管,准入与价格的管制归于管制机构,竞争法律为此设置适用除外,并对超越管制边界的行为以反垄断执法机构的市场监管作为补充;第四,监管的静态存在及其维续并不是全部,随着管制—市场边界的推移,还需要在管制与竞争的交集处和结合部,能够有效地校准目标和调整监管协调方案,以贯

① 参见[美]约瑟夫·斯蒂格利茨著:《发展与发展政策》,纪沫、仝冰、海荣译,中国金融出版社2009年版,第118~119页。

彻监管目的；第五，在管制完全退出的地方，竞争政策应全面接管、充分覆盖，竞争法律应对垄断行为实施无差别规制，成为市场竞争秩序维护的最后防线，为产业发展营造公平竞争的环境。

第二节　产业发展法律治理的管制—竞争边界：以美国法为中心

依据产业发展的政策法律治理结构的图谱，管制与竞争的互动是需要进一步处理的产业发展法律治理的结构性问题。管制、竞争的概念、范围，以及二者之间的关系、链接是认识产业发展法律治理结构的重要板块。丹尼尔·史普博指出，完整而复杂的反托拉斯法包括在一个世纪以来的美国案例法律之中。[①]以美国反托拉斯豁免（immunity）制度[②]（对应中国的术语，以下称适用除外）[③]为例，可以看到一个竞争法律适用范围的双层结构：法律法规着眼于其具体的条文所提出的一个适用除外的框架结构，而对于案例的分析则着眼于法院通过

---

① 参见[美]丹尼尔·史普博著：《管制与市场》，余晖、何帆、钱家骏、周维富译，余晖校，格致出版社、三联出版社1999年版，第598页。

② 许光耀指出，反垄断法的“适用除外”，是指特定经济领域不受反垄断法调整，即将其除外于反垄断法的适用范围，那么，这一领域的行为不受反垄断法调整，即使它表面上符合垄断行为的构成要件。“豁免”则有“网开一面”的意思，即对于违反反垄断法的行为，由于其符合垄断法本身规定的免责条件，因而反垄断法对其不予禁止。适用除外与豁免的实质区别在于，对于适用除外情形，不适用反垄断法；而豁免则是适用反垄断法的结果，即对违反反垄断法的行为，按一定标准考察相关案情，判断其是否含有合理的因素，权衡其积极效果和消极效果作出禁止或不予禁止的决定。参见许光耀：《合法垄断、适用除外与豁免》，载王艳林主编：《竞争法评论》（第1卷），中国政法大学出版社2005年版，第44~58页。

③ 黄勇指出，美国反托拉斯法豁免实际上主要是指反垄断法的适用范围，即针对特定的行为或特定的行业、领域（如保险业），反托拉斯法是否以及在何种程度上可以适用，其主要的判断标准和考察因素并不是特定行为、领域对竞争的影响，而是与反托拉斯法平行的其他法律制度是否存在合理的理由排除反托拉斯法的适用。而在欧盟，竞争法的豁免制度则主要是指合法性判断，即对特定行为是否可以因其带来的益处大于危害而免受竞争法规制。美国反托拉斯豁免制度虽然名为“豁免”，但其实质却是“适用除外”。参见黄勇：《中国〈反垄断法〉中的豁免与适用除外》，载《华东政法大学学报》2008年第2期。齐虹丽认为，“适用除外”可以包含“适用豁免”与“适用例外”两种情况。所谓“例外”情况，是指这些行为是因本身的特殊性而作为反垄断法的例外，不为反垄断法所规制；所谓“豁免”的情况，是说这些行为本身直接违反了反垄断法的具体规定，但基于某一特殊政策的原因，构成“违法阻却”，从而将其从反垄断法的规制范围内豁免出来。参见齐虹丽：《例外与豁免：中国〈反垄断法〉适用除外之观察》，载《法学杂志》2008年第1期。

解释这些具体的条文而确定的美国反托拉斯适用除外的边界。通过概述美国反托拉斯适用除外的方式,解读反垄断法适用除外的内在理路,再从政策性适用除外、管制行业的适用除外、州和地方政府的适用除外来分析制度剖面。[①] 二者相结合,能够比较系统地反映美国反托拉斯适用除外制度的近观全貌,也展现出作为产业发展的重要板块的管制体制与反垄断体制之间的边界划分的基本结构。鉴于此,可以勾画出中国产业发展法律治理结构的轮廓。[②]

一、反垄断法与政策性适用除外的范围

国家或政府为了政策性的目标,可能选择将某些组织的某些类型的行为免除适用反垄断法,从而这些组织的特定行为可以免受反垄断执法机构的审查或者私人的起诉。在美国,这些政策性适用除外的范围,主要涵盖了农业和渔业组织、劳工组织、小企业合作研究项目,以及基于国防目标的适用除外和非商业组织和活动的适用除外。以此为典型,主要就农业和渔业组织的政策性适用除外的范围进行探讨,可见政策性适用除外之概况。

(一)农业和渔业组织适用除外的范围

关于农业和渔业组织的直接适用除外的法律规定,最早的是1914年《克莱顿法》(Clayton Act)对农业组织的部分适用除外。该法第6条规定:"人的劳动不是商品或者商业物品。反托拉斯法不限制那些为了互助、没有资本、不盈利的劳动组织、农业组织、园艺组织存在和活动,也不限制或禁止其成员合法地实现该组织的合法目的。依据反托拉斯法,这些组织或成员不是限制贸易的非法联合或者共谋。"[③]由此,农民之间为了互助而构成的没有资料本、不盈利的合作型组织就由法律明确规定而不处于反托拉斯法禁止的范围。

1922年《卡伯尔—沃尔斯特法》(Capper - Volstead Act)[④]将《克莱顿法》第6条所没有涵盖的股本农业合作社也列入反托拉斯适用除外,规定:"进行农产

---

① 以上四个方面系基于产业发展与管制行业的主要范围划定。此外,行业协会、劳资争议与集体协议、保险业和体育运动领域的反托拉斯豁免等也是比较重要的内容。参见郑鹏程:《美国反垄断法适用除外制度发展趋势探析》,载《现代法学》2004年第2期。

② 为了在叙述流畅与文义忠实之间保持平衡,笔者选择在中国与美国的竞争法术语下根据不同的语境转换,在专门引述美国法律与法院判决之时沿用"反托拉斯"的表述,此外则通用中国法下"反垄断"的表述。

③ 尚明主编:《主要国家(地区)反垄断法律汇编》,法律出版社2004年版,第194页。

④ 42 Stat. 388 (1922),7 U. S. C. §291.

品生产的农民、种植者、农场经营者、乳牛饲养者，坚果或水果种植者可以在一起组成合作社、法人团体等组织（不论是否以股份形式组织），从事集体加工、准备投向市场，在州际和外国商务中进行买卖和交易它们生产的产品。这些组织可以拥有自己的交易机构，这些组织和它们的成员可以基于这类目标订立必要的合同和协议。”当然，《卡伯尔—沃尔斯特法》对农业合作社的适用除外也有限定，即这些组织是基于成员的互利而运作的，且必须遵循以下一个要件，或同时遵守以下两个要件：第一，不论合作社的成员拥有股票或者成员资产的多少，任何一个成员都不得拥有两票。第二，合作社基于成员资格或者股票支付超过8%（每年）的红利。同时，在任何情况下都必须遵循合作社经营的非成员的产品不能够超过成员的产品。

在渔业方面，1934年的《渔业供销合作法》（Fisheries Cooperative Marketing Act）[1]对渔业组织予以部分适用除外。该法规定：“那些在渔业中捕捉、收集、或养殖水产品的渔民和在公共或者私人水底种植水产品的种植者，可以在一起组成合作社、法人团体等组织（不论是否以股份形式组织），从事集体加工、准备投向市场，在州际和外国商务中进行买卖和交易它们生产的产品。这些组织可以拥有自己的交易机构，这些组织和它们的成员可以基于这类目标订立必要的合同和协议。”该法的规定使渔业从业人员在产供销上形成的合作组织能够免受反托拉斯法的审查。其限制也与《卡伯尔—沃尔斯特法》对农业组织的限制相同，落实于合作社自身的组成成员的纯粹性、内部治理结构和利益共享机制。

此外，农业和渔业组织免于反托拉斯法适用还存在一项一般性的限制，即农业部长和内政部长如果发现“这类组织如果实施垄断或者限制贸易达到了一个这样的程度，即将农产品的价格提高到不必要的程度”，可以命令“这类组织停止实施垄断或限制贸易”。[2]

（二）农业和渔业组织适用除外的边界

法律的规定确立了反垄断法适用除外的范围，但这一范围并不总是清晰的。在农业和渔业组织适用除外的模糊地带，判例连缀起来，起到了廓清边界的作用。

农业和渔业组织适用除外的首要条件，是组织成员的身份必须符合要求。

---

① 48 Stat. 1213 (1934), 15 U. S. C. §521.

② ［美］菲利普·阿瑞达、路易斯·卡普洛著：《反垄断法精析：难点与案例》（第5版），中信出版社2003年版，第108页。

一旦被确认为农业生产者，在农业合作社的政策制定和价格行为免于反托拉斯法的适用就无大悬念。在 1960 年的 Maryland & Va. Milk Producers Assn. v. United States 案[1]中法院认定农民可以在不违反反托拉斯法的情况下组织在一起，像商业组织一样确定合作社的政策和售出农产品的价格。进一步地，在 1979 年的 Northern Cal. Supermarkets v. Central Cal. Lettuce Producers Coop. 案[2]中法院认定，即使一个农业合作社不种植、收割、运载、卖出或者就买卖谈判，而只是确定成员出售产品的价格，属于反托拉斯适用除外范围。该案明确了适用除外不限于农业生产范围。然而，如果合作社的成员属性并非农民，则没有那么幸运了。在 1967 年的 Case-Swayne Co. v. Sunkist Growers 案[3]中，法院认定 Sunkist Growers 这个非由种植者而由加工者组成的组织违反了反托拉斯法。而 Sunkist Growers 在此之后进行了重组才得以被纳入适用除外。该案明确了加工者和包括加工者合作社，不属于反托拉斯适用除外的范围。在 1978 年的 National Broiler Mktg. Assn. v. United States. 案[4]中法院认定，对于不拥有家禽、孵卵所，或者抚育设备的鸡仔生产者或者不能提供充分鸡仔、饲料、医护支持和服务的鸡仔生产者不能予以适用除外。该案明确了将生产承包给农民的组织，不属于反托拉斯适用除外的范围。

组织成员身份被确认之后，还需考察农业和渔业组织所定政策或施加的限制是否超出必要限度。在 1956 年的 Gulf Coast Shrimpers & Oystermans Assn. United States 案、[5]1960 年的 Maryland & Va. Milk Producers Assn. v. United States 案和 1965 年的 North Tex. Producers Assn. v. Metzger Dairies 案[6]中，法院认定，当一个组织不仅仅从事基于其成员要求的固定价格，而且还将没有按照其固定价格进行买卖的所有人排除出市场的时候，该组织就超出了适用除外所允许的范围。这些案件明确了属于反托拉斯适用除外的组织不能够参与那些强迫其他人加入该组织，或者强迫相互竞争的生产者、加工者或者分配者服从于该组

---

① 362 U. S. 458，466（1960）.

② 580F. 2d 369(9th Cir. 1978)，cert. denied，439 U. S. 1090（1979）.

③ 389 U. S. 384（1967）.

④ 436 U. S. 816（1978）.

⑤ 236 F. 2d 658，665（5th Cir.），cert. Denied，352 U. S. 927（1956）.

⑥ 348 F. 2d 189（5th Cir. 1965），cert denied，382 U. S. 977（1966）.

织的意愿。①

进一步地,农业和渔业组织在开展外部活动时,所联合的其他组织同样必须符合适用除外的条件,否则二者之间的协议或协同行为同样将受到反托拉斯法的审查。在1939年的United States v. Borden Co. 案②和1960年的Maryland & Va. Milk Producers Assn. v. United States案中,法院明确了属于反托拉斯适用除外范围内的组织不能够通过合并或者协议与非适用除外组织进行联合。在1962年的Sunkist Growers v. Winckler & Smith Citrust Prods. Co. 案③中法院认定,成员重叠的多个农业组织之间的协议,属于反托拉斯适用除外的范围。

二、反垄断法与管制行业适用除外的结构

在美国的私人企业经济中,在对市场结果不满意时,通常会转向公共管制。如果公共资助的活动由私人运营(如海运或者地方航空服务),公共监管可能就会代替市场约束对受资助的企业进行管制;或者当一项必需的资源是自然稀缺的(如广播的频谱),则需要进行有意识的公共配置。这样一个资源分配的系统可以伴有更进一步的控制,但是并不需要如此。管制行业在原则、运作及其管制强度上不尽相同,由此,各行业之间的管制政策与反托拉斯法之间的关系也不同。在管制越为严厉的地方,反托拉斯政策的空间就越小。④

(一)管制行业的法律适用除外方式

管制行业法律适用除外的通常方式,是在法律中予以规定除外的情形。但是,一个现代国家的“立法者”不可能制定一套齐全的规定……至少在某些领域,其只能是宣布一些原则,一些多少带有普遍性的规定;为了制定必要、比较具体的规定,他必须要信赖行政当局的活动。⑤ 这一点,在普通法下表达得十分充分。美国反托拉斯法适用除外的方式就分为法律明示的适用除外和默示的适用除外两种。前者是国会直接宣布反托拉斯法律不适用,或者以一种改良的

---

① 参见[美]菲利普·阿瑞达、路易斯·卡普洛著:《反垄断法精析:难点与案例》(第5版),中信出版社2003年版,第108页。

② 308 U.S.188,203-205 (1939).

③ 370 U.S.19 (1962).

④ 参见[美]菲利普·阿瑞达、路易斯·卡普洛著:《反垄断法精析:难点与案例》(第5版),中信出版社2003年版,第112页。

⑤ 参见[法]勒内·达维德著:《当代主要法律体系》,漆竹生译,上海译文出版社1984年版,第25页。

方式适用于特定的行为，或者行业的不同范围，如法律明示的适用除外适用于交通、能源、金融服务和保险行业；后者是国会通过设立普遍的管制体制，在该体制下反托拉斯法律的适用被中断，而经法院认定该等被管制企业的活动是可被推定为适用除外的。即明示的适用除外的效力范围是确定的，默示的适用除外的效力范围则待由法院裁判而定。

进一步地，判断明示的适用除外需要注意的是，在任何情况下，当联邦法律明确规定了反托拉斯适用除外时，豁免的范围就必须：首先，依据法律的条文来确定。其次，一般来说，任何联邦法律或法规强制某种行为，就将该行为除外于联邦反托拉斯法的审查范围，即便是在该法律或法规本身并没有直接提及反托拉斯法。最后，一些联邦法律没有赋予“自动的”反托拉斯适用除外，它们只是允许管制机构通过允许被提议的行为来赋予适用除外。① 也就是说，管制的复杂性本身并不自动创设适用除外，而是一种已被推定、有待认定的状态。就此，美国最高法院曾警示：“通过管制法律来推定撤销对反托拉斯法律的适用是应极力反对的，而只能在那些反托拉斯法和管制法律之间有着直接冲突的案例中才能够这样做。”②

一旦认定一项所主张的适用除外并未在法律中明确规定，而仅仅是普遍的管制体制下的行为，就需要对判断默示的适用除外进行分析，明确其由普遍管制体制所推定但仍有待法院进行认可并确定的有效范围。在此，法院不能够简单套用以下公式分析，即受到挑战的行为本身对于管制体制是否符合处于“使法案有效的必要”。这会让法院卷入没完没了的“反托拉斯必要性”审查——几乎涉及管制机构颁布的每一个法规。“必要性”审查必须回答的正确问题是：对于使管制体制作为一个整体能够有效运作，反托拉斯适用除外是否必要。这个问题的答案通常是否定的。尽管如此，仍然能够在个案中发现适用除外的必要，赋予那些受到管制机构足够监督的私人行为。即任何所谓的可以将所有行为（包括没有受到充分管制的私人行为）除外于反托拉斯审查的“普遍的”管制体制都不应当是合理的。③

---

① See Philip E. Areeda, Herbert Hovenkamp, *Fundamentals of Antitrust Law*, New York, Aspen Law & Business, 2003, pp. 61 – 62.

② ［美］E. 吉尔霍恩、W. 科瓦西克著：《反垄断法律与经济》（第4版），王晓晔注，汤树梅校，中国人民大学出版社2001年版，第482页。

③ See Philip E. Areeda, Herbert Hovenkamp, *Fundamentals of Antitrust Law*, New York, Aspen Law & Business, 2003, pp. 62 – 63.

（二）管制行业适用除外的层次

除了明确与默示的区分，管制行业的适用除外根据其除外的强弱程度可以粗略地分为三类，分别是：基于公共利益的竞争所产生的适用除外、非普遍管制下的适用除外和普遍管制下的适用除外。各主要管制行业可以分别被归入这三个种类之中。

第一，基于公共利益竞争下的适用除外。有许多管制法律要求行政机构基于公共利益进行管制，提出了"基于公共利益的反垄断法适用除外"的问题。即使是在这种除外下，基于管制法律之在公共利益下进行管制的要求，管制机构在适用除外的范围内仍要适当地考虑公共利益所要求的对竞争保护。这恰恰是由于：竞争被内含于管制体制的公共利益考量之中，使对竞争问题的管辖被纳入管制体制和管制法律的适用本身，而反垄断法的直接适用被排除在外的缘故。这种弱化的适用除外要求，是一般的管制领域都必须考量的。但是，即使是一个弱化的基于公共利益所要求的适用除外，其依然是有限度的。反垄断执法机构和私人诉讼当事人只要能够有效地建立竞争和公共利益之间的关联性，就可以根据行为或规章的反竞争性来认定其违反了公共利益。相应地，法院同样也要求管制者对竞争政策进行适当的考量。

第二，普遍管制下的适用除外。普遍管制下的适用除外与优先管辖权联系紧密。在某些管制领域，法律直接规定如果不从事某项在竞争领域会被认定为反垄断违法行为，在该等管制即被认定为非法或者是无法运转的。在这些行业中，管制的刚性存在使反垄断法退居次席，管制机构是该领域各项争议的裁判者和执行者。当然，如果反垄断法被全盘取代，也将出现大量的问题：一方面，私人诉讼及其所带来的对反竞争行为的综合性描述和完备的反垄断赔偿将不复存在（这在具有惩罚性赔偿的美国反托拉斯法下至关重要），取代禁令、私人赔偿和刑事处罚的将只是行政禁止令和民事罚款；另一方面，中立的法院、私人原告和作为公诉方的司法部都将被管制机构所取代，而管制机构自身往往是和争议中的被告关系相当紧密，充满了寻租与设租的空间。因此，就管制法律和反垄断法的立法目的来看，至少在普遍管制体制下那些没有获得管制机构批准的行为和协议，无疑是必须纳入反垄断法管辖的。

第三，非普遍管制下的适用除外。与相对完整的普遍管制相比，很多时候，法院对于管制机构的谦抑的必要性和程度都远远不够明晰。在美国，在没有管制法律规定在法院审判之前必须先作出行政决定的情况下，法院可能会具有优先的管辖权。处于这种状态下的管制，也就是非普遍的管制。在 1962 年的

California v. FPC 案[①]中，美国最高法院认定，即使某些管道合并需要联邦电力委员会(Federal Power Commission)的审批，但这种审批并不能排除反托拉斯法的适用。不仅如此，FPC 还必须推迟其审批直至法院判决的出台。这样做是因为法院旨在避免可能由行政决定通过不适当的方式对法院判决产生的影响。当然，即使是法院不谦抑于管制机构，后者的经验、资源和对相关事项的评估还是可以作为法院的参考。

(三)管制行业适用除外的边界

法律的规定和管制与竞争体制之间的惯例确立了适用除外的范围，但该范围显然在诸多部分并不是确定不变的，在管制适用除外的模糊地带，系列化的判例起到了厘定边界的作用。

明示的适用除外，需要国会直接宣布反托拉斯法律不适用。1973 年的 Otter Tail Power Co. v. United States 案[②]中，法院指出《联邦电力法》(Federal Power Act)的立法史中不能够发现任何意图将电力公司隔离于反托拉斯法适用的表述，相反其政策指向是将竞争维持在与公共利益最大一致的范围内……因此，没有理由可以认为，联邦能源委员会的有限权限(命令互连互通)范围可以取代或者将 Otter Tail 除外于……反托拉斯规制的适用。法院通过该案明确，将一些行为除外于反托拉斯诉讼的权力属于国会——而不属于特定的联邦政府官员；如果没有国会的许可权，联邦政府官员没有权力就反托拉斯法实施作出适用除外安排。

普遍的联邦管制尽管没有产生明示的适用除外，但可能具有反托拉斯上的影响。如果一个联邦机构在特定领域拥有实质管理权，法院会裁决该机构对争议拥有优先管辖权，而且在该机构对争议进行考虑之前，法院会保留对争议的判决。1973 年的 Ricci v. Chicago Mercantile Exchange 案[③]就体现了这一规则。这种惯例使法院在能够从联邦机构的专业分析中获益，同时也不拒绝原告向反托拉斯法寻求救济。在 1993 年的 Lower Lake Erie Iron Ore 反托拉斯诉讼案[④]中，法院确定，关于将争议提交至一个管制机构是否合适的裁判由地方法院作出。因此，无论机构的观点如何，法院仍然对某一行为是否违反反托拉斯法的

① 369 U. S. 482 (1962).

② 410 U. S. 366 (1973).

③ 409 U. S. 289 (1973).

④ 998 F. 2d 1144, 1152 - 56 (3d Cir. 1993).

判决负责。

普遍的联邦管制虽未直接确立适用除外，但可能改变反托拉斯规则的适用。在一些案件中，法院也承认了管制拒斥反托拉斯法适用的合理性。在1981年的Phonetele, Inc. v. AT&T Co.案[①]中，法院指出，“如果一个被告可以证明，在此的反竞争行为在发生时，有合理的基础可以认定其行为是使管制结构的合法的具体现实规则下是必需的，那么该行为就不违反反托拉斯法”。[②] 还有一些法院基于政府的广泛的费率管制来拒绝针对公用事业的反托拉斯诉讼。例如，1990年的Town of Concord v. Boston Edison Co.案[③]就明确指出，公用事业的批发和零售费率管制，可以不适用反托拉斯法上价格挤压（price squeeze）的指控。随着在那些先前在费率、服务和进入方面受到完全管制行业的放松管制进程，反托拉斯法和管制体制之间交叉重叠的领域产生了更多的摩擦和纠纷，确定各自的边界的建设性意义亦日益凸显。

在管制体制中监管的具体行政行为中，也可能涉及适用除外的确认问题。在1940年的U. S. v. Socony-Vacuum Oil Co.案中[④]，确立了这样一个准则：企业通常不能够通过声称联邦政府官员已经认可这种违反反托拉斯法的行为来规避法律责任，除非联邦政府官员拥有认定该行为属于适用除外范围的实际权力。在1990年的Office of Personnel Management v. Richmond案[⑤]中，法院也指出，在官员缺少实际权力的情况下，一般不能使政府受到法律上的约束。尽管如此，被告若证明存在联邦政府官员的合理的、善意的信赖，在民事诉讼中偏向于适用合理规则（而非本身违法），成为能够与违法目的的认定相权衡的考量因素。

贯彻管制行业适用除外的，是法院对联邦管制机构的谦抑（deferral）。除了法律明示和默示而由法官法进行认定两种方式的适用除外，在实践中反托拉斯执法机构可能会基于习惯上的“优先管辖权”，以礼让的形式将争议事件交由联邦管制机构处理。在这里，管制机构对于提交其审查的行为的批准可能赋予反托拉斯适用除外，但是通常只有当管制机构的决定将竞争后果纳入其考量才可

---

① 664 F. 2d 716 (9th. Cir. 1981).

② See MCI Communications Corp. v. AT&T Co. 708 F. 2d 1081(1983).

③ 915 F. 2d 17,21 (1st Cir. 1990).

④ 310 U. S. 150 (1940).

⑤ 496 U. S. 414,416,434 (1990).

成立。而在适用除外之外,法院有时还可能或者必须谦抑于管制机构的专业性:一是在案件的解决要求它们特定专业知识和技能的领域;二是当案件的解决需要比众多的法官和陪审团所产生的判决要更加具有一致性。[①] 需要强调的是,在美国的制度背景下,与管制体制相对应的是法院体系,这与其反托拉斯法的固有实施机制——司法部反托拉斯局与联邦贸易委员会亦需至法院提起诉讼——互为表里。相比而言,在中国反垄断执法机构可以依法直接开展调查并处罚的实施机制下,与管制体制相对应的自然是反垄断执法机构,二者之间的互动决定管制与竞争的边界推演。在此基础上,法院处于独立于二者的裁判者地位。然而,美国默示适用除外的整体制度构架在中国或难以实现。概由大陆法系法典化思维影响下的中国,立法的原则性在技术上难以满足直接确立适用除外范围的要求。而在结构意义上的管制与竞争执法之间的协调,在没有法院作为中立裁判支撑的情况下,法律解释权的归属和法律解释的效力存在疑问或有待确认。然而,这并不意味着,在明确管制机构、竞争执法机构和法院关系的基础上,美国法下诸多具体判断规则不能提供有益的借鉴。

三、州行为适用除外对管制—竞争边界勘定的借鉴

美国反托拉斯法的适用有域外适用、关于州际商务的适用和在各州内的适用三个层次。其中,州行为适用除外是指"州以法规或者州监管的垄断行为来排除竞争,此种行为不会导致承担反托拉斯责任"。[②] 在法规层面,在各个州内,不仅存在联邦法的限制,还存在大量的州法和地方法律的规制,而州法律至少在两个方面有着优先的地位。《宪法修正案》第 21 条特别赋予州在酒类贸易上广泛的权力和优先。此外,在保险领域,联邦法律[③]确立了直接的适用除外,反托拉斯法只适用于"那些没有受到州法律管制的保险业"。[④] 在此基础上,州行为原则(State Action Doctrine)是指"反托拉斯法不禁止州或者由州指示的官员

---

① See Philip E. Areeda, Herbert Hovenkamp, *Fundamentals of Antitrust Law*, New York, Aspen Law & Business, 2003, p. 64.

② 薛波主编:《元照英美法词典》,法律出版社 2003 年版,第 1285 页。

③ 59 Stat. 33 (1945), 61 Stat. 448 (1947), 15 U. S. C § § 1011, 1012.

④ 州法律的优先有两个条件限制:一是反托拉斯法继续对那些超越单个州管制的在性质上更多的是州际交易的行为进行规制;二是依据直接的法律规定,反托拉斯法依然对联合抵制适用。参见[美]菲利普·阿瑞达、路易斯·卡普洛著:《反垄断法精析:难点与案例》(第 5 版),中信出版社 2003 年版,第 123 页。

进行限制竞争的行为的原则”。[1] 二者是部分交叉的，例如，在酒类的直接适用除外中，同样也不允许一个州授权或者要求不在州政府官员监督下的不合法的私人固定价格的行为。

（一）州行为适用除外的提出

在 1943 年的 Parker v. Brown 案[2]中，最高法院就州行为原则解释指出，“从《谢尔曼法》的语言中或者其立法史中，无法发现它的目的在于限制州或者其官员或者代理人从事由其立法机关所认定的行为。在这个宪法所规定的双轨制的政府中，各州都是州权的享有者，仅国会可以依据宪法削减其权力。一项没有明示地消除州对其官员和代理人的控制的目的是不能从国会得出的……在该法的立法历史中没有表明有限制州行为的意图……该法所阻止的仅仅是‘商业上的联合’……目的在于抑制那些个人和企业通过联合来限制竞争和图谋垄断”。

这样，法院从立法目的、对象，以及背景和历史中得出这样一个重要的结论，使州行为的适用除外作为先例通过该案得到了确立，以有别于个人和企业这些美国反托拉斯法所规制的对象。当然，Parker 案也没有将所有的与州政府相关联的反托拉斯案件排除出《谢尔曼法》的适用范围。在该案中，最高法院强调，对限制竞争的适用除外仅仅在它们“构成州行为或者由州指示的官员行为”的时候才能够成立。而且，在 Parker 案中，法院也指出，州或者其市政当局不能通过参与一个私人协议或者共谋来限制贸易。这就为州行为作出了初始限定。

（二）对“混合型限制”的适用

自 Parker 案之后，美国反托拉斯法中州行为原则在许多案件中得到推广。这些后续的案件同样强调，州政府或者地方政府的法律法规不会仅仅因为具有限制竞争的性质就会受到法院的挑战。但是，并不是所有的州政府或州政府支持下所进行的限制竞争的行为都适用于 Parker 案所确立的州行为原则。州政府或者地方政府的法律法规与反托拉斯法冲突的构成有一个限度问题，只有与反托拉斯法规则的主要部分相违背的时候，才会构成冲突。

---

① “The principle that the antitrust laws do not prohibit a state's anticompetitive acts, or official acts directed by a state.” See Bryan A. Garner, *Black's Law Dictionary* (7th Edition), St. Paul, Thomson West, p. 1444.

② 317 U. S. 341 (1943).

在1986年的Fisher v. City of Berkerly案[①]中，法院指出，并不是所有由政府施加给私人参与者的限制都构成单边的行动而可以免受《谢尔曼法》的审查。有一些限制可以被描述为"混合的"，当私人参与者因此被授予"某种程度的私人管制权力"时，这种管制体制应当受到《谢尔曼法》的审查。实际上，法院已经有两次认定这种混合的限制违反《谢尔曼法》，[②]有些由州或市政府所实施的价格稳定计划，被认定是一种隐蔽于"政府介入外衣之下"的私人价格固定的共谋，并且，这种共谋甚至在表面上由政府官员对价格的绝对控制的时候也可能发生。在该案中，法院同样明确，"基于这样一个认识，即政府的职能的运作可能常常会损害到自由市场，校正其缺失且补偿那些受到受害者，本法院在Rice v. Norman Williams Co.案[③]中已经提到，州法律不能仅仅因为州体制可能产生反竞争的效果就让位于联邦反托拉斯法的优先适用……除非当州法律命令或者授权那些必然在所有情况下都违反反托拉斯法的行为，或者州法律为了使得私人团体服从该法而强加给它们不可阻却的违反反托拉斯法的压力。"

（三）州行为适用除外规则的成型

州行为适用除外的成型，首先是通过确立双要件标准搭建了适用除外的基本结构，进而对"清楚表述"要件作出了进一步的解释，最后通过对"积极监管"要件的细化认定完成。

第一，双要件标准的确立。在1980年的California Retail Liquor Dealers Association v. Midcal Aluminum, Inc.案[④]中，法院指出必须考虑州在价格确定项目中的介入是否足够构成Parker案下的适用除外。这种对州管制体制的适用除外，植根于联邦体制之中——在一个双轨制度政府中，依据宪法，除了由国会依据宪法所保留的以外，各州均享有州权。该等安排有其未言明的目的，即州对其官员和代理人的控制权不能够轻易地交予国会决定。Parker案所确立的原则，经由Goldfarb v. Virginia State Bar案、[⑤]Cantor v. Detroit Edison Co.案、[⑥]

---

① 475 U. S. 260 (1986).

② Schwegmann Bros. v. Calvert Distillers Corp., 341 U. S. 384 (1951); California Retail Liquor Dealers Assn. v. Midcal Aluminum, Inc., 445 U. S. 97 (1980).

③ 458 U. S. 654 (1982).

④ 445 U. S. 97 (1980).

⑤ 421 U. S. 773 (1975).

⑥ 428 U. S. 579 (1976).

Bates v. State Bar of Arizona 案[①]和 New Motor Vehicle Bd. of Cal. v. Orrin W. Fox Co. 案[②]的发展确立了两个标准：一是对竞争的限制必须是得到了“州政策的明确肯定表达和清楚表述的”；二是这种政策必须在州的“积极监管”之下。在 1992 年的 Federal Trade Commission v. Ticor Title Insurance Co. et al. 案[③]中，最高法院指出，Midcal 案的双要件标准是相辅相成的，都指向确保特定的反竞争行为是基于专门的州政策的需要。清晰的政策表示只是保证州政府的行为并不是基于疏忽，并不代表州批准了反竞争行为。然而，仅以清楚表述的要求，将不能够给予各州足够的管制上的弹性。例如，当价格或费率最初是由私人团体所确立，州政府仅仅具有否决权的时候，主张适用除外的团体必须证明：州政府官员已经采取了必要的步骤来确定价格固定或费率确定体制的具体细节。仅有州监管的潜在可能，并不足以构成对州决定的替代。

第二，对“清楚表述”要件的进一步解释。在 1985 年的 Southern Motor Carriers Rate Conference，Inc.，et al. v. United States 案[④]中，针对“清楚表述”是否包含“强制”（compulsion）的问题，最高法院指出，Paker 案所确立的原则是解决联邦制的原则和反托拉斯法的目标（市场上的无拘束的竞争）之间可能引发的冲突的一种尝试，而“强制”这一要件限缩了州管制制度安排的可选择范围，同时与两个原则相违背，反而会造成更大的贸易限制。法院不认为，国会在解决两种相互冲突的利益时，希望得到两败俱伤的结果。如果一项州政策直接允许，而没有强制，反竞争行为应该纳入 Midcal 标准的“清楚表述”的范畴。当然，法院的判决并不是说强制是无关紧要的。相反，强制通常是州政府取代竞争的政策的清楚表达和肯定性表示的最好证据。然而，如果存在其他的证据表明，州政府意图选取一个准许性的政策，即使不存在强制也不能因此否决获得 Parker 适用除外的主张。该案明确，一项直接允许但是并不迫使反竞争行为的州政策，在 Midcal 案的“清楚表述”要件的意向之内。

第三，对“积极监管”要件的细化认定。在 1988 年的 Patrick v. Burget 案[⑤]中，法院指出“只有在私人团体的特定反竞争行为处于州的判断（judgment）之

① 433 U. S. 350，(1977).

② 439 U. S. 96 (1978).

③ 504 U. S. 621 (1992).

④ 471 U. S. 48 (1985).

⑤ 486 U. S. 94 (1988).

内的”,才能予以适用除外。法院还指出,在此案中不需要考虑 Midcal 标准的“清楚表述”要件,因为本案没有符合“积极监管”要件。积极监管要件起源于这样一种认识:“一旦私人团体参与反竞争活动,就有一种现实的危险,他的行为是为了促进其自身的利益,而不是州的政府利益。”①积极监管是为了确保州行为原则将只保护那些在州的判断之内,并在事实上促进州的管制政策的行为。为此,积极监管要件要求州政府对相关反竞争行为实施最终的控制,而仅仅在监管中存在某些州政府的参与或者监测是不够的。如法院在 Liquor Corp. v. Duffy 案②中所认定的,“对私人团体限制竞争行为的某些形式的审查并不构成积极监管,因为它们并没有对该限制‘实施任何实质性的监管’”。Midcal 标准的积极监管要素要求:州政府官员积极有效地对私人团体的特定反竞争行为进行审查,并且撤销那些不符合州政策的行为,否则将不能够切实保证私人团体的反竞争行为是为了推进州政策,而不仅仅是促进其自身的利益。在 Ticor 案③中最高法院还指出,在积极监管缺位的时候不能赋予州行为适用除外,而只能认定为私人价格固定安排,即使是州的司法审查也不能够弥补这个真空;积极监管标准要求州行使了足够的独立判断和控制,确保费率或者价格的细节都是审慎的州干预的结果。

四、中国法下反垄断法适用除外的构造

按照比较法的基本规律,“各种不同的法律秩序,尽管在其历史发展、体系和理论的构成及其实际适用的方式上完全不想同,但是对同样的生活问题——往往直到细节上,采取同样的或者十分类似的解决办法”。④ 进而,对于所调查的种种法律秩序解决问题的办法,必须从各国法律秩序的一切体系性概念中解放出来,摆脱它们纯本国的教条和外壳,最后独一无二地从功能性的角度,从满足各自法律需要的角度进行观察。⑤

(一)中国法下的政策性适用除外

在中国,政策性适用除外由《反垄断法》第 56 条规定:“农业生产者及农村

---

① Hallie v. Eau Claire, 471 U. S. 34, 47 (1985).

② 479 U. S. 335, 345 (1987).

③ 504 U. S. 621 (1992).

④ [德]茨威格特、克茨著:《比较法总论》,潘汉典、米健、高鸿均、贺卫方译,法律出版社 2003 年版,第 54 页。

⑤ 同上书,第 63 页。

经济组织在农产品生产、加工、销售、运输、储存等经营活动中实施的联合或者协同行为,不适用本法。”目前,中国农业领域的反垄断适用除外的关键,首先,明确对“农业”的理解。目前,大农业与小农业两种观点都认为,反垄断法中规定的“农业”应包括农、林、牧、渔诸产业,不同之处主要在于是否应将与农业直接相关的产前、产中、产后服务纳入农业的范围。[①] 其次,应对农业生产者及农村经济组织作出界定。农业生产者及农村经济组织的范围应是农业人,即直接从事农业生产经营并以此为主要营业的人,包括自然人、法人和其他组织。[②] 农业生产者既包括农民,也包括农业企业以及其他直接从事农业生产经营活动的组织;农村经济组织既包括农民专业合作经济组织,也包括农村集体经济组织;除此以外,从事与农业有关生产经营活动的经营者的行为,仍然要适用反垄断法的规定。[③] 在此基础上,以农业生产者的身份为中心,通过功能性的比较,可以建构反垄断法下农业适用除外的双层结构。就农业组织和渔业组织而言,在主体层面,可以确定将那些以互助为目的的盈利的农业和渔业组织列入反垄断法适用除外的范围,同时将这种“互利”作出限定,即规定这类组织实行一人一票的原则,规定每年对成员分发红利的比例,以及合作社经营的非成员的产品不能超过成员的产品,以保持这类合作社性质的组织的纯粹性。并且不得将从事初级产品生产之外的加工者组成的组织纳入适用除外的范围。在行为层面,按照比例原则,对于这类合作社可能实施的其他反竞争行为,如不仅仅要求其成员固定价格,而且还将没有按照其固定价格进行买卖的所有人排除出市场的行为,应当认定不属于适用除外的范围。

(二)中国法下管制行业适用除外的类型化

在中国,《反垄断法》第7条规定:“国有经济占控制地位的关系国民经济命脉和国家安全的行业以及依法实行专营专卖的行业,国家对其经营者的合法经营活动予以保护,并对经营者的经营行为及其商品和服务的价格依法实施监管和调控,维护消费者利益,促进技术进步。前款规定行业的经营者应当依法经营,诚实守信,严格自律,接受社会公众的监督,不得利用其控制地位或者专营

---

① 参见张瑞萍:《我国农业产业安全的反垄断法保障机制与规则分析》,载《当代法学》2011年第1期。

② 参见李亮国、王艳林:《农业在反垄断法中的适用除外研究(上)——中国反垄断法第五十六条之解释》,载《河南省政法管理干部学院学报》2008年第4期。

③ 参见全国人大常委会法制工作委员会经济法室编:《中华人民共和国反垄断法:条文说明、立法理由及相关规定》,北京大学出版社2007年版,第353页。

专卖地位损害消费者利益。"实际上,该条第1款规定了管制体制明确覆盖的领域构成反垄断法管辖的边界,第2款则规定了反垄断法明确覆盖的领域构成管制管辖的边界。在此基础上,可以将管制行业分为强度管制、中度管制和弱度管制等类型,对不同类型的管制行业采取不同程度的适用除外政策。对强度管制的行业,即那些在管制法律中直接规定了如果不从事某项在竞争领域可能会被反垄断法认定为违法的行为,在该管制领域即被认定为非法的行业,反垄断处于从属地位,适用除外可以最大限度地发挥作用;对中度和弱度管制行业,即那些没有管制法律规定在法院审判前先作出行政决定的情况下,管制机构就某个事项的审批的结果必须在法院判决之后出台,管制机构的经验和资源只起到参考的作用。对于管制行业适用除外的限定,在主体方面,没有立法机关的许可权,政府官员没有权利对一些反竞争行为实施适用除外。企业也不能够声称政府官员已经认可这种违反反垄断法的行为来规避反垄断法的责任,除非政府官员依法拥有权限。当前,寡头垄断的电力、电信和石油行业,有限竞争的民航、银行和保险行业,独家垄断的铁路等行业,分别通过在位者分拆、引入新的竞争主体和内部标尺竞争的方式来推动管制的改革,①应当根据匹配不同程度的适用除外。

在中国法下,还需解决专营专卖行业的适用除外问题。封建时代以来为增加财政收入的盐业专营传统,在新中国以确保食盐健康和战略储备为目的,通过《食盐专营条例》《食盐专营办法》得到延续。食盐专营实施以来,形成了垄断程度越大、价格越高"私盐"就越泛滥,"私盐"越泛滥就越要垄断经营,专营的范围就越大的恶性循环;②也产生了政企不分、盐业公司超越权限和地方立法实行地区封锁等问题。③ 而自1995年11月原国家计委、国家经贸委联合发布《关于改进工业盐供销和价格管理办法的通知》以来,盐业改革的历程步履艰

① 参见管乃生:《从放松规制到规制重构:国有垄断行业改革的新思考》,载《经济体制改革》2016年第1期。

② 参见许安拓:《盐业专营 百弊丛生》,载《中国改革》2006年第3期。

③ 2012年最高人民法院发布指导案例5号,即"鲁潍(福建)盐业进出口有限公司苏州分公司诉江苏省苏州市盐务管理局盐业行政处罚案",宣告盐业管理的法律、行政法规没有设定工业盐准运证的行政许可,地方性法规或者地方政府规章不能设定工业盐准运证这一新的行政许可,矛头直指当下不少地方性法规创设工业盐准运证的弊政。参见沈岿:《指导案例助推垄断改革——以指导案例5号为分析对象》,载《行政法学研究》2014年第2期。

难。[①] 至2016年,国务院通过《盐业体制改革方案》[②]提出,市场准入方面的管制部分维持,不再核准新增食盐定点生产企业,确保企业数量只减不增;坚持批发专营制度,以现有食盐定点生产企业和食盐批发企业为基数,不再核准新增食盐批发企业。同时,在价格和销售方面放松了管制,明确提出从2017年1月1日开始放开所有盐产品价格,取消食盐准运证,允许现有食盐定点生产企业进入流通销售领域,食盐批发企业可开展跨区域经营。据此,食盐行业不再处于普遍管制之下,反垄断法的适用将获得更大的空间。

无独有偶,在烟草业,我国实行的专卖管理、国有独资的运作方式和行政性管理,亦产生了大量争议。有学者指出,将烟草业推向市场是一个不可逆转的方向。[③] 也有学者指出,对于中国烟草行业而言,其改革的方向并非加强竞争,而是通过反垄断法适用除外进一步提高其垄断地位。[④] 不论未来改革方向如何,立足当下,根据《行政许可法》第12条、第14条之规定,[⑤]《烟草专卖法实施条例》有权限制香烟销售,设定行政许可尽管烟草专卖是由《烟草专卖法》所确立的销售模式,是典型的、合法的国家垄断,但这并不意味着烟草公司就可以肆意利用其专营专卖地位损害消费者利益,行政机关也不得滥用行政权力制定含有排除、限制竞争内容的规定。[⑥] 在《反垄断法》适用中,2014年起,反垄断执法机构查处内蒙古自治区烟草公司赤峰市公司涉嫌滥用市场支配地位案、[⑦]辽宁省烟草公司抚顺市公司滥用市场支配地位案,[⑧]认定对畅销卷烟品牌和非畅销卷烟品牌实行搭售的行为违反反垄断法;查处徐州市烟草公司邳州分公司涉嫌

---

① 参见国家计委、国家经贸委《关于改进工业盐供销和价格管理办法的通知》(计价格〔1995〕1872号)。

② 参见国务院《关于印发盐业体制改革方案的通知》(国发〔2016〕25号)。

③ 参见张晨颖:《反垄断法的适用与豁免——兼论我国烟草专卖制度的存与废》,载《法学》2006年第7期。

④ 参见李剑:《烟草业需要反垄断法吗?——烟草专卖改革的逻辑与路径》,载《当代法学》2013年第5期。

⑤ 根据《行政许可法》第12条规定,可以设定行政许可包括:直接关系公共安全、人身健康、生命财产安全的重要设备、设施、产品、物品,需要按照技术标准、技术规范,通过检验、检测、检疫等方式进行审定的事项。第14条规定法律可以设定行政许可。尚未制定法律的,行政法规可以设定行政许可。

⑥ 参见万江:《论烟草制品销售控制的反垄断法规制》,载李昌麒、岳彩申主编:《经济法论坛》(第15卷),法律出版社2015年版。

⑦ 参见《内蒙古自治区工商行政管理局行政处罚决定书》(内工商处罚字〔2014〕002号)。

⑧ 参见《辽宁省工商行政管理局行政处罚决定书》(辽工商处字〔2015〕2号)。

滥用市场支配地位案,[1]认定对条件相同的卷烟零售商实行差别待遇的行为违反反垄断法。而随着烟草行业2015年放开烟叶价格管制,改由企业自主定价,烟草行业的普遍管制开始放松,反垄断法的适用范围必将向更广领域推进。

(三)美国州行为适用除外规则在中国法下的意义

众所周知,在中国,"条条"和"块块"垄断是长期以来没有得到有效解决的问题。然而,与美国联邦制下州权所具有法定地位及其权力边界不同,在中央集权制的中国,地方政府并不具有设定管制的权限,"条条"的管制是由中央部委来设定的,因此州行为适用除外规则没有直接适用于地方政府的空间。中国需要解决的突出问题:一方面,是地方政府通过抽象行政行为和具体行政行为所实施的排除、限制竞争的限定交易和地区封锁;另一方面,是管制体制下的反垄断法适用除外覆盖面和适用程度的确认同样亟待明确的标准来界定。

鉴于此,州行为适用除外规则在中国的用武之地,应当是在管制行业做出参照适用。比照之下,对于管制机构及依照其指示行事的官员,应当符合两个行为方面的要求:一是对竞争的限制必须是得到了管制机构的明确肯定表达和清楚表述的,而一项直接允许反竞争行为的管制政策,可以认为在Midcal案的"清楚表述"要件的意向之内,是否实施强制在所不问;二是这种政策必须在管制机构自身的"积极监管"之下,确保私人团体的特定反竞争行为处于管制机构判断之内,调查管制机构是否采取了必要的步骤,行使了足够的独立判断和控制,以至于管制的细节都是作为审慎的管制机构的干预的产物而确立的。

第三节 政策融合下的管制—竞争法律链接:以能源产业为例

管制与竞争的法律链接的建构,存在相向而行的两股力量:一是产业政策与竞争政策板块运动过程中,放松管制动能的释放转化为管制—竞争边界的推移;二是将该等边界推移固化的竞争法律适用除外及其明晰化。与成熟市场国家相对静态状况大相径庭,在发展型的中国,加速工业化和赶超的过程中,产业

① 参见《江苏省工商行政管理局行政处罚决定书》(苏工商案字〔2014〕第00578号)。

政策与竞争政策的板块运动十分活跃,产业发展的管制—竞争边界变动的程度可观,而方向则取决于发展规划的顶层设计和产业政策的公平竞争审查。而无论是发展规划,还是公平竞争审查,其制定与实施都有赖于对产业政策与竞争政策目标融合的理解,以及对产业发展的促进效率与消费者福利的本质诉求的认识。以能源产业为例,在产业政策与竞争政策融合的视野下,管制与竞争的法律链接的内部结构可得以明晰。

近年来,随着中国经济的较快发展和工业化、城镇化进程的加快,能源需求不断增长,能源供应有序、能源效率提高和能源部门服务质量改善等问题的解决却停滞不前,各界要求对包括能源产业在内的垄断性产业进行改革的呼声日益高涨。2005 年,国务院发布《关于鼓励支持和引导个体私营等非公有制经济发展的若干意见》(国发〔2005〕3 号)(以下简称"非公 36 条"),提出放宽非公有制经济市场准入,包括允许非公有资本进入垄断行业和领域。之后,2010 年国务院发布《关于鼓励和引导民间投资健康发展的若干意见》(以下简称"新 36 条")进一步提出,鼓励民间资本参与电力建设,鼓励民间资本参与石油天然气建设。[①] "新 36 条"的提出,在业界并没有引起预期的影响,与之前对"非公 36 条"的热议反差巨大。截至 2013 年,"新 36 条"42 项民间投资实施细则已按国务院要求全部出齐。其中,《关于鼓励和引导民间资本进一步扩大能源领域投资的实施意见》提出了鼓励民间资产参与煤炭资源勘探、开采、经营、加工转化,以及电网、炼油和新能源等领域鼓励民间投资发展的政策。对此,关于细则不够细、可操作性不强的质疑依旧强烈,国家发改委也承认实施细则"与社会上迫切要求改善民营企业经营发展环境的热切期望相比,还存在一定差距"。[②] "36 条"系列政策凸显了"鼓励"的口号与实施的现实之间的距离,具体到能源产业,我国能源政策与竞争政策之间互动的碎片化,尚未形成稳定的协调机制,是造成改革难以推进的主要政策"瓶颈"。2014 年中石化启动油品销售业务进行重

---

① 鼓励民间资本参与风能、太阳能、地热能、生物质能等新能源产业建设。支持民间资本以独资、控股或参股形式参与水电站、火电站建设,参股建设核电站。进一步放开电力市场,积极推进电价改革,加快推行竞价上网,推行项目业主招标,完善电力监管制度,为民营发电企业平等参与竞争创造良好环境。支持民间资本进入油气勘探开发领域,与国有石油企业合作开展油气勘探开发。支持民间资本参股建设原油、天然气、成品油的储运和管道输送设施及网络。参见国务院《关于鼓励和引导民间投资健康发展的若干意见》(国发〔2010〕13 号)。

② 发改委:《回应民间投资细则质疑:与期望有差距》,载新浪财经网:http://finance.sina.com.cn/china/bwdt/20120727/150112690664.shtml,最后访问日期:2015 年 7 月 28 日。

组,引入社会及民营资本参股。[①] 这一源自垄断行业内部的松动,是十八届三中全会提出“市场在资源配置中起决定性作用”[②]以来的经济体制改革深化的一个重要契机和着力点。既然引入竞争似已势在必行,也就为后续能源产业管制与竞争这一议题打开了充分的想象空间。据此,以评析中国能源政策发展中的挑战为起点,在解读能源政策和竞争政策所追求目标的基础上,分析政策形成机制转型、行业监管架构转变中的政策融合趋势,为放松管制时代的能源产业的管制与竞争确立建构有效的“政策—法律”协调和联动框架。

一、中国能源产业发展的政策挑战

分析中国能源产业发展的政策挑战,需要厘清其发展脉络。一般认为,新中国的能源政策从1949年西柏坡会议上提出迅速恢复能源工业的生产,为工业化建设奠定能源基础开始,至今经历了三个阶段:一是计划经济阶段,先是从着力于恢复能源工业原有生产能力,到“一五”计划期间大规模建设能源工业,直到能源工业在“大炼钢铁”到“文化大革命”期间受到冲击,基本建设、产业布局和能源生产等遭受严重影响。[③] 二是改革开放初期,“开发和节约并举”的能源政策得以推行,重在扩大产量填补消费缺口,以相对较低的能源增长速度初步缓解能源紧缺;到“八五”计划、“‘九五’计划和2010年远景目标纲要”实施时,能源政策不仅以经济效益作为重点,而且愈发重视环境业绩和能源安全等因素。[④] 三是“十五”计划期间,国家制定《国民经济和社会发展第十个五年计划能源发展重点专项规划》和《新能源和可再生能源产业发展“十五”规划》,能源政策强调“优化能源结构,提高利用效率,加强环境保护”;“十一五”规划期间,能源政策进一步强调向安全、效率和环保并举转型,提出优化生产和消费结构,构筑稳定、经济、清洁、安全的能源供应体系;2011年我国《国民经济和社会发展第十二个五年规划纲要》发布,明确提出落实节约优先战略,全面实行资源

① 参见季苏平:《中石化开启央企混合所有制改革大门 民营资本寄予厚望》,载新浪财经网:http://finance. sina. com. cn/chanjing/gsnews/20140221/070018287463. shtml,最后访问日期:2016年2月21日。

② 本书编写组编著:《中共中央关于全面深化改革若干重大问题的决定》,人民出版社2013年版,第3页。

③ 参见谢治国:《新中国能源政策研究——对新中国能源政策发展过程的考察分析》,中国科学技术大学科学技术史专业2006年博士学位论文,第16~84页。

④ 同上文,第85~109页。

利用总量控制、供需双向调节、差别化管理,大幅度提高能源资源利用效率,提升各类资源保障程度。

综合分析以上三个阶段,能源政策主要作为国民经济和社会发展规划的重要组成部分提出,主要有以下特征:计划经济时期,一切按计划统筹进行,能源政策以"满足能源供应"为中心;改革开放开始以后,"开发与节约并举"的能源政策在10 多年的时间里取得了明显的成果,有效地缓解了国内能源不足的局面;20 世纪90 年代末期以来,随着经济体制改革的深化,能源政策逐步形成"安全、效率和环保并举"的中心内容。在这一政策变迁的过程中,中国政府越来越注重通过市场手段对能源生产与建设进行调控,从能源工业管理体制、能源价格调整,到能源市场建设都进行了广泛的改革。可以说,中国通过五年规划(计划)①来规划和发展能源产业,能源政策的发展经历了从单一目标向多元目标演化的过程,政策内涵逐渐明确、发展趋势愈发清晰,且与国际通行理念和走向接轨。

2007 年国务院发布《中国的能源状况与政策》白皮书,第一次正式以政府报告的形式集中讨论了中国能源政策若干问题。该报告认识到目前作为世界上位列第二的能源生产国和消费国,中国构建稳定、经济、清洁、安全的能源供应体系面临着资源约束、能源效率、环境压力、开发秩序、市场体系和监管体制等重大挑战。为应对这些挑战,该报告提出深化能源体制改革方案主要包括:第一,加快市场体系建设,充分发挥市场配置资源的基础性作用,鼓励多种经济成分进入能源领域,积极推动能源市场化改革;第二,深化管理体制改革,完善国家能源管理体制和决策机制……强化国家能源发展的总体规划和宏观调控……形成适当集中、分工合理、决策科学、执行顺畅、监管有力的管理体制;第三,推进价格机制改革,逐步建立能够反映资源稀缺程度、市场供求关系和环境成本的价格形成机制。②

上述报告提出的议题当中,市场体系建设、管理体制的改革和价格机制的改革是当前能源体制改革的重中之重,以能源体制改革为核心的能源政策选择若要突破,就必须突出落实对上述三大核心议题的解决。在这三者的关系问题上,应当首要明确两个重点方向:一是理顺、推进价格机制改革;二是革新、确立面向市场的科学的管理体制。在此,价格机制的改革实际上是作为连接管理体

---

① 除了五年计划之外,1980 年时任煤炭工业部部长和国家能源委员会常务副主任的高杨文曾作出《关于我国的能源政策问题》的讲话,1997 年时任总理李鹏发表了《中国的能源政策》的讲话,也尚未提出系统的能源政策。

② 除此之外,还提出了加强能源立法、强化安全生产和完善应急体系等措施。

制改革和市场体系建设的一套贯穿机制，与解决能源产业管理体制与市场体系之间的关系问题相辅相成。价格机制改革主要涉及形成机制的透明、合理和监管机制的完善、有效。而当前主要的症结在于，能源产业主导企业的企业行为与政府职能捆绑在一起，使政府无法清楚企业的效率，能源企业可以逃避政府的效率监督，公众也无法理解能源价格的高低。① 据此，归根结底，能源体制改革应当聚焦于解除企业行为与政府职能的捆绑，促发由计划经济的管理体制模式向市场经济下的管制体制模式转型。

实际上，自1993年《宪法》规定确立"国家实行社会主义市场经济"以来，计划体制褪入历史，厘清管制与市场的关系就成为建设、完善社会主义市场经济的一个关键问题。只不过，彼时所谓的管制，实际就是政企合一情况下通过国有企业对支柱部门的管理。而随着经济体制改革的深化，在政企分离的进程中行业管制的探索实践得以启动，并取得了一定成效，但更多的则是遭遇体制、机制"瓶颈"，步履维艰。究其原因，一方面，固然是由于管制行业的政企分离并不彻底，企业对管制政策的影响深重；另一方面，管制机构的法律地位不明确，与政府行政部门实施政监分离的进程曲折反复，独立性难以确立。除此之外，随着技术的变迁，原本因失去自然垄断特性而应当放松管制的领域，由于对应的市场竞争监管机制未能确立，也就成了改革被迟延或拖延的重要理由。在这种背景下，可以认为2007年《反垄断法》颁布并提出"竞争政策"，为探索管制—市场的互动打开了新的政策窗口。

能源领域涉及国家安全和经济稳定，在各个国家都是政府实施管制的核心领域之一。在后《反垄断法》时代重新审视中国能源领域的管制与市场问题，取决于能源政策与竞争政策的互动，落实到法制实践上则立足于理顺管制法律与反垄断法的关系。围绕这两点，可以从政策目标、政策形成和协调框架三个方面入手探讨两大政策协调机制的构建。

二、发展方式转变下能源政策与竞争政策的融合

以竞争政策的引入为新的政策窗口，考察能源产业的管制与竞争问题，需要厘清能源政策与竞争政策的关系。就此，应从基本理念入手，结合发展方式转变的要求框定能源政策的目标及其与竞争政策目标的契合，以确立能源政策与竞争政策的融合基础。

---

① 参见林伯强著：《中国能源问题与能源政策选择》，煤炭工业出版社2007年版，第13页。

(一)能源政策的目标

在世界范围内,能源安全是能源政策的首要目标。1974 年,在国际石油危机中宣告成立的国际能源机构(International Energy Agency,IEA),首次提出以稳定原油供应和合理价格为中心的能源安全概念。所谓能源安全,是公民、社会和国家对一次能源与电力的可靠和连续供应免受内外威胁的一种保障状态,它反映了保障国家安全和经济安全的必要程度。① 对于大部分依靠进口来保障能源工业的工业发达国家来说,其能源安全首先是指在可接受的经济条件下保证从外部长期连续进口能源。② 20 世纪 80 年代以后,人们对于生态环境、可持续发展战略等问题的关注,使能源安全不再是单纯的能源供应问题,还加入了能源使用安全这一内涵。③ 有学者将能源法的核心理念概括为安全、效率、环保。④ 也有学者指出,要实现可持续的能源供给就必须保证能源安全与能源效率这两个既有层级,又互为一体的目标:能源安全是能源效率的基础,能源效率又是能源安全的保证,但能源效率代表了现代能源法目标值的未来。⑤ 有学者更进一步指出,政府规制的目标应该是国家石油安全、产业效率和消费者剩余之和的最大化实现。⑥ 在实现能源安全战略的法律路径上,学者则指出,一国能源安全与效率的直接决定因素有四个,其中"国家是空间,政府是基础,市场是源泉,科技是工具"。⑦

---

① 参见[俄]斯·日兹宁著:《国际能源政治与外交》,强晓云等译,华东师范大学出版社 2005 年版,第 45 页。

② 参见[俄]斯·日兹宁著:《俄罗斯能源外交》,王海运等译,人民出版社 2006 年版,第 31 页。

③ 参见黄振中、赵秋雁、谭柏平著:《中国能源法学》,法律出版社 2009 年版,第 70 页。

④ 参见叶荣泗:《〈能源法〉框架设计思路》,载《中国电力企业管理》2007 年第 8 期。

⑤ 能源效率往往是资源与环境保护、经济与社会可持续发展、技术进步与创新、公平竞争与反垄断、能源结构优化的集中表现。参见肖国兴:《论〈能源法〉的理性及其法律逻辑》,载《中州学刊》2007 年第 7 期。

⑥ 参见王丹著:《中国石油产业发展路径:寡占竞争与规制》,中国社会科学出版社 2007 年版,第 195 页。

⑦ 第一,国家是能源安全与能源效率的根本保证。能源安全首要预防的是能源供应中可能出现的不利因素……国家界定产权结构,最终要对造成经济增长、停滞和衰退的产权结构的效率负责,因而一国能源效率最终是由国家负责的。第二,政府是能源安全与能源效率的基本条件。有效的政府特别是"强化市场型政府"始终是能源法制度绩效的根本性依赖。第三,市场是能源安全保障的动力源泉。市场是产权博弈的空间,自然是能源效率的动力源泉,而能源效率又促成了能源安全长期存续的机会。实际上,能源安全总是以市场安全为系数的……第四,技术是能源安全保障的决定性利器。参见肖国兴:《论〈能源法〉的理性及其法律逻辑》,载《中州学刊》2007 年第 7 期。

作为主要的能源进口国，目前供应安全以及相伴随的能源价格的稳定仍是中国能源政策的核心内容，但效率与安全密不可分的观点也逐步得到更为广泛的认同，能源效率的诉求已经越来越迫切，能源环保的意识不断提升，能源产业消费者福利的要求也日益凸显。可以认为，中国能源政策的首要问题，应当是摆脱纯粹由能源供给确保能源安全的认识局限，将提高国内能源效率拔高到与保障能源供给同等重要的位置。能源效率应当包括能源开发效率和能源利用效率，后者并涵盖能源环保的内容。据此，能源政策应充分考虑能源政策的安全和效率两大目标，应在国家和政府保障支持的基础上，进一步发挥市场和技术的作用比重。

（二）竞争政策的目标

现代竞争政策的目标是保护竞争或经济自由以达到经济效益最大化。将该一般化的界定予以分解可以发现，较早处于支配地位的哈佛学派强调保护、维持竞争才能达到经济效益最大化，其中应当兼顾公平。稍后崛起的芝加哥学派更强调维持竞争过程或自由竞争，不太考虑分配公平。[①] 而 20 世纪 80 年代之后勃兴的后芝加哥学派，则在消费者福利的具体界定上与芝加哥学派产生分歧，认为芝加哥学派提出整体福利而不是纯粹的消费者福利。尽管解读各异，保护竞争、提升效率和促进福利作为竞争政策与法律的目标是确定无疑的。在中国，竞争政策被界定为旨在保护和促进市场竞争的经济政策——国家通过制定和实施竞争政策保护和促进市场竞争，确保竞争机制在市场中发挥作用，从而提高生产效率，优化资源配置。[②] 作为竞争政策的载体，反垄断法保护市场竞争机制，维持竞争环境，在这一环境中通过价格的引导使资源得到最优化配置，以提高整体经济效率，造福于全社会所有成员；反垄断法通过保护竞争机制，扼制垄断行为，使市场始终保持“有竞争”的状态，在竞争的作用下，迫使经营者以最低的成本生产最高质量的商品，并使消费者能以最低的价格购买到这些商品。[③]

一般认为，竞争政策是反垄断法制定的依据，反垄断法是竞争政策的表现

---

① 参见臧旭恒：《从哈佛学派、芝加哥学派到后芝加哥学派——反托拉斯与竞争政策的产业经济学理论基础的发展与展望》，载《东岳论丛》2007 年第 1 期。

② 参见全国人大常委会法制工作委员会经济法室编：《中华人民共和国反垄断法：条文说明、立法理由及相关规定》，北京大学出版社 2007 年版，第 44 页。

③ 同上书，第 2～3 页。

形式。[①] 而反垄断法的目标实际上可以化约为保护竞争机制、促进经济运行效率和消费者福利最大化这三大目的，通过保护竞争机制作用于提高整体经济效率，进而作用于消费者福利的提升。竞争政策一旦法制化，成为具有强制执行力的规则，就不再像政策一样具有相对弹性的适用伸缩空间，而是对应着义务、责任和处罚。至此，不仅应当明确反垄断法作为竞争政策核心组成的重要意义，但更应认识到光是从反垄断法规则的意义上理解竞争政策是不充分的。广义的理解，除反垄断规则之外，竞争政策还应当包含众多的政策工具，如国有企业的私有化、放松管制、重新管制、消除行政垄断、减少新投资或准入的许可、削减专向补贴以及贸易自由化等。在这种广义竞争政策的语境下，随着管制与市场边界的调节，应在市场的疆界内充分贯彻竞争法律，在放松管制的地带积极推行竞争政策，在管制体制之中有效输入竞争标准。

（三）能源产业发展方式转变下的政策融合

当前，面临国内需求的持续快速增长和国际能源市场形势的不断复杂深化，能源产业的发展遇到了前所未有的挑战，能源安全与能源效率的实现面临制度瓶颈，对行业发展提出了转变发展方式的要求。从发展方式转变出发，考察能源政策问题，政策融合是重中之重。

第一，能源安全的严峻形势要求政策融合。以石油为例，自 1993 年中国成为石油净进口国以来，在经济保持高速增长的同时石油工业却发展缓慢，原油对外依存度由当年的 6% 一路攀升，到 2009 年突破 50% 警戒线达到 51.3%，2012 年超越美国（53.5%）达到 55.2%，2015 年取代美国首次成为全球第一大原油进口国，原油对外依存度为 75%。[②] 石油供应受国际能源市场制约的程度越来越高，对中国经济的发展有着潜在的实质性连锁影响。[③] 不仅如此，这“背

---

① 参见全国人大常委会法制工作委员会经济法室编：《中华人民共和国反垄断法：条文说明、立法理由及相关规定》，北京大学出版社 2007 年版，第 44 页。

② 参见张启安：《2010 年我国原油对外依存度为 53.7% 涨幅历年之最》，载财经网：http://www.caijing.com.cn/2011-01-20/110624142.html，最后访问日期：2015 年 7 月 28 日；祝剑禾、张艳：《我国原油对外依存度首超美国》，载新华网：http://news.xinhuanet.com/fortune/2011-08/03/c_121763279.htm，最后访问日期：2015 年 7 月 28 日；辛灵：《中国超美成第一大原油进口国 原油依存度达 75%》，载腾讯新闻网：http://news.qq.com/a/20150512/008249.htm，最后访问日期：2016 年 3 月 19 日。

③ 可能导致“贸易收支状况恶化，产品价格上升，通货膨胀压力加大，货币疲软，并最终影响经济增长”。参见简新华等著：《中国经济结构调整和发展方式转变》，山东人民出版社 2009 年版，第 186～191 页。

后蕴含有更高的政治和经济风险,涉及国家战略安全的问题”。[①] 毋庸置疑,从能源安全对经济社会稳定的影响来看,能源短缺是一个重要的作用因素——屡次爆发的成品油油荒就是典型的例证。然而,与计划经济时代和改革开放之初不同,当前中国的能源短缺不是因为我国的生产建设能力问题,而是市场信号没有充分反映供求关系、上下游两种价格机制的矛盾,造成能源供应链上的不同环节企业最佳产量的扭曲。[②] 也就是说,即使是在国际市场稳定、原油供给安全得到保障的情况下,由于国内市场建设的滞后和管制体制的不健全,成品油的供给安全仍然得不到保障,从而对经济发展和社会稳定造成重大影响。

第二,能源效率的突出问题需要政策融合。有学者根据中石油和中石化的统计年鉴得出的数据统计,发现中国石油加工企业开工率低、加工损失率高,资源综合利用水平不高;近半数的中国石油企业的生产能力较国际平均水平偏低,生产能力的利用率也较低。[③] 不仅如此,通过分析和比较外资企业和国有控股企业的数量比重与利润比重可以发现,能源工业中相对较少的外资企业赚取相对较高的利润,国有控股企业的经济效益与外资企业的差距在市场集中度较高的行业中也更加突出。[④] 易言之,行业管制与市场集中度对国有企业竞争力没有直接促进作用,国有石油公司并没有效率上的精进,不符政策制定的初衷。实际上,这种因竞争压力的缺失而产生的非效率性和成本的上升,并不令人意外。进一步地,能源环保问题的解决,清洁能源使用的推广,当前单靠政府通过在供给端实施税收优惠和财政补贴等方式难以实现,而非转向市场和消费者基于能源效率和价格的选择,恐怕难以遏制这种“X 非效率性”范围的扩张。据此,虽然能源产业具有保障安全的政策特性,但是没有理由因此拒绝经济发展方式从粗放型向集约型发展方式[⑤]转换的时代诉求,政府应该加强公共政策供给,切实培育公平竞争的市场环境,为激发能源效率、技术创新和环保节约提供

① 王丹著:《中国石油产业发展路径:寡占竞争与规制》,中国社会科学出版社 2007 年版,第 133 ~ 134 页。

② 参见史丹著:《中国能源供应体系研究》,经济管理出版社 2011 年版,第 18 页。

③ 参见王丹著:《中国石油产业发展路径:寡占竞争与规制》,中国社会科学出版社 2007 年版,第 34 页。

④ 参见史丹等著:《中国能源工业市场化改革研究报告》,经济管理出版社 2006 年版,第 59 页。

⑤ 经济发展方式按照主要依靠要素投入增加还是主要依靠技术进步可分为:主要依靠生要素的增加实现经济增长的粗放型和依靠技术进步和生产要素效率的提高来实现经济发展的集约型。参见简新华等著:《中国经济结构调整和发展方式转变》,山东人民出版社 2009 年版,第 186 ~ 191 页。

政策环境保障。

第三，政策融合还需确立能源政策目标的第三极。如前所述，基于当前的现状，加快市场体系建设，逐步引入竞争政策，确立管制体制与市场体系的各自作用领域，构建法制化的政策协调模式已经成为不可回避的问题。要充分确立政策协调的制度安排，还必须调整能源政策目标体系的构成，确立消费者剩余[①]作为政府能源政策目标的第三极。这是与中国发展紧密勾连的：改革开放以来中国发展模式的重要特性，可以归纳为“通过社会稳定而取得快速经济发展，反过来又用快速经济发展来保证稳定”；[②]而社会的稳定包含了多种层次，在市场经济中，作为商品和服务消费者可以自由、公平地获得应有的福利，是社会稳定的基本要素之一。能源的重要性不仅在于其本身，更在于其对经济社会发展的功能性作用。因此，能源问题的解决，应当立足于中国的发展大局和民众日益增长的物质需要。那么，要认识到能源安全和效率作为能源政策的目标固然重要，但是为了安全而安全、为了效率而效率的能源政策，必然是空洞且不可持续的。确立消费者剩余作为能源政策的重要目标，不仅有利于维护社会稳定的良好发展环境，也有利于能源安全服务于其最终目标：消费者——各项产业的生产消费和社会公众生活消费——的能源需求在合理的价格上得到稳定的供应和满足。

综上论述，中国能源政策目标的理性定位应为包含有保障能源安全、促进能源效率和提高消费者剩余三大支柱的稳定三角形。保障能源安全是国家能源政策的核心内容，提高消费者剩余是在保障能源安全前提下国家能源政策应当实现的最终目标，促进能源产业效率则是链接能源安全和能源消费者剩余的中间环节。能源产业的效率促进是在保障能源安全的前提下，完善自身产业结构、提升产业绩效，进而对外促进能源安全，对内增加能源消费者剩余。在此框架下，竞争政策的作用空间则在于通过确立和维护市场竞争机制来促进包括能源开发效率和能源利用效率在内的能源效率的提升和消费者剩余的增加，进而将能源效率提升切实地转化为整体经济效率的提升，并最终传递给消费者，将能源产业的消费者剩余切实地转化为整体消费者福利的提升。据此，通过能源管制与竞争政策的互动，经由竞争的实现来推进效率的增益和消费者福利的提

---

① 消费者剩余(consumer surplus)又称为消费者的净收益，是指买者的支付意愿减去买者的实际支付量。

② 林伯强著：《中国能源问题与能源政策选择》，煤炭工业出版社2007年版，第9页。

升，最终在内涵上保障能源安全（参见图 2－2）。

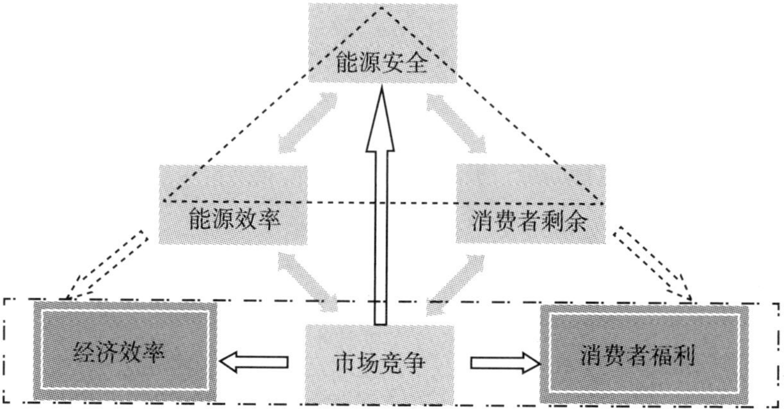

图 2－2　中国的能源政策与竞争政策目标

三、政策融合视野下的“管制—竞争”协调法律框架的构建

基于追求目标上的契合，加快市场体系建设，疏通管制与市场之间的体制间互通管道，实现能源政策与竞争政策的融合，是加快能源产业发展方式转变的必由之路。进一步地，充分认识受到不同国内政治制度和国际政治经济制度约束的、构成复杂的结构—功能系统的政府经济政策决策过程，[①]可以将理念贯彻于一套合理的政策决策机制、监管体制和法律框架。

（一）政企功能剥离、管理体制变革与政策形成机制的调适

在能源政策与竞争政策目标契合的背景下，当前的首要任务是认识两大政策的形成机制，在此基础上促成政策转型。在能源政策的形成机制上，中国自 1950 年能源部门开始全面推行苏联式管理体制和决策机制以来，能源政策的制定基本是各级政府或企业上报问题，直属政府机构或主管部门组织咨询、提出对策建议，相关部门之间文件交流沟通、提出意见，主管部汇总上报国务院批准的运作模式。[②] 由于涉及国计民生和国民经济命脉，能源政策的形成机制是相对单向度、封闭的。相较而言，处于初生阶段中国竞争政策的政策形成机制尚

① 参见盛斌著：《中国对外贸易政策的政治经济分析》，上海三联书店、上海人民出版社 2002 年版，第 138 页。

② 参见杨敏英：《完善我国能源政策制定机制的建议》，载《经济研究参考》2006 年第 36 期。

待确定，但可以辨识其形成过程中可能受到包括贸易政策、产业政策、知识产权战略、国家安全战略和外交战略等相关政策约束，国有企业、跨国公司、消费者、民营企业和非政府组织等主要利益团体的影响，以及关联的国际因素如外国政府和国际机制的约束，不一而足。

比较而言，能源政策的形成机制与竞争政策的形成机制，可以说恰恰是封闭与开放的光谱两端。如前所述，以石油行业的能源政策为典型，是一种管理体制，而非管制体制。管理体制的特点，就在于企业由政府建，企业领导由政府派，资金由政府拨，价格由政府定，企业盈亏由政府统一负责，不存在任何经营风险，即实行政企高度合一的管理体制。① 也就是说，这种管理体制与政企不分是相因相生的，理应随着政企分离的进程消失。然而，现实中的石油行业，政企分离的不充分，使这种管理体制得以隐然延续，致使政监分离无从谈起，也成为管制体制推行的背后障碍。② 解决的方法，必然是深化政企分离，将分而不离的环节斩断、惯例革除，做到真正的政企功能剥离。例如，根据现行制度，非国营企业从事原油进口贸易，需要持中石油、中石化出具的"排产证明"，否则海关不予放行，铁路也不安排相应运输计划。③ 这种就属于企业仍然保有残剩政府管理职能的体现，应当在新一轮的改革中彻底剥离这类功能，而为管理体制的改革迈向成熟的管制体制打下基础。

由于体制格局的限定，政策形成机制的转型无法一蹴而就，但可以通过双向的互动来渐进推动。第一，推动政策制定的公开、透明和参与主体的进一步开放：不仅包括国有企业，而且要扩大到民营企业、外资企业、合资企业等所有参与市场的主体，使主要利益相关者都有均等的机会切实参与政策制定的过程，使政府逐步摆脱被单一利益集团实施政策绑架的困境。第二，不仅要认识到政策目标包含保障能源供应安全、提升能源效率和保障能源消费者福利的多元特性，还要找准政策目标的结合部将诸多目标有机地联结起来，通过公平竞争环境的营造推进产业效率和消费者整体福利的提升并最终保障能源安全。

---

① 参见王俊豪著：《中国垄断性产业管制机构的设立与运行机制》，商务印书馆2008年版，第13页。

② 同上书，第52～53页。

③ 自2002年起，我国依据加入世贸组织的承诺，允许非国营企业从事部分数量的原油进口贸易。商务部每年都会下达相应的配额指标。实践中，海关要求非国营进口企业出具"排产计划"才可办理通关手续。而且，根据2003年5月的《铁运函150号令》，没有"排产计划"，铁道部门也不给原油提供运力安排。

第三,突出制定政策的引导性:明确政策重心不是放在能源生产和消费平衡的数量指标上,也不是放在市场竞争状况的静态评估上,而是放在形成能源发展战略和市场竞争状况动态演进的方向引导上。[①] 在此基础上,要形成基于法治的政策协调机制,用立法的方式贯穿确立管制领域和竞争性领域的不同主导性政策。当前,竞争法律体系已趋成熟,能源领域法律制定和修订则势在必行。

(二)政监分离的全面推进与分类覆盖

能源政策与竞争政策的协调是一项复杂的系统工程,除了转型政策形成机制之外,还应确定层次分明、衔接紧密的政策制定与行业监管架构。当前,国家能源委员会负责研究拟订国家能源发展战略,审议能源安全和能源发展中的重大问题,能源政策由国家能源局主导包括其他相关部门在内的中央行政机构参与制定。[②] 而在我国现有的能源市场监管体系中,主要是资源勘探开发的监管,总体上看监管职责分散和重叠,有些领域监管缺位,一些领域还存在政企不分的现象。[③] 而竞争政策与竞争执法的分工是明确的。根据中国《反垄断法》规定,国务院反垄断委员会负责有关竞争政策的研究和拟定,统一组织、协调和指导全国反垄断工作的机构,更多地从宏观角度出发,综合分析我国的经济发展状况和市场结构,拟定符合我国国情的竞争政策,作为反垄断法执法的依据。[④] 反垄断执法则由发展改革委、商务部和国家工商总局负责,且三部门与其他相关部门[⑤]在内的中央行政机构参与竞争政策的制定。

按照现行的框架,能源政策和竞争政策的有效协调尚存在诸多问题。作为

---

① 参见杨敏英:《完善我国能源政策制定机制的建议》,载《经济研究参考》2006 年第 36 期。

② 目前,“能源委”涉及的单位包括:中央财办、外交部、发展改革委、科技部、工业和信息化部、安全部、财政部、国土资源部、环境保护部、交通运输部、水利部、商务部、人民银行、国资委、税务总局、安全监管总局、银监会、电监会、总参谋部。参见国务院办公厅《关于成立国家能源委员会的通知》(国办发〔2010〕12 号),载新华网:http://news. xinhuanet. com/politics/2010 - 01/27/content_12885187. htm,最后访问日期:2015 年 7 月 28 日。

③ 参见曹建华、邵帅主编:《国民经济安全研究:能源安全评价研究》,上海财经大学出版社 2011 年版,第 18 页。

④ 参见全国人大常委会法制工作委员会经济法室编:《中华人民共和国反垄断法:条文说明、立法理由及相关规定》,北京大学出版社 2007 年版,第 44 页。

⑤ 其他部委包括:监察部、财政部、交通运输部、国资委、工业和信息化部、知识产权局、法制办、银监会、证监会、保监会、电监会。参见国务院办公厅《关于国务院反垄断委员会主要职责和组成人员的通知》(国办发〔2008〕104 号),载北大法宝:http://bmla. chinalawinfo. com/newlaw2002/slc/slc. asp? db = chl&gid = 109404,最后访问日期:2015 年 7 月 28 日。

"议事协调机构"的国家能源委员会和国务院反垄断委员会,由于制度化沟通机制的缺乏,在能源政策与竞争政策的协调很可能以回应政策冲突为主,形式上侧重于以问题解决导向的工作会议。但是,能源政策与竞争政策问题牵涉面广且具有相当的技术复杂性,不仅涉及能源管理部门之间管理权限之间的协调还涉及能源管理部门与竞争管理部门之间的协调以及能源产业国有企业的利益诉求等问题,因而一直以来延续的问题解决导向的协调机制欠缺制度化的安排,显然是不充分和难以形成长效的。公平竞争审查制度出台之后,长效机制的建立值得期待。即便如此,还需要解决一个重要的问题,即理清能源政策与竞争政策之间互动的层次,在此基础上确立政策制定与行业监管分离的模式,为协调框架奠定法律基础。

当前,确立政监分离的框架面临两个方面的挑战。一是放松管制下的监管深入推进。在政府实施名义监管的情况下,由于缺乏有效的标杆,很难判断国有能源企业的经营底线,而一个没有经营底线的行业是很难有效率的。因此,需要进一步开放吸引非公经济主体进入,以帮助确立经营底线和必要的财务纪律,为合理制定能源价格提供参考依据。① 二是监管形式的分类覆盖。可以认为,实践中垄断性产业的管制机构分三种基本类型:实行政企合一、政监合一的双合一型,实行政企分离、政监合一的半分合型,以及同时实行政企合分离、政监分离的双分离型。② 具体到能源产业,所涉煤炭、石油和电力三个领域,只有电力领域曾经实施政监分离,③目前管制的模式都属于半分合型,即政监分离尚未完成,实际上政企之间的功能剥离也未尽完成,这些都构成了管制改革迟迟难以突破的"瓶颈"。其解决似乎已经陷入了"鸡生蛋、蛋生鸡"的困局。应当通过《能源法》统合性的规定和《煤炭法》、《电力法》等相关法律的修订,对能源产业的政监分离作出详尽的规定,稳步实现监管的分类、全面覆盖。在此基础

---

① 参见林伯强著:《中国能源政策思考》,中国财政经济出版社2009年版,第163页。

② 王俊豪主张的四种类型中,指出还包括一合一分型,即实行政企合一,但政监分离的管制机构。这种类型只在理论上存在。参见王俊豪著:《中国垄断性产业管制机构的设立与运行机制》,商务印书馆2008年版,第52~53页。

③ 2013年3月根据国务院《关于提请审议国务院机构改革和职能转变方案》,将国家电监会、国家能源局的职责整合,重新组建国家能源局,由国家发展和改革委员会管理;国家电监会不再保留。

上,还可以考虑逐步将能源市场监管职能收归统一机构管理。①

(三)政策协调框架下的管制与反垄断监管互动

协调的目的是实现所有活动的总目标,即效率的增益与消费者福利的提升。而建构协调框架,则应从形式和实质上廓清管制与反垄断之间的关系。在形式上,管制机构的设置可以分为三种模式:独立的、权力集中型的管制机构,在政府相关部门下设立相对独立的管制机构,政府部门与管制机构合一。② 不同的形式下管制与反垄断的互动应有不同:在政府部门与管制机构合一的情况下,政策协调与监管互动难分彼此;存在独立或相对独立的管制机构的情形下,政策协调与监管互动应当确立一种分层结构。在实质上,则需要确立管制与反垄断之间关系的一套标准。该等标准的核心原则是,管制行业中的反垄断应当立足于确保管制体制实现其经济目标。③ 在此基础上,应当区分两类引起管制与反垄断产生交集的问题:一是如果管制体制下的规则设定或要求企业从事通常被反垄断法所禁止的行为(价格管制与准入要求),这种情形下政策形成的机制应当是什么?二是管制行业的企业做出被反垄断法所禁止的行为,但监管机构未能有效实施监管,这种情形下反垄断执法应当发挥什么作用?

在此,认定中国经济体制改革深化的方向,应是继续沿着符合经济学理论和中国现实规律的道路上稳步前行。那么,在经济性管制领域,为最大限度地保证其拨款的最大化,独立的管制机构模式是最好的选择。④ 与之匹配的,是人员编制的最大化。建基于其上的,是专业性和独立性的追求。执法的权威性是制度安排连锁反应的自然结果。进一步地,在预见并推动政监分离(不论最终分离的程度、速度如何)的同时,也可以着手规划确立一个双层的政策—法律协调框架,分类推进政策、执法互动,最终推动能源政策与竞争政策目标的实现。

---

① 在美国,联邦能源监管委员会(Federal Energy Regulatory Commission,FERC)是《联邦水电法》《联邦电力法》《天然气法》《天然气政策法》等能源立法和能源政策的执行机构。参见杨嵘:《美国能源政府规制的经验及借鉴》,载《中国石油大学学报》(社会科学版)2011 年第 1 期。

② 参见王俊豪著:《中国垄断性产业管制机构的设立与运行机制》,商务印书馆 2008 年版,第 101 页。

③ 参见[美]赫伯特·霍温坎普著:《联邦反托拉斯政策》,许光耀、江山、王晨译,中国政法大学出版社 2009 年版,第 786 页。

④ 根据肯尼斯·J. 迈耶(Kenneth J. Meier)、克里斯托弗·G. 雷迪克(Christopher G. Reddick)的研究,在社会性管制领域,从属性的管制机构比独立管制机构能够得到更多的行政支持,而经济性管制领域则相反。参见王俊豪著:《中国垄断性产业管制机构的设立与运行机制》,商务印书馆 2008 年版,第 114 ~ 115 页。

第一层：政策面协调，在能源政策与竞争政策宏观导向上针对“管制体制下的规则设定或要求企业从事通常被反垄断法所禁止的行为”这一问题展开。(1)国务院能源主管部门在组织编制国家能源战略、研究制定能源规划和能源政策时，应当将能源政策与广义的竞争政策相协调，①在经济形势发展的不同阶段，通过有选择、分阶段、有步骤地实施民营化、放松管制、重新管制、消除行政垄断、减少新投资或准入的许可等，来重新划定管制体制与竞争领域的范围，以促进能源管制体制的良性运转。在放松管制领域，酝酿和实施新的政策，应当导入公平竞争审查制度，并在管制机构与竞争执法机构之间形成事前磋商和事后协调的惯例，以明确界定管制—竞争问题和执法主体。例如，国家能源局出台《油气管网设施公平开放监管办法(试行)》，“旨在促进油气管网设施公平开放，提高管网设施利用效率，保障油气安全稳定供应，规范油气管网设施开放相关市场行为，在目前油气行业纵向一体化的体制下，解决上、下游多元化市场主体的开放需求问题”。这就预示，长期以来对石油、天然气输送管道网络的垄断有望被打破，也进一步意味着油气的开采、生产、储运和销售四大环节可能进一步的拆分，管制和竞争的各自覆盖范围进而需要依此重新界定。(2)国务院反垄断委员会在组织调查、评估包括能源市场竞争状况在内的市场总体竞争状况的同时，根据“在存在管制体制对市场进行控制的情况下，促使市场的运行更具竞争性”②的定位，研究能源领域竞争政策的适用方针，制定、发布能源领域的反垄断指南，协调能源领域的反垄断执法工作。在政策制定层面的协调，可以通过会议、文件等交流方式，国务院能源主管部门应请国务院反垄断委员会对政策制定中的竞争有关问题进行审读，并提出意见和建议，以主动避免未来可能出现的政策冲突。与此同时，国务院反垄断委员会在进行行业竞争政策的研究时，也应当要求国务院能源主管部门提供信息、数据，或向其就行业性问题进行咨询。

第二层：监管面协调，由国务院能源市场监管机构和国务院反垄断执法机构之间针对“管制行业的企业做出被反垄断法所禁止的行为，但监管机构未能

---

① 竞争政策有广义和狭义之分。广义的竞争政策，是指一切有利于竞争的政策，包括反垄断政策、政府对国有企业的私有化政策、放松规制、政府削减对企业的补贴、减少不利于外国产品和外国生产者的政策等；而狭义的竞争政策，仅指鼓励竞争、限制垄断的反垄断政策，它作为对竞争结果的“事后调节”措施，通常以法律形式出现。

② ［美］赫伯特·霍温坎普著：《联邦反托拉斯政策》，许光耀、江山、王晨译，中国政法大学出版社2009年版，第786页。

有效实施监管"这一问题展开。首先,应当在职能定位上,将国务院能源市场监管机构聚焦于对能源市场准入、能源价格的政府指导价设定及其监管上,主要通过能源领域的监管来实现能源安全的保障。因为依据机构特性,反垄断机构更擅长于处理对产业特定信息需要较少的质量证据案例,如价格歧视、纵向限制、滥用支配地位等;产业管制机构则更擅长于处理对产业专有信息要求较高的数量证据案例,如接入定价、垄断性高价、投资、服务质量等。① 其次,在管制体制内的监管协调,除了监管结构,监管者的决策顺序和沟通渠道也会影响政府监管的效果,②因而尤其应当注重协调的顺序。一般而言,能源市场监管机构在接到相关举报或因主动调查获悉行业内竞争相关问题时,可以将案件指引到国务院反垄断执法机构,或就竞争性问题向其咨询。在此,国务院反垄断执法机构的职能是有限的,应定位于"对于没有被有效审查或者控制的私人行为予以审查"。③ 而即便在涉及竞争议题由国务院反垄断执法机构牵头的情形下,也应当在反垄断行政执法中,请国务院能源市场监管机构提供行业相关信息和专业知识、判断,为准确、有效地处理案件提供专业支持,并预防、沟通、协调可能存在的管辖权冲突。在经营者集中审查过程中,则应当确立更为密切的申报、评估和救济的信息和权力共享机制。最后,监管面协调在操作上的落实,无论是国务院能源市场监管机构,还是国务院反垄断执法机构,行使其裁量权时都必须要有明确的标准和理由,更要有统一的执法标准。这种执法标准的统一超出了传统意义上单一监管机构内部治理,需要达成跨部门的监管机构之间的协调的秩序和谐,是监管面有效协调的基石,也是管制与竞争融合形成长效机制和稳定预期的基础。在此,统一执法标准的核心问题是确立统一的裁量基准。因为,裁量基准在形式上是"规则性"的,以一种具有对内约束力的规范性文件或规则的形式,通过裁量权规范的情节细化和效果格化的技术补充裁量权的判断标准。同时,其在功能上又是"自制性"的,体现出一种对裁量权的自我限定、自我建

---

① 参见[法]让·雅克·拉丰、让·泰勒尔(Jean Tirole)著:《电信竞争》,胡汉辉等译,人民邮电出版社 2001 年版,第 262~266 页。

② Baron 利用一个存在两个监管者(一个负责价格监管、一个负责环境监管)的 Stackelberg 博弈模型证明了监管者的行动顺序对监管效果的影响。Martmiont 也认为,在不存在合作机制的情形下,不同监管者的顺序行动能够造成比同时行动时更大的激励扭曲。参见唐松林、任玉珑:《电力行业政府监管体制改革:国外经验与中国对策》,载《经济问题探索》2008 年第 8 期。

③ [美]赫伯特·霍温坎普著:《联邦反托拉斯政策》,许光耀、江山、王晨译,中国政法大学出版社 2009 年版,第 786 页。

构和自我约束功能，目的在于对裁量权的正当形式形成一种自我约束。[①] 在竞争问题上，只有依据反垄断法的标准，在这种兼具规则性和自制性的裁量基准于部门间达成一致时，监管面协调的操作接口才能得以确立。具体而言，应当在采集信息（收集、加工和输出）、运用技术（分格次、列举情境化、运用数学公式）、消解不同行政机关之间的“剪刀差”和避免僵化的平衡机制等方面努力确立规则。[②]

（四）能源产业发展的政策选择与法律治理展望

当前，中国国民经济发展正在循着《中共中央关于全面深化改革若干重大问题的决定》的号角，在这场紧紧围绕使市场在资源配置中起决定性作用深化经济体制改革的伟大实践中攻坚克难。而从改革的大棋局上来看，要求国有资本继续控股经营的自然垄断行业，实行以政企分开、政资分开、特许经营、政府监管为主要内容的改革，根据不同行业特点实行网运分开、放开竞争性业务，推进公共资源配置市场化。吴敬琏先生指出，在首先明确全面深化改革的总目标——建立统一开放、竞争有序的市场体系——的基础上，应当有步骤、有顺序地解决目前市场体系存在的突出问题，包括部分市场还没有对所有主体平等开放，以及由于部分行业的垄断导致竞争性缺失问题。[③] 可以预期，主体的平等开放垄断性产业竞争性缺失的问题势必进入改革的议事日程。具体到能源产业，要达成“十三五”规划建设清洁低碳、安全高效的现代能源体系，维护国家能源安全的目标，[④]发展方式转变势在必行，重中之重在于构建与社会主义市场经济相适应的能源政策体系和能源市场监管机制。为此，应着力厘清能源政策与竞争政策的目标融合，并在此基础上明确确立合理的能源政策与竞争政策双层协调机制。在该等协调机制下，能源领域的市场监管同时兼顾市场化条件下的一般性与能源产业的政策、技术特性，可以同时发挥能源市场监管机构与反垄断执法机构两方面的专业性。同时，通过公平竞争审查制度，确保竞争政策所蕴含的竞争理念、规则和文化能够逐步渗入能源政策与法律的制定中，并在政策和法律的实施中得到推广，以促进保障国家能源安全，完善能源监管体系，规范市场主体行为，促进能源产业效率，提升消费者的整体福利。

---

① 参见周佑勇：《作为行政自制规范的裁量基准及其效力界定》，载《当代法学》2014 年第 1 期。

② 参见郑雅方：《行政裁量基准创制模式研究》，载《当代法学》2014 年第 2 期。

③ 参见吴敬琏：《全面深化改革应关注的几个问题》，载人民网：http://theory.people.com.cn/n/2014/0219/c83865-24407423.html，最后访问日期：2016 年 2 月 21 日。

④ 参见《中华人民共和国国民经济和社会发展第十三个五年规划纲要》（第十二届全国人民代表大会第四次会议决议通过）。

第三章　产业管制的竞争规则适用

马可·波罗一块石头一块石头地描述一座桥。

“可是，支撑桥梁的石头是哪一块呢?”忽必烈汗问。

“整座桥梁不是由这块或者那块石头，”马可答到，“而是由石块形成的桥拱支撑的。”

忽必烈沉思了一阵，然而又问:“你为什么总跟我讲石头？对我来说只有桥拱最重要。”

波罗回答:“没有石头，就不会有桥拱了。”

——伊塔洛·卡尔维诺:《看不见的城市》①

在明确确立的管制与竞争法律治理结构中，经过管制与竞争的结合部，进入管制体制的内部，不论是处于局部的管制还是全面的管制，产业管制之中竞争的展开都有赖于法律规则的确立与适用。产业管制的竞争规则适用问题，分析的起点是产业管制本身的特性。通常，产业管制的创立，首先取决于相关行业的一个共同特征，即产业创立成本非常大。② 例如，电力、石油天然气、自来水、通信、铁路在行业创立时需要投入巨额资金。根据产业组织理论的经典表述，对于这些行业来

① ［意］伊塔洛·卡尔维诺:《看不见的城市》，张密译，译林出版社2012年版，第82页。

② 参见［日］泉田成美、柳川隆著:《产业组织理论基础》，吴波、王琳译，机械工业出版社2015年版，第46页。

说，存在自然垄断的状况，即某种产品由一个企业生产与由多个企业生产相比，其总成本会很小——垄断局面的形成是不得已的，因为作为创立成本的一部分，这些行业的固定成本之一的设备成本很大，导致规模经济的产量水准较高；两个企业的同时存在会在创立成本上产生双重投入而造成社会浪费，如果创业成本过于庞大，两个企业共存的结果就是都存在赤字，最后会出现一个企业倒闭，另一个企业形成垄断的局面。[①] 为此，政府设定进入管制以解决重复建设的问题，同时设定价格管制以解决垄断问题。然而，管制的创设带来了与竞争激烈市场不同的效率场景，一方面，对于因进入管制和竞争被有效排除的垄断企业或国有企业来说，即使实施非效率的生产活动，因其长期存在无须倒闭从而丧失了从事效率性生产活动的动机，产生了因竞争压力的排除而产生的非效率性和成本的上升，即"X 非效率性"；另一方面，受公平报酬率管制的局限，价格受到限制的垄断企业和国有、私有企业，不进行技术革新也能保证一定的收益，技术革新的动机就很弱，其生产力的增长与竞争行业相比会发生非效率性，即"动态非效率性"。[②] 此外，由于预算软约束，国有、公有垄断企业里，即便由于持续非效率经营而陷入破产，由于注入公益资金就可以挽救，会发生从事无成本意识的经营而不能使经营效率化等问题。[③] 如此种种，都指向管制行业的改革，改革的途径是管制的放松，放松管制的过程之中竞争政策将通过竞争评估发挥支撑作用，放松管制结束之后竞争法律将全面或部分接管先前由管制法律覆盖的领域。

第一节　放松管制进程中的反垄断法适用：以中国石油行业为例

产业管制的竞争规则适用存在共性，但行业的产业组织特性不同，自然垄断所处环节的不同，放松管制的进程不同，都会使竞争规则磨合于垄断行业实际的形态有所不同，甚至大相径庭。或许可以认为，与其说规则改造了行业，不如说行业也在型塑规则。唯有其程度不同，使进入特定的行业分析产业管制的

---

① 参见[日]泉田成美、柳川隆著：《产业组织理论基础》，吴波、王琳译，机械工业出版社 2015 年版，第 46～47 页。

② 同上书，第 51 页。

③ 同上。

竞争规则适用成为必需。处于四大支柱型产业①之中心,石油行业以其在国民经济中占据的现实经济命脉位置、分合反复的改革进程、盘根错节的法律法规和规范性文件体系,可资参照管制样本和想象的竞争规则适用空间,是一个具有典型意义的分析对象。石油行业正处进行时的放松管制改革,则强化了分析的现实意义。

早在中国《反垄断法》制定过程之中,实施监管的行业(银行、电力、电信等)和依法(或依政策)成立的、在法律上或事实上具有独占地位的行业(石油、烟草)等支配了中国关系国计民生的重要行业成为了讨论的焦点之一。②《反垄断法》颁布实施之后,金融业的集中申报标准业已出台,而有关电信企业实施涉嫌垄断行为的案件则已受到反垄断的调查,管制行业的反垄断适用渐次展开。与此同时,随着油价的不断波动和石油需求的持续增长,提高能源效率和能源部门服务质量的需要日益明晰,各界要求对石油行业进行改革的呼声也越来越大,非公企业更是希望通过《反垄断法》的实施来打破石油行业的垄断。《反垄断法》在何种程度上能够承载这些期待,应当根据立法原意来考察,更应该解析法条、深入行业,分析文本背后交错的制度安排,通过竞争机制的效用发挥实现石油行业的健康发展。

一、石油行业的管制与竞争:一个回顾

中国石油行业的发展与中国经济的发展和治理模式的变迁相伴随,但总体上要滞后于中国社会主义市场经济发展的进程。在产业发展上,石油行业逐步经历了一个从集权管理到产业化分工,再到集团化重组的过程。在竞争政策的视域下,重新审视石油行业的管制与竞争,根据竞争制度的引入情况可划分为"前市场经济"时期和"市场化改革"时期进行回顾。

(一)石油行业的"前市场经济"时期

石油行业的"前市场经济"时期,依产业发展的进程可细分为两个阶段。第一,1949~1982年:集权管理阶段。在计划经济时期,不仅石油企业的独立法人地位没有确立,而且石油的勘探、开发、炼化和运输在不同时期分属不同政府部

---

① 1992年十四大报告明确提出把机械电子、石油化工、汽车制造业和建筑业作为我国经济发展的支柱产业,加快发展第三产业。

② 参见黄勇:《认识中国反垄断法》,载网易新闻:http://news.163.com/07/0906/08/3NMOHT31000121EP.html,最后访问日期:2015年11月28日。

门管理，并在销售环节则采取“统购统销”的政策。在行业发展的过程中，没有真正意义上的企业行为，而只有国家进行石油勘探开发总动员的准军事行为。[①]在改革开放初期，石油工业部集中统一管理下的独家垄断市场结构未能改变。在石油价格体制上，从计划经济时期一直到改革开放初期，石油生产和价格仍然由中央计划决定，但价格有所提高以弥补企业的亏损。1981年之后，国家指令产量之内的产品执行计划内价格，超出计划内产量的产品执行计划外价格，石油价格进入双轨制阶段。第二，1982～1998年：产业化分工阶段。改革开放初期以后，石油行业开始进入了改革的议程，三大石油公司陆续成立，从此石油行业形成了上游下游分割，海陆分治的管理体制，“三分四统”格局下的寡占型市场结构逐步形成。而石油部、能源部的相继裁撤，也使国家的石油管制体制继续延续了政企不分的路径。在石油定价机制上，从20世纪80年代初期开始的双轨制价格一直延续到20世纪90年代中期。1994年5月国务院终止产量承包制，取消双轨制，合并原油的计划价格和市场价格，由国家根据不同油田的具体情况将原油价格分为二类五档价格。在此阶段，改为名义上的市场定价，但政府仍然保留着很大的控制力。

在竞争规则方面，中国先后制定实施了以《竞争十条》为代表的一系列法律法规、规章和规范性文件，着力解决当时存在的地区封锁、垄断价格和企业兼并中的限制竞争行为，以降低成本的价格销售商品、搭售、串通投标、公用事业和管制行业企业排除、限制竞争行为，滥用行政权力限制竞争等一系列突出问题。然而，在该时期，由于计划体制的强大惯性，石油行业本身也正处于从集权管理向产业化分工过渡的阶段，竞争规则虽有涉及该行业的零星规定，但或是未能适用于石油行业，或是在实施层面收效甚微。[②]

（二）石油行业的“市场化改革”时期

石油行业的“市场化改革”时期对应的是产业发展的集团化重组阶段。进入重组阶段之后，石油行业市场准入与价格制定的管制格局更为明晰。1998年国务院重新组建三大石油公司，在地域上分为陆上的北方、南方和海上，实行国

---

① 参见王丹著：《中国石油产业发展路径：寡占竞争与规制》，中国社会科学出版社2007年版，第64页。

② 以“广东省工商系统查处不正当竞争案件总量分类统计表”（1993～2003年）体现的数据为例，在17类不正当竞争行为中，“公用企业或其他依法具有独占地位的经营者限制竞争”类案件占案件总量比例的1.65%。参见彭海斌著：《公平竞争制度选择》，商务印书馆2006年版，第315～317页。

家垄断、地域分割。同时，国务院将化学工业部、石油天然气总公司、石油化工总公司的政府职能合并，组建国家石油和化学工业局（2001 年撤销），归国家经贸委管理。[①] 1999 年国务院办公厅转发国家经贸委等 8 部门的《关于清理整顿小炼油厂和规范原油成品油流通秩序的意见》（以下简称“38 号文”）和 2001 年国家经贸委等 5 部门联合公布的《关于进一步整顿和规范成品油市场秩序的意见》（以下简称“72 号文”），赋予三大石油公司的炼制、批发和零售环节的垄断权。2006 年，商务部颁布了《成品油市场管理办法》和《原油市场管理办法》，规范石油市场的开放。2008 年国家发改委、商务部发布《关于民营成品油企业经营有关问题的通知》，进一步明确了民营成品油企业的经营规则、用油价格和国有石油公司的供油规则等。在石油定价机制上，1998 年原油和成品油价格开始参考新加坡价格定价，至 2001 年改为参考亚、欧、北美三个主要市场价格定价决定。

在竞争规则方面，中国先后制定实施了以《反不正当竞争法》为中心的一系列法律法规、规章和规范性文件，着力解决当时存在的以低于成本的价格倾销商品、不正当价格行为、零售商滥用优势地位从事不公平交易行为、串通招投标、地区封锁和外资并购境内企业的审查等一系列问题。在该阶段，由于计划体制随着集团化重组引入竞争的进程而消解，取而代之的管制体制进入历史舞台。然而，此时的管制体制并没有体系化的竞争体制与之相配套，相关法规中关于价格反垄断和经营者集中的规定都没有在石油行业形成有效的实施。

总之，对资源型行业实施管制还是交由市场调节，是各国政府都面临的选择。在中国，初始的制度形态为计划经济的集权管理，为了实现产业效率提升，石油行业内部进行了一系列产业结构的调整。在“前市场经济时期”石油行业逐步完成了政企分开并逐步确立石油企业的主体地位，在“市场化改革”时期石油行业则完成了企业的集团化重组并逐步确立管制的构架。与此相平行，竞争规则也在逐步出台，中国政府在权衡管制与竞争的对安全与效率的影响的基础上，有步骤地在石油行业引入竞争，然而，《反垄断法》出台之前的一系列松散的竞争法规范未能针对石油行业有效实施，该法的出台则为后续的制度变迁提供了基础。

---

① 参见王丹著：《中国石油产业发展路径：寡占竞争与规制》，中国社会科学出版社 2007 年版，第 64 页。

二、反垄断法在石油行业的适用误区与应然选择

2007年《反垄断法》出台，法律实施面临的一个重要问题是，该法在石油行业是否适用？如果适用，其适用模式为何？在深层结构上，这涉及两个交错的问题：第一，反垄断法对于在计划经济时期一直兼具行政职能的国有企业的适用是否涉及滥用行政权力排除、限制竞争的问题；第二，是否可以厘清竞争体制与管制体制之间的关系，为反垄断法的适用划定空间。对此，需要从反垄断法一般原理入手，结合中国的特定语境，考察其适用。

（一）适用误区："行政垄断"的反垄断法规制

石油行业具有自然垄断的特征，而且在当前中国具有寡占特征的石油行业中，三大石油公司皆为由国资委主管的国有企业。据此，不少论者提出推动石油行业的反垄断应从反"行政垄断"入手解决。有学者认为，国有企业既是行业的龙头企业，又是行业的管理者，还有政府部门作后盾，是典型的"半官半商"性质的行政垄断企业；国有企业所提供的产品和服务的定价不是通过市场竞争按价值规律形成的，而是它们或者其主管部门利用手中所掌握的行政权力和所垄断的资源单方面制定的，消费者只能被动接受；国有企业享有种种民营企业无法问津的特权和优势，民营企业不能与其公平竞争；国有企业利用手中的行政权力和所垄断的资源，限制民营企业的发展，甚至把民营企业逐出市场竞争。这些都说明，国有企业具有明显的行政垄断性质。[①] 具体到石油行业而言，有学者认为，"38号文"及其后续文件为重组后的中石油和中石化的垄断提供了行政保证。[②] 众说纷纭，反垄断之矛到底指向何处？

问题的焦点在于，廓清石油行业的反垄断法适用与"行政垄断"的反垄断规制之间的关系。《反垄断法》中并没有"行政垄断"的概念，规制的相应对象是"滥用行政权力，排除、限制竞争"的行为。那么，在反垄断法的意义上，石油行业的"垄断问题"是否能够通过"滥用行政权力，排除、限制竞争"行为的反垄断规制解决呢？根据《反垄断法》第8条的规定，"行政机关和法律、法规授权的具有管理公共事务职能的组织不得滥用行政权力，排除、限制竞争"。也就是说，

---

① 参见江中游：《论国有企业的改革与反垄断法的适用》，载《中国社会科学院研究生院学报》2009年第4期。

② 参见刘奕：《我国的行政性垄断及其规制——以石油行业为角度的探析》，载《生产力研究》2009年第7期。

依据《反垄断法》规制“滥用行政权力排除、限制竞争”，符合法定要求的主体为：“行政机关和法律、法规授权的具有管理公共事务职能的组织”。具体到石油行业的现状分析，可以以“市场化改革”时期起始阶段公布的“38 号文”为例进行分析。

“38 号文”规定，关于具体负责全国清理整顿工作的指导、监督和检查验收的工作，由国家经贸委牵头会同其他九部委组成全国清理整顿工作领导小组；与此同时还规定，石油集团、石化集团要积极配合国家有关部门和地方政府开展工作，并切实搞好对所属小炼油厂和成品油流通企业的清理整顿。分析“38 号文”的规定可以得出结论：由于石油集团和石化集团既不属于行政机关，也不属于法律、法规授权的具有公共事务职能的组织，不论其在集团化重组之前的产业发展中扮演了何种集行政管理与企业经营于一体的角色，在进入“市场化改革”时期之后，作为从事商品生产、经营或者提供服务的法人，应将其作为反垄断法意义上的经营者来看待，因此《反垄断法》中关于“滥用行政权力排除、限制竞争”的规则不应予以适用。进一步地，在主体上适格，从而可以适用“滥用行政权力排除、限制竞争”的反垄断法规制的，可以是国家经贸委等发文八部委。也就是说，如果将石油行业的反垄断法适用，立足于“行政垄断”的反垄断法规制，则将以认定“38 号文”违法为起点。但是，第一，“38 号文”系由国务院办公厅转发的国家经贸委等八个部门的通知。1998 年国务院决定将化学工业部、中石油和中石化的政府职能合并，组建国家石油化学工业局由国家经贸委管理，因此该文的发布者系有权石油行政管理机构。第二，“38 号文”旨在“深化石油石化行业改革，合理利用原油资源，保护和改善生态环境，调整炼油工业结构和产品结构，建立规范的市场流通秩序”。据此，“38 号文”实际上是有权行政管理机关所发布的针对石油流通领域的监管规定，在石油行业的“市场化改革”时期，“我国的石油行业体制的市场格局的特殊性表现在参与市场竞争的主体问题、价格管制的问题，甚至地域划分上的特殊性等都是政府决策的事项，石油行业在我国是国家管制的行业”。[①] 所以，这里的问题不是“38 号文”是否涉嫌行政垄断，而是“38 号文”这类文件如何接受公平竞争审查的问题。

当然，如果主管石油行业或足以影响石油行业的行政机关和法律法规授权的具有管理公共事务职能的组织实施了排除、限制竞争的行为，就不再是交由

---

① 刁艳华：《我国石油业产业规制的理论与实证研究》，载《资源与产业》2006 年第 6 期。

公平竞争审查制度解决了，而应受到《反垄断法》的规制。例如，被关于“38 号文”的讨论遮蔽的另一制度，非国营企业从事原油进口贸易，需要持中石油、中石化出具的“排产证明”，否则海关不予放行，铁路也不安排相应运输计划。该等由海关和铁路部门所作的制度安排，违背了我国允许非国营企业从事部分数量的原油进口贸易的世贸组织承诺，恰是分析是否构成滥用行政权力排除、限制竞争的对象。即便如此，这也并不能改变石油行业的管制性质，并转移规制的重心。

易言之，石油行业并不豁免适用《反垄断法》项下有关“滥用行政权力排除、限制竞争”的规定，处于转型阶段的石油行业若存在反垄断意义上的滥用行政权力排除、限制竞争行为，国务院反垄断执法机构应依据《反垄断法》的规定“向有关上级机关提出依法处理的建议”，但通过反“行政垄断”来推动石油行业的反垄断规制不是合意的指向。应该以发展的眼光来看待石油行业的演进，廓清“行政垄断”与依法管制之间的界限，明辨“行政垄断”与公平竞争评估制度的作用空间，在正确认识石油行业管制体制的前提下，有效推进反垄断法适用。

（二）应然选择：管制行业《反垄断法》的适用

反垄断法在石油行业适用的应有选择，应在管制行业反垄断法的适用框架下展开，这主要涉及政府管制和反垄断规制之间的关系问题。就此，霍温坎普指出，传统方法是将管制看作一个封闭的盒子，某个市场要么是在该盒子之内，要么是在该盒子之外。一个市场要么是“受管制的”，要么就是“不受管制的”。如果是“受管制的”，则反垄断通常是不受欢迎的，或至少是严重受限制的。在该范式中，法院通常要确定该管制体制是不是“普遍性的”。如果是普遍的，则该体制内的所有活动都被推定豁免于反垄断审查。但是，放松管制运动改变了我们关于管制的性质和范围的观念。在新的范式下，问题的关键是，该行为是由政府管制机构所促成——可能还是后者经过相当全面的事实审查之后批准的，还是由基本上不受监管的私人行为造成的。如果是后者，则应将其视为“市场”行为，应适用反托拉斯法。如果该私人行为既非政府管制机构“强制”的，也不是它“批准的”，要想主张反垄断适用除外，其理由就弱得多了。在这种情况下，法院一般会拒绝适用适用除外，除非适用反垄断法将使导致所涉管制法律与联邦反托拉斯政策之间产生“明显的矛盾”。[①] 在中国，《反垄断法》第 7 条规

① ［美］赫伯特·霍温坎普著：《联邦反托拉斯政策》，许光耀、江山、王晨译，中国政法大学出版社 2009 年版，第 787 页。

定:“国有经济占控制地位的关系国民经济命脉和国家安全的行业以及依法实行专营专卖的行业,国家对其经营者的合法经营活动予以保护,并对经营者的经营行为及其商品和服务的价格依法实施监管和调控,维护消费者利益,促进技术进步。”该条第 2 款规定:“前款规定行业的经营者应当依法经营,诚实守信,严格自律,接受社会公众的监督,不得利用其控制地位或者专营专卖地位损害消费者利益。”在此基础上,理解《反垄断法》第 7 条的内部结构,可以为反垄断法在包括石油行业内的管制行业实施提供法律依据。

第一,在管制体制明确覆盖的领域,构成了反垄断法管辖的边界。反垄断法生存的基础是自由竞争的市场经济体制,只有适用于竞争体制下的行业和领域,反垄断法真正的效用才能发挥出来;对于部分管制的行业,它所发挥的作用肯定会减少;对于政府全面管制的范围内,反垄断法介入就缺乏充分的基础。从一般意义上讲,管制并不意味着对反垄断的完全排除。当前逐渐形成的共识是,在实现管制目的的前提下应最大限度地适用反垄断法,最大限度地避免产生竞争损害,把对竞争的损害降低到最低程度。① 不仅如此,即使基于效率安全等原因实施管制,只要相关企业都是依法成立的合法经营主体,且没有触犯本法中列举的条款,就不是《反垄断法》所需要反对的“垄断”。在中国,《反垄断法》第 7 条第 1 款实际上规定了管制体制下反垄断法管辖的边界。就此,全国人大常委会法制工作委员会指出:“根据我国社会主义市场经济的性质和国民经济健康有序发展的要求,对关系国民经济命脉和国家安全的行业,如电网、铁路路网、供水、供气、供热管网、长距离输油输气管道等基础设施不宜重复建设和多家经营,具有自然垄断性质,以及一些依法实行专营专卖的行业如烟草业、盐业等,一般由国家设立或者控制的企业经营。上述企业在法律规定的范围内从事生产、经营活动,受国家的保护。”②第二,在反垄断法明确覆盖的领域,构成了管制管辖的边界。虽然对于在法律或事实上占有独占或寡占地位的企业,反垄断法并不挑战其依据特别法(或政策)而享有的独占或寡占地位,及其派生的对市场准入的限制、对商品或服务价格的制定等行为,但不能认为这些行业整体被《反垄断法》适用除外,相反这些类型的经营者应当在其行为上一体化适用

---

① 比如,如果设置行业准入和事后监督两种方式都能实现监管目标,那么应当采取事后监督的方式,尽可能减少对竞争的损害。

② 全国人大常委会法制工作委员会经济法室编:《〈中华人民共和国反垄断法〉条文说明、立法理由及相关规定》,北京大学出版社 2007 年版,第 34 页。

反垄断法的标准:独占或寡占企业的经营活动不得实施垄断协议,不得滥用市场支配地位排除、限制竞争,也不得违反反垄断法实施经营者集中。就此,本款明确要规范特定经营者的行为,要求此类经营者必须“依法经营,包括遵守本法和有关法律、法规的规定”。①

综上,从《反垄断法》第7条的规定及其立法背景来看,反垄断法对于自身与管制行业的关系已经有清晰的定位,反垄断法管辖与管制管辖之间在一定意义上互为边界。在此基础上,国家目前对石油、电力、铁路、通信等领域实行不同程度的行政管制,实际上是传统体制向市场经济过渡的一个产物。② 在这种转型的过程之中,特别是十六大以来随着垄断行业改革的加快推进,管制的边界逐步迁移,在管制褪去的灰色地带,竞争机制应当及时引入。在这种认识的基础上,可以进一步分析石油行业反垄断法适用与行业管制之间的互动与协调。

三、石油行业管制、放松管制与反垄断法适用

《反垄断法》在管制行业中固有适用的空间,具体到石油行业,可以对“市场化改革”时期的管制与竞争状况作进一步分析,在此基础上探讨反垄断法规制对石油行业发展的影响。

(一)石油行业中的管制

1. 市场准入管制

在石油产业上游,我国一直处于政府集中管理状态,根据1986年《矿产资源法》(1996年修改),石油属于特定矿种,而特定矿种的矿产资源勘查登记工作,可以由国务院授权有关主管部门负责,开采石油、天然气、放射性矿产等特定矿种,可以由国务院授权的有关主管部门审批,并颁发采矿许可证。据此,国家对石油产业实施特许经营,授权中国石油天然气集团公司、中国石化集团公司、中国海洋石油总公司从事陆上及海上油气资源的勘探开发,其他企业禁止入内。根据现行的石油矿产权制度,首先,由国有企业向国土资源部申请勘探开采许可证,并根据申请的先后顺序获得这些许可证,除非该区块留作其他用途;其次,国有企业决定是自己勘探,还是通过产品分成合同方式与国际石油公

---

① 全国人大常委会法制工作委员会经济法室编:《〈中华人民共和国反垄断法〉条文说明、立法理由及相关规定》,北京大学出版社2007年版,第34页。

② 参见王康鹏:《反垄断法反了谁?——访〈反垄断法〉起草专家组成员黄勇》,载《中国石油石化》2007年第19期。

司进行合作。国际石油公司只能通过产品分成合同的方式参与中国石油天然气的勘探开发。在这种体制下，石油产业上游悉归三大集团覆盖。2006年全国原油产量1.84亿吨，而按照三大集团各自主体上市公司年报提供的数据，中国石油集团全年原油产量1.07亿吨，中国石化集团原油产量4014万吨，中国海油生产的油气当量为4033万吨。[①] 2010年国务院发布“新36条”，作出了鼓励民间资本进入的姿态。

在石油产业下游，“市场化改革”时期以来，1999年公布的“38号文”规定，以清理整顿的方式将小炼油厂关闭，或者采取划转、联营、参股、收购等方式进行重组，成品油全部交由中石油中石化经营。就此，石油炼化环节的普遍管制基本确立。进一步地，2001年公布的“72号文”规定，新建的加油站统一由石油集团、石化集团全资或控股建设，成品油由两大集团集中批发。全国成品油批发企业布局规划，新设成品油批发企业，一律由石油集团、石化集团报国家经贸委审批。这两个文件以及相应的配套文件，确定并再次强调两大集团的批发经营权，同时赋予并进一步强化两大集团以零售专营权，一举改变了中国石油成品油零售批发市场的格局。两轮整顿下来，非两大集团的成品油批发企业及零售企业数量急剧减少。1999年年底，国内大约有88,000座加油站，其中两大集团之外的占到87.6%，市场份额约占60%，到2003年年中，全社会加油站的数量降至8万座左右，两大集团之外的降至50%，市场份额则降至40%。[②] 不仅如此，至2006年，两大集团原油加工量占全国的88.6%；汽、煤、柴成品油产量之和占全国的88.6%。[③] 可以说，“38号文”和“72号文”直接赋予三大集团在石油市场包括石油的开采、炼制、进口和零售的几乎所有方面的垄断权。[④]

据此，在产业上游，石油作为能源特定矿种的开发准入需办理勘查或开采许可证，而石油生产准入应当通过竞争由主管部门核准后方可投入生产，呈普遍管制状态；在产业下游，石油行业的“市场化改革”的初始阶段在石油炼化和成品油批发领域也呈普遍管制状态。

2. 价格管制

“市场化改革”时期以来，1998年6月与我国石油工业进行重组相适应，石

① 参见王燕梅：《石油工业管理体制改革与市场机制的建立》，载《国际石油经济》2008年第2期。

② 参见杨嵘：《论石油产业的规制与改革》，载《经济评论》2002年第5期。

③ 参见王燕梅：《石油工业管理体制改革与市场机制的建立》，载《国际石油经济》2008年第2期。

④ 参见杨嵘：《论石油产业的规制与改革》，载《经济评论》2002年第5期。

油价格形成机制进行了重大改革，与新加坡米纳斯原油和成品油价格挂钩，企业可根据国内市场供需在国家指导价的基础上浮动5%。2001年我国对成品油定价机制进行了调整，主要内容：国内成品油价格由单一与亚洲市场挂钩改为与亚洲、欧洲和北美三大地区市场价格挂钩。当国际市场月平均油价变动超过一定幅度时，再相应调整国内成品油价格。在不突破按接轨原油确定调价总额的前提下，参照国际市场比价关系，相对调整汽、柴油价格。在放开部分产品价格的同时，扩大汽、柴油零售价格的浮动幅度，即企业在国家规定的零售中准价的基础上，浮动幅度由5%扩大到8%。[①] 目前，根据《价格法》第3条、第4条和第18条的规定，国家对"极少数商品和服务价格实行政府指导价或者政府定价"，其中包括"与国民经济发展和人民生活关系重大的极少数商品价格，资源稀缺的少数商品价格，自然垄断经营的商品价格，重要的公用事业价格"。据此，管制行业的价格依法受到政府监管和调控。进一步地，根据《石油价格管理办法（试行）》（2009年）规定，成品油价格区别情况，实行政府指导价或政府定价；当国际市场原油连续22个工作日移动平均价格变化超过4%时，可相应调整国内成品油价格。据此，可以认清当前石油行业的成品油定价机制处于部分管制的格局。

（二）放松管制与石油行业的反垄断法适用

1. 放松管制领域的范围

2005年国务院颁布了"非公36条"，允许民营资本大规模进入石油、铁路、航空等行业。"非公36条"的出台和2007年外资进入成品油批发市场旨在进一步推动我国石油和石化领域的竞争。[②] 2006年商务部颁布了《成品油市场管理办法》，其第3条规定："国家对成品油经营实行许可制度"，并分别规定了申请成品油批发和零售经营资格的要求。同年，又颁布了《原油市场管理办法》，规定对原油的经营实行许可证制度，由商务部给予原油销售、仓储许可。两部管理办法旨在为加强成品油和原油市场监督管理，规范经营行为，维护市场秩序，保护经营企业和消费者的合法权益。该规定在实际效果上，也是对石油市场的开放和竞争机制的引入起到规范作用。据此，跨国石油公司也通过合作合资等形式进一步进入中国的石油市场，民营企业也开始出现在了石油的下游市

---

① 参见史丹等著：《中国能源工业市场化改革研究报告》，经济管理出版社2006年版，第18～19页。

② 参见张帆：《正确认识我国石油业的垄断与竞争》，载《中国石油企业》2006年第3期。

场。从成品油批发业务来看,2007 年 2 月商务部公布,全国成品油批发企业共有 2504 家。2007 年 5 ~ 11 月,商务部根据新颁布的成品油经营企业指引手册,共发布了 6 批 31 家获得成品油批发资质的企业名单,其中包括数家中外合资企业、民营批发企业、地方炼油厂;从成品油零售业务来看,两大集团所属加油站尽管数量上不占优势,但销售量占市场份额的 70% 以上。① 据此,当前对于能源供应市场的政策持管制放松的态势,而放松管制之后出现的竞争性领域,需要反垄断法的规制以维持市场竞争的秩序。

2. 放松管制领域的反垄断法规制

在反垄断法规制对行业管制的整体影响上,确立反垄断法的市场竞争行为统一准则适用的权威性应是合理之选,也符合立法初衷;在涉及行业的专业性、技术性问题的认定方面,则要注重让行业主管机构发挥出专业优势,注重国务院反垄断执法机构和监管机构需要在市场监管与行业监管标准上和权责分工上开展协调。就反垄断法在石油行业适用中主要面临的具体问题而言,我们可从结构规制和行为规制两方面来做进一步的探讨。

在放松管制领域反垄断的结构规制上,《反垄断法》第 7 条中没有直接提及关于垄断行业结构规制的问题,只是明确地指出了“国家对其经营者的合法经营活动予以保护”,如前所述,这明确了反垄断法并不反对垄断地位本身,参与市场竞争的企业通过正当竞争行为获得支配地位或垄断地位本身并不违法,只有在其利用自身的垄断或支配地位行使市场力,妨碍有效竞争秩序的情况下才会受到反垄断法的调整。就石油行业而言,石油企业规模经济的实现如果是通过合理竞争达成的,不仅不会受到《反垄断法》的规制,而且符合该法所追求的目标。石油石化行业不能说是一个完全的自然垄断行业,目前石油石化行业存在的资本集中、规模化经济的垄断状态并不是《反垄断法》要反对的。但是,管制行业内进行经营者集中,应当受到《反垄断法》一体管辖。对此,国务院《关于促进企业兼并重组的意见》(国发〔2010〕27 号)也明确指出:“完善相关管理办法,加强和完善对重大的企业兼并重组交易的管理,对达到经营者集中法定申报标准的企业兼并重组,依法进行经营者集中审查。”实践中,在包括美欧在内诸多法域,多机构的经营者集中审查一直是颇具挑战的问题。在许多情况下,管制行业(如电力、电信和交通运输)都受到竞争执法机构和行业监管机构的审

---

① 参见王燕梅:《石油工业管理体制改革与市场机制的建立》,载《国际石油经济》2008 年第 2 期。

查。若不进行良好的协调，大量实体和程序问题将使审查过程困难重重，也将降低程序的透明度。在美国，有大量的实例显示，竞争执法机构和管制机构在审查中所施行的法定标准、数据收集方法、经济分析和救济方式各有不同。① 就此，美国反托拉斯现代化委员会的报告建议指出，在涉及管制和反垄断双重审查的情况下，在竞争分析中应该以反垄断执法机构为首，而管制机构则对于竞争和管制的效果提供咨询建议。② 在中国，当涉及石油行业内的企业集中时，反垄断执法机构和能源主管机构之间尚需确立协调原则、建立协调机制。另外，对于经营者违反《反垄断法》规定实施集中的，法律责任涉及股份或者资产的处分，③因此该条在反垄断执法中的落实，还会牵涉反垄断执法机构与国资委之间协调机制的建立——因国资委的职能包括监管中央所属企业（不含金融类企业）的国有资产，加强国有资产的管理工作，承担监督所监管企业国有资产保值增值的责任，指导推进国有企业改革和重组。④

在放松管制领域反垄断的行为规制上，根据《反垄断法》第 7 条规定，国家对经营者的经营行为及其商品和服务的价格依法实施监管和调控。经营者不得利用其控制地位或者专营专卖地位损害消费者利益。具体到在石油行业上，根据垄断行为的特性应注意如下侧重。

第一，在垄断协议的禁止方面，对于处于放松管制领域的非价格行为，《反垄断法》当然可以行使管辖权，对限制商品的生产数量或销售数量、分割销售市场或者原材料市场、联合抵制交易等行为予以禁止。针对价格行为，根据石油定价机制，我国目前虽然名义上为市场定价，实际上仍由政府主要通过指导价的方式来掌控。然而，即使是在政府指导价下，企业仍可以通过达成协议或者协调一致实施横向协议、决定或者其他协同行为，排除、限制竞争。对这类行为，应通过适用《反垄断法》进行合理分析，构成垄断协议的，应实施制裁。其中，在寡占市场中厂商的价格跟随行为（Price Leadership），基本上就是厂商用

---

① See Diana L. Moss, "Antitrust Versus Regulatory Merger Review: The Case of Electricity", *Rev. of Indus. Org.*, Vol. 32, 2008, p. 241.

② See "Antitrust Modernization Commission, Report and Recommendation", 342 (2007), Accessed June 30, 2016. http://govinfo.library.unt.edu/amc/report_recommendation/amc_final_report.pdf.

③ 《反垄断法》第 48 条规定："由国务院反垄断执法机构责令停止实施集中、限期处分股份或者资产、限期转让营业以及采取其他必要措施恢复到集中前的状态，可以处五十万元以下的罚款。"

④ 参见国务院《国有资产监督管理委员会主要职责内设机构和人员编制规定》（国办发〔2008〕85 号）。

于调和彼此行动的一种手段。[①] 价格跟随行为的发生，通常是先由一家在市场居于领导地位的厂商宣布调整价目表，而产业内其他厂商随后跟进。价格跟随行为往往处于反垄断法的灰色地带，容易成为厂商希望采取一致行动而又有机会不被起诉的策略。[②] 对此，应予以特别的关注。

第二，在滥用市场支配地位行为的规制上，自然垄断企业大量存在拒绝交易、限定交易、歧视行为、限制他人进入自己管网等排除、限制竞争行为，严重地破坏了市场竞争机制，应该受到反垄断法的制裁。特别需要关注的是，在放松管制之后，对于管制行业内先前垄断企业所占有的具有自然垄断特征的能源输送管网，是最易于出现占据支配地位企业拒绝交易行为的领域。支配地位企业据此实施竞争限制，将构成新进企业和潜在进入者无法逾越的环节，若无公平合理无歧视的开放，对竞争秩序的建立和维护影响极大。对此，可以根据反垄断法的规定，适用必需设施规则（Essential Facility Doctrine）予以处理，综合考虑设施的必需性、复制的不可能性、拒绝使用的存在、提供设施的可行性、缺乏任何合理的客观理由、所涉设施具有全国的显著性等因素，[③]在合理可行的情况下公平开发管网设施。不仅如此，还应当关注价格挤压行为（Price Squeeze/Margin Squeeze）这一常见的滥用行为。在上游市场具有市场支配地位的企业，若同时也在下游市场出售产品或提供服务，则在有些时候可能提高上游市场提高价格并同时在下游市场降低价格，以此挤压下游竞争者的利润并将其排除出下游市场。当前，在中国的石油政府指导价机制之下，可能存在成品油批发市场占据市场支配地位的石油企业滥用市场支配地位针对成品油零售市场的企业实施价格挤压，使即使是同等效率的竞争者也无法持续在下游市场有利可图地经营。[④] 对此，应根据个案的具体情况做出进一步地研究，在对相关行为做出

---

① See Scherer and Ross, *Industrial market structure and economic performance*, Boston, Houghton Mifflin, 1990, p. 248. 转引自陈坤铭、温伟任：《寡占市场厂商价格跟随行为规范之研究》，载《公平交易季刊》第13卷第1期。

② 参见陈坤铭、温伟任：《寡占市场厂商价格跟随行为规范之研究》，载《公平交易季刊》第13卷第1期。

③ 参见江山：《滥用市场支配地位规制中的必需设施规则》，载《河南省政法管理干部学院学报》2008年第4期。

④ See "European Commission, Guidance on the Commission's Enforcement Priorities in Applying Article 82 EC Treaty to Abusive Exclusionary Conduct by Dominant Undertakings", Accessed June 30, 2016. http://eur-lex.europa.eu/LexUriServ/LexUriServ.do? uri = OJ:C:2009:045:0007:0020:EN:PDF.

定性的基础上予以规制。

第三，在程序方面，适用《反垄断法》开展行为规制的过程中还需要解决三个方面的问题：一是需要建立管制行业反垄断法适用的个案协调机制，充分利用行业管制机构的行业数据信息和行业专业经验，为反垄断法在特定行业的实施提供有效支撑；二是要妥善解决处罚机制的对接问题，明确区分属于行业管制机构应实施的处罚①和属于反垄断法执法机构实施的处罚，并确立监督检查机制保障处罚措施的落实；三是要探索完善涉及管制的反垄断私人诉讼和损害赔偿制度安排，优化发挥管制机构、反垄断执法机构和法院各自的专业性。

（三）石油行业新“管制—竞争”体制下的政策法律展望

《反垄断法》出台之后，新的“管制—竞争”体制既已初具雏形，推动制度进一步完善的动力不仅来源于石油行业反垄断法适用的框架在实践中的逐步明晰化，也在于制度框架内各主体的博弈。就前者而言，首先取决于政策面上未来竞争政策与能源政策互动的正常化，有效地权衡能源安全、产业效率和消费者福利，在共享目标的前提下确立竞争政策的最优适用范围和规则。就后者而言，目前在石油行业放松管制领域“38 号文”和“72 号文”的影响仍然存在，“市场准入限制仍然较多；政策执行中‘玻璃门’、‘弹簧门’、‘旋转门’现象大量存在”，②虽然没有明文规定限制民营经济进入，但都以各种理由抬高行业准入门槛，使民营企业实际上无法进入市场，或进入后生存困难。③ 现实如此，以至于“新 36 条”推出之后，业界对此反应寥寥。据此，要实现新政策的有效推行问题，先得解决旧政策的沉疴。新近出台的国务院《意见》中明确提出要“有序清理存量”，即按照“谁制定、谁清理”的原则，各级人民政府及所属部门要对照公平竞争审查标准，对现行政策措施区分不同情况，稳妥把握节奏，有序清理和废除妨碍全国统一市场和公平竞争的各种规定和做法。对市场主体反映比较强

---

① 《能源法（草案）》第 132 条“特殊能源企业责任：滥用市场支配地位禁止”和第 133 条“特殊能源企业责任违法集中处罚”对能源行业的反垄断行为及其处罚作出了规定。

② 习近平：《毫不动摇坚持我国基本经济制度 推动各种所有制经济健康发展》（2016 年 3 月 4 日），载新华网：http://news. xinhuanet. com/2016 - 03/09/c_1118271629. htm，最后访问日期：2016 年 3 月 20 日。

③ 据统计，在 2008 年，全国 660 余家民营成品油批发企业，仅剩 100 余家；45,000 多家民营零售加油站，已关门 1/3；100 多万就业人员已有数十万下岗失业。参见孙瑞灼：《垄断“玻璃门”让民营油企身陷困境》，载新华网：http://news. xinhuanet. com/theory/2008 - 08/03/content_8888670. htm，最后访问日期：2016 年 6 月 3 日。

烈、问题暴露比较集中、影响比较突出的规定和做法,要尽快废止。“38 号文”和“72 号文”应属此列。在此基础上,反垄断法的实施要齐头并进,《反垄断法》不仅赋予了执法机构予以调查处理相关垄断行为的职权,而且赋予了非国有石油公司诉讼的权利,若运用得当,可以在维护竞争中立的基础上,推动竞争主体的多元化竞争,从而促进石油行业管制—竞争体制的渐进改革。

第二节 管制行业中的必需设施规则适用

产业管制的竞争规则适用问题,对于进入市场的新企业或管制领域的在位企业而言,垄断行为的规制既是管制体制的内在要求,也存在竞争政策的外部约束。该等要求和约束需通过竞争规则来实现。其中,必需设施规则(Essential Facility Doctrine)是在管制体制有效运行所不可避免要涉及的重要竞争规则。特别是在放松管制活动之后,先前管制行业中不少环节被划入竞争领域,仍然处于管制体制内的通常是自然垄断特性占主导的环节——如输电网络、石油天然气管网、自来水管道、通信铁塔、铁路轨道等,上下游企业是否可以在公平合理的条件下接入这些必需的枢纽环节,是放松管制之后产业管制竞争规则适用的核心关切。

一、必需设施规则的发展轨迹

“Essential Facilities Doctrine”被译为:“必要设施原则”即竞争法的一项法律原则,其含义是处在市场支配地位上的该设施所有者应当允许竞争对手使用该设施,否则即构成对其市场支配地位的滥用;[①]“关键设施原则”即当某项设施对于一个人能否在市场上进行操作是关键的,那么在某些情况下该设施的所有者有义务准许他人进入该关键设施;[②]“必需设施原则”即如果上游市场中的一个主导企业控制了下游生产不可缺少且不可复制的必需设施(包括基础设施、技术和自然条件等),则其有义务让下游厂商以适当的商业条款使用该设施,以避免反竞争的后果;[③]“基础设施原理”即是指取得了市场支配地位的网

---

① 参见谢红慧:《欧盟竞争法中的“必要设施原则”》,载《北京政法职业学院学报》2005 年第 2 期。

② 参见黄杰华:《欧盟竞争法下的“关键设施原则”》,载《西南政法大学学报》2003 年第 4 期。

③ 参见林平、马克斌、王轶群:《反垄断中的必需设施原则:美国和欧盟的经验》,载《东岳论丛》(第 28 卷)2007 年第 1 期。

络所有权人有义务保证竞争对手能够以适当的条件进入网络;[①]在中国台湾地区的文献中,则被称为"关键设施理论"[②]或"枢纽设施原则"。[③] 译名纷繁复杂,有必要先予正名。

"Facilities"译为"设施"自无异议,关键在于"Essential"和"Doctrine"。"Essential"一词系"必需的、基本的"之意。[④] 考察EFD发展中的各项要件,其特点之一在于该设施不仅仅是"关键的"、"基础的",而且是"必要的"或"必需的"。而"Essential"一词的基本词意中不包括"必要的",因此在此我们选取"必需的"译法。"Doctrine"一词在《元照英美法词典》中的定义是"(由法院判决发展出来的)法律规则;法律原则;法律学说"。[⑤] 而大陆法系对于法律原则的界定是较为严格的,根据该"Doctrine"实施的各项指标来看,[⑥]其运用是限定于特定领域的特定情形的,并未有法律原则所需要的一以贯之的适用性,[⑦]而在其发生地欧美亦确由法院判决发展出来。因此,"Essential Facilities Doctrine"宜作"必需设施规则"理解。

必需设施规则很难简要概括。"广义上讲,任何企业(即使是占据支配地位的)都有权通过一般来说被允许的所有方式来积极地参与竞争。因此,企业通常有权保有和运用其所获得的任何竞争优势最大化,即使其竞争者没有任何相类似的优势(并且可能在实际上不能够获得这种优势)。合法的竞争包括获得和保有对存在竞争优势的专利或者物理设施的排他性接入。尽管如此,竞争法同样要求,当一个支配企业拥有或者控制一项设施的接入,而该接入对于其竞争者从事商业运营是必要的时候,在某些情况下其不能够拒绝竞争对手的接入,并且给予接入的基础必须是非歧视的。在这些情况下,必需设施的所有者或控制者不能够运用其力量确立其作为竞争者的优势。在自由竞争中其竞争

---

① 参见明华、杨莉:《基础设施原理在反垄断法中的适用》,载《当代经理人》2006年第21期。

② 刘孔中:《以关键设施理论限制专利强制授权之范围》,载《公平交易季刊》第15卷第1期。

③ 张长树:《枢纽设施之原则研究》,台湾政治大学法律研究所1999年博士学位论文。

④ 参见外语教学与研究出版社词典编辑室编:《现代英汉词典》,外语教学与研究出版社1990年版,第235页。

⑤ 薛波主编:《元照英美法词典》,潘汉典总审订,法律出版社2003年版,第430页。

⑥ 具体指标的分析详见下文。按照正常的行文逻辑,应当先证明EFD不能称为原则之后才能赋予其"必需设施规则"的界定,因术语统一和文章重心的关系采取了在简要阐明理由的基础上即给出术语界定。

⑦ 徐国栋认为,民法原则,无论是基本原则还是具体原则,都属于立法中的非规范性规定。参见徐国栋著:《民法基本原则研究》,中国政法大学出版社2004年版,第38~50页。

者的需求、消费者的利益和公共利益优先于支配企业排他性地运用其所获得设施的利益。”[①]据此，可展开分析该规则的内容。

考察必需设施规则的发展，存在以美国、欧盟和澳大利亚为代表的三种典型。三者之间的差异是因为反垄断法制度构架的不同，更是各经济体形态及其面对的主要问题的不同。

（一）必需设施规则在美国的发展

在美国，反托拉斯法下的必需设施规则发展经年。自 1912 年最高法院的 Terminal Railroad 案发端，一个世纪以来，美国法院不断地在有限的领域探索适用必需设施规则作为判案的依据。[②] 宽泛地考察，适用必需设施规则的案件涉及以下领域：电话系统（BellSouth 案、Trinko 案、MCI 案、AT&T 案）、[③]电力公司（Otter Tail 案、City Gas Co. 案）、[④]铁路（Terminal R. R. 案）、[⑤]电影院（Griffith 案）、[⑥]铝业（Alcoa 案）、[⑦]影印机配件（Kodak 案）、[⑧]报纸（Associated Press、Lorain Journal 案）、[⑨]杂志分销（Bluff City News Co. 案）、[⑩]滑雪山坡（Aspen Skiing 案）、[⑪]体育场馆（Pro-Football 案）、[⑫]和电脑操作系统（Microsoft

---

① J. Temple Lang, "Defining Legitimate Competition: companies' duties to supply competitors and access to essential facilities", *Fordham International Law Journal*, Volume 18, Issue 2, 1994, pp. 486 – 490.

② See Robert Pitofsky, Donna Patterson, Jonathan Hooks, "The Essential Facilities Doctrine Under United States Antitrust Law", *Antitrust L. J.*, Vol. 70, 2002, p. 445.

③ BellSouth, 299 F. 3d at 1285; Law Offices of Curtis V. Trinko v. Bell Atlantic, 305 F. 3d 89 (2d Cir. 2002), cert. granted, No. 02 – 682 (U. S. docketed Nov. 5, 2002); MCI, 708 F. 2d at 1132 – 33; United States v. AT&T Co., 524 F. Supp. 1336 (D. D. C. 1981).

④ Otter Tail Power Co. v. United States, 410 U. S. 366, 377 (1973); Consolidated Gas Co. v. City Gas Co., 880 F. 2d 297, 301 (11th Cir. 1989).

⑤ United States v. Terminal Railroad Ass'n 224 U. S. 383, 411 (1912).

⑥ United States v. Griffith 334 U. S. 100, 108 (1948).

⑦ United States v. Aluminum Co. of America, 148 F. 2d 416 (2d Cir. 1945).

⑧ Eastman Kodak Co. v. Image Technical Services, Inc. 504 U. S. 451, 482 – 83 (1992).

⑨ Associated Press v. United States, 326 U. S. 1 (1945); Lorain Journal Co. v. United States, 342 U. S. 143 (1951).

⑩ Byars v. Bluff City News Co., 609 F. 2d 843 (6th Cir. 1979).

⑪ Aspen Highlands Skiing Corp. v. Aspen Skiing Co., 738 F. 2d at 1520. See also Aspen, 472 U. S. at 611.

⑫ Hecht v. Pro-Football, Inc., 570 F. 2d 982 (D. C. Cir. 1977), cert. denied, 436 U. S. 956 (1978).

Corp. 案)。[①]

依据判例法的积累,法院就必需设施规则的实施总结出一套检验标准:第一,垄断者控制必需设施;第二,竞争者不具备复制该必需设施的可行性或合理性;第三,垄断者拒绝竞争者使用该设施的要求;第四,提供该设施的可行性。[②] 后续的发展使关键问题逐步明细化。首先,对于必需设施的控制系指"控制所涉设施,从而具有消灭下游市场竞争"。如果所控制的设施只是阻碍而不是消灭下游市场竞争,则该设施不能构成"必需"。[③] 其次,就何谓不具备复制必需设施的可行性或合理性的问题,法院给定的标准是必须几乎不可能重新复制,而重新复制成本高昂或者给企业造成沉重负担都不能够作为充分的理由。一般来说,"原告必须证明所受到的不只是一些不方便或经济损失,而是缺少可以取代该设施的替代措施"[④]。再次,该检验标准中的拒绝使用,包括竞争者对该设施授权使用的直接拒绝,也包括被告没有以公平合理的条件提供其竞争对手使用该设施。[⑤] 最后,就提供设施的可行性而言,主要是指在被告既有经营范围内来评估其是否有能力提供必需设施给其竞争对手使用,而不是要求被告必须穷尽其全部可能性仍不能提供之时才能证明其不具备提供该设施的可行性。[⑥]

在该规则的适用中,根据 FTC 前主席皮托夫斯基的总结,一般来说只有在极少数的能够证明一项设施对于竞争确实是必要的特殊情况下,在拒绝接入的反竞争效果极其严重,并且不存在合理的商业理由(特别是当存在损害竞争对手的特定故意的证据)时,法院会适用必需设施规则认定拒绝接入必需设施的垄断者违反反托拉斯法。同样的结果在知识产权(也包括任何其他形式的有形或者无形财产)被证明构成一项必需设施时,法院可以对这类知识产权实施强制许可。实际上,即使是在作为被告的垄断者主张所涉及的设施是知识产权或者不存在垂直的关联市场时,美国的法院同样在适当的案件中适用了该规则,如 Kodak 案、Data General 案和 Aspen Skiing 案。美国的大多数低层级法院都以一种审慎的方式依据其限定性规则来实施该理论,该理论在美国的适用基本被

---

① United States v. Microsoft Corp. ,253 F. 3d 34 (D. C. Cir. 2001).

② MCI Communications v. AT & T Co. 708 F. 2d 1081,1132 – 33 (1983).

③ Paladin Associates,Inc. v. Montana Power Co. 328 F. 3d 1145,1163; Alaska Airlines Inc. v. United Airlines Inc. 948 F. ed 536,544.

④ Twin Labs Inc v. Weider Health & Fitness,900 F. 2d 570.

⑤ Covad Communications Co v. BellSouth Corp 299 F. 3d,498. (11th Cir. 2002).

⑥ Laurel Sand & Gravel,Inc v. CSX Transportation,Inc 924 F. 2d 539,545.

证明是运行良好的。[①]

(二)必需设施规则在欧盟的发展

在欧盟,必需设施规则的发展主要是基于《欧共体条约》第 102 条关于市场支配地位滥用的规定,该条所禁止的在共同体内的支配地位滥用行为种类中包括了拒绝交易的行为。必需设施规则虽然引入较晚,但迅速被运用到委员会的决议和欧洲法院的一些判决中。

在委员会层面,早期很多决定中直接运用了必需设施规则,而在晚近一些案件中也不同程度地暗含了该规则的理念,涉及四种案件类型:港口(B&I/Sealink 案、Sea Containers/Stena Sealink 案、Port of Rødby 案和 ICG/CCI Morlaix 案)、[②]机场(London European/Sabena 案、British Midland/Aer Lingus 案、FAG-Flughafen Frankfurt/Main AG 案、Alpha Flight Services/Aéroports de Paris 案)、[③]轨道设施(Night Services 案和 Eurotunnel 案)、[④]知识产权(Magill 案、Tiercé Ladbroke 案、NDC Health/IMS Health 案、Microsoft 案)。[⑤]

欧委会积极推行必需设施规则,认为在掌握必需设施的支配地位企业同时经营与竞争者相同的业务,而竞争者的业务无法不使用该必需设施的情况下,如果支配地位企业对竞争者拒绝提供该必需设施,或仅给予较自己营业时所使用的相比更差的必需设施服务,从而导致竞争者在竞争中处于劣势,则构成滥

---

① See Robert Pitofsky, Donna Patterson, Jonathan Hooks, "The Essential Facilities Doctrine Under United States Antitrust Law", *Antitrust L. J.*, Vol. 70, 2002, pp. 461 - 462.

② B& I/Sealink, Decision (interim measures) of 11 June 1992, EC Bull. 6 - 1992, at 1. 3. 30; Sea Containers/Stena Sealink, Decision (interim measures) of 21 December 1993, 94/19/EC, EE L 15, 18 - 1 - 94, 8; Port of Rødby, Decision of 21 December 1993, 90/119/EC, EE L 55, 26 - 2 - 94, 52; ICG/CCI Morlaix (Port of Roscoff), Decision (interim measures) of 16 May 1995 (IV/35. 388) 5 CMLR (1995), 177.

③ London European/Sabena, Decision 88/589/EEC, EE L 317, 24 - 11 - 88, 47; British Midland/Aer Lingus, Decision 92/213/EEC, EE L 96/34 (1992); FAG-Flughafen Frankfurt/Main AG, Decision of 14 January 1998, 98/190/EC, EE L 72, 11 - 3 - 98, 30; Alpha Flight Services/Aéroports de Paris, Decision of 11 June 1998, IV. 35. 613, EE L 230, 210.

④ Night Services, Decision of the 21September 1994, 94/663/EC, (IV/34. 600) OJ L 259/20; Eurotunnel, Decision of the 13 December 1994, 94/894/EC, IV/32. 490, OJ 1994 L 354 31 - 12 - 94, 66.

⑤ Magill TV Guide/ITP, BBC & RTE, Decision of 21 December 1989, OJ L 78, 43; Commission Decision of 24 June 1993 (IV/33. 699); NDC Health/IMS Health, Decision of 3 July 2001, OJ 2002 L 59, 18.

用。① 在欧洲法院层面，对必需设施规则的适用则持有更为保留的态度，主要判决包括 Magill 案、② Oscar Bronner 案、③ Aeroport de Paris 案④和 IMS v. NDC 案。⑤ 在 Magill 案中，适用必需设施规则的特定情形被认定：第一，所涉及的拒绝交易行为关涉的是一种产品，这种产品的供应对于从事所涉及的商业来说是不可或缺的；第二，这种拒绝交易的行为阻止了新产品的出现，而这种新产品是存在潜在消费者需求的；第三，这种拒绝交易的行为不存在任何客观理由，并且它可能排除所有次级市场的竞争。⑥

当前欧盟竞争法下必需设施规则的适用有如下特征：首先，大多数委员会和法院所处理的案件中所涉及的是拒绝交易的问题，而没有直接涉及必需设施规则。必需设施规则是拒绝交易原则的一种变体。⑦ 其次，该规则的适用在 Bornner 案之后进入了收缩阶段，在 Magill 案标准的基础上强化两个条件：第一，拒绝交易有可能排除当事人要求进入的相关市场上的所有竞争，不限于次级市场；第二，该设施本身的不可或缺性，主要在于不存在实际的或者潜在的替代物：(1)就该设施而言没有其他的合适替代，即使是一个较差质量的替代；(2)由于存在技术性的、法律或者经济上的障碍，而不是因为要求接入的特定竞争者的产能有限，使发展一种替代设施在客观上不可能的。⑧ 最后，Bronner 案确立了一种"前视型"(forward-looking)检验标准，要求拒绝交易会导致下游市场的垄断。⑨

(三)必需设施规则在澳大利亚的发展

澳大利亚 1974 年《贸易行为法》及 2010 年《竞争与消费者法》都没有"必需

---

① B&I/Sealink, Decision (interim measures) of 11 June 1992, EC Bull. 6 - 1992, at 1.3.30; Commission Decision of 24 March 2004, COMP/C - 3.37.792, C(2004) 900 final.

② Joined cases C - 241/91 and C - 242/91, Radio Telefis Eireann (RTE) and Independent Television Publications Ltd. (ITP) v. Commission [1995].

③ Case C - 7/97, Oscar Bronner GmbH & Co. KG v. Mediaprint Zeinungs-und Zeitschriftenverlag Gmbh & Co. KG [1998] ECR I - 779.

④ Aeroports de Paris v. Commission, Case C - 82/ 01 P, 2002 E. C. R. I - 9297.

⑤ Case C - 418/01, IMS Health v. NDC Health [2004].

⑥ Gregory V. S. Mccurdy, "Intellectual Property And Competition: Does The Essential Facilities Doctrine Shed Any New Light", *E. I. P. R.*, Vol. 25(10), 2003, p. 480.

⑦ See Sebastien J. Evrard, "Essential Facilities In The European Union: Bronner And Beyond", *Colum. J. Eur. L.*, Vol. 10, 2004, p. 493.

⑧ Ibid., p. 497.

⑨ Ibid., p. 492.

设施”的措辞，但该规则的主要内容已经通过 1995 年修法被纳入其中，规定政府机关在特定条件下，可以指定由设施所提供的特定服务必须开放给竞争者使用。在此，该规则适用中开放竞争者使用之对象，确定为是必需设施所提供的服务，而不是必需设施本身。① 而这种开放的要件为：(1)开放使用或扩大开放该服务可以实质性地提升除该服务提供的市场本身之外的至少一个市场的竞争(不论该市场是否在澳大利亚)；(2)由任何人来新设另一个设施提供该服务是不经济的；(3)该设施具有全国的显著性，考量因素包括设施的大小、设施对基础贸易或商业的重要性、设施对国家经济的重要性；(4)开放使用该设施对于人体健康安全不存在不恰当的危险(废除)；②(5)该服务并未被纳入现已存在且有效运行的其他管制体制；(6)开放使用或扩大开放该服务不违反公共利益。③ 澳大利亚的必需设施规则是比较特殊的。第一，《贸易行为法》修订之前法院并没有采用必需设施规则，直至政府于 1993 年委托由希姆勒(Hilmer)为首的学者研究做出《国家竞争政策报告》(National Competition Policy)后，提案经国会修法，而使该规则最终于立法中得以确立；第二，该规则实施机制以行政执法机构为主导，排除了美国法模式中法院在执行竞争法上所占据的重要的地位。④

随着澳大利亚《竞争与消费者法》于 2011 年 1 月 1 日颁布实施，在《贸易行为法》Part IIIA 中规定的国家接入体制被新法 Part IIIA 所替代，针对由重要垄断基础设施所提供的服务确立了全国第三方接入体制(National Third Party Access Regime)。当然，最好的方式是由企业之间自愿达成接入基础设施或其他设备(infrastructure or other facility)所提供服务的条件，并由澳大利亚竞争与消费者保护局(Australian Competition and Consumer Commission, ACCC)核准。如果服务可以在竞争性的市场环境下获得，那么所接入服务预期是可以以竞争性的价格有效提供。⑤ 若自愿接入无法实现，根据全国第三方接入体制，第三方

---

① Trade Practice Act, Sec. 44B, 44F, 44G.

② 根据 Trade Practices Amendment (Infrastructure Access) Act 2010 (Cth) (No. 102, 2010)，该要件被废除，自 2010 年 7 月 14 日开始生效。

③ Competition and Consumer Act, Sec. 44G, 44H.

④ See "Making an application", Accessed June 30, 2016. http://ncc.gov.au/making-an-application/making_an_application.

⑤ See "Access to Monopoly Infrastructure in Australia", Accessed June 30, 2016. http://ncc.gov.au/making-an-application/making_an_application.

可以通过多种方式获得接入公共和私人拥有设施的合法权利，以使其可以在竞争的开展取决于该等接入的市场中展开或更有效地展开竞争。至今，在该体制下于不同时期通过各种方式实现了服务的接入，涉及的设施主要包括：铁路、机场、港口的谷物装卸设施、水与废水网管、港口码头和天然气管道。① 其中，旧法对必需设施接入被延续并细化，可分为两类。

第一类，“公告”（declaration）模式。② 一旦被“公告”，任何当事方均有权向必需设施的服务提供者就接入条款进行谈判。公告制度的程序分为两个步骤。第一步，要求寻求对特定服务之接入的实体向国家竞争委员会（National Competition Council，NCC）申请将该服务“公告”，先由 NCC 在 6 个月的期限内考虑该申请；NCC 可以根据上述 5 个要件提出公告或不予公告的建议，呈交给地方首长或主管部长，由其根据同样要件在 60 天内作出是否“公告”该服务的决定。地方首长或主管部长的决定并未赋予寻求接入方可自动实施的权利以使用被公告的服务或决定接入/使用的条款，而是向第三方提供了一项可事实的权利，要求服务提供者进入到接入的谈判中。而且，其决定还可以被诉至澳大利亚竞争法庭（Australian Competition Tribunal，ACT）。第二步，被“公告”为应提供开放接入的服务之后，当事方即就接入条款进行谈判。如果谈判失败，寻求接入的当事方可向 ACCC 寻求获得有约束力的仲裁。在 ACCC 的仲裁中，在 Part IIIA 的目标的基础上必须综合考虑以下具体因素：（1）服务提供者的合法商业利益，及其在该设施上的投资；（2）公共利益，包括在市场中引入竞争的公共利益；（3）有权使用该服务的所有人的利益；（4）提供接入该服务的直接成本；（5）对于服务提供者而言，扩展该设施的价值（因其成本是由他人的要求所可能产生的）；（6）对于服务提供者而言，实施互联互通的价值（因其成本是由他人的要求所可能产生的）；（7）该设施的安全可靠运营所需的运营和技术要求；（8）该设施的经济有效运营；（9）定价原则。进一步地，条款价格是 ACCC 仲裁的核心，必须遵守《竞争与消费者法》SECT 44ZZCA 规定的定价原则：（1）所定价格应能产生预期的利润，至少足以覆盖提供接入的有效率的成本；（2）包含与管制和商业等风险相称的投资回报；（3）在有助于提升效率的情况下，允许多部定价（multi-part pricing）和价格歧视，但不允许纵向一体化的接入

① See “Access to Monopoly Infrastructure in Australia”, Accessed June 30, 2016. http://ncc.gov.au/making-an-application/making_an_application.

② Ibid.

服务提供者偏向其关联企业;(4)提供激励以降低成本和改进生产率。在此,ACCC 被明确禁止就两项议题作出裁决决定:一是使既有用户不能获得足够的产能以满足其合理可预测的需求;二是造成设施的全部或部分所有权的转移。服务提供者的义务也存在相应的限度:ACCC 作出扩展或升级设施的裁决时,应当确保相关成本应当由接入寻求方所负担;获得接入后,就服务提供者的日常运营、技术或投资决策,监管者和接入寻求方亦不享有否决权。最后,如果 ACCC 不能够就接入条件达成利益兼顾的结果,那么其并不一定要做出必须提供被公告服务的决定。

第二类,非公告模式,分为三种。[①] 一是接入承诺(access undertaking),即基础设施服务的提供者可以自愿向 ACCC 提交接入保证。该等承诺涉及已有的或筹建的基础设施,其中应载明提供接入相关服务的条件。接入承诺一旦被 ACCC 接受,就应当照此提供接入服务,同时也排除了"公告"的适用。二是"认证"(certification)的方式,主要适用于运用既有州或地方接入体制。[②] 对于既有的接入体制来讲,州和地方政府可以通过向 NCC 申请"认证"的方式确认地方政府的既存接入体制有效性。一旦经过"认证",就不再适用公告制度和接入承诺的安排。三是申请"公告"的适用除外。对于由绿地投资所设之基础设施所提供的服务,其中的实质利益享有者可以向 NCC 申请认定该新设设施不适宜作出"公告"。NCC 认定并作出不适合作出公告的推荐,同样应当以"公告"的标准作出评估,并最后得出不符合其中一项或诸项标准的结论。不适用"公告"的决定,有效期限为 20 年。

二、必需设施规则的规制框架

美、欧、澳必需设施规则的反垄断法规制都可以分解为若干要件,而具体到适用层面,必需设施规则主要涉及必需设施规则中的市场地位、必需设施的"必需性"、必需设施拒绝接入的意图问题、必需设施拒绝接入的合法理由和必需设施规则的主要作用领域的问题。

(一)必需设施规则中的市场地位

在必需设施规则的适用中,市场支配地位的存在是前置性的问题。

---

① See "Access to Monopoly Infrastructure in Australia", Accessed June 30, 2016. http://ncc.gov.au/making-an-application/making_an_application.

② Ibid.

在美国,很多适用必需设施规则的案件中,原告既是消费者(要求必需设施或投入)也是拒绝提供必需设施接入一方的竞争者。最初,必需设施规则包括了两个垂直关联的市场,一个垄断者不能够运用其在一个市场上的垄断力量来获得在相邻市场(其同样也在该市场运营)的不恰当优势或者破坏可能使其受威胁的竞争。[①] 尽管如此,在原告指称存在对一项必需设施具有限制竞争性质的拒绝接入时,证明存在两个不同的产品市场并不是一项必要条件。相反,在晚近的案件中,提出必需设施主张的当事人可以在一个单一的市场中同时是涉嫌垄断者的客户和竞争者。[②] 至少,应当解释为必须设施规则在美国的适用聚焦于受影响的市场,至于必需设施本身所处的市场并不是分析的重点,或融于设施必需性的讨论。

在欧盟竞争法中,Bronner 案之后,仅仅证明设施所有者在上游市场占据支配地位还不够,因为支配地位并没有排除其他可选择设施的存在。不仅如此,即使其他选择目前尚不存在,也不能够就此断定该设施是不可或缺的。实际上,一种对下游市场的前视型评估要求要判定是否可能开发出可行的替代选择。因此,Bronner 案实际上将必需设施规则的适用限定为一种特定形式的支配地位,即一种"超级支配地位"。[③]

根据澳大利亚的规定,政府部长依法对必需设施的开放做出公告必须符合的条件之一,就是使用该设施对于其上游或下游市场的有效竞争具有必需性,而不仅仅是便利性。[④] 据此,两个市场均被纳入了该规则的考量范围,但支配地位与否并不是明示的要件。

(二)必需设施的"必需性"

在必需设施规则的适用中,贯穿全过程的是设施的必需性确认问题。

从判例法的发展来看,对"必需"的认识有几种倾向:第一,认为"必需"是对公众而言的,即必需是基于大多数公众对于关键的商品或者服务之获取的需要。第二,认为"必需"是对竞争而言的,即必需是基于对一个企业将其垄断力量从生产的一个阶段延伸到另一个阶段,从一个市场延伸到另一个市场。第

---

① AT& T Co. v. North Am. Indus. ,Inc. ,772 F. Supp. 777,784 (S. D. N. Y. 1991).

② See Robert Pitofsky,Donna Patterson,Jonathan Hooks,"The Essential Facilities Doctrine Under United States Antitrust Law",*Antitrust L. J.* ,Vol. 70,2002,pp. 443 – 445.

③ Sebastien J. Evrard,"Essential Facilities In The European Union: Bronner And Beyond", *Colum. J. Eur. L.* ,Vol. 10,2004,p. 514.

④ Australia Government Publishing Service,National Competition Policy,p. 253 (1993).

三，将“必需性”等同于市场力量，即必需是基于该设施在相关市场所占据的市场份额和市场力量。第四，认为“必需”是对消费者的偏好而言的，即必需是基于消费者对于该设施是否具有特定的偏好。① 其中，对竞争的必需是关键。

哈佛学派代表人物阿里达认为，首先，一项设施只有在“原告对于该市场的竞争来说是必需的”的时候才构成必需设施。其次，该设施对于个体竞争者来说是必需的。如果原告没有该项设施就无法有效进行竞争，该项设施对“原告的竞争活力是至关重要的”。最后，对该项设施的复制和实际可行的替代设施是不存在的。②皮托夫斯基认为，第一，该规则要求证明由被告企业所控制的设施对于竞争来说是真正“必需”的——构成了一种“投入物”（input），而一旦缺乏该投入物则无法与垄断者竞争。尽管如此，该要件并不是说要求造成的限制使得被拒绝接入设施的当事人被排除出该市场。第二，相对来说，在该规则分析框架下所涉及的资产必须不能够通过其他的途径获得或者不能够被其他寻求获得设施接入的企业所能够复制。③据此，对于竞争的必需和对于个体竞争者的必需当结合起来考虑。④

（三）必需设施拒绝接入的意图问题

从美国法院的判决来看，虽然在必需设施规则之下并不一定构成反托拉斯法律责任，但是在拒绝交易是由反竞争的恶意动机所导致时施加法律责任是相当合适的——通常的表现是对现行商业惯例的变更以期损害竞争者。就此，美国最高法院在 Otter Tail 案中指出，“拒绝进行批发交易仅仅是为了防止市政电力系统侵蚀其垄断地位”。在 Aspen Skiing 案中，美国最高法院虽然未直接分

---

① See Christopher M. Seelen, “The Essential Facilities Doctrine: What Does It Mean To Be Essential?”, *Marq. L. Rev.*, Vol. 80, 1997, pp. 1121 – 1130.

② See Phillip Areeda, “Essential Facilities: An Epithet in Need of Limiting Principles”, *Antitrust L. J.*, Vol. 58, 1990, p. 852.

③ See Robert Pitofsky, Donna Patterson, Jonathan Hooks, “The Essential Facilities Doctrine Under United States Antitrust Law”, *Antitrust L. J.*, Vol. 70, 2002, pp. 488 – 450.

④ 就必需设施的界定，李剑认为，其关键是对“不可复制性”的理解，从相关市场界定的角度来为核心设施的界定寻求方向，可以在严格限定适用核心设施理论的同时，与传统反垄断法分析框架衔接，将核心设施的认定问题转化为几乎所有反垄断案件都需要解决的相关市场问题，有利于问题的简化。笔者认为，对于必需设施的界定而言，这只是切入该问题的两个方向，实际需要完成的工作并不能够因此而被简化。同时，也不应当忘记，相关市场界定本身也通常是极不精确的，从而也无法真正形成所谓的“严格标准”。在此，相关市场的界定不应当与必需设施的界定成为一种相互替代的关系，而是应当构成相互补充。参见李剑：《反垄断法中核心设施的界定标准——相关市场的视角》，载《现代法学》2009 年第 3 期。

析被告的设施是否系“必需”而将之作为一般“拒绝交易”处理,但认定“垄断者对该市场所做出的重要改变的决定”所表现出来的反竞争意图十分明显。因为被告的决定背离了其与竞争者之间所达成的长期适用的盈利安排,陪审团做出的不存在结束该合同之合理商业理由的认定得到了支持。似乎,反竞争意图与必需设施规则的适用的关联性是存在的。不仅如此,美国各级法院很多都支持拒绝交易在伴随反竞争意图时可以支撑反托拉斯违法的认定。然而,在 Kodak 案中最高法院指出,拒绝交易的权利“只有在对于这种拒绝行为有合法的竞争性理由的时候才存在”。[1] 这让人反思,在存在“合法的竞争性理由”这一要件的情况下,探求难以捉摸和确证的拒绝接入的意图有意义吗?

(四)必需设施拒绝接入的合法理由

在美国,拒绝接入的合法理由主要是“向竞争者提供设施接入的可行性”的问题。根据皮托夫斯基的总结,从“向竞争者提供设施接入的可行性”的要件明确可知必需设施规则是受到审慎界定的:如果对于一项必需设施的分享是不现实的或者将阻碍被告向其自身的客户提供充分服务的能力之时,反托拉斯法律不要求该必需设施被分享。因此,在被告垄断者有合法理由拒绝向其竞争者提供对于争议资产的接入时,依据必需设施规则并不构成违法。[2]

在欧盟,根据约翰·兰的总结,拒绝交易是否在客观上合理的判断规则是,如果对下游市场没有任何兴趣的一个理性的设施所有者,对于拒绝交易有重大利益,那么该所有者有权做出该行为。其中,最重要的理由之一就是设施所有人没有多余的产能。[3] 尽管如此,法院会审查设施所有者是否是通过对其设施的无效率的使用从而阻止新进入者的到来。另外一种可能,是由于新进入者提供的价格过低。如果设施所有者在下游市场有商业存在,则必须提供一个不高于其所向其分支机构收取的价格。当然,如果下游市场的活动被整合到一个公司之中或者设施所有人向其分支机构收取高价的时候,会造成定价的问题。例如,设施所有者与受到优惠的企业之间有关联或者价格歧视导致了竞争的扭曲。不仅如此,当设施所有者比当前的用户效率更高时也构成一种客观合理性

① Robert Pitofsky, Donna Patterson, Jonathan Hooks, “The Essential Facilities Doctrine Under United States Antitrust Law”, *Antitrust L. J.*, Vol. 70, 2002, p. 452.

② Ibid., pp. 488 – 450.

③ See John Temple Lang, “Defining Legitimate Competition: Companies' Duties To Supply Competitors And Access To Essential Facilities”, *Fordham Int'l L. J.*, Vol. 18, Issue2, 1994, p. 437.

的理由。设施所有者必须明确证明拒绝交易的促进竞争效果超过了反竞争效果。如果设施所有者在将下游市场的竞争排除之后，把价格提高到竞争性水平之上，则应当被要求向更有效率的竞争者提供接入。①

在澳大利亚，根据2010年的《竞争与消费者法》，主管机构并不考虑必需设施是否具备拒绝提供设施的正当理由，更多是自上而下地考虑开放对市场竞争和国家经济的意义。然而根据该法，在决定是否"公告"将特定服务提供给竞争者使用的时候，仍必须考虑所有权的保护、有效产能、合法商业利益、公共利益、服务使用相关方的利益、接入成本、运营安全、运营效率、合理定价，以及日常运营、技术或投资决策的自主权。②

（五）必需设施规则的主要作用领域

必需设施规则本身并不是一个普适性的原则，其适用限定于特定类型的案件。综合美国、欧盟和澳大利亚的情况，必需设施规则在网络型产业和知识产权领域中的适用是主要的问题。

网络型产业是一种需要固定网络来传输服务的基础设施产业，包括煤气、电力、自来水、铁路和固定电话。这些网络耐久且固定，因而垄断租金持续存在。不仅如此，网络投资巨大且具有沉淀性，因此，一旦网络建立起来，讨价还价的天秤就从消费者向投资者倾斜。消费者虽然人数众多，但却无法选择网络，因为其不能随意退出，最后对于掠夺的回应大多只能抱怨。③ 解决之道，重在引入竞争。经验表明，一个企业可以通过拒绝其竞争对手获得在相关市场进行有效竞争资源的方式而获得该市场的不公平竞争优势。④ 就此，在成熟市场经济国家经过了20世纪初的政府规制，到20世纪80年代末开始的放松规制，再到20世纪90年代重新规制的改革与实践中，必需设施规则发挥了重要的作用。

知识产权法本身是一种授予权利人在一定时间内的专有权即法定垄断权，在一定程度上排除竞争的制度。知识产权虽然立足于私权保护，却同时有重要

---

① See Sebastien J. Evrard, "Essential Facilities In The European Union: Bronner And Beyond", *Colum. J. Eur. L.*, Vol. 10, 2004, pp. 525, 526.

② Competition and Consumer Act, Sec. 44G, 44H.

③ 参见［英］戴维·M. 纽伯里著：《网络型产业的重组与规制》，胡汉辉、何玉梅译，人民邮电出版社2002年版，第3页。

④ See Thomas A. Piraino, Jr., "An Antitrust Remedy or Monopoly Leveraging by Electronic Networks", *NW. U. L. Rev.*, Vol. 93, 1998, pp. 1, 6 – 7.

的公共利益目标和功能，在私权保护和促进竞争效能之间具有利益平衡关系。[①] 目前，在知识产权领域是否适用必需设施规则的问题上尚存分歧。在美国，《知识产权许可反托拉斯指南》指出，“主管机构将涉及任何其他形式的有形或无形财产的行为所适用的一般反托拉斯原则，也适用于涉及知识产权的行为”。[②] 然而，在司法实践中，美国最高法院并没有对知识产权领域是否适用必需设施规则表明立场。在欧盟，委员会对知识产权适用必需设施规则主要是通过 Magill 案、Tiercé Ladbroke 案、NDC Health/IMS Health 案和 Microsoft 案的决议来体现的。而欧洲法院对于 Magill 案的判决则在实际上对知识产权适用必需设施规则认定了一类特殊情形。[③]

三、中国《反垄断法》下必需设施规则的适用

考察中国《反垄断法》立法草案，必需设施规则一度或将纳入其中，基于法律整体构架的考虑没有成文。最终，《反垄断法》规定了禁止具有市场支配地位的经营者从事拒绝交易的滥用市场支配地位的行为。可以预期，必需设施规则应当成为该条适用的一条重要规则。

（一）必需设施规则与《中国反垄断法》的价值目标

在美国，关于必需设施规则的争议主要在于：如果设施确实是必需的，那么拒绝对该设施的使用就意味着将垄断者豁免于大多数情况的竞争（至少在一定时期内）。另外，一个将“接入”（access）做出广义界定的政策也会受到质疑，被认为是政府“夺走”私人财产，以及关于行为将会降低创新之激励的更为实际的关注。[④] 阿里达认为，必需设施规则的问题在于，“其逻辑起点是所有的商业资

---

① 参见冯晓青著：《知识产权法利益平衡论》，中国政法大学出版社 2006 年版，第 478 页。

② “如果专利或其他形式的知识产权确实具有市场支配力，市场支配力本身并不构成对反托拉斯法的违反……市场支配力可以非法地取得或维持，或者即使是合法地取得和维持，市场支配力也可能与知识产权所有者通过与该财产有关的不合理行为来损害竞争的能力存在相关性。”“在反托拉斯分析方面，主管机构认为知识产权与其他任何形式的财产同等重要。”参见 DOJ & FTC：《知识产权许可反托拉斯指南》，王蔷译、唐文弘校，载尚明主编：《主要国家（地区）反垄断法律汇编》，法律出版社 2004 年版，第 254 ~ 255 页。

③ See Gregory V. S. Mccurdy, “Intellectual Property And Competition: Does The Essential Facilities Doctrine Shed Any New Light”, *E. I. P. R.*, Vol. 25(10), 2003, p. 480.

④ See Robert Pitofsky, Donna Patterson, Jonathan Hooks, “The Essential Facilities Doctrine Under United States Antitrust Law”, *Antitrust L. J.*, Vol. 70, 2002, p. 443.

产都是应当受到分享的”①——长久以来普通法上的契约自由的思想影响，以及美国的大型的网络型企业多由私人企业占据的事实，使该规则的理念难以获得支持。对美国管制改革影响深远的芝加哥学派经济学家也认为，反垄断法仅仅需要考虑市场的效率运行，而不要追求社会政治目标。依托这一法律与经济学的观念背景，加之美国最高法院亦未明确对必需设施规则做出界定，其适用范围势必是相对狭窄的。

在欧盟竞争法框架下，对政治和社会目标的关切占据更大的权重，且十分强调在欧盟内实现统一市场这一社会政治目标。这一点对欧盟委员会和欧洲法院体系实施必需设施规则的实施产生了两个方面的影响。一方面，在欧洲法院的管辖权内，对于市场一体化的关切影响了法院如何将欧盟关于货物自由流动的条款适用于知识产权的使用。欧洲法院对知识产权的“权利穷竭”作出了非常广义的界定，从而限定并直接减损了知识产权在欧盟的范围和价值。这就不难理解委员会和欧洲法院会广义地适用必需设施规则作为知识产权强制许可的基础。另一方面，欧盟内部国有垄断的分拆要求必需设施规则得到更显著使用。晚近国有控制行业的历史，给欧盟内留下了比美国更多的支配地位企业。因此，必需设施规则也被委员会作为一种附加的反垄断工具来阻止企业和先前的在位企业滥用其支配地位。② 对此，约翰·兰指出，在欧盟必需设施规则的引入是特殊历史背景的结果，主要随着天然气、电力和电信行业私有化过程的不断展开而频繁引起对于必需设施的接入问题。③

在澳大利亚，对国家竞争力的考量占据着主导地位。前述《国家竞争政策报告》指出，“必须审慎地缩小企业提供其设施给予他人使用的适用范围，如果法律不能向设施所有者提供适当的保护，将可能压抑投资激励。但是，在某些产业，不论设施所有人是否具备《贸易行为法》所规定的反竞争目的，都仍然存在重大的公共利益，必须使得有效的竞争能够开展。电信、电力、铁路及其他主要网络产业都是显著的例子。在这类具有重大公共利益的场合，本报告建议立

---

① Phillip Areeda, “Essential Facilities: An Epithet in Need of Limiting Principles”, *Antitrust L. J.*, Vol. 58, 1990, p. 852 n. 48.

② See Sergio Baches Opi, “The Application Of The Essential Facilities Doctrine To Intellectual Property Licensing In The European Union And The United States: Are Intellectual Property Rights Still Sacrosanct?”, *Fordham Intell. Prop. Media & Ent. L. J.*, Vol. 11, 2001, pp. 417 – 19.

③ See John Temple Lang, “Defining Legitimate Competition: Companies' Duties To Supply Competitors And Access To Essential Facilities”, *Fordham Int'l L. J.*, Vol. 18, 1994, p. 442.

法创设适用机制，将不确定性和延滞的可能因素降到最低限度，使有效的竞争得到开展”。[①] 可见，在价值目标上，澳大利亚追求放松管制领域的公共利益下考量，而有效竞争的展开被认为是实现重大公共利益的必要条件，或者就构成这种公共利益本身。

对中国而言，网络型产业的所有者并不是私人，《反垄断法》所面临的相关政治和经济背景与欧盟和澳大利亚的情况更有可比性。与美国必需设施规则的“逻辑起点是所有的商业资产都是应当受到分享的”不同，中国的必需设施规则逻辑起点毋宁是将《宪法》规定中“国有经济，即社会主义全民所有制经济，是国民经济中的主导力量”的“全民所有”作“全民分享”的延伸解释，以及将之与“国家保护个体经济、私营经济等非公有制经济的合法的权利和利益”相调和的需要。2003 年中国共产党第十六届三中全会通过《中共中央关于完善社会主义市场经济体制若干问题的决定》，提出“对垄断行业要放宽市场准入，引入竞争机制……继续推进和完善电信、电力、民航等行业的改革重组。加快推进铁道、邮政和城市公用事业等改革，实行政企分开、政资分开、政事分开。对自然垄断业务要进行有效监管。”进一步地，中共十八届三中全会发布《中共中央关于全面深化改革若干重大问题的决定》，提出“国有资本继续控股经营的自然垄断行业，实行以政企分开、政资分开、特许经营、政府监管为主要内容的改革，根据不同行业特点实行网运分开、放开竞争性业务，推进公共资源配置市场化。进一步破除各种形式的行政垄断”。在加快完善现代市场体系方面，提出“建设统一开放、竞争有序的市场体系，是使市场在资源配置中起决定性作用的基础”。由此可知反垄断法具体制度背后的政治—经济诉求，即推动自然垄断产业的改革和有效监管和全国统一大市场构建两个现实目标的达成。这两个目标相辅相成，其达成的关键，在于如何使前行政控制下的产业有效开放，而必需设施规则是达致这种开放的桥梁。

（二）中国《反垄断法》中必需设施规则的规制框架

在美国，反托拉斯法并没有给企业施加一般性的供应和分享的义务。判例法中的必需设施规则，是对企业没有义务与竞争对手进行交易这项一般性的规

① Australia Government Publishing Service, National Competition Policy, p. 248 (1993).

则做出的例外。[①] 实际上,必需设施规则被认为是所谓的“拒绝交易”(给垄断者排除实际或者潜在竞争者的竞争设定限制)案件的一个子集。美国法院长期认为,企业没有义务与其竞争对手进行交易的一般性规则是受到某些例外限制的。最高法院就指出,“我们对拒绝与其他企业交易的权利之价值的重视,并不意味着这种权利是不受约束的(unqualified)”。[②] 这种态度开启了适用必需设施规则的可能性,同时也形成了该规则在美国反托拉斯规制构架中的辅助性地位。

在欧盟,自 Commercial Solvents 案以来欧委会和欧洲法院发展出来一套稳定延续的决议和判决,使在《欧共体条约》第 102 条市场支配地位滥用中拒绝交易行为认定的法理上占主流的观点是:在一个市场上的支配企业不得运用其地位而获得另外一个市场的竞争优势。[③] 在某种意义上,竞争法对支配企业施加了一项一般性的供应和分享的义务,并为必需设施规则的发展奠定了基础。必需设施规则在欧盟竞争法实施中所扮演的角色较之美国是更为重要的。

澳大利亚的制度设计,则是直接在《竞争与消费者法》中规定了必需设施规则的适用框架,并由 NCC 和 ACCC 两大机构负责,属于典型的自上而下的政府推进型的模式,必需设施规则的推行在解决竞争与管制交汇地带的法律适用问题上发挥着中心作用。

中国《反垄断法》第 17 条禁止滥用市场支配地位行为的类型包括,“没有正当理由,拒绝与交易相对人进行交易”。该条规定是原则性的,但可以解释为包括了对支配地位企业所施加的更高的供应和分享要求。然而,反垄断法在中国网络型产业的适用存在实质性的挑战,引入必需设施规则是必要的辅助支撑。经验证明,必需设施规则是对管制改革中产生的在位企业拒绝提供其能够提供的有效竞争资源而获得不公平竞争优势的一种主要规制手段。在中国,在网络型产业由计划经济下全部国有到社会主义市场经济下分割和重组的过程中,大量形成了公用事业领域寡头分占的格局。对此,除了通过管制体制对其进行市

---

① See Sergio Baches Opi, “The Application Of The Essential Facilities Doctrine To Intellectual Property Licensing In The European Union And The United States: Are Intellectual Property Rights Still Sacrosanct?”, *Fordham Intell. Prop. Media & Ent. L. J.*, Vol. 11, 2001, pp. 415, 416.

② Robert Pitofsky, Donna Patterson, Jonathan Hooks, “The Essential Facilities Doctrine Under United States Antitrust Law”, *Antitrust L. J.*, Vol. 70, 2002, pp. 446 – 47.

③ See Alison Jones and Brenda Sufrin, *EC Competition Law* (3rd Edition), Oxford, Oxford University Press, p. 529.

场准入和费率的监管之外，还应当在这类企业与相邻市场的结合部予以规制，以期能够规范这类企业的市场行为，使在位的、潜在的竞争者能够在一个合理的基础上与其展开竞争。① 这无论是对国企改革的深化、市场竞争秩序的合理化，还是对国家竞争力的培植，都是至关重要的。②

(三)必需设施规则的网络型产业的适用：以油气管网设施为中心展开

在网络产业建立反垄断法的规制，需要考虑三个因素：一是产业内必须有足够的企业或潜在竞争者，二是防止这些企业进行合谋，三是防止居于主导地位的企业滥用市场势力。③ 必需设施规则的适用，首先就是解决保持产业内有足够竞争者的问题。根据当前的改革进程，十八届三中全会提出的"网运分开、放开竞争性业务"势必涉及必需设施问题。近年来，我国油气行业得到快速发展，国家鼓励和引导民间资本进入石油天然气领域，从事页岩气、煤层气、煤制油、煤制气等非常规油气资源开发以及油气产品终端销售业务，上、下游市场主体逐步走向多元化。与此同时，作为油气领域的重要环节，我国油气管网设施建设、运营主要集中于少数大型央企，主干油气管网处于高度垄断经营状态，部分省份也出现了天然气管网由地方企业垄断经营的现象。④ 随着相关市场主体对于油气管网设施公平开放的需求日益凸显，国家能源局制定《油气管网设施公平开放监管办法(试行)》。⑤ 该规定引出分析管网设施规制的结构与模式，以及评估必需设施规则适用侧重点更切近的必要性。

---

① 当然，仅仅简单的宣布允许对必需设施的接入是远远不够的，行政机关、立法、司法或者管制机构还必须确定接入的条件——费率、优先位序和其他交易的条款——而这些通常又要求持续性的监管。See Robert Pitofsky, Donna Patterson, Jonathan Hooks, "The Essential Facilities Doctrine Under United States Antitrust Law", *Antitrust L. J.*, Vol. 70, 2002, p. 443. 但是，毋庸置疑，必需设施规则是整个重新规制环节的重要基础。

② 此外，在中国，就知识产权领域是否需要适用必需设施规则：反对者主张，适用必需设施规则会降低创新动机并存在劫持成本；赞成者主张，适用该规则对维持市场竞争至关重要。参见胡水晶：《知识产权人拒绝交易：新经济下知识产权领域反垄断法的新课题》，载《电子知识产权》2005年第8期。

③ 参见刘戒骄著：《垄断产业改革：基于网络视角的分析》，经济管理出版社2005年版，第154~155页。

④ 参见《国家能源局印发〈油气管网设施公平开放监管办法(试行)〉》，载国家能源局门户网：http://www.nea.gov.cn/2014-02/24/c_133139014.htm，最后访问日期：2016年3月20日。

⑤ 参见《国家能源局关于印发〈油气管网设施公平开放监管办法(试行)〉的通知》(国能监管〔2014〕84号)。

1. 管网设施规制适用必需设施规则的结构与模式

当前,在中国《反垄断法》下确立必需设施规则的依据是第17条关于"拒绝交易"行为的规定。在部门规章的制定中,国务院反垄断执法机构已尝试将《反垄断法》下拒绝交易规定的外延扩展至"必需设施规则"。国家工商总局的《禁止滥用市场支配地位行为的规定》中,明确"禁止具有市场支配地位的经营者没有正当理由,通过下列方式拒绝与交易相对人进行交易:……(五)拒绝交易相对人在生产经营活动中以合理条件使用其必需设施"。"在认定前款第(五)项时,应当综合考虑另行投资建设、另行开发建造该设施的可行性、交易相对人有效开展生产经营活动对该设施的依赖程度、该经营者提供该设施的可能性以及对自身生产经营活动造成的影响等因素。"①该规定已经具备必需设施规则的基本规制结构。

进一步地,结合中国的现实,管网设施的规制中适用必需设施规则应聚焦于下列因素:(1)设施的必需性,主要是指考虑上游和下游两个市场,该设施本身是当事人从事商业活动所不可或缺的,因为不存在实际的或者潜在的替代物;(2)复制的不可能性,由于存在技术性的、法律或者经济上的障碍,使发展一种替代设施的不可能性是客观的,即必须几乎不可能重新复制,而重新复制成本高昂或者给企业造成沉重负担都不能够作为充分的理由;(3)拒绝使用,既包括竞争者对该设施授权使用的直接拒绝,也包括被告没有以公平合理的条件提供其竞争对手使用该设施;(4)提供设施的可行性,主要是指在被告既有的经营范围内来评估是否有能力提供必需设施给其竞争对手使用,而不是要求被告必须穷尽其全部可能性仍不能提供之时才能证明不具备提供该设施的可行性;(5)拒绝交易是否存在合理的客观理由,包括设施所有人没有多余的产能,新进入者提供的价格过低,以及设施所有者比当前的用户效率更高;(6)所涉设施具有全国性市场的显著性,包括该设施的大小、对商业的重要性、对经济的重要性,确认必需设施的开放有利于产业竞争力,有利于国家竞争力的整体提升。

在确定了规制结构和要素的基础上,适用必需设施规则还需要深入到特定产业组织结构予以考量。根据英国的放松管制经验,网络型公用事业引入竞争有两种方法:一是业务分离,或把竞争性业务从基础网络中分离出来;二是纵向

① 参见国家工商总局《禁止滥用市场支配地位行为的规定》(2010年)第4条。

一体化产业的自由接入。[①] 不论竞争如何引入,其目标是实现竞争有效,即新企业必须能为公用事业的消费者提供某种服务,如果新企业的成本低于在位企业,它们就应该有可能削弱在位者的力量,夺取在位者的客户。[②]

2. 纵向一体化与必需设施规则适用

如果通过自由化接入的方式提供必需设施的接入,则不要求在位企业重组,但要求进入者在与在位者的竞争中,有能力通过网络为消费者服务。[③] 纵向一体化促进了协调,可以节省交易费用,但要保证平等接入可能会增加规制成本,而且可能产生其他方面的低效率。[④]

当前,《油气管网设施公平开放监管办法(试行)》[以下简称《监管办法(试行)》]规定了油气管网设施[⑤]开放,即油气管网设施运营企业之间及其向上、下游用户开放使用其油气管网设施输送、储存、气化、液化和压缩等相关服务。该规定并没有明确油气管网设施的规制方式,石油天然气产业的改革处于进行时,目前尚维持纵向一体化格局。

根据《监管办法(试行)》,必需设施开放的接入申请和受理属于管制机构的管辖范围,价格则由价格主管部门规定,涉及接入的监管、必需设施企业的行为和纠纷解决三个方面。

第一,监管方式与内容。国家能源局负责油气管网设施开放监管相关工作,监管内容包括:油气管网设施规划、计划的落实和重大油气项目的实施,油气管网设施公平开放,输送(储存、气化、液化和压缩)能力和效率、价格与成本,接入申请和受理,合同签订与执行,信息公开与报送等油气管网设施公平开放相关事宜。《监管办法(试行)》还规定,油气管网设施开放应当执行价格主管部门按有关管理规定确定的输送(储存、气化等)服务价格。

第二,油气管网设施企业行为规范。根据《监管办法(试行)》规定,“油气

---

① 参见[英]戴维·纽伯里著:《网络型产业的重组与规制》,何玉梅译、胡汉辉校,人民邮电出版社 2002 年版,第 163 页。

② 同上书,第 177 页。

③ 同上书,第 178 页。

④ 同上。

⑤ 《监管办法(试行)》所指油气管网设施包括符合相应技术条件和规范,并按照国家及地方有关规定履行审批、核准或者备案手续的原油、成品油、天然气管道干线和支线(含省内承担运输功能的油气管网),以及与管道配套的相关设施(包括:码头、装卸设施、LNG 接收站、天然气液化设施和压缩设施、储油与储气设施等)。城镇燃气设施执行相关法律法规规定。

管网设施运营企业在油气管网设施有剩余能力的情况下，应向第三方市场主体平等开放管网设施，提供输送、储存、气化、液化和压缩等服务。油气管网设施运营企业应在互惠互利、充分利用设施能力并保障现有用户现有服务的前提下，按签订合同的先后次序向新增用户公平、无歧视地开放使用油气管网设施”。油气管网设施运营企业综合考虑输送（储存、气化、液化和压缩）能力、安全性以及上、下游用户接入技术条件、油气质量、供应稳定性等因素。

第三，纠纷解决。根据《监管办法（试行）》规定，相关市场主体应严格执行合同，发生争议的，应本着平等、自愿、诚信的原则协商解决。不能达成一致意见的，可以由国家能源局或其派出机构进行协调和调解。对相关市场主体违反本办法规定的，国家能源局及其派出机构可责令整改并视情况予以通报批评；造成重大损失或者严重社会影响的，国家能源局及其派出机构可对相关企业主管人员和其他直接责任人员提出处理意见和建议。

在既有在位企业尚未进行重组的情况下，要满足潜在竞争者和进入者通过网络向消费者提供服务的需要，从而推动其与在位企业之间有效竞争的开展，规制存在难度。在该等管制体制下，按照《监管办法（试行）》原油、成品油、天然气管道的干线和支线（含省内承担运输功能的油气管网），以及与管道配套的相关设施（包括码头、装卸设施、LNG 接收站、天然气液化设施和压缩设施、储油与储气设施等）都属于需要提交管制机构予以申报接入的设施范围。已有的这些油气管网设施设施，都是由几大国有油气企业设立并运营，当是符合相应技术条件和规范，并按照国家及地方有关规定履行审批、核准或者备案手续的。可以认为，已有设施的必需性认定不存在实质困难。而城镇热气设施和新建设施则仍需具体认定。

在此基础上，需要评估的是开放接入的条件，或者与之构成一体两面的拒绝使用的条件。《监管办法（试行）》对开放接入的条件作出了规定。其中，“设施有剩余能力的情况下，应向第三方市场主体平等开放管网设施”涉及前文所归纳的必需设施规则一般适用结构中的“（4）提供设施的可行性”问题，即必需设施的运营者在既有的经营范围内来评估是否有能力提供必需设施给其竞争对手使用。然而，既然必需设施规则并不要求“其必须穷尽其全部可能性仍不能提供之时才能证明不具备提供该设施的可行性”，那么确认“设施所有人没有多余的产能”成为问题，这一约束在纵向一体化的条件下，是软性的。不仅如此，在认定“（3）拒绝使用”时，除直接拒绝之外的没有以公平合理的条件提供其竞争对手使用设施的问题，如何界定“公平合理”极为困难。此外，认定

“(5)拒绝交易是否存在合理的客观理由”问题,确认“由新进入者提供的价格过低,以及设施所有者比当前的用户效率更高”也处于模糊地带。

3. 业务分离与必需设施规则适用

通过业务分离的方式提供必需设施的接入,前提是结构分离或分拆改革,把网络的所有权与基于网络提供服务的所有权分离,这就保证了所有的服务供应商都有平等接入网络的权利,而网络没有理由厚此薄彼。① 纵向分离可以避免为了保证接入的平等性而产生的规制问题,但在设计接入定价,以保持协同收益的过程中还会产生其他的规制问题。② 重组纵向一体化的网络型产业,把具有潜在竞争性的部分分离出来,需要确定该产业的基础自然垄断部分和其余部分的边界。这在电力行业是相对明快的,因为线路部分的业务(高压电网和地区低压配电系统)都有明显的自然垄断性,而发电和供电(与客户缔约、抄表和给消费者开账单)是潜在竞争性的业务。③ 当前中国的电力体制改革,正在向这一目标推进。④ 油气管网设施进行业务分离,并在此基础上提供必需设施的接入亦有其紧迫必要性和现实可行性。

第三节　管制行业中的价格反垄断问题

由于存在很高的沉淀成本,直接的价格管制在与市场规模高度关联的规模经济产业中是必要的。⑤ 这些具有高沉淀成本的规模经济行业多为自然垄断。因此,在严格意义上,管制是用来控制自然垄断的,主要在于限制自然垄断行业垄断者控制市场价格的力量。在自然垄断里,根据一般情况下的垄断均衡条件,即边际收入(MR) = 边际成本(MC),一旦定了垄断产量和垄断价格,从效

---

① 参见[英]戴维·纽伯里著:《网络型产业的重组与规制》,何玉梅译、胡汉辉校,人民邮电出版社2002年版,第178页。

② 同上。

③ 同上。

④ 中共中央、国务院《关于进一步深化电力体制改革的若干意见》(中发〔2015〕9号)提出,在进一步完善政企分开、厂网分开、主辅分开的基础上,按照管住中间、放开两头的体制架构,有序放开输配以外的竞争性环节电价,有序向社会资本开放配售电业务,有序放开公益性和调节性以外的发用电计划。

⑤ 参见[美]乔治·斯蒂格勒著:《产业组织》,王永钦、薛锋译,上海三联书店、上海人民出版社2006年版,第345页。

率性上看,形成了一种在高价格、低产量下会产生庞大无谓损失的状态。[①] 面对成本递减行业初创期就形成自然垄断的既成历史现实,政府需要防止的是其服务过少,价格过高并导致巨大损失的结果,解决的办法就是实施进入管制并给特定企业赋予垄断权,同时强制实施低价以减少无谓损失。[②] 或者是实行公用事业的完全公共所有和控制,即公共事业资本的政府所有与产业成效的政府管制相结合。[③] 二者的核心都是定价。

价格规制的正当性来源于法律授权,主要作用于石油、电信、铁路、邮政、供电、供水、公交等具有成本劣加性的自然垄断行业。[④] 自然垄断行业的价格规制,主要针对的是这类行业中的自然垄断环节,比如,油气管道运输、输配电、电信网络和城市管网等。自然垄断行业规制中的价格问题是:一方面,应当设定合理的定价机制,经济学研究对此做出了重要贡献;另一方面,价格的管制还应关注"维护平等、公平的市场秩序,防止利用市场势力损害消费者和其他竞争者的行为",法学研究应对此作出回应。在中国,《价格法》规定了价格规制的基本制度,而《反垄断法》则明确了对包括价格在内的垄断行为规制,如何厘清政府价格规制与反价格垄断的关系,共同作用于促进管制目标的实现,需要精细的分析与审慎的平衡。

一、自然垄断行业的政府价格规制的依据与规制模式

(一)自然垄断行业的政府价格规制的依据

在中国,国家依据《价格法》实行主要由市场形成价格的机制,大多数商品和服务价格实行市场调节价,极少数商品和服务价格实行政府指导价或者政府定价。政府指导价或政府定价,是自然垄断行业价格规制的主要方式。目前,根据《价格法》第 3 条、第 4 条和第 18 条的规定,极少数实行政府指导价或者政府定价的商品和服务价格包括"与国民经济发展和人民生活关系重大的极少数

① 参见[日]泉田成美、柳川隆著:《产业组织理论基础》,吴波、王琳译,机械工业出版社 2015 年版,第 47 页。

② 同上书,第 48 页。

③ 参见[美]乔治·斯蒂格勒著:《产业组织》,王永钦、薛锋译,上海三联书店、上海人民出版社 2006 年版,第 345~346 页。

④ 我国《价格法》第 18 条规定:政府在必要时可以对下列商品和服务价格实行政府指导价或者政府定价:(1)与国民经济发展和人民生活关系重大的极少数商品价格;(2)资源稀缺的少数商品价格;(3)自然垄断经营的商品价格;(4)重要的公用事业价格;(5)重要的公益性服务价格。

商品价格,资源稀缺的少数商品价格,自然垄断经营的商品价格,重要的公用事业价格”。据此,自然垄断行业的价格规制主要有两个方面:一方面,是规制违反政府定价的行为,即《价格法》第 39 条所规定的经营者不执行政府指导价、政府定价以及法定的价格干预措施、紧急措施的行为;另一方面,是规制不正当价格行为,即《价格法》第 14 条所规定的经营者不得在市场调节价范围内实施的七类行为。对于前一类价格行为的规制,应完全属于《价格法》的适用范围,毋庸赘述;对于后一类价格行为的规制,存在《价格法》与《反垄断法》的法条竞合,需要进一步的分析。

处理《价格法》与《反垄断法》的法条竞合,首先需要理解政府管制和反垄断规制之间的关系。一般而言,二者的分界主要在于,所涉行为是由政府管制机构所促成——可能还是后者经过相当全面的事实审查之后批准的,还是由基本上不受监管的私人行为造成的。① 在中国,根据《反垄断法》第 7 条规定,“国有经济占控制地位的关系国民经济命脉和国家安全的行业以及依法实行专营专卖的行业”中的经营者的合法经营活动予以保护。同时,国家是对这些行业经营者的合法经营活动给予保护,而不是对这些行业实行保护。此类经营者必须依法经营,“不得利用其控制地位或者专营专卖地位损害消费者利益”。据此,虽然对于在法律或事实上占有独占或寡占地位的企业,反垄断法并不挑战其依据特别法(或政策)而享有的独占或寡占地位,及其派生的对市场准入的限制、对商品或服务价格的制定等行为,但独占或寡占企业的经营活动不得实施垄断协议,不得滥用市场支配地位排除、限制竞争,也不得违反《反垄断法》实施垄断协议和经营者集中。既然管制体制并不排除《反垄断法》的适用,那么根据新法优于旧法的原则,我们在讨论自然垄断行业反价格垄断规制之时应以《反垄断法》为中心展开分析。在此,依法实行专营专卖的行业属于政策性垄断的范围,不予讨论。

(二)自然垄断行业的价格形成与规制模式

一般认为,价格规制不是对市场和市场机制的替代,而是在市场机制作用不充分的情况下通过政府规制为市场机制作用的发挥创造条件。因此,如果自然垄断行业已经存在政府价格规制,《反垄断法》并不介入价格规制本身。只有当价格规制不足或者失灵导致消费者福利受损的情况下,才需要通过适用《反

---

① 参见[美]赫伯特·霍温坎普著:《联邦反托拉斯政策》,许光耀、江山、王晨译,中国政法大学出版社 2009 年版,第 788 页。

垄断法》的方式来校正自然垄断行业的政府价格规制。进一步厘清价格规制与反价格垄断的关系,还必须考察自然垄断行业的价格形成与价格规制模式。就价格的形成而言,在自然垄断行业中,由于存在严格的进入规制条件,如果对企业不实行价格规制,垄断企业就会按照利润最大化原则进行价格决策;而在自然垄断行业中如果追求社会总福利最大,在线性边际成本定价的情况下则需要政府进行补贴。二者皆不可取。因此,为提高资源配置效率,在规制者对自然垄断企业实行的价格规制之下,虽然消费者剩余比理想定价要少,但垄断者的经济利润也得到了抑制。从经验上来看,各国政府对自然垄断企业实行的各种各样的价格规制基本上是以平均成本定价作为基础的。而就价格规制模式而言,主要历经传统价格规制、价格激励规制和放松价格规制的过程。总结根据各国的规制实践,公平报酬率管制和价格上限规制是目前最具典型意义的价格规制模式。

公平报酬率管制属于传统价格规制,系以实际成本为基础,加上一定的利润作为产品的定价。实践中,通常是受规制企业首先向政府提出价格或回报率调整的申请,政府对该申请进行考察和评估,并根据价格影响因素的变化情况对其进行必要的修正,以作为某一特定时期的定价依据。在自然垄断企业的领域里,从先前采用的进入管制、公平报酬率管制及国有企业的垄断事业化等所明显凸现出的非效率性以来,导入竞争和开展私有化或民营化逐渐受到重视。在不能从根本上引入竞争的环节,则通过采用能够给予改善企业经营效率的动机而设计价格管制,即动机管制,包括价格上限管制、标准法管制和竞争投标管制。①

价格上限规制属于价格激励规制,制定原则是行业价格上涨不能高于通货膨胀率,考虑到由技术进步率带来的劳动生产率的提高,还要使行业的价格下降。在最高限价的控制下,企业可以自由地最大化其利润,即价格水平虽然受限,但价格结构不会受到限制。20 世纪 80 年代,英国在煤气、自来水、航空、电力等私有化行业里,采取了出售股权、对价格进行上限管制等措施;日本的独立行政法人和医疗福利法人被赋予效率化指数也是价格上限管制的一种措施。②在中国,政府除了对民航业、电信业和石油业中的成品油部分地采用了简单的

① 参见[日]泉田成美、柳川隆著:《产业组织理论基础》,吴波、王琳译,机械工业出版社 2015 年版,第 53 页。

② 同上书,第 54 页。

价格上/下限规制和价格上限规制外，其他产业如电力、电信、铁路以及多数城市基础设施产业的自然垄断环节仍然采用公平报酬率管制手段或类似做法。

除设定固定的价格上限之外，标准法管制和竞争投标制也是改良自然垄断行业效率的价格管制方式，且不以价格的固定为前提。标准法管制是在地区垄断状态下，当有类似企业存在时，管制当局在审查收费和成本的过程中，以优秀企业的成本和服务的质量为尺度，要求各企业为达到该尺度而努力改善成果的管制。换言之，与同行相比，通过给予惩罚，即在价格上，对减小成本问题上努力不够的企业不允许涨价，从而在被管制企业之间实现减小成本的竞争价格管制。在日本，电力、煤气、大型民营铁路、日本国铁等公司通过引入标准法管制，产生了一定的效果。还可以通过实施竞争性投标制度来推动自然垄断效率化的实现，即在应标企业中，以给提供最低供给价格的企业一定时期内的垄断经营权这种形式来运作。① 而不论采取标准法管制还是竞争投标制，其中亦可蕴藏垄断行为的发生环境。

二、自然垄断行业反价格垄断的基本框架

在自然垄断行业政府价格规制的情形下，反价格垄断如何在实践中展开，我们可以先考察已有的成熟处理方式。在美国，根据 Keogh 案所确立的原则（以下简称 Keogh 原则），如果企业的费率已经向管制机构进行了申报，则私人原告就不能指控这一费率构成固定价格行为，并就其过高定价对自己造成的损害主张 3 倍赔偿。② 最高法院就其判决给出了理由，主要包括：首先，管制体制允许在管制机构所进行的程序中赋予损害赔偿，而国会不可能打算给予重复救济。其次，机构管制的目的之一是防止费率歧视，但如果实行双轨的救济系统，使不同的消费者获得不同的实际费率，则会造成这种歧视。不仅如此，要想获得损害赔偿，必须证明正确的费率应当是一个“假定的”“低一些的费率”，而且这个低费率本来是会被管制机构批准的。而管制机构是否真的会批准这个低费率，应该由该管制机构来判断。③ 在中国法下并不存在 3 倍赔偿问题及其附

---

① 参见[日]泉田成美、柳川隆著：《产业组织理论基础》，吴波、王琳译，机械工业出版社 2015 年版，第 54～55 页。

② Keogh v. Chicago & Northwestern Rwy. ,260 U. S. 156,43 S. Ct. 47 (1922).

③ Keogh v. Chicago & Northwestern Rwy. ,260 U. S. 164－165,43 S. Ct. at 50 (1922).

随的重复救济和歧视费率，Keogh 原则以及最高法院的理由的借鉴意义，在于从程序上区分自然垄断行业政府价格规制与反价格垄断适用范围，管制价格的确定权限归于管制机构，尤其对“假定的”低费率的存在及其正当性予以裁量。满足既定正当程序即明确了自然垄断行业政府价格规制中定价机制本身的合法性和不容挑战性。当然，这并不能排除在管制机构所确立的特定定价机制下企业从事排除、限制竞争行为的可能。对此，可以在当前三种主流价格规制模式下，对反价格垄断进行实体分析。

第一，公平报酬率管制。公平报酬率管制的典型公式为：$p_t = c_{t-1} + rB/q_{t-1}$。该公式中的 p_t 为第 t 期的规制价格，c_{t-1} 期的单位成本，B 为资产总值（费率基础），r 为政府允许的资本回报率，q_{t-1} 为 t－1 期的生产总量。根据该公式，全部成本最终都能通过价格回收，而且成本的节约不会使企业受益，成本的增加也不会使企业受损。因此，企业即使提高效率，也不会在实质上影响定价。只有作出程序上的妥当安排以最大限度消除该等不对称信息下的管制问题，由管制者与管制厂商之间就所申报的成本进行博弈，并通过完整的价格听证制度将消费者纳入管制过程参与博弈。① 而在公平报酬率管制下的反垄断法适用问题，在公平报酬率管制下，适用 Keogh 原则足以解决；对于价格上限规制下的问题则需要进一步的分析。

第二，最高限价规制。典型的价格上限公式为：$p_t = p_{t-1}(1 + RPI - X)$。该公式中的 p_t 和 p_{t-1} 分别为 t－1 期和 t 期的规制价格水平，RPI 为零售价格指数即通货膨胀率，X 为由规制者制定的一定时期内生产效率上涨的百分比。从价格上限规制的成本补偿原则上来看，最高限价一经确定，在某一规制期内一般是不可调的，只有在下一个规制期才能修正，此时企业在本规制期内所节约的成本即为增加的净利润。在这种情况下，如前所述，由于自然垄断行业规制价格一般采用平均成本定价，当前的价格上限由上一期的平均成本为基础计算而成，平均成本和价格上限之间存在滞后性，于是价格垄断的存在成为可能。具体而言，可依制定当前价格上限的平均成本 c_{t-1} 和当前的平均成本 c_t 所在的区间展开。当 $c_{t-1} \leq c_t$ 之时，由于价格上限的存在，企业整体上基于成本的压力，理性的定价将等于或趋近于价格上限，因此原则上不存在调整的空间。当 $c_{t-1} > c_t$ 之时，由于企业具有了成本上的优势，可以在最高限价之下展开竞争，

① 参见［美］丹尼尔·史普博著：《管制与市场》，余晖、何帆、钱家骏、周维富译，余晖校，格致出版社、三联出版社 1999 年版，第 388 页。

就可能产生反垄断法意义上的价格垄断问题。就此,可以根据垄断行为类型展开分析。

一方面,自然垄断行业价格规制下可能出现垄断协议。依据《反垄断法》规定,“固定或者变更商品价格”的横向价格垄断协议出现的可能性比较大。在实践中,固定价格可以表现为:确定向客户收取特定价格的协议、提价的协议、遵守最低限价的协议、遵守公布价格的协议、据以计算价格的标准公式的协议、消除价格折扣或确定统一折扣的协议、取消市场上以低价供应的商品以限制供应和保持高价的协议,以及未经其他协议方同意不得减价的协议等。不仅如此,也可能出现两种纵向价格垄断协议行为:一是固定转售价格,即维持一个确定的价格或者价格水平,如约定不得减价或者打折,保持零售价与批发价的固定比率等;二是限定最低转售价格,即维持一个价格底线,如约定最低的销售价或折扣率等。

另一方面,自然垄断行业价格规制下也可能存在滥用市场支配地位的价格行为。从几种主要的价格类垄断行为来看:首先,就不公平高价而言,挑战不公平的高价等同于挑战当前的价格上限,无法在实体上成立。其次,就掠夺性定价而言,企业将产品以低于成本的价格销售,在竞争对手被排挤出市场或阻遏进入市场的潜在竞争者后,将产品价格提高到垄断价格。在企业成本相较于前一时期有所降低的情况下,掠夺性定价行为有可能发生,以通过故意以短期损失来排除或惩罚竞争者。但是,由于有价格上限的存在,企业很可能无法收回低于成本销售时期的损失,加之行业准入管制的存在,往往难以达到预期的效果。再次,就价格歧视而言,涉及一个拥有市场支配地位的企业如果对于条件相同的交易对手采用不同的交易价格条件,由此使某些交易对手处于不利的竞争地位。实践中,自然垄断行业从自身利益出发,通过歧视性价格或收费政策搞市场分割与地区封锁,阻挠正常的价格竞争。最后,特定自然垄断行业还易于发生价格挤压行为。以电信行业为例,德意志电信的批发价格由政府制定,零售价格由管制机构设定最高限价的情况下所实施的价格挤压行为,欧洲法院于2010年判决认定该等行为违反竞争法。[①] 这一案件的发展,值得引起注意。

第三,标准法与竞争投标法管制仍有达成横向垄断协议的巨大空间。标准法管制的问题是,被管制企业有可能串通获利,即所有被管制企业如果串通,因

---

① Case C－280/08 P Deutsche Telekom AG v. Commission [2010].

降低了成本、服务质量等,可能出现即使不进行效率化经营,也很容易获利的情况。相应地,在竞争投标制中,中标企业也有可能忽视产品质量而减少成本支出,招标企业也有可能通过私下磋商不实施低价格。[①] 由此可见,通过横向比较或竞争的方式来确定管制价格,实际上又回到了市场的场景,在市场之中所能产生横向垄断协议的表现形式和实质内容都将呈现,只不过限定在一定范围内。

综上,自然垄断行业的政府价格规制并不排除反价格垄断的适用,而对于符合自然垄断行业价格制定程序的费率申报也不能提出反价格垄断行为的挑战。在当前价格规制模式下,反垄断法的适用应当明确:首先,在公平报酬率管制模式下,一般难以产生实体性的垄断行为;其次,在最高限价规制模式下,应当重点监控自然垄断行业内企业之间就价格达成的横向价格固定和纵向转售价格维持等行为,带有地区封锁内容的价格歧视,以及特定行业的价格挤压行为;最后,在标准法管制与竞争投标法管制下,依旧存在达成横向垄断协议的巨大空间。在此基础上,应当认识到,永久性的自然垄断或许是一种少有的情况,技术变化能改变成本函数从而提供了竞争的可操作性。进而,考虑到管制存在的一个严重缺陷,即随着自然垄断的消失而管制并没有消失,反垄断执法机构与自然垄断行业监管机构应协调一致,推动政府价格规制与反价格垄断的无缝对接,在促进管制目标实现的同时提升消费者的福利。

三、放松管制领域的反价格垄断问题:以油品市场为中心

(一)放松管制和网络定价

当前,根据《价格法》,我国实行三种价格相结合的价格形成机制,大多数商品和服务价格实行市场调节价,极少数商品和服务价格实行政府指导价或者政府定价。其中,政府定价和政府指导价分别是指由政府价格主管部门或者其他有关部门,按照定价权限和范围制定的价格,或按照定价权限和范围规定基准价及其浮动幅度,指导经营者制定的价格。[②]

由于在消减成本、提高生产效率、根据成本调整价格以改善分配效率方面,竞争比管制更有效,如果必须由管制者来控制价格,或由公共所有者来设定价

---

① 参见[日]泉田成美、柳川隆著:《产业组织理论基础》,吴波、王琳译,机械工业出版社2015年版,第54~55页。

② 参见我国《价格法》第3条。

格,那么在提高效率的激励与承诺不增加税收收回效率收益的可信性之间就不可避免地存在着紧张关系。[①] 理想的解决方案是,让竞争来提供效率激励和向消费者转移收入;而引入竞争最有效的领域是基于网络提供的服务。[②] 根据《价格法》第 18 条规定,就"自然垄断经营的商品价格",政府在必要时可以实行政府指导价或者政府定价。而根据《监管办法(试行)》规定,"油气管网设施开放应当执行价格主管部门按有关管理规定确定的输送(储存、气化等)服务价格";"油气管网设施运营企业应每季度通过网站或国家能源局指定的信息平台等途径公开油气管网设施的接入标准、输送(储存、气化)价格、申请接入的条件、受理流程等信息。"中共中央、国务院《关于推进价格机制改革的若干意见》(中发〔2015〕28 号)提出,按照"准许成本加合理收益"原则,合理制定电网、天然气管网输配价格。当前,根据 2015 年新修订的《中央定价目录》(国家发展和改革委员会第 29 号令)规定,"各省(自治区、直辖市)天然气门站价格",定价范围包括"国产陆上天然气和 2014 年底前投产的进口管道天然气,直供用户(不含化肥企业)用气除外";而"成品油价格暂按现行价格形成机制,根据国际市场油价变化适时调整,视体制改革进程全面放开"。目前,油气管网的定价机制尚未确定,而"省及省以上电网输配电"归国务院价格主管部门确定。若油气管网亦延续该等改革的进路,主要的问题归于公平报酬率管制,几与反垄断法无涉。

根据《石油价格管理办法》的规定,原油价格实行市场调节价。市场调节价是由经营者自主制定,通过市场竞争形成的价格,其所涉反垄断问题与其他商品市场中无异。《石油价格管理办法》还规定,成品油区别情况,分别实行政府指导价和政府定价。其中,"汽、柴油零售价格和批发价格,向社会批发企业和铁路、交通等专项用户供应汽、柴油供应价格,实行政府指导价"。[③] 进一步,该规定明确,"汽、柴油最高零售价格以国际市场原油价格为基础,考虑国内平均加工成本、税金、合理流通环节费用和适当利润确定"。即油品市场中政府指导价的施行方式是最高限价。如前所述,并根据《价格法》规定经营者享有"在政府指导价规定的幅度内制定价格"的权利,在最高限价规制模式下仍然存在垄

---

① 参见[英]戴维·纽伯里著:《网络型产业的重组与规制》,何玉梅译、胡汉辉校,人民邮电出版社 2002 年版,第 163 页。

② 同上。

③ 向国家储备和新疆生产建设兵团供应汽、柴油供应价格,实行政府定价。参见国家发改委《石油价格管理办法》(发改价格〔2016〕64 号),载国家发展和改革委员会网:http://jgs.ndrc.gov.cn/zcfg/201601/W020160113570365794588.pdf,最后访问日期:2016 年 6 月 30 日。

断行为的空间，表达为企业之间达成的横向价格固定和纵向转售价格维持等行为，带有地区封锁内容的价格歧视，以及特定行业的价格挤压行为。这些问题，将贯穿放松管制的全过程。

（二）放松管制下的市场竞争状况与价格垄断

在油品市场的最高限价规制模式下，垄断行为之中竞争影响最为广泛深重的是横向价格固定。经验表明，在某些情形下，互相竞争的销售者也许不需要进行通常意义上的共谋——也就是不需要进行任何公开的或者可以觉察的联络——就能够在定价方面进行合作，构成法学家所谓的有意识的平行行为（conscious parallelism）和经济学家所谓的寡头的互相依赖（oligopolistic interdependence）。[①] 在美国法下，这种行为被与明示的共谋相区分，被称为默示的共谋；在欧盟法和中国法下，这种行为则与协议、决议相区分，被称为协同行为（以下依中国法定义）。一种经济学的研究进路认为，协同行为虽然是“互相依赖”的，但实际上是由集中或“寡头垄断”的市场结构所支配的，而不是由销售者的有意识的选择所支配的。[②]

在油品市场中，由于长期处于寡头垄断状态，即便是在放松管制之后走向竞争也需要时间，其中的垄断行为集中于垄断协议。而垄断协议通常没有白纸黑字的协议，多以协同行为的方式表达，以协议证据为基础的法律的进路十分困难。就此，波斯纳提倡以经济学的进路介入，首先识别哪些市场的具体条件有利于产生垄断协议，其次判断这些市场中是否确实存在定价垄断协议。[③] 其中，考察有利于垄断协议的市场条件包括：市场上的卖方集中、缺乏外围小企业、在竞争价格上缺乏需求弹性、市场进入耗时长、市场上买方不集中、产品标准化、非耐用品、主要企业在分销链同一层次销售、价格竞争为主要竞争形式、固定成本对可变成本比例较高、相似的成本结构与生产过程、需求不变或者随时间流逝不断下降、价格可以迅速变化、秘密投标、市场是地方性的、合作活动、该产业的反垄断记录；考察市场中的企业行为表现包括：固定的相关市场份额、整个市场范围内的价格歧视、交换价格信息、区域性价格差异、相同的出价、卡特尔形成时价格—产出或者生产能力的变化、行业转售价格的维持、领导者的

---

① 参见［美］理查德·波斯纳著：《反托拉斯法》，孙秋宁译，中国政法大学出版社2003年版，第61页。

② 同上。

③ 同上书，第81～82页。

市场份额不断下降、价格变化的幅度与波动性、需求在市场价格上有弹性、利润水平和利润模式、市场价格与企业数量或需求弹性负相关、基点定价和排他行为。①

波斯纳的列举是判例法经验和经济学认知的有效结合,然而其发散性影响了适用的连贯性。重新对波斯纳的列举进行结构化梳理,可以得出更适于评估市场竞争状况的要素序列。

第一,利于达成垄断协议的市场环境。市场环境的首要指标是市场的集中度状况,分为卖方和买方两个层面。如果涉嫌构成垄断协议的行为发生在卖方市场,则市场上的卖方集中会便利协同行为的发生,市场上的买方集中则有可能构成抵消性的买方力量在一定程度上消解卖方集中带来的协同便利。不仅如此,外围小企业的存在也可以侵蚀卡特尔的利润并在一定程度上破坏其稳定性。市场环境的第二项指标是市场进入的状况,主要表达为市场进入的难易程度和市场进入耗时长短;市场如果是地方性的,通常表明一定程度的进入壁垒的存在。市场环境的第三项指标是需求弹性的状况,在竞争价格上缺乏需求弹性(与"需求在市场价格上有弹性"这一因素相重叠),可以作为推断市场被卡特尔化而消费者别无选择的因素。

第二,利于达成垄断协议的产品属性与企业行为。垄断协议虽然不拘泥于民法意义上的要约和承诺,但仍有其协议指向的标的,或为产品,或为服务。在产品属性上,标准化的产品无疑对减少竞争者之间达成垄断协议的交易成本具有重要意义,而快消品(非耐用品)则由于其频繁交易的特性可以使垄断协议的达成更易于获利。就企业的生产行为而言,如果有相似的成本结构与生产过程;就企业的销售行为而言若主要竞争者处于分销链同一层次;就企业的竞争行为而言,价格竞争为主要竞争形式,则都是更易于达成价格固定一致的。此外,如果存在一个以上重要企业的市场中排他性为得以实施,也是存在垄断协议的证据。②

第三,利于达成垄断协议的行业特性。如果由该行业的特性决定,固定成本对可变成本比例较高,企业就会更加倾向于维持稳定利润而放弃竞争所可能产生的大起大落;如果系夕阳产业,其中的需求不变或者随时间流逝不断下降,

① 参见[美]理查德·波斯纳著:《反托拉斯法》,孙秋宁译,中国政法大学出版社2003年版,第82~108页。

② 同上书,第108页。

则产生了达成垄断协议维持利润的更高的需求，以及监督执行垄断协议的更大的便利。考察该行业的反垄断记录也是判断行业特性的重要方式，然而只能构成一个初步的指标，因为既有的记录可以作出多种解读；而如果该行业内长期广泛存在合作活动，这种合作关系到交换价格信息或秘密投标，那么其产生垄断协议的可能性就越大。对“领导者的市场份额不断下降”这一因素，不能单独构成一个判断指标。因为，其可以解读为存在市场进入而侵蚀了在位企业的市场份额，但也可以作出在位企业容忍其自身的市场份额逐渐下降，而维持一个超竞争水平价格的解读。

第四，判断可能存在垄断协议的价格信号。解析价格信号应聚焦市场和企业两个层面。在市场层面，如果整个市场范围内的价格歧视、存在区域性价格差异，以及市场价格与企业数量或需求弹性负相关，都表明作为市场机制中枢神经的价格机制被不同程度的扭曲，可作为判断垄断协议存在的重要信号。在企业层面，如果存在相同的出价（特别是非标准化的产品或服务），卡特尔形成时价格提高、产出减少或者生产能力出现过剩等变化，存在效率因素之外的较高的利润水平和回报率模式，价格变化不频繁、幅度与波动性小（与“价格可以迅速变化”相对应），都表明卡特尔造成了价格的稳定化，可作为判断垄断协议存在的信号。

第五，便于促成垄断协议的辅助手段。价格歧视和价格差异是可能存在垄断协议的信号，而行业转售价格的维持、基点定价则是促成垄断协议的辅助手段，前者可以便利下游横向垄断协议的达成和维持，后者可以便利不同地域的竞争者之间达成价格固定。如果相关市场的份额呈现出固定化态势，可能表明当前的市场，或者存在较高的市场壁垒，或者是已经被固定了价格、限定了产出，而划分市场份额是为了更好地贯彻执行这一垄断协议的辅助手段。

（三）放松管制下的油品市场中的价格垄断

根据《石油价格管理办法》规定，“当国际市场原油价格低于每桶 40 美元（含）时，按原油价格每桶 40 美元、正常加工利润率计算成品油价格。高于每桶 40 美元低于 80 美元（含）时，按正常加工利润率计算成品油价格。高于每桶 80 美元时，开始扣减加工利润率，直至按加工零利润计算成品油价格。高于每桶 130 美元（含）时，按照兼顾生产者、消费者利益，保持国民经济平稳运行的原则,采取适当财税政策保证成品油生产和供应,汽、柴油价格原则上不提或少提”。[①] 即在最高零售价的规定下增设了最低零售价,形成了价格区间。[②]在油气网管设施因其自然垄断特性被列入管制机构进行管制之后,在油品进出口开放之前,该等自然垄断环节之外的油品市场的批发、零售之中的价格垄断行为,需要重点考虑。

第一,油品市场的焦点价格行为。在油品销售中,采取焦点价格(focal point price)是一种典型的策略。焦点价格的确定方式为:当原油价格上涨,影响成本增加,油品公司会迅速提高销售价格以维持利润不变。反之,当原油成本下跌之时,则以旧有价格为焦点价格,全力维持旧有价格不变,不予反映,以合意垄断市场。[③] 焦点价格理论的提出者谢勒(Schelling)认为,政府规范、商业默契、产业经营习惯、文化或风俗往往会对博弈的参与者提供了一个聚焦的共同目标,从而形成一个基于共同默契的一致性行为。[④] 在油品市场最高限价的场景中,基于焦点价格,经营者不需要通过任何协调与联系等公开联合机制,只需通过政府所发布过高的价格上限(高于正常售价),就可一致地将价格提高到法定上限,达成垄断市场的合意。[⑤] 该等焦点定价在所设定的价格上下限区间中,有足够的空间可以腾挪设定垄断价格。

第二,寡头市场中的价格跟随行为。即使不根据焦点策略进行油品销售,在寡头市场中也可以通过价格跟随来达成固定价格和限定产出等合意。在美国的 Petroleum Product 案中,加州标准石油公司等在 1968 ~ 1872 年协调汽油零售价格,并于涨价前曾有相互提供经销折扣价格资料及刊登报纸公告涨价信息,使其油气平均零售价格,几乎于同时点出现同步涨价、同步降价的周期循环

---

① 国家发改委:《石油价格管理办法》(发改价格〔2016〕64 号),载国家发展和改革委员会网:http://jgs.ndrc.gov.cn/zcfg/201601/W020160113570365794588.pdf,最后访问日期:2016 年 6 月 30 日。

② 此系国家发展改革委《关于进一步完善成品油价格形成机制有关问题的通知》(发改价格〔2016〕64 号)发布之后完成的调整。参见国家发展和改革委员会网:http://jgs.ndrc.gov.cn/zcfg/201601/t20160113_771293.html,最后访问日期:2016 年 6 月 30 日。

③ 参见许松根、马泰成、颜廷栋:《国内油品产业结构、厂商行为与竞争法规范》,载《公平交易季刊》第 15 卷第 4 期。

④ 同上。

⑤ 同上。

现象,致使价格呈高低起伏的锯齿形走势。[①] 在欧盟的 Polypropylene 案中,由 ICI、Shell 等少数聚丙烯石化公司生产商于同时期聚丙烯石化商品的产能超过市场需求,因此举行 6 次会议就价格提案进行讨论,并同意将事前对各经销商的售价调整做出指示并在业内刊物刊载价格、产量等信息,此后相关产品价格出现同步涨价现象。[②]

我国台湾地区油品产业放松管制之后所出现的情况更为典型。中油与台塑在 2002 ~ 2004 年一共存在 20 次同步并同幅调整台湾地区 92 号及 95 号无铅汽油及高级柴油批发价格,其调价模式为:(1)发动调价者,通过媒体传播预先披露调价信息,并侦测竞争对手反应及交换重要调价资讯;(2)竞争对手第一时间快速跟进,则调价时点、幅度均相同;(3)竞争对手快速反应不跟进,价格发动者即修正或撤回原调价资讯;(4)前述公开预告方式的操作,促使双方历次调价均呈现一致性之客观结果。[③] 在这个二阶博弈中,第一阶段涨价与否的决策权在中油公司,第二阶段跟进与否的决策权在台塑公司,通过倒推法可知其通过博弈达成一致的过程:就台塑公司而言,如果不跟进涨价,仅有一段极短的时间能够获取 100% 的市场占有率,因中油公司如果发现台塑公司没有跟进涨价,中油公司会立即回降价格。反之,如果跟进涨价,在市场结构不变的前提之下,其将可永远取得一般的独占利润,因此台塑公司必将跟进涨价。而在第一阶段的中油知道台塑公司必然跟随涨价,因此也会主动将价格调至独占价格,协同行为至此达成,而且不需要通过任何公开的会议或是书面的协议,所依赖的是市场价格资讯的极度流通。[④]

第三,非寡头市场之中的价格信息交换。在 Petroleum Product 案、Polypropylene 案和中油与台塑案中所展现的寡头市场当中的价格跟随行为之外,若要对非寡头市场当中的价格垄断行为进行分析,通常涉及对价格等信息交换的性质的判定。就此,美国最高法院在《谢尔曼法》实施早期判决的

---

① In re Petroleum Products Antitrust Litigation,906 F. 2d 432 (9th Cir. 1990). 转引自许松根、马泰成、颜廷栋:《国内油品产业结构、厂商行为与竞争法规范》,载《公平交易季刊》第 15 卷第 4 期。

② Polypropylene OJ 1986 L230/1 [1988] 4 CMLR 347. 转引自许松根、马泰成、颜廷栋:《国内油品产业结构、厂商行为与竞争法规范》,载《公平交易季刊》第 15 卷第 4 期。

③ 参见我国台湾地区"'行政院'公平会(2004)公处字第 093102 号处分书",载《'行政院'公平交易委员会公报》第 13 卷第 11 期。

④ 参见许松根、马泰成、颜廷栋:《国内油品产业结构、厂商行为与竞争法规范》,载《公平交易季刊》第 15 卷第 4 期。

American Column Lumber 案[1]和 Maple Flooring 案[2]所构成的对比十分具有说服力，勾勒出涉嫌违反反垄断法的与合法的信息交换之间的模糊轮廓（参见表 3-1）。就此，对敏感信息交换的认定可以提出一个详细的指引，便于企业守法与执法工作的展开。

表 3-1 合法信息交换与违法信息交换的边界[3]

American Column Lumber(1921)	Maple Flooring(1925)
成员市场份额:33%	成员市场份额:70%
传播信息的类型: 1. 当前价格清单; 2. 产出数据; 3. 存货数据; 4. 销售数据:数量、价格和买家	传播信息类型: 1. 过往销售(无当前价格); 2. 产出数据; 3. 存货数据; 4. 无买家信息; 5. 运费手册:规定基点定价(但无证据表明其被用来固定价格)
信息传播方式:企业与企业之间传播	信息传播方式:在协会范围内整体传播(未列明具体卖家)
数据发布对象:仅限于协会成员	数据发布对象:公众可以公开获得
对未来趋势的分析:向成员报告所提议的未来产出和价格水平	对未来趋势的分析:并未提议未来产出或价格水平
会议组织:成员以区域为单位,每周或每月召开会议讨论"所有的利益相关的问题"	会议组织:成员之间定期会见,但没有证据表明该等会见固定了价格
效果证据:信息交换提高了价格	效果证据:没有证据表明信息交换提高了价格

第四，放松管制之后的纵向垄断协议。我国台湾地区的油品产业放松管制之后，中油公司在一定时期内仍拥有明显的市场力量，主要表现为虽然加油站数量低于民营加油站，但因中油公司加油站多数位于市区精华地段，依售油量

① American Column & Lumber Co. v. United States, 257 U. S. 377 (1921).

② Maple Flooring Mfrs. ' Ass' n v. United States, 268 U. S. 563 (1925).

③ See Andrew Gavil, William Kovacic, Jonathan Baker, *Antitrust Law In Perspective: Cases, Concepts and Problems in Competition Policy*, St. Paul, Thomson West, 2008, p. 287.

计算（截至1999年）在大都市区域仍高达43%～68%，相关地域加油站市场的赫芬达尔－赫希曼指数（Herfindahl-Hirschman Index，HHI）亦高达1858～4660。[①] 进而，石油公司通过纵向一体化的方式经营炼制与加油站零售业务，且对于非本身销售体系的独立加油站业者，亦以实际批售价格或对下游加油站零售建议价格的方式，影响其售价。[②] 由此，石油公司的市场力量是实质性的，如荷兰各大石油公司所属直营加油站，在汽油零售市场占有率高达85%，石油公司为提高其加油站部门在零售市场的获利，对独立加油站有很多纵向交易限制，只要独立加油站以降价方式增加市场占有率，石油公司立即提高对其出货价格，从而限制了独立加油站对直营加油站的竞争力，不利于零售市场竞争。[③] 当前，我国大陆的石油公司几经整合亦早已实现纵向一体化，不仅在炼制环节市场力量十分强大，而且在大中城市亦早已占据核心地段、覆盖主要地域，维持转售价格及其他纵向限制在放松管制之后的市场之中需要加以预防。

第五，在位企业的滥用市场支配地位行为。放松管制之后，在位企业成为市场竞争主体，相关市场结构的变化和进入壁垒的消弭无法速成。该等企业的市场力量在时间和空间上的延续，使其仍存在实施支配地位滥用行为的条件，企业自身通常也难以抑制滥用市场支配地位的冲动。以放松管制之后的油品市场为例，支配地位企业的滥用行为，在价格上主要体现为：

1. 歧视性定价，即石油公司对在相关地域市场内的直营加油站和独立加油站就相同的交易条件给予不同的交易价格，或者给予价格的差异显然不符合交易内容不同程度的比例。[④] 目前，歧视性定价在经济学的分析中和反垄断法的适用上存在一定的争议，但该等类型的歧视性定价（"第二类价格歧视"），[⑤]实

---

① 参见许松根、马泰成、颜廷栋：《国内油品产业结构、厂商行为与竞争法规范》，载《公平交易季刊》第15卷第4期。

② 同上。

③ See Bettendorf, L., S. A. Van der Geest and M. Varkevisser, "Price asymmetric in Dutch retail Gasoline market", *Energy Economics*, Vol. 25, 2003, 674. 转引自许松根、马泰成、颜廷栋：《国内油品产业结构、厂商行为与竞争法规范》，载《公平交易季刊》第15卷第4期。

④ 参见许松根、马泰成、颜廷栋：《国内油品产业结构、厂商行为与竞争法规范》，载《公平交易季刊》第15卷第4期。

⑤ 这是与"第一类价格歧视"相区分的，即对自己原有的客户采用正常的价格，这一价格并不高于其他卖方的价格，因而这些客户不会流向后者；对其他卖方的原有客户采用更优惠的价格，从而吸引这些客户。该等价格歧视造成的是一线损害：具有市场支配地位的经营者针对某一地区实施价格歧视，排除竞争，对这个区域内具有直接竞争关系的其他经营者所造成的损害。

际上是旨在排除、限制下游油品销售市场竞争，将下游市场的某些企业置于不利的竞争地位，构成所谓的“二线损害”，存在对其进行规制的广泛共识，应受到密切关注。不仅如此，运输条件、交易地点、交货方式、付款方式等，这些条件上的差异通常最终会产生价格歧视的效果，应当与价格歧视一体化考虑。

2. 掠夺性定价，即油品零售市场中的企业为排挤、制约竞争对手或阻碍竞争对手进入市场而在相当长的一段时期内故意将价格设置于其成本之下，其目的是为将竞争对手逐出市场并随后设定高于竞争水平的价格，以收回前期降价的损失。从短期来看，该等行为无疑是使消费者迅速获得直接价格减让的；但从长期来看，若竞争对手被成功排斥出市场或被约束限制产量，同时对潜在竞争者构成足够的威慑使其惮于进入，则无疑会构成排除、限制竞争的效果，最终损害消费者福利。当然，考虑到市场进入壁垒的状况和潜在竞争的可能存在，掠夺性定价行为的违法认定存在难度。因为，低于成本很难认定，且这种行为往往是以难收回损失而告终。但并不能够就此排除掠夺性定价规制的必要性和可能性。

3. 不公平的定价，即油品批发企业制定高于正常可比利润水平的价格。不公平定价，包括以不公平的高价销售商品或者以不公平的低价购买商品。从反垄断规制实践来看，在美国法下，不对不公平定价进行规制；在欧盟法下则坚持“利润限制”原则，判断定价“滥用”的方法主要是运用成本价格比较与市场价格比较；在中国，对不公平定价行为的反垄断规制在当前的政府指导价幅度下无法成立。在未来可能的油品市场实行企业定价的情况下，也存在难以找到可比较基准市场的问题。从目前来看，交由市场调节似乎是一种更加妥当的选择。唯有该等超高定价系企业联合固定价格所致，则需纳入横向垄断协议规制范围。

第四章　产业发展与外资并购国家安全审查

产业发展的政策选择与法律治理需聚焦于效率，亦应持重于安全。效率的提升源自竞争，安全的维续则确信于审查。产业发展中的安全不可局限于产业本身，而应系属国家安全。国家安全作为一个概念自第二次世界大战末期被提出以来，一直存在不同的理解。① 综观之，国家安全是一种足以保持国家的统一和主权、领土完整，保障国民的生命、身体和财产不受侵犯，并基于合理的条件维护一国与世界的经济联系，防止外来力量打击一国的制度和统治，并且控制其边界的能力或是状态。基于自身国情、体制环境和所持理念，主要国家采取的规制方式不同，然作为涉外经济活动的重要组成，外商投资都构成了国家安全政策的主要维度，形成了相适应的国家安全审查制度。唯需明晰的是安全与不安全之畛域，安全的范围划界过小，则易陷于不安全；范围过大或被夸大，则易流于不效率。这一安全与效率的取舍是困难的，于境内投资而言，主要在于竞争引入的环节、时点与节奏，及其背后集团利益的博弈的规范化。这主要取决于国家对市场的理解，以及据此形成的顶层设计、改革议程与政策工具的选取，是一个自上而下的

① 参见吴庆荣：《法律上国家安全概念探析》，载《中国法学》2006 年第 4 期。

政治决策—政策推行过程，当前中国政府推行负面清单制度就是典型。于境外投资而言，主要在于引来资本的属性、资本投向的领域，及其背后国家安全的权衡。相较于技术的进步、创新的扩展、产业组织的形变和集团利益的博弈所带来的产业政策与竞争政策、管制与竞争的边界推移，国家安全的要求更加刚性。刚性的国家安全要求需要设定法定的安全审查制度，而由于国家意志在此领域介入所具有的强烈结果导向，而其判断标准仍不可避免地具有弹性，审查程序的透明度进程则亦步亦趋。然而，不得不反复提及的是产业发展的多元目标，若任由国家意志自由裁量，或国家意志的裁量的空间被人为放大，却又不可避免地会损害包括效率在内的其他目标。那么，国家意志的自我收敛成为观照全局的必须。这种裁量的收敛，既是概念上的，也是结构上的：不仅包含了对国家安全、产业安全、国防安全等理念问题的澄明，也包含了对针对外资并购之对象（关键技术、关键资源等）和外资并购之并购方（政府投资者等）的审查。只有深化对国家安全审查的概念和结构问题的认识，产业发展才能获得其通过产业竞争力的提升增进国家竞争力的提升这一长远的旨归。

第一节　外资并购国家安全审查中的收购对象：关键技术与关键资源

外资并购国家安全审查中，首要的问题就是收购对象。收购对象的安全敏感性或战略重要性，往往构成企业通过并购实现海外产业布局优化的障碍。这似乎是一个悖论，劣质的、边缘的资产显然不是企业并购的合意标的，而如高端技术、战略资源这样的理想标的通常又是各国外资并购国家安全审查当中重点关注的收购对象。特别是某些关键技术、关键资源是企业提升技术、完善供应链所难以跨越的“瓶颈”，不能简单地通过获取次优的替代品来弥补并购不能的损失。只有对东道国外资并购国家安全审查中的收购对象作出精细考察，才有可能作出最佳的投资策略选择。而对于本国政府而言，基于产业发展的国家安全考量，亦应当建立健全一套逻辑严谨、衔接严密的外资并购国家安全审查收购对象体系，以巩固后方。

一、外资并购国家安全审查中的关键技术:以美国《外国投资与国家安全法》为中心

从“巴黎统筹委员会”到“纳瓦森安排”,西方发达国家对中国的技术封锁由来已久,其对华技术出口管控即是避免所谓敏感技术流向中国的主要机制。近年来,中国一方面对内大力建设创新型国家、发展战略新兴产业以提升自主创新能力;另一方面鼓励企业走出去开展跨国并购以获取、消化并吸收新技术。除了出口管制之外,在科技竞争日益激烈的今天,将关键技术纳为核心考虑要素的外资并购国家安全审查,实际上构成阻遏中国企业获得技术的又一重要关节。据此,以美国为例,剖析 CFIUS 审查中的关键技术议题,可对中国政府的走出去战略和企业海外投资技术类资产所面临的复杂局面做出刻画,并据以规划应对。

(一)外资并购国家安全审查的基本制度

在美国,外资并购国家安全审查由《国防产品法》确定,并经《埃克森—佛罗里奥修正案》(Exon-Florio Amendments)等的修订不断完善发展。美国外国投资委员会(Committee on Foreign Investment in the United States,CFIUS)是外资并购国家安全审查的法定机构,其组成部门依法主要包括财政部、国土安全部、商务部、国防部、国务院、总检察长、能源部、劳工部(无投票权)、国家情报部门主管(无投票权),以及总统认为合适的其他行政部门、机构或办公室主管。自 2007 年《外国投资与国家安全法》(Foreign Investment and National Security Act, FINSA)颁布以来,美国的 CFIUS 审查进入了新阶段。

1. 针对外资并购之对象的审查

第一,根据外资并购对象的物理特性,审查主要针对关键设施和关键技术两大类型。一方面,受到审查的对象是构成美国关键设施的一些基础设施,包括主要能源资产在内。对于这一类资产,CFIUS 通过个案审查的方式评估交易中所涉相关资产的重要性。另一方面,对于美国商业所生产的某些类型的高端技术,如果可以用来防卫或损害美国国家安全,就会受到 CFIUS 的审查:不少美国商业从事设计和生产包括半导体在内的一些军民两用设备;还有一些从事生产或提供包括密码系统、数据保护、互联网安全和网络入侵探测的美国商业。

第二,根据是否构成美国政府采购的对象和商业本身性质又可以将审查划分为两类。一是针对美国政府采购对象的审查,主要涵盖作为美国联邦或地方

政府产品或服务之主承包商、分包商或主承包商的供应商的企业在交易中是否被外国所控制，通常出现在国防、安全和与国防安全相关的执法部门，包括有武器和军火制造、航空、雷达系统等产业门类；同样也包括向美国政府部门提供具有一般性功能的产品或服务的美国商业，包括信息技术、电信、能源、自然资源、工业产品，以及一系列影响美国政府机构行使国家安全职能或使之易受破坏和间谍渗透的产品或服务。二是因商业本身的性质而受到的审查，主要基于某些美国商业的运营，或生产/提供货物与服务的过程中会对美国国家安全产生威胁，如交易涉及在能源产业不同环节的商业：自然资源的开采、资源向能量的转化、及向美国政府和民众提供能源；涉及影响全国交通运输系统的企业的交易，包括海运、港口运营、航空维护、维修和检修；此外，还包括那些可以对金融系统产生直接的、实质性的影响的美国商业。①

2. 针对外资并购之并购方的审查

在 FINSA 中，基于交易是否为外国政府所控制而专门设定了审查规定。如果交易被外国政府所控制，特别是被由外国政府的代理人所控制，则会受到 CFIUS 审查。实践中，外国政府机构、国有企业、政府养老基金和主权财富基金都构成所谓受政府控制的形式。值得注意的是，CFIUS 审查对收购企业的治理结构也予以关注，一方面治理结构被作为是否受到政府控制的指标之一，另一方面治理结构的异常改变则被作为具有潜在风险的信号。

3. 关键技术审查的具体安排

一直以来，关键技术是 CFIUS 审查的重要对象。在 FINSA 框架下，考察国家安全问题时应考虑多种因素，其中包括考虑即将或正在进行的交易对美国在涉及国家安全的领域中国际技术领先地位的潜在影响，以及考虑对美国关键技术的潜在国家安全相关影响。FINSA 还规定在一年一度提交国会的报告中，对于关键技术的分析是必须的内容。其中，除了对于外资并购中关键技术的性质进行分析，还要求评估是否存在可信的证据表明存在有联合收购关键技术公司的策略（Coordinated Strategy），即在联合收购拥有关键技术的美国公司时，是否存在一个外国政府与一个或多个外国政府所展开实施行动计划的直接努力。

在程序上，在财政部的协调下多部门分工合作、紧密衔接。首先，由美国财

① See Office of Investment Security, "Guidance Concerning the National Security Review Conducted by the Committee on Foreign Investment in the United States", Accessed June 30, 2016. http://www.treasury.gov/resource-center/international/foreign-investment/Documents/CFIUSGuidance.pdf.

政部投资安全办公室(Office of Investment Security)确认外国收购或合并美国关键技术公司的特定交易;其次,财政部将合并和收购的数据发送至外国投资委员会与特定交易相关的专业成员机构中;最后,由这些机构负责审核特定行业和国家的合并与收购数据,并识别可能构成协同策略的外国政府或公司的并购行为。如果由总统所指定的人员对国防关键技术的转移风险进行评估,该等评估的附件应当抄送总统指定的负责审查或调查合并、收购或接管的其他人员。

(二)外资并购国家安全审查中关键技术的范围与分类

历经多年的演进,CFIUS 的关键技术审查形成了相对清晰的层级、明确的范围和分类。

1. 关键技术的法定范围

关键技术又称为临界技术,关键技术的范围小于重点技术,大于核心技术。一般认为,关键技术应用领域广泛,对于实现战略任务或计划目标具有决定性作用,可以促进或带动多项技术或整个技术群体的进步与发展,并在近期内可以实用化或部分实用化。[①] 在 FINSA 的框架下,关键技术是指对于国防起到关键作用的技术、原件或者技术品。

美国现行技术出口限制政策主要有两部分:民用项目部分重点是"军民两用"项目技术和产品的出口,主要依据《出口管理法》(Export Administration Act,EAA)制定的《出口管理条例》(Export Administration Regulations,EAR);军用项目部分重点是武器、军火和防务技术、产品和服务的输出,主要包括《军品出口控制法》(Arms Export Control Act)、《国际武器贩运条例》(International Traffic in Arms Regulations,ITAR)和《关于常规武器与两用产品和技术出口控制的瓦瑟纳尔协定》(Wassennar Arrangement)。在此基础上,美国出台了一系列控制清单划定关键技术范围。[②]

第一,"美国军品清单"(United States Munitions List)。禁止美国政府向该外国人销售任何"美国军品清单"所列物项,终止销售《军品出口控制法》项下的任何防御物项、防御服务或者设计及建设服务。为使军火清单与技术发展和变化的市场相适应,兼顾控制技术出口和促进美国经济,从 20 世纪 90 年代中期起,国家安全委员会领导的跨部门小组就开始审查军火清单和商品控制清

① 参见韩鸿硕、陈杰:《国防关键技术的选择与评价方法》,载《中国航天》2006 年第 7 期。

② 参见赵京波:《美国对华技术出口限制政策》,载《飞航导弹》2003 年第 10 期。

单。此后，该委员会每年都对清单进行分析、审查和更新，以便及时把主要用于商业的物资从军火清单中转移到商品控制清单中，从而区分控制的严厉程度，使审查的时间和精力放在更敏感的物资和技术出口上。①

第二，《出口管理条例》下的"商业控制清单"（Commerce Control List）。1979 年出台《出口管理法》，随后制定附有"商业控制清单"的《出口管理条例》。经过两任总统三次延长有效期，《出口管理法》一直延续执行到 1994 年 8 月。之后，美国商务部主要根据 1994 年 8 月第 12924 号总统行政令②的授权，延长行使《出口管理条例》对技术出口进行管理。其中，根据管制的严厉程度，美国将出口目的地国分为 A、B、C、D、E 五组，中国虽然是核心供应国集团成员且与美国贸易关系紧密，但中国仍被列入 D 组，管制程度非常严厉。③

第三，其他限制或清单。一是受到协助外国原子能活动和核能装备和原料进出口相关规定所设定的核能产品和技术出口限制；二是受"专门药剂和毒素条例"规定所确立的专门药剂和毒素清单（Select Agent and Toxin List）。

2. 当前主要关键技术的分类

战后，美国产业发展呈现显著的军工复合体特征。关键技术是基于"军事关键技术清单"（Military Critical Technologies List，MCTL）发展起来的。一般认为，MCTL 是美国政府作出以下相关决策的技术基础：（1）出口控制的提案，以及出口控制和许可政策的实施；（2）由政府、产业和学术界所发表之科技文章的出版前审查；（3）情报收集的任务组织；（4）研究与开发规划；（5）国际科技合作与转移。④ 目前，MCTL 的主要技术类别包括：航空系统技术、武器和含能材料技术、化学和生物系统技术、定向和动能系统技术、电子技术、地面系统技术、指引、导航和飞行器控制技术、信息系统技术、信息战技术、制造和生产技术、船舶系统技术、材料技术、核系统技术、动力系统技术、传感器与雷达技术、特征控制技术、空间系统技术，以及武器效应和对抗措施技术。该清单是现有的产品和技术概要，国防部评估认为如果被潜在的对手获得，其开发、制造和使用军事技术的能力将得到重大提升。

---

① 参见刘子奎：《冷战后美国出口管制政策的改革和调整》，载《美国研究》2008 年第 2 期。

② See "Continuation of Export Control Regulations（EO 12923）", Accessed June 30, 2016. http://fas.org/irp/offdocs/eo12923.htm.

③ 参见黄军英：《美国对华技术出口管制政策走向分析》，载《国际经济合作》2009 年第 6 期。

④ See U.S. Department of Defense, "The Militarily Critical Technologies List", Accessed June 30, 2016. http://fas.org/irp/threat/mctl98-2/mctl98-2.pdf.

在该清单的基础上,白宫科技政策办公室对其内容予以充实,并归类为 14 个行业和具体技术,并根据北美行业分类系统(North American Industry Classification System,NAICS)或者标准行业分类系统(Standard Industry Classification,SIC)将每个技术分配特定编码(参见表 4 – 1)。据此可以区分交易的类型,进而对特定行业/技术的作出专门分析。

表 4 – 1 美国 CFIUS 审查的关键技术范围

关键技术领域清单	
1. 尖端材料及加工(Advanced Materials and Processing)	2. 化学制品(Chemicals)
3. 先进制造(Advanced Manufacturing)	4. 信息技术(Information Technology)
5. 电信(Telecommunications)	6. 微电子技术(Microelectronics)
7. 半导体设备制造(Semiconductor Fabrication Equipment)	8. 电子设备:军用(Electronics: Military Related)
9. 生物技术(Biotechnology)	10. 专业科学仪器(Professional and Scientific Instruments)
11. 航空与地面运输(Aerospace and Surface Transportation)	12. 能源(Energy)
13. 航天系统(Space Systems)	14. 船舶系统(Marine Systems)

资料来源:Table 1 – 1. Critical Sectors List(CFIUS 2008 Annual Report)。

(三)外资并购国家安全审查中涉及关键技术的案例分析

关键技术是外商在美投资的主要方向之一,而中国企业的并购情况却不容乐观。数据显示,外商在美直接投资的存量中 1997 年有 19% 用于关键技术相关产业,2006 年投资增加到有 23% 。① 2006 ~ 2007 年,外国投资委员会所列 14 个关键技术领域中成功的并购为 869 项,而中国企业参与的交易仅为 5 项,占总数的 0.6% 。在先进材料及工艺并购中,中国只有 1 项,占 1.72% 。在信息技术领域完成的 415 项交易中,中国只有 2 项,占总数的 0.48% 。在微电子技术领域成功的并购为 47 项,中国企业仅参与 2 项,占 4.26% 。而在电信、化学制

① 参见刘凤朝、姜滨滨:《中国企业跨国并购的国家安全审查:以美国为例》,载《科学学与科学技术管理》2010 年第 3 期。

品、生物技术、空间技术和海洋技术等其他关键技术领域，中国企业没有参与对美国企业的并购或未成功并购。[①] 进一步地，FINSA 颁布实施以来的 2008～2010 年，成功的并购为 342 项，而中国企业参与的为 10 项，占 2.9%。分析典型案例，可以窥知这种境况的客观原因。

1. 关键技术案例分析：以商业性质为主要考量

在外资并购安全审查中，即使是美国的传统盟国，基于交易商业性质的考量也可能难以通过审查。例如，在 2006 年的 Check Point v. Sourcefire 案中，以色列公司 Check Point 由于 CFIUS 审查放弃了收购 Sourcefire 公司的交易。Sourcefire 公司是一家生产入侵探测技术（intrusion-detection）的美国公司，其客户包括许多美国政府部门。在不少情况下，交易是以附条件批准的形式通过审查的。在 2006 年的 Alcatel v. Lucent 案中，经历了审查和调查阶段之后，美国 CFIUS 建议总统批准 Lucent Technologies 公司和法国通信企业 Alcatel 的合并，其条件是合并企业必须和美国政府机构达成相关的国家安全协议。

与经营者集中反垄断审查的附条件不同，外资并购国家安全审查所附条件往往超越一般意义上的剥离和监督，而深入到公司的治理结构层面。以 2011 年的 Safran v. L1 案为例，CFIUS 批准了法国军工企业 Safran 收购为美国国家安全机构提供生物识别技术支持的 L－1 Identity Solution 公司的案件。该公司在指纹、视网膜扫描和面部识别上具有技术领先地位。在通过调查阶段之后，审查机构认为该新设公司可以通过代理结构运作，因而为美国国家安全提供了恰当的保护：[②]Safran 将设置一个包括国家安全局的前副局长和前副国务卿在内的三人代理委员会（three person proxy board）来处理约占 L-1 业务 80% 的敏感的美国合同。该等协议对于被外国公司收购的与国家安全相关的公司来说是常见的。通过这种制度安排，使控制 Safran 公司的法国政府成为 L-1 公司最大股东的情况下，保持该公司与美国政府的联系。

2. 关键技术案例分析：以收购方性质为主要考量

以收购方性质的考量的典型案例是 CATIC v. MAMCO 的交易。1990 年，

---

① 参见刘凤朝、姜滨滨：《中国企业跨国并购的国家安全审查：以美国为例》，载《科学学与科学技术管理》2010 年第 3 期。

② See "Safran completes L-1 acquisition, becomes world's biometric leader", 1 August 2011. Accessed June 30, 2016. http://www.homelandsecuritynewswire.com/safran-completes-l-1-acquisition-becomes-world-s-biometric-leader.

中国航空技术进口公司(China National Aero-Technology Import and Export Corporation,CATIC)收购了美国飞机零部件制造商MAMCO公司。美方认为,CATIC是一家与中国人民解放军有深厚联系的公司。在经过CFIUS程序审查、调查,和CFIUS就国家安全关切的一致建议,布什总统命令CATIC将MAMCO剥离。其理由是美国国家安全由于CATIC与中国军队的纽带受到威胁,这主要是基于CATIC"过往活动"的信息所作出的判断。① 也有报道指出,MAMCO并没有雇用全职的设计师或工程师,也并无权设计其自己的产品,而且其中没有一项属于政府军用重要高科技部件清单范围。② 此外,美国政府也拒绝了CATIC将MAMCO转让给另外一家中国公司的努力,因该公司与中国政府存在类似的关联。③ 该合并是迄今为止美国总统唯一一次基于CFIUS的否定性建议行使否决权的交易。④

晚近以来,美国外资并购安全审查开始呈现新的趋势,即注重收购方性质和技术性质相结合的分析。在华为收购3Com和3Leaf案中,虽非国有企业,但被认为与中国政府有密切关联的华为公司一旦步入国家安全关键技术的雷区,就遭遇重重阻力。在华为收购3Com一案中,有可能要进入3Com所掌握的安全领域,3Com的Tipping Point部门主要为包括美国国防部在内的主要客户提供网络安全设计,其产品中包含一项入侵检测技术,可以帮助客户抵御黑客的入侵。据报道,虽然3Com在谈判的某个节点提出将Tipping Point部门剥离,政府仍不为所动。政府主要关切的是,中国公司可能会对向军方出售的电子设备和计算机软件进行改动,使其达不到100%的效果。⑤ 而在华为收购3Leaf这一

---

① See Andrew Rosenthal, Bush, "Citing Security Law, Voids Sale of Aviation Concern to China", *N. Y. Times*, Feb. 3, 1990. Accessed June 30, 2016. http://www.nytimes.com/1990/02/03/world/bush-citing-security-law-voids-sale-of-aviation-concern-to-china.html? pagewanted = all&src = pm.

② See Harriet King, "China Ends Silence on Deal U. S. Rescinded", Accessed June 30, 2016. http://www.nytimes.com/1990/02/20/business/china-ends-silence-on-deal-us-rescinded.html? pagewanted = all&src = pm.

③ See "The U. S. House of Representatives Select Committee on U. S. National Security", *PRC Acquisition of U. S. Technology*, 44 – 45 (1999), Accessed June 30, 2016. http://www.house.gov/coxreport/pdf/ch1.pdf ["Cox Committee Report"].

④ See Allan I. Mendelowitz, "Testimony Before House Committee on Energy and Commerce", Accessed June 30, 2016. http://archive.gao.gov/t2pbat11/140886.pdf.

⑤ See Steven R. Weisman, "Sale of 3Com to Huawei is derailed by U. S. security concerns", Accessed June 30, 2016. http://www.nytimes.com/2008/02/21/business/worldbusiness/21iht-3com.1.10258216.html? pagewanted = all.

交易中,3Leaf 公司的一项技术专利可以让一组电脑捆绑,形成一台功能更加强大的电脑。[①] 这项技术的专利和部分资产的全部费用仅为 200 万美元。据称,在早前的接触中,美国商务部证实 3Leaf 的相关技术出口不需要开具许可证。[②] 之后,却引起了美国国防部的关注。5 名美国国会议员致信同为美国外国投资委员会成员的财政部长和商务部长,称华为的收购举动似乎肯定会导致美国先进计算机技术转移到中国,给美国国家安全带来风险。最后,两笔交易均以失败告终。

在两笔交易之后,华为公司发布对美国政府的公开信,否认该公司或其设备存在的安全问题,并要求对其公司运营进行全面的调查以期解决美国政府的国家安全关切。[③] 据此,美国众议院情报委员会(以下简称情报委员会)对华为和中兴通讯进行了调查,并于 2012 年公布了对中国通信设备企业中兴和华为的调查报告——《关于华为及中兴通讯引发的对美安全威胁问题》。[④] 情报委员会的正式调查集中在华为与中兴这两大中国通信设备制造巨头正设法进军美国基础通信设施的问题上,结论是中兴、华为在美国关键基础设施上所产生的设备条款将会破坏美国国家核心安全利益。最重要的是,中国通信公司可能与中国政府及军方存在关联,因此会引发安全隐患,尤其是这些公司受政府指使或向中国情报部门提供通信网络入口,可能会为更进一步的经济间谍活动打开方便之门。在上述调查的基础上,情报委员会建议:

(1)在美国政府方面,对中国电信公司在美国电信业的持续渗透现状应当要保持怀疑的眼光。美国情报机构要积极地采取措施,保证私人企业能够尽可能地知晓这个威胁。美国外国投资委员会要禁止任何有关于中兴和华为的并购,收购或者兼并活动。美国外国投资委员会参与采购协议的立法提案,应该得到国会的同意。美国国家系统部门,尤其是特殊的系统部门,不应该签下与

---

① See "The Big Chill: Huawei Imbroglio Puts Countries at Odds", Accessed June 30, 2016. http://dealbook.nytimes.com/2011/02/18/the-big-chill-huawei-imbroglio-puts-countries-at-odds/.

② See "Huawei Executive's Open Letter to the U. S.", Accessed June 30, 2016. http://blogs.wsj.com/chinarealtime/2011/02/25/huawei-executives-open-letter-to-the-u-s/.

③ See Ken Hu, "Huawei Open Letter", Accessed June 30, 2016. http://online.wsj.com/public/resources/documents/Huawei20110205.pdf.

④ See "House Permanent Select Committee on Intelligence Chairman and Ranking Member Investigative Report onThe U. S. National Security Issues Posed by Chinese Telecommunications Companies Huawei and ZTE", Accessed June 30, 2016. http://intelligence.house.gov/sites/intelligence.house.gov/files/documents/Huawei-ZTE%20Investigative%20Report%20%28FINAL%29.pdf.

华为或者中兴的合作合约。敏感部门应该尽量避免与华为、中兴签约。美国国会的司法委员会以及行政部门的执行代理机构应当对中国通信部门展开不公正贸易调查,尤其要对中国持续对其主要公司提供财政支持引起关注;应该考虑通过法律明确应对由政府利益相关联的通信公司对美国所造成的威胁,否则就不能允许其建造重要基础设施。

(2)在美国企业方面,督促已经与华为或中兴设备或服务建立业务联系的美国私人实体部门,关注自身长期的安全危害问题,呼吁美国网络和系统开发者寻找其他的供应商。因为,从已掌控的信息来看,华为和中兴不能够作为不受国家影响的独立力量,会对美国的基础设施构成威胁。

(3)在中国企业方面,需要尽快向更开放、透明的方向过渡,包括在拥有更高透明度要求的西方证交所上市;提供更多稳定的,由独立第三方评价机构作出的财务评估和信息安全措施评估;遵照美国信息和生产合法标准;尊重所有知识产权并且对美国法律义务负责。

由上可知,外国企业在美国高科技领域所面临的重重关卡,对中国而言形势尤为严峻。实际上,早在20多年前,美国国防部战略贸管司司长康法拉曾说过:“美国要在有战略意义的关键领域保持30年的领先地位,一般依此决定对华出口。”[①]其言语间所流露的战略意图,无疑进一步延伸到了外资并购的国家安全审查环节,并在建立了一套并购安全审查与出口限制的链接机制。务实地看,停留在讨论或抗议美国所抱有的疑虑、敌意和保护主义并无用处,而应当对现实进行更清晰的评估。在当前的制度格局下,不同于大多数国家仅仅受到的基于商业本身的性质的审查,对于中国而言,商业性质和收购方性质的审查实际上构成了并购美国高技术企业的双重屏障。更成问题的是,在非传统安全观盛行、技术军民两用普遍化、信息时代一般性技术与国家安全关联度日益增强的情势下,商业性质和收购方性质两大考量因素的交织或混合。晚近美国加强网络军建设,亦是这种趋势不断强化的结果。[②] 在当前的国际政治氛围下,这实际使CFIUS审查成了中资并购美国技术类资产的终结者。

---

① 黄海霞、陈红威:《美国管制对华技术出口》,载《瞭望》2009年第25期。

② Rogers公布了当前美国网络军的进展:至今已有27个团组开始全面运营,已有68个团组已经获得初始运营的能力。参见Erin Kelly,“Cyber commander fears data manipulation by Islamic State or other enemy”,Accessed June 30,2016. http://www.usatoday.com/story/news/politics/2016/04/05/cyber-commander-fears-data-manipulation-islamic-state-other-enemy/82654786/。

二、外资并购国家安全审查中的关键资源：以《加拿大投资法》为中心

自20世纪以来，外国资本在加拿大的投资总额中占有十分重要的地位，其中资源领域为其主要流向：在第二次世界大战前占外国投资总额的50%以上（其中矿产资源开发行业占15%左右），到战后一直占据60%～70%（其中矿产资源开发行业占1/4～1/3）。为保护本国利益，加拿大先后于1973年、1985年颁布了《外国投资审查法》（废止）和《加拿大投资法》，对非加拿大投资者取得加拿大商业控制权和新设加拿大企业进行规制，形成了基于"净利益（net benefit）"审查的投资审查机制。2009年《加拿大投资法》修正案通过，增加了国家安全审查的内容，"投资—国家安全"审查的双层结构开始形成。[①] 当前，新兴经济体发展对煤、铁、石油等硬商品，以及化肥原料等关系粮食安全的资源（在此统称为关键资源）的依存度持续增强，投资加拿大的力度不断加大。晚近中海油对加拿大Nexen公司151亿美元的收购，更是达到前所未有的规模。通过分析政治、外交关系外壳下的法律硬核，可以刻画加拿大外国"投资—国家安全"审查的框架、流程和关键点，为投资加拿大关键资源提供指引。

（一）加拿大外资"投资—国家安全"审查的双层结构

加拿大对外商投资的审查所形成的双层结构，在内容上分别基于"净利益"和"国家安全"予以审查，在程序上则既可独立进行，在满足特定标准的条件下又将合轨同辙。

1. 外国投资审查的内容与程序

当前，非加拿大投资者对加拿大的投资被分为两种类型予以管制：一是计划对加拿大的商业进行大额投资，必须提交加拿大政府审查批准；二是计划对加拿大的商业进行小额投资，必须向加拿大政府备案（可以事后进行）。负责外国投资审查的机构是工业部和文化遗产部。决定是否属于加拿大的"净利益"的依据包括：投资者和被收购企业提交的信息，投资者的书面承诺，受投资影响重大的省的代表意见，以及其他"净利益"因素。

以下外国投资依法须经提交申报：(1)来自WTO成员方，所涉投资为直接获得

---

① Investment Canada Act [R. S. C. 1985, c. 28 (1st Supp.)], Last amended on April 24, 2015, Accessed June 30, 2016. http://laws-lois.justice.gc.ca/PDF/I-21.8.pdf.

非文化类加拿大商业的所有权或控制权，且投资资产超过6亿加元(2015年)[①]的非国有企业投资者，或投资资产超过3.75亿加元(2016)[②]的国有企业投资者；投资者来自非WTO成员方，直接收购加拿大商业资产在500万加元以上的，或间接收购加拿大商业资产在5000万加元以上的。(2)对涉及加拿大文化传统和民族特征的某些特定行业的直接投资，其资产超过500万加元的，或者加拿大政府认为依据公众利益原则应当审查的。(3)加拿大政府认为该项投资会对国家安全产生损害的。涉及上述三类投资时，外国投资者在收购交易完成之前，必须向投资局申报审查，由投资局连同其他有关材料(包括可能与外国投资有利害关系的联邦政府部门、省政府以及有关企业的意见)呈报主管部长。通常，主管部长有45天的时间做出决定，并可决定是否延长75天(基于投资者同意还可进一步延长)。如果未做出决定，或者投资者没有收到延长通知，可视为该投资已获批准。如申请被初步拒绝，部长可以追加30天的时间供投资者提出进一步的陈述和对投资做出调整，以强化对加拿大的净利益的考量。

2. 国家安全审查的内容与程序

2009年修订的《加拿大投资法》[③]新增第IV.1部分规定了加拿大政府有权对可能损害国家安全的外国投资进行审查。当非加拿大投资者实施或提议如下投资时，有可能引发国家安全审查程序的启动：[④](1)新设加拿大商业；(2)获得对一个加拿大商业的控制权；(3)全面或部分收购，或建立一个实体负责其部分或所有运营——如果该实体在加拿大拥有营业场所并雇用了加拿大人为其工作，或者在加拿大境内购置了用于此种运营的资产。也就是说，国家安全审查程序的启动，并不依赖于市场份额门槛的满足，而是根据新设或控制权的转移来判定。一旦国家安全审查程序启动，审查机构基于《加拿大投资法》所进行的“净利益”审查的截止时间将推迟，至此两个程序实质上合并成一个程序，并同步产生一个审查结果。

在收到通知(与外国投资有关的国家安全问题主要由加拿大的安全与情报

---

① 从2017年起，审查门槛调整为8亿加元；从2019年起，审查门槛调整为10亿加元；从2021年起，审查门槛将根据《加拿大投资法》所第14.1(2)条所规定的公式随着名义GDP的变化而逐年调整。Accessed June 30,2016. http://www.ic.gc.ca/eic/site/ica-lic.nsf/eng/h_lk00050.html.

② 审查门槛将根据《加拿大投资法》所第14.1(2)条所规定的公式随着名义GDP的变化而逐年调整。Accessed June 30,2016. http://www.ic.gc.ca/eic/site/ica-lic.nsf/eng/h_lk00050.html.

③ Investment Canada Act, Part IV.1 Investments Injurious to National Security.

④ Investment Canada Act, Part IV.1, Article 25.1.

机构来识别并提交工业部)、[1]审查申请或交易完成之后 45 天内,主管部长通过向非加拿大投资者发布通知启动国家安全审查程序,与此同时可能会要求提供相关信息。在初步程序完成之后,部长或是终止审查程序,或是发出通知要求进行全面的国家安全审查。[2] 在消化相关信息并与公共安全和应急准备部部长磋商之后,主管部长应当在规定时间内:[3](1)将该受到审查的投资和部长关于该投资的认定和建议提交内阁总理——如果部长认为该投资将会导致对国家安全的损害,或无法基于已有的信息判断投资是否会损害国家安全;(2)向非加拿大人发出通知,指示不会有关于投资的进一步措施——如果部长认为该投资不会威胁到国家安全。内阁总理在收到部长提交的认定和建议之后,应当针对投资在规定的时间内采取明智的措施维护国家安全,包括:[4](1)指示非加拿大人不得实施该投资;(2)授权非加拿大人实施附条件的投资——向女王陛下就投资问题作出内阁总理认为必要的书面承诺,或者依据命令所包含的条件实施该投资;(3)要求非加拿大人消除其对加拿大商业的控制,或者剥离其对于该实体的投资。在此,内阁总理的决定、命令,以及部长的决定都具有最终效力,除非依据《联邦法院法》其应受到司法审查,其不受其他任何形式的上诉和法院审查。完整的国家安全审查期限,根据 2015 年《加拿大投资条例》的修订从 130 天延长至 200 天。[5]

(二)加拿大外资"投资—国家安全"审查的关键点

在加拿大外资"投资—国家安全"审查的双层结构之下,控制权、净利益是第一层次审查的关键,国家安全是第二层次审查的关键。除此之外,由于作为收购方的国有企业和作为收购对象的关键资源的敏感性,在审查的两个层次都受到关注。

---

① See "Regulatory Impact Analysis Statement", Accessed June 30, 2016. http://www.gazette.gc.ca/rp-pr/p2/2015/2015 - 03 - 25/html/sor-dors65 - eng.php#footnoteRef.47915.

② Investment Canada Act, Part IV.1, Article 25.2.

③ Investment Canada Act, Part IV.1, Article 25.3.

④ Investment Canada Act, Part IV.1, Article 25.4.

⑤ See "Regulations Amending the National Security Review of Investments Regulations", Accessed June 30, 2016. http://www.gazette.gc.ca/rp-pr/p2/2015/2015 - 03 - 25/html/sor-dors65-eng.php#footnoteRef.47915.

1. 控制权及其归属

获得加拿大商业的控制权通常有两种方式：①一是实际收购加拿大商业的所有资产；二是获得一个运营或控制加拿大商业的实体（如公司、合伙、企业联营或信托）中的多数表决权。在此基础上，还有一种处于中间地带的控制权认定方式，即如果收购获得控制或运营加拿大商业的公司的1/3及以上具有表决权的股份，就可以构成一个可供反驳的推定：认为控制权已经被取得；如果获得的这类公司的具有表决权的股份少于1/3，就可以认为没有获得控制权。对于不属于公司制的实体（如合伙、企业联营或信托）来说，由于其实际上不是由表决权所控制，收购了多数所有者权益就被认为获得了控制。在涉及文化产业的案件中，工业部或者文化遗产部可以考察事实控制的证据，并据以确认是否取得了控制权。

《加拿大投资法》进一步规定了控制权的归属问题：②（1）当一个加拿大人或者表决组（voting group）中的两个或多个加拿大成员拥有一个实体的多数表决权（voting interests），则属于加拿大人控制；（2）当一个实体的多数表决权由加拿大人拥有，而且可以确认该实体实际上并未通过其所有的表决权而被非加拿大人，或者被由非加拿大人占据一半或一半以上表决权的表决组所控制，这就是一个加拿大人控制的实体；（3）当一个实体中加拿大人所拥有的表决权低于多数，但可以证明：该实体是事实上是通过由一个加拿大人或者由加拿大人所控制的表决组的表决权所控制；或者当一个实体是公司或者有限合伙时，该实体实际上不是由对其所有的表决权所控制的情况下，并且2/3以上的董事会成员、无限责任合伙人或受托人，是加拿大人。若上述条件之一不被满足，则该实体属于非加拿大人控制。

2. 净利益标准

对于需要审查批准的投资，应考虑其对于加拿大的“净利益”；对于仅需要向政府备案的投资，就不需要进行“净利益”的审查。“净利益”的考虑因素包括：③（1）在加拿大经济活动的性质和水平——对就业、资源加工、在加拿大生产的零部件和服务的利用的影响，以及对加拿大出口的影响；（2）加拿大人参与

① Investment Canada Act, Part IV. 1, Article 28.

② Investment Canada Act, Part IV. 1, Article 26.

③ See “Frequently Asked Questions-What does ‘net benefit’ mean?” Accessed June 30, 2016. http://www.ic.gc.ca/eic/site/ica-lic.nsf/eng/h_lk00007.html#q8.

加拿大商业的程度和其参与的重要性;(3)投资对于生产率、效率、技术发展、产品创新和多样性的影响;(4)投资对加拿大相关行业的竞争的影响;(5)投资与国家工业、经济和文化政策的相容性——考虑可能因投资受到实质性影响的省议会或政府所明确经济、文化政策目标;(6)对加拿大参与世界市场竞争能力的贡献。对"净利益"的审查主要根据投资者在提交审查申请中所作出的投资计划来分析。

3. 国家安全审查的范围

相关投资不论是否获得控制,是否满足"净利益"标准,都有可能受到国家安全审查。① 然而,相关法律法规并没有规定"国家安全"这一术语的概念,因此赋予执法官员相当大的自由裁量权。一般认为,国家安全涉及的主要领域包括:政府合同、军事、执法、电信技术、航空、雷达、保密工作、交通、能源、铀、高科技和出口控制产品等。除此之外,还可以从加拿大参与国家安全审查的部门窥知国家安全审查的基本范围包括:工业部、遗产部、公共安全和应急准备部、安全情报局、皇家骑警、边境服务局、通信安全部门、国防部、外交与国际贸易部、司法部、自然资源部、交通部、税收局、枢密院、公共工程与政府服务部、公共健康署、卫生部、公民和移民部、财政部,所有的省、地、市级警察部门。

4. 作为特殊投资主体的国有企业

国有企业在外国"投资—国家安全"审查框架下受到特别的关注。根据《加拿大投资条例》,②在申请审查时,包括国有企业在内的非加拿大投资者被要求指明其控制者,包括任何直接或间接的国有所有权或控制权。在政府颁布的行政指南中,国有企业被界定为由外国政府直接或间接所有或控制的企业,其投资可能受到更多的审查。③ 行政指南明确指出,在确认国有企业所进行的应受审查的投资是否符合"净利益"标准之时,应当审查其治理结构和汇报结构(reporting structure),包括非加拿大人是否会遵守加拿大的公司治理标准(包括对透明度和公开披露的承诺,是否有独立的董事会成员、独立的审计委员会,以及对股东的同等对待)和加拿大的法律和实践;该投资者是如何以及在何种程

① See "National Security Review of Investment Regulations" [SOR/2009 - 271], Last amended on March 13, 2015, Accessed June 30, 2016. http://laws-lois.justice.gc.ca/PDF/SOR-2009-271.pdf.

② See "Investment Canada Regulations" [SOR/85 - 611], Last amended on April 24, 2015, Accessed June 30, 2016. http://laws-lois.justice.gc.ca/PDF/SOR-85-611.pdf.

③ See "Guidelines — Investment by state-owned enterprises — Net benefit assessment", Accessed June 30, 2016. http://www.ic.gc.ca/eic/site/ica-lic.nsf/eng/lk00064.html#p2.

度上受到国家的控制;将被收购的加拿大商业是否继续有能力在商业的基础上运行:向何处出口、在何处加工,加拿大人在其运营中的参与度、是否支持正在进行的研发和创新,以及保证维持加拿大商业在国际竞争中的地位所需的适当水平的资本支出。具体而言,“净利益”可以表现为任用加拿大人为董事会主席、任用加拿大人为高管、在加拿大成立公司,并且在加拿大证券交易所上市。

5. 油气资源收购

加拿大政府还发布了针对收购油气权益的指南,旨在帮助投资者确认涉及收购油气所有权利益的投资应当受到审查或者是履行通知义务。①

第一,涉及油气资源的商业的界定。对于仅仅涉及勘探开采活动的开采利益(working interest)的财产收购并不被视为对“商业”权益的收购,因此也无须通知或接受审查。对于包含有工业储量的(recoverable reserves)开采利益实施财产收购就通常被认为是收购“商业”的权益,因此将根据被收购权益的大小和商业资产的规模要求履行通知义务或接受审查。

第二,控制的取得。一般而言,控制权是基于表决权或资产的取得而获得的,而在特定油田或气井的相关参与者之间的关系通常构成企业联营,情况也就有些不同。企业联营的表决权被界定为“资产的所有者权益,可以使所有者有权获得收益的分享,或者在清算时分享资产”。据此,对于开采利益的收购应当等同于获得企业联营的表决权,如果被收购的权益加上投资者在该财产中已有的权益不超过50%,就不构成控制,也就不受该法管辖。但是,如果被收购的少数权益代表了卖方所有或几乎所有的油气业务,就构成了对卖方业务的控制权取得。当对拥有少数开采权益的商业的控制权实施收购之时,可能同样受到该法的管辖——这取决于是否可以将这类收购看作实质上是收购企业联营的少数表决权的行为。

除此之外,指南还对非联合财产(Non-Unitized Properties)和联合财产(Unitized Properties)的收购,以及资产计算的问题进行了规定。

(三)外资并购国家安全审查中涉及关键资源的案例评析

从数据来看,加拿大对外资并购的审查是比较宽松的,从1985年到2010年共有13,948起并购案被提交加拿大工业部,其中备案的为12,306起,提交审查

① See “Guidelines — Acquisitions of Oil and Gas Interests”, Accessed June 30, 2016. http://www.ic.gc.ca/eic/site/ica-lic.nsf/eng/lk00064.html#p4.

并获得批准的为1642起。目前只有一项并购申请被正式驳回，即2008年加拿大政府否决了麦道的一项关于信息系统和地理空间商业的收购。随着2009年国家安全审查修正案的提出，投资加拿大关键资源的政治—法律复杂性增强，对新近案件发展进行分析，可以为新阶段的法律适用提出展望。

1. 关键资源案例分析：以资源性质为主要考量

Potash公司位于萨斯喀彻温省，是加拿大最大的公司之一，也是世界最大的碳酸钾（关键的粮食化肥）生产商。2010年8月必和必拓（BHP）向Potash公司提出收购要约。Potash公司认为其股票受到低估，且BHP从事的是一种机会主义行为，拒绝了该要约。之后，BHP提出了400亿美元的敌意收购出价。该收购建议被萨斯喀彻温省政府所反对，因为这将降低其税收收入。2010年11月加拿大工业部部长宣布根据《加拿大投资法》初步拒绝该交易，并在最终决定下达之前给BHP 30天的时间改善该交易安排。之后，BHP撤回了投资审查申请，这是加拿大实施外资并购国家安全审查以来因审查阻力而失败的第一例。

该交易的大背景是新兴国家的人口增长和不断上升的粮食需求，需要通过化肥的投入提高农作物的产量，而作为化肥的三大主要原料之一的碳酸钾也就成为关键资源。对该收购的反对意见主要来自萨斯喀彻温省和其他加拿大省政府，在他们看来，将全球1/5的碳酸钾产量拱手让给外国公司是过于鲁莽的。此外，贸易保护主义者主张将国家皇冠上的明珠交给海外的跨国公司是一种“犯罪”。除此之外，萨斯喀彻温省担心BHP一旦收购成功，将弱化原来的托拉斯组织——加拿大钾肥出口联盟，从而致使萨省失去钾肥掌控权，而加拿大矿产资源为省属资产，各省对其矿产资源归属有很大话语权。[①] 针对这些忧虑，BHP公开提出的保证有：将Potash的总部从芝加哥迁回萨斯喀彻温省，将就业维持在当前运营的水平，以及在税收方面做出让步。即便如此，面对强大的反对声浪，最终仍未能如愿完成交易。

值得注意的是，在这一收购风波中，中化集团联合加拿大养老基金和新加坡淡马锡也曾试图参与收购。但是，萨斯喀彻温省的一份报告暗示不欢迎来自国有企业和主权财富基金的收购要约。同时，加拿大人还指出，同时作为消费者和生产商，将价格压低对中化集团是有利的，但这就减少了加拿大的税收收入。这一插曲表明，加拿大投资环境中对国有企业的防备并不只是停留在法律

① 参见施明浩：《从“显著利益”到“净利益”：论加拿大外国投资国家安全审查要件的嬗变》，载《上海对外经贸大学学报》2015年第5期。

文本的纸面上,在实践中也发出了明确的抵触信号。

2. 关键资源案例分析:以收购方性质为主要考量

Nexen 是在加拿大拥有最大油砂储量的公司,在墨西哥湾、亚伯塔省、北海和尼日利亚的相关海域拥有油气资产或权益。2012 年 7 月中海油向 Nexen 提出收购要约,对于中海油来说,主要考虑的是能源供应的稳定;对于 Nexen 来说,相对于不景气的美国市场,该交易能够提供一个替代选择。该交易受到加拿大和美国政府审查。[①] 加拿大工业部部长在声明中指出,将审查该交易对加拿大投资、就业、生产和资源加工的影响;竞争局将确定该交易是否实质性地降低加拿大参与全球市场竞争的能力。目前,该交易存在诸多挑战:一是在"净利益"检验中,需要考虑该资产对于国家利益是否是战略性的,而且还要证明这种利益是由加拿大获得的;二是能源领域的投资在加拿大一般被纳入国家安全审查的考察范围,其结果不取决于市场份额和"净利益"标准符合与否;三是虽然 Nexen 在美国拥有的墨西哥湾资产是离岸资产,大多数属于少数权益且并不实际参与运营,但仍受美国监管机构的管辖。

在案件的进程之中,政治影响陆续浮现。加拿大总理哈珀从执政初期对中国的投资态度有所转变,指出中国是加拿大能源(特别是亚伯达省的油砂)的新市场——当前该国所有石油出口几乎都流向美国。而从民众在媒体评论中的反馈来看,大多数都对该协议持反对态度。在野党也明确反对,认为这是外国国有企业在买断加拿大的自然资源。[②] 与此同时,美国的反对声音主要有两种:一是指出针对中国政府运用国有企业获取全球能源资源,美国政府不要错失该机会督促中国向美国企业进入中国市场提供公平机会;二是 Nexen 虽然在墨西哥湾的生产规模有限,但其仍是最大的离岸租贷人之一。将宝贵的美国资源交给富有的跨国公司已是浪费,将其给外国政府更是糟糕,因为这有可能直接影响美国的经济和国家安全。

① See Michael J. De La Merced and Ian Austen, "Chinese Oil Company Bids $15 Billion for Canadian Producer", Accessed June 30, 2016. http://dealbook.nytimes.com/2012/07/23/cnooc-to-buy-nexen-for-15-billion/.

② See Roberta Rampton, "U. S. lawmaker asks for conditions on CNOOC-Nexen deal", Accessed June 30, 2016. http://www.reuters.com/article/us-usa-china-cnooc-nexen-idUSBRE86T0YQ20120731.

这种情境并不让人意外。在中海油在美国收购优尼科失败之后，[①]中国国有企业就开始提议购买加拿大居于前列的石油公司。自 2005 年以来，中海油就是加拿大的重要投资者，但这些投资要么是以购买少数股份，要么是以企业联营的方式完成的。在 Nexen 收购要约提出之前，中石油虽以 15 亿美元获得了加拿大 Talisman Energy 公司的北海业务 49% 的股份，与本案 151 亿美元的投资却显然不在一个量级。为了消除相关方面的疑虑，中海油提出了一系列措施，声明在并购后将把卡尔加里作为其北美、中美运营的总部，并计划将其普通股在多伦多证券交易所上市，保留 Nexen 当前的管理层和员工队伍，并继续开发高端生产技术，以利于更好地从深水和坚固岩石等非传统地块进行石油和天然气开发。不仅如此，中海油在披露交易的当天就提交了美国 CFIUS 的审查，2012 年 12 月 7 日该交易获得加拿大工业部长的批准。但是，哈珀总理指出，对该等交易的批准并不是一个趋势的开始，而是一个趋势的结束，今后，这种对外国国有企业的投资的批准将会成为例外（exceptional）的情形。

三、外资并购国家安全审查对象体系下的产业发展政策法律思考

（一）关键技术项下的产业发展政策法律思考

作为世界先进技术和产业的高地，美国的外资并购国家安全审查制度壁垒森严，于关键技术的管控更是层层布防，中国政府的走出去战略和企业的海外投资行为面临实质性的挑战。

对于中国政府而言，一方面，需要健全中国自身的外资并购国家安全审查的制度，完善执法机制与审查实施的能力建设。只有具备健全完善的相关制度和机制，在应对他国的并购安全审查之时，本国才可以依据法定程序通过既有制度在战略意义上提供反制机制。另一方面，在促进中国企业走出去的过程中，应当根据东道国的法律调整政府的行为，避免政府或政府控制企业提供针对特定对象的激励措施（narrowly targeted incentive），如拨款、优惠贷款或者减税优惠，特别是那些对于市场观察家来说为收购美国企业的关键技术所表现出来的不成比例的慷慨。不仅如此，除了外国政府机构和国有企业，实际上政府

① See David Barboza, "China backs away from Unocal bid", *N. Y. Times*. Accessed June 30, 2016. http://www. nytimes. com/2005/08/02/business/worldbusiness/02iht-unocal. html; Steve Lohr, "Secretive U. S. panel at center of Cnooc's Unocal bid", *N. Y. Times*. Accessed June 30, 2016. http://www. nytimes. com/2005/07/13/business/worldbusiness/13iht-unocal. html.

养老基金和主权财富基金在实践中都已构成所谓受政府控制的形式而被关注，通过这种形式的直接并购，风险同样巨大。据此，政府一方面，应当逐步优化产业政策的工具组合、扩大竞争政策的适用范围和推广对产业政策的竞争评估；另一方面，应当大力鼓励、引导民营企业进入以高技术为目标的并购交易市场，从而避免由国有企业去跨越几乎不可能跨越的国家安全审查屏障。

对于中国企业而言，要充分地认识到赴美技术型并购的严峻现实，谋定而后动。一是了解和有效地识别军品控制清单和商业控制清单的区分：军品控制清单中的物项描述宽泛，涵盖面广，产品很难界定，审批较商业控制清单要严格得多；商业控制清单中，产品都有具体的规格描述和相应的参数，相对来说容易界定，审批时间也较短。[①] 据此，在操作层面，海外并购的初始阶段应当有意识地避开军品清单，通过并购商业控制清单的外围商业确立良好的商业记录，再循序渐进地开展业务。二是要切实调整单独或联合收购美国企业的模式，既要清晰地表达以商业作为公司运营唯一目的的投资政策，确立具有相应透明度的企业治理结构，严格遵守东道国相关的管制法律法规，又要避免包含有联合策略行为证据的可疑行为，并设置防火墙，避免已完成的或试图收购拥有关键技术企业的特定行为是由外国政府所或由外国政府所控制的企业所指令的嫌疑。三是要理解并善用附条件协议，熟悉美国利益集团的运作模式和运用游说市场的资源，及至协调成立由美方资深政府关系人员组成的代理委员会以确保企业与美国政府的联系，争取在消除美方国家安全疑虑的前提下实现自身的商业价值。

（二）关键资源项下的产业发展政策法律思考

面对资源领域海外投资的复杂形势，应当善于识别法律要点，提升治理水平，同时审慎应对地缘政治影响，有效地推进“走出去”步伐。以加拿大“投资—国家安全”审查为例：

第一，识别外国“投资—国家安全”审查双层格局的形式与实质。以《加拿大投资法》为例，不仅要了解两套法律程序的链接，理解两套规则的内在关联，还应当对控制权、净利益、国有企业、国家安全等核心概念有完整的认知。熟练运用附条件承诺，注重对管理层、员工和税收等利益的保护，并综合考虑：(1)维持、提高加拿大产业的竞争力。由于自然资源的特性所决定，资源性产业包含了两组活动：一是资源的开发和提取；二是将未加工的自然资源进行加工转化

---

① 参见刘卿：《美国出口管制政策改革及前景》，载《当代世界》2011年第3期。

的附加值活动。政府通常会考虑,如果资源被外国人占有,是不是会通过独家供给协议将其运出国门加工和消费。因此,相关企业可以承诺在特定时间内,维持加拿大境内所有工业增值设施的全面运营,使加拿大政府确信,所有者不会将公司重新定位至将现有企业作为原材料的产地,而运至别国进行加工;还可以考虑承诺进行新项目的追加投资,以扩展收购公司的生产能力等。(2)促进当地就业。在经济下行期间,为当地社区提供就业机会是收购对于加拿大的一个重要利好。[①] (3)可以强调对于投资回报中国企业将采取长期战略,不会在早期就抽离投资——因为中国有着对终端产品的大量需求;企业还应当提高技术能力,通过技术可以换取更优的出价,同时也更容易获得东道国的认可。

第二,资源的属地特性与社区价值的切实维护。与技术不同,资源不可避免地具有属地特征,如何实现对社区价值的维护是关键资源海外产业布局的重要关节。因袭盎格鲁—撒克逊行政传统,加拿大以有限的联邦主义作为政治组织形式,地方政府分区和多层级行为体共同参与公共事务管理。在此种治理格局下,营造多层次的支持网络,是外国投资的重要考验。(1)社区价值包括了资源所在地省的利益。在 Potash 案中,萨斯喀彻温省的反对是交易失败的重要原因。在 Nexen 案中,在加拿大石油公司中只有为数不多几个具有全球规模的情况下,收购将获得加拿大具有战略地位的可称为"国家冠军"的企业。其中,亚伯塔省省长虽然在审查程序中不扮演正式的角色,但在决策中具有重要发言权。(2)将投资与土著社区的利益有机地结合起来,促进土著社区的经济,与此同时降低加拿大政府对于这些地区的转移支付。在加拿大,22 个北部的"原住民"(First Nations)通过协议对 500 万平方公里的土地实施控制或产生实际影响。随着土著居民开始开发其资源,如果项目在其领地内实施,他们可以获得一些工作和商业机会,但是财富却往往被从其所在领地转移输出。因此,应当承诺投资会注重将相关财富留在北部土著居民聚居区,从而获得当地社区的支持。

第三,地缘政治与资源安全跨区域审查的审慎应对。资源领域收购还可能带来地缘政治上的影响。以能源资源为例,对于美国而言,减少对海湾石油的依赖一直是能源安全的战略议题。当前,加拿大、墨西哥分列美国第一、第二大石油进口来源,自 NAFTA 签订之后占美国原油进口比重稳步提升至 1/4 强。可以说,获得加拿大稳定、安全的能源是保障美国能源安全的重要因素。为此,

---

① 以 Wolverine Mine 项目为例,2008 年两家中国国有企业联合购买了该公司,接近该项目的社区绝大多数人都支持该项目,因为这极大地解决了该社区的就业问题。

双方还达成了《美加自由贸易协定》中的能源协议。直到近来,由于美国总统奥巴马否决了从加拿大阿尔伯塔产油区到美国休斯敦“基思通”(Keystone)的输油管项目,致使加拿大能源产出受到拖累,哈珀才转而提出了加拿大能源出口多元化是“国家的第一要务”的口号,吸引中国能源投资。尽管如此,美国的影响依然深重。以 Nexen 案为例,加拿大总理在批准交易之后的表态,应是权衡国内外政治影响的结果。此外,美国至少可以基于其 CFIUS 审查对该部分的资产并购实施限制。审慎应对资源安全的地缘政治影响,一方面应当注意从相关资产的重要性上论证是否属于关键的基础设施;另一方面应当充分利用规则游说相关利益团体,呼应相关方的关切,最大限度地消除国家安全的疑虑。

第二节 外资并购“投资—国家安全”审查中的外国政府投资者:以澳大利亚《外资兼并与收购法》为中心

在日益成为跨国并购投资审查链条关键环节的外资并购国家安全审查中,其审查的核心内容通常是所涉及并购标的是否属于关键技术和/或关键设施,以及投资主体的属性是否由外国政府直接或间接控制。相较于关键技术和关键设施,投资主体的属性的界定在法律适用中更加难以捉摸,具有极强的观念甚至意识形态色彩。在美国《外国投资与国家安全法》(FINSA)下,“外国政府控制的交易”包括任何可能导致美国企业被外国政府或受外国政府控制或代表外国政府的个人所控制的交易。此外,并未就此作出更为细致的界定,留下了大量的自由裁量空间,以及实践中大量外资并购因此被否决而并无细致的理由。因此,对美国的相关制度考察易卷入过多的意识形态或观念之争,不利于对该制度作出法律上的刻画。而面向澳大利亚的《外资兼并与收购法》(Foreign Acquisition Takeover Act,FATA),或可以进行更为结构化的、持中的观察。特别是,澳大利亚《外资兼并与收购法》在 2015 年作出了框架性修订,旨在使该制度体系更加简洁、明了和现代化,除了对法律本身进行修订之外,①还配

① 改革的主要内容包括设定包括民事罚款在内的严苛的惩罚(既有的刑事处罚,个人部分被提高至 13.5 万澳元罚金或 3 年监禁,公司部分被提高至 67.5 万澳元罚金。新的民事处罚规定了拆分禁令和确保违法者不能因其违法行为获利的措施,后者包括没收明知违法仍协助外国投资者违法的第三人获得的收益并处罚款),提升 ATO 的专业性和信息匹配体系,将住宅地产领域的外国投资纳入其管制,改革申请费以改进服务并确保澳大利亚纳税人不再承担相应成本,增加农业领域外国投资审查的强度和透明度等。

套颁布了一系列的政策文件和46个指引说明(Guidance Note),在文本上补足了《外资兼并与收购法》和《外资兼并与收购条例》在条文上所难以克服的抽象性及其伴生的模糊性。

一、澳大利亚外资兼并与收购的国家安全审查框架

(一)澳大利亚FATA框架的基本构架

在澳大利亚FATA框架下,当外国投资者对高于特定价值(2.52亿澳元)的澳大利亚企业的投资中获得"控制性利益"之时,就必须履行向财政部强制申报的义务。澳大利益外国并购的投资—国家安全审查的主管机构是财政部和外国投资审查委员会(Foreign Investment Review Board,FIRB):财政部对涉及外国投资的决定负最终责任,有权禁止或批准相关投资;FIRB协助审查外国投资的提议并向财政部提交相关建议。财政部在基于国家安全的理由批准或拒绝交易时有一定的自由裁量权,在认为外国投资者的投资有违"国家利益(national interest)"时有权禁止投资或命令分拆、解除相关投资安排,审查期限最高可以达到90天。

在澳大利亚FATA框架下,审查落脚于"国家利益"是否受到损害。"国家利益"的标准虽在立法中未予以规定,但FIRB照例定期发布《外国投资政策》(Foreign Investment Policy),其中将"国家利益"细化囊括:(1)国家安全,即投资在多大程度上影响了澳大利亚保护其战略和安全利益的能力;(2)竞争,即提议的投资在多大程度上可能导致投资者控制澳大利亚产品的生产、服务的提供和市场价格,以及对于相关产业全球结构的影响,特别是集中是否可能导致对竞争性市场结果产生扭曲;(3)其他政府政策,包括所提议的投资对澳大利亚税收的影响,或者对包括环境在内的其他政府目标的影响;(4)对经济和社会的影响,即投资可能对总体经济的影响,包括任何重组澳大利亚企业和澳大利亚人参与企业的计划(如对员工、债权人或其他利益相关者的影响);(5)投资者的性质,即投资者的商业运作在多大程度上是透明并受到充分透明的管制和监督的(如投资者的公司治理实践),若为基金管理者或者主权财富基金,则应明确基金投资政策的运作及其在澳大利亚企业行使投票权的提议。

经过修订,澳大利亚FATA框架在"住宅房地产"等特殊投资标的明确上和"政府投资者"等特殊投资主体的界定上都有实质推进。其中,针对外国政府及其实体的投资,除了考虑股权规模标准和投资领域外,还需着重考虑外国投资

者的经营是否独立于相关的政府。

（二）外资并购的投资对象

在澳大利亚 FATA 框架下，对区分外资并购的特殊投资对象设定了不同的审查申报门槛，实施强化的审查。[①] 分类的第一个层次是涉及土地的投资和不涉及土地的投资。

对于涉及土地的投资，分为住宅用地、农业用地、闲置商业用地、已开发商业用地和采矿与制造租约分别实施不同的审查申报门槛。在修订后的澳大利亚 FATA 框架下，住宅用地的申报门槛为 0 澳元，并由澳大利亚税务局（Australian taxation office，ATO）全权负责住宅地产领域的外国投资管制，这与近年投资房地产的热潮密不可分。不仅如此，新框架下农业土地外资所有权登记制度被确立，并将私人外资购买农业土地的审查门槛降到 1500 万澳元，且扩展农业土地登记制度到住宅土地和水权登记。

对于不涉及土地的投资，分为非敏感商业、敏感商业、媒体行业和农业四类对外资并购分别实施不同的审查申报门槛。其中，澳大利亚《外国投资政策》（2015 年）[②]规定对外资并购敏感商业（Sensitive Businesses）实施更低的申报门槛，包括：媒体、电信、交通、国防相关产业、萃取铀或钸、核设施以及其他关键设施运营业务。农业领域细分为 FTA 协议签署国实施不同的门槛；而媒体行业的申报门槛为 0 澳元，只要持股超过 5% 就需要进行申报。

另外，增强农业和矿业领域的外国投资审查是当前趋势。农业经营者的平均规模较其他商业较小，如果适用一般商业的申报门槛将使大量的农业领域的外国投资无法被外国投资审查机制所涵盖。而对于包括澳大利亚土地和采矿、制造或勘探实体在内的投资对象，根据《外资兼并与收购条例》第 5 条规定，相关实体或其任何子公司中采矿、制造或勘探租约所涉利益价值超过该实体总资产价值 50% 的，视为采矿、制造或勘探实体。不仅如此，自 2016 年 3 月 31 日起，即使是外国私人投资者购买关键国有基础设施，也应受到 FIRB 审查。[③]

对于上述各种投资对象，外国政府投资者的申报门槛皆为 0 澳元，都需要

---

① See "Guidance Note 34：Monetary Screening Thresholds", Accessed June 30, 2016. http://firb.gov.au/resources/guidance/gn34/.

② See "Australia's Foreign Investment Policy (2015)", Accessed June 30, 2016. http://firb.gov.au/files/2015/09/Australias_Foreign_Investment_Policy_December_2015_v2.pdf.

③ See "Foreign Acquisitions and Takeovers Legislation Amendment Regulation 2015", Accessed June 30, 2016. https://www.legislation.gov.au/Details/F2015L01860.

提交申报。

(三)外资并购的特殊投资主体——外国政府投资者

根据澳大利亚 FATA 框架,在审查外国政府投资者的投资之时,会考虑投资是属于商业性质,还是有可能是旨在追求更为广泛的政治或战略目标,从而与国家利益相违。由此,外国投资者被分为了“外国人”和“外国政府投资者”(Foreign Government Investor)两种。“外国政府投资者”的规定是 1975 年《外资兼并与收购法》在 2004 年修订时通过第 17F 节规定增加的,①2015 年再度修法时该制度体系得以完善。目前,《外资兼并与收购法》将“外国政府”界定为:②(1)外国政府机构;(2)作为外国组成部分的政府机构;或(3)外国政府机构的一部分,或外国的组成部分的政府机构的一部分。进一步地,《外资兼并与收购条例》第 17 条将“外国政府投资者”分为三类:③(1)外国政府或独立政府实体。(2)公司或信托的受托人——其中,外国政府或独立的政府实体,单独或与一个或多个合作者共同持有实质性利益(至少 20% 的利益)。或外国政府或多国的独立政府实体,共同持有的全部实质性利益(至少 40% 的利益)。(3)有限合伙的普通合作者——外国政府或独立政府实体,单独或与一个或多个合作者共同持有实质性利益(至少 20% 的利益),或外国政府或多国的独立政府实体,共同持有的全部实质性利益(40% 或以上的利益)。在此,独立政府实体是指作为外国或外国的组成部分的代理或工具的个人、公司或独资公司。

在此,FIRB 必须考察投资者的治理结构安排是否可能存在或导致外国政府的实际可能控制,聚焦于非政府权益的规模、性质和组成,通常适用判断是否存在外国政府投资者控制的追溯规则(Tracing Rule)。结合《外资兼并与收购条例》来看,《外资兼并与收购法》第 19 条为追溯一个信托或公司中的实质性利益提供了依据,即在公司和信托之中的实质利益和累计实质利益将根据所有权追溯至相关实体。④ 这项规则适用于当一个实体在公司中具有控制性的投票权或者拥有实质性的股份,或在信托中拥有实质性利益。例如,一个外国政府投资者若要收购澳大利亚实体的直接利益,其方式是通过一家在亚洲的外国公司

---

① See Foreign Acquisitions and Takeovers Act 1975, Preliminary Part Ⅰ A, Section 17F.

② See Foreign Acquisitions and Takeovers Act 1975, Accessed June 30, 2016. https://www.legislation.gov.au/Details/C2015C00577.

③ See Foreign Acquisitions and Takeovers Regulation 2015, Accessed June 30, 2016. https://www.legislation.gov.au/Details/F2015L01854.

④ See Foreign Acquisitions and Takeovers Act 1975.

来收购一家持有澳大利亚实体的利益之欧洲公司的直接利益,那么这一项离岸的收购欧洲公司的行为也构成对澳大利亚实体直接利益的收购,由此所涉外国政府投资者需要进行国家安全审查申报。①

此外,《外资兼并与收购法》第6(1)条需要识别的外国政府投资者的"合作者"(associate)包括:与该国(或该国的组成部分)有关的任何外国政府;与该国(或该国的组成部分)有关的独立政府实体;以及该国(或该国的组成部分)的任何其他外国政府投资者。

据此,外国政府、独立的政府实体,或外国政府与相关公司、信托或有限合伙的实质性利益关系得到确认,即被认定为外国政府投资者,需要受到更加严密的投资—国家安全审查。

二、外国政府投资者的申报要求、存在类型与行为评估

(一)判断外国政府投资者的并购是否需要申报

在澳大利亚 FATA 框架下,需要申报的并购是获得直接利益的并购,而直接利益是指:②(1)在特定实体或商业中至少 10% 的利益;(2)在特定实体或商业中至少 5% 的利益——只要获得该利益的人就双方的商业活动作出了法律安排(legal arrangement);(3)在特定实体或商业中的任何比例的利益——只要获得该利益的人可以参加或影响(position to influence)该实体或商业的控制或集中管理,或影响、参加或决定该实体或商业的政策。

在此,"法律安排"重在附着于收购利益上的对商业活动的影响力。例如,S 航空公司是一个外国政府投资者,提出收购澳大利亚航空 5% 的利益,并决定与澳大利亚航空签署一项有法律效力的战略合作协议来协调其商业活动,这些行为就被认为包含了收购澳大利亚实体的直接利益因而是依法需要申报的。③ 如果是旨在涵盖基于一般商业条款的日常货物或服务提供协议,则不构成该等"法律安排"。例如,S 航空公司与澳大利亚航空签订了基于一般商业条款的协议,约定其为 S 航空公司提供餐饮,这就不属于"法律安排"的范围,不构成获得

① See Guidance Note 23: Foreign Government Investors, Accessed June 30, 2016. http://firb.gov.au/resources/guidance/gn23/.

② Article 16, Foreign Acquisitions and Takeovers Regulation 2015.

③ See Guidance Note 23: Foreign Government Investors.

直接利益,因而也不需要申报。[①] 进一步地,对何谓“position to influence”也可以举例说明。如果一个外国政府投资者要收购澳大利亚实体2%的利益,作为所签订协议的一部分,外国政府投资者有权指派一名董事进入四人董事会。在这种情况下,虽然获得的利益少于10%,但这项收购仍被认为属于获得直接利益,因为该协议包含了外国政府投资者参加或影响该实体或商业的控制或集中管理,因而该利益的获取构成需要申报的重要行为。[②]

除符合一般投资者的申报要求之外,无论投资额的大小,外国政府投资者的投资都必须获得政府的事先批准,这其中包括:(1)收购澳大利亚实体或商业的直接利益;(2)在澳大利亚新设企业;(3)收购澳大利亚土地利益;(4)在采矿、制造或勘探租约中的法律或衡平法权益;(5)收购采矿、制造或勘探实体至少10%的证券权益。[③] 虽不计投资额度,但仍需符合涉及投资所涉利益的比例要求或实质程度的控制权的存在,以满足直接利益的要件。

(二)外国政府投资者的现实类型

外国政府投资者的现实类型,主要包括政府本身、政府控制的主权财富基金和国有企业三类。其中,除外国政府在《外资兼并与收购法》中已作明确规定,作为外国政府投资者的国有企业和主权财富基金则由于类型不同,亦存在投资行为和治理要求上的区别。

将作为外国政府部门的货币当局,与主权财富基金(Sovereign Wealth Funds,SWFs)、[④]传统的政府养老基金和国有企业进行区分,可以在比较中获得类型化认识。虽然解释至今没有统一,[⑤]但多数专家认为主权财富基金应具备以下特点:一是国家所有、用外币投资、与央行管理的外汇储备相分离的一种特别的投资基金;二是与政府的养老金不同,一般不承担特定的责任;三是通常采

---

① See Guidance Note 23:Foreign Government Investors.

② Ibid.

③ See section 47 of the Act and section 56 of the Regulation.

④ 国际货币基金组织(International Monetary Fund,IMF)将主权财富基金定义为“由地方或者中央政府为实现宏观经济和金融目标而设立、持有、管理或处理资产”,主要包括财政稳定基金、储蓄基金、储备投资公司、发展基金等多种形式。See International Working Group of Sovereign Wealth Funds,Sovereign Wealth Funds Generally Accepted Principles and Practices (GAPP):Santiago Principles,October 2008. Accessed June 30,2016. http://www.iwg-swf.org/pubs/eng/santiagoprinciples.pdf.

⑤ 有学者认为,主权财富基金虽然是特殊的新事物,但本质上仍然是国有企业。参见缪因知:《国有企业视野下的主权财富基金法律规制》,载《经济法研究》2014年第2期。

用长期投资战略寻求商业回报,但又不是国有企业。① 进一步地,在投资风格上:传统的政府养老基金产权由于承担特定责任,投资保守;为了稳定币值而简单持有货币的政府机构,投资方式较单一,目的侧重于"保值",持有的资产大部分是外国债券;与产权归属中央政府,资金来源是外汇储备和商品出口收入的主权财富基金不同,国有企业产权归属于中央政府或地方政府,资金来源于政府划拨和公司盈利等,②投资则重于实业。根据产权/资金来源、投资目的/投资组合、政府控制程度和治理结构分类梳理,可以得出作为外国政府投资者的政府、国有企业、主权财富基金和政府养老基金的差异(参见表4-2)。

表4-2　外国政府投资者类型比较③

	政府(货币当局)	国有企业	主权财富基金	政府养老基金
产权/资金来源	中央政府/外汇储备	中央政府、地方政府/政府划拨、企业盈利	中央政府/外汇储备、投资收入	养老金成员/成员缴纳
投资目的/投资组合	投资保值、稳定币值/单一化投资	投资增值、企业发展战略/产业投资	投资增值、产业发展战略等/多元化投资	投资保值增值/多元化投资
政府控制程度	完全	重要、不完全	重要、不完全	不明显
治理结构	不透明	相对清晰(上市公司)	相对不清晰	透明度高

(三)外国政府投资者投资行为的评估

由于外国政府投资者可能追求更加广泛的政治或战略目标,从而与澳大利亚的国家利益相违,在评估其投资提案时《外资兼并与收购条例》强调考量六个问题,④可以分为三类。

① See Beck & Fidora. "The Impact of Sovereign Wealth Funds on Global Financial Markets" (ECB Occasional PaperSeries, No. 91, July 2008). 转引自张瑾:《海合会国家主权财富基金的发展及其影响》,载《阿拉伯世界研究》2010年第1期。

② 参见谢平、陈超:《论主权财富基金的理论逻辑》,载《经济研究》2009年第2期。

③ 同上。根据论述的焦点作出修改。

④ Government Improves Transparency of Foreign Investment Screening Process No. 009, 17 February 2008.

第一，投资者的运营是否独立于相关外国政府。① 在考虑独立性问题的时候，政府监管当局通常会聚焦于潜在的外国投资者在多大程度上与相关政府保持适当距离。同样需要考虑，潜在投资者的治理结构安排是否能够使外国政府能够获得实际或潜在控制。对于部分私有化的投资者，政府将考虑其中存在的非政府权益的规模及其组成，包括任何对治理权限的限制。

第二，所涉投资可能影响澳大利亚的国家安全。② 政府监管当局将考虑投资在多大程度上会影响澳大利亚保护其战略和安全利益的能力。这一关切，实际上贯穿整个考虑因素之中。

第三，投资者商业行为对竞争、税收、社区等的影响。③ （1）投资者是否遵守法律和商业行为的通行标准：投资者在多大程度上具备清晰的商业目标，并且在其他法域受到充分和透明的监管。提出投资提案的外国政府投资者，如果基于透明的商业基础运营，产生额外国家利益关切的可能性较小。（2）所涉投资是否会阻碍竞争或导致相关产业或行业的过度集中或受控制。这些议题同样也由澳大利亚竞争与消费者委员会在竞争政策项下进行监管。（3）所涉可能影响澳大利亚政府税收或环境等其他政策。（4）所涉投资可能影响特定澳大利亚商业的运营和发展方向，以及其对经济和更广泛意义上的社区的贡献。政府将考虑收购方在收购之后重组澳大利亚实体的计划。核心的利益包括对进出口、原材料的本地加工、研究与开发和工会关系等方面的考量。政府监管当局还将考虑外国投资完成之后将保留的澳大利亚人在企业所有权、控制权和管理上的参与程度，包括雇员、债权人和其他利益相关者的权益。

在政府监管当局个案审查的实际操作中，保持了一定的政策连续性，近年表现出如下特征：④第一，当涉及资源方面的潜在收购，特别是关涉对资源定价和生产的潜在控制时，政府监管当局会特别重视；第二，对于资源型企业的外国投资必须保证澳大利亚未来仍然能够作为所有现有和潜在贸易伙伴的可靠供应商；第三，对于维持和促进良好的商业行为而言，商业透明度和股东纪律而言是重要的，政府监管当局乐见主要企业保持在澳大利亚上市。

---

① Australia's Foreign Investment Policy (2015).

② Ibid.

③ Ibid.

④ See Wayne Swan, "Address to the Global Foundation", No. 033, 10 December 2009. Accessed June 30, 2016. http://ministers.treasury.gov.au/DisplayDocs.aspx?doc=speeches/2009/033.htm&pageID=010&min=wms&Year=2009&DocType=1.

三、作为外国政府投资者的国有企业与主权财富基金及其审查要点

(一)涉及国有企业的投资—国家安全审查问题

国有企业在传统上被视作澳大利亚 FATA 框架下的政府投资者,澳大利亚政府不但会考虑投资者的商业运作透明度能否接受业务透明化的监管,而且还会考虑外国政府投资者的公司治理状况。对此,澳大利亚法律并未规定细节,但可根据附条件通过缓和措施勾勒出轮廓。

1. 针对国有企业投资的缓和措施

在澳大利亚 FATA 框架下,对外国政府投资者的审查逻辑可从已公布案件中窥知一二。金融危机以来中国资源型国有企业赴澳投资高涨,亦成比例地体现在缓和措施的设定上。

1998 年 3 月在解决了政府监管当局关于 CanWest 和 TNQ 并购的所有权结构等关切之后,合并获得批准。① 2009 年 3 月湖南华菱钢铁集团申请持有 Fortescue Metals 集团 17.55% 的股份,在达成以下附条件后被政府监管当局批准。② 2009 年 5 月鞍钢收购 Gindalbie Metals Ltd 额外股份至 36.28% 的行为,在鞍钢承诺广泛支持中西部地区基础设施发展的条件下,被澳大利亚政府监管当局批准。③ 2009 年 10 月兖州煤业于对 Felix Resource 的收购获得附条件批准。④ 其后,Yancoal Australia 展开与 Gloucester Coal Limited 的并购,并购后的企业被要求将总部置于澳大利亚,并继续基于商业基础开展生产和供应。⑤ 2012 年 8 月澳大利亚政府监管当局附条件(分为山东如意承诺和联合体承诺两个部分)通过了山东如意科技集团和 Lempriere 私人有限公司(联合体)收购

---

① Foreign Investment Policy:Ownership Structure for the Ten Group Ltd.(TGL)-Canwest/TNQ float proposal,No.025.

② Foreign Investment Decision No.032,31 March 2009.

③ Foreign Investment Decision No.045,8 May 2009.

④ 其中,兖州煤业是第一家将其澳大利亚资产在澳大利亚证券交易所挂牌的在澳运营的中国国有企业,连同该项并购所带来的就业机会,被监管当局认为意义重大。Foreign Investment Decision No.081,Oct 2009.

⑤ 除了遵守 Felix 收购所附条件之外,还必须降低在该合并之外的两项资产中的所有权,2014 年 12 月之前达到在 Syntech Resources 和 Premier Coal mine 的持股比例低于 70% 的要求。2013 年澳大利亚政府宣布解除某些外资并购所附条件,认为由于经济条件的变化兖州煤业在 Yancoal 所持 78% 的股份比例可以维持,并不排除全资控股的可能。Foreign investment decision 11 December 2013.

Cubbie 集团资产的方案。[1] 2013 年 12 月澳大利亚政府监管当局附条件批准了中国国家电网收购 SP AusNet 19.9% 和 Jemena 60% 的股份。[2]

这些保障国家利益的缓和措施，聚焦于股权结构、公司治理和商业行为。其中，股权结构的关切主要限制国有企业在澳投资企业中的额度比例以确保其不享有控制权；公司治理的关切强调企业的经营重心的本土化和本地人的参与；而商业行为的关切多涉及产业发展问题。

表 4-3 针对国有企业投资的投资—国家安全审查缓和措施

	股权结构关切	公司治理关切	商业行为关切
CanWest 收购 TNQ	不允许外国人控制电视广播许可或者拥有超过授权电视广播企业的 15% 以上的股份，其中的外资额度总计不得超过 20%	解决限制 THN 公司股东关于 TGL 投票权、给予 CanWest 某种收购 TGL 股份的优先权并对变更 TNH 条款需要 90% 多数通过的问题	N/A
湖南华菱收购 Fortescue Metals	N/A	(1) 由华菱提名进入 Fortescue 董事会的人选都应当遵守该董事会的行为规范；(2) 华菱和由其提名进入 Fortescue 董事会的人选应当遵守双方达成的信息隔离安排	由华菱提名进入 Fortescue 董事会的人选，将应就其与 Fortescue 的经营、销售、客户简介、价格设定以及定价和运输的成本结构相关的利益冲突作出说明
鞍钢收购 Gindalbie Metals Ltd	在未事先获得澳大利亚政府批准的情况下，不改变拟在中国建立的球团矿工厂合资企业中议定的 50:50 的所有权结构	N/A	(1) 支持 Oakajee 港和铁路项目的发展；(2) 在可行的条件下，通过 Oakajee 港运输 Karara 项目产品

① Foreign Investment Decision, 31 August 2012.

② Foreign Investment Decision, 20 December 2013.

续表

	股权结构关切	公司治理关切	商业行为关切
兖州煤业收购 Felix Resource	2012 年年底前将 Yancoal Australia 在澳大利亚上市，且将兖州煤矿的持股比例降至 70%；属于 Felix 与第三方公司设立的合资企业所有的矿业，兖州煤业不能够持有超过 50% 的股份	(1)经营其在澳煤矿的公司总部要设在澳大利亚且其管理和销售团队主要由澳大利亚人组成；(2)Yancoal Australia 及其子公司至少有两名董事（其一为独立董事）在澳常驻；(3)确保 Yancoal Australia 的首席执行官和首席财务官在澳常驻，每年多数董事会都在澳召开	参考可观察的国际基准并遵循市场实践，将其所有的全部煤炭产品按照据公平交易条件销售
山东如意和 Lempriere（联合体）收购 Cubbie	(1)收购完成后 3 年内，将其所持有 Cubbie 集团的权益出售给独立第三方（从 80% 降至 51%），并寻求将 Cubbie 集团上市以实现该出售；(2)在出售之后，确保其在董事会中的代表保持与其持股成比例	(1)为 Cubbie 集团既有员工提供工作合约并保留包括雇员权利在内的既有安排；(2)由 Lempriere 的全资子公司来管理和运营 Cubbie 集团，依据国际基准并遵循市场实践，将按照公平交易条件经营和销售其棉织产品；(3)建立和保持六人董事会，包括两名由有商业和/或农业经验的澳大利亚居民担任的独立董事和一名由 Lempriere 任命的董事	(1)遵守相关联邦和州的法律法规，包括关于 Condamine-Balonne 河流域水管理的规则；(2)寻求改善 Cubbie 集团内产业的水资源利用效率，包括其农作物生产；(3)水量分配如有剩余部分都通过水市场销售，这可能包括通过竞争性投标程序将水权出售给联邦
国家电网收购 SP AusNet 和 Jemena	N/A	中国国家电网选任 SP AusNet 和 Jemena 董事会人员中至少有 50% 由在澳常驻的澳大利亚公民构成	N/A

2. 涉及国家安全缓和措施在案件中的体现

澳大利亚国家安全审查实践中对于外国政府投资者的态度,从已经公布的相关案件来看,主要是在中国企业并购矿产资源的过程中,涉及毗邻地域的军事管制区的问题。除此地理位置的原因之外,目前尚未表现出基于关键技术、关键资源方面引发的国家安全关切。

2009 年中国五矿收购 OZ Minerals 某些矿业资产,获附条件通过。所附条件要求中国五矿:(1)基于商业目标将所购矿业作为独立商业进行运营;(2)通过在澳大利亚注册、总部设于澳大利亚,并主要由澳大利亚管理团队来管理的公司运营该等矿业;(3)参考可观察的国际基准并遵循市场实践,将所有承购的定价由总部在澳大利亚的销售团队根据公平交易条件确定;(4)根据经济条件,维持或增加 Century、Rosebery 和 Golden Grove 矿的产量和就业,寻求 Century 和 Rosebery 矿的增长,重开 Avebury 矿,以及开发 Dugald River 矿。①在先前 2009 年 3 月的决定临时决定中,澳大利亚政府监管当局否决了中国五矿整体收购 OZ Minerals 的收购提案,理由是 OZ Minerals 重要的 Prominent Hill 矿业位于南澳大利亚的 Woomera 禁区,该禁区的武器试验范围对于澳大利亚的国防安全而言特别敏感,该收购若包含 Prominent Hill 矿业就无法通过,但政府监管当局对收购的替代方案保持开放态度。②

2010 年 7 月泰丰元创国际开发公司收购 19.9% 的 IMX Resource 有限公司的股份和 49% 的 Outback Iron Pty 有限公司的股份,受澳大利亚政府监管当局附条件通过:Outback Iron Pty 的全资子公司 Termite Resources NL 与澳大利亚联邦就进入南澳大利亚 Woomera 军事禁区或其周边地区的问题签订了修订协议,国防部认为此协议可以充分保护澳大利亚国家安全。③

(二)涉及主权财富基金的投资—国家安全审查问题

作为关联外国政府的投资主体,主权财富基金(Sovereign Wealth Funds, SWFs)亦受到投资—国家安全审查的密切关注。研究表明,绝大多数 SWFs 的基本目标是追求经济发展的稳定和可持续,也包括资产的保值增值和产业政策

---

① Foreign Investment Decision No. 043, 23 April 2009.

② Foreign Investment Decision No. 029, 27 March 2009.

③ Foreign Investment Decision 9 July 2010, No. 058.

的战略目标。[①] 其中,战略型投资将对所投资行业产生显著影响,东道国政府认为其投资行为背后渗透着基金所在国政府的目的和利益,引发为维护安全对这类基金进行严格监管的需要,如提出互惠要求,对持股比例、投资行业进行限制,设置严苛的审查程序等;而组合型投资由于较少涉及目标企业控制权的转移,对东道国战略性行业的控制力不强,属于市场化行为,对该类 SWFs 可采取一般监管,要求其具有明确的投资目标与策略、清晰的治理结构、运作的透明度与信息披露以及明确的责任即可。[②]

此外,SWFs 投资风格的不同,同样构成在投资—国家安全审查中的考虑因素。例如,亚洲国家的 SWFs 偏向于固定资产投资,中国投资者尤其偏好房地产、能源、公用事业、通信等领域。[③] 据报道,中国外汇储备管理局旗下的中国华安投资有限公司于近年在澳大利亚进行了一批投资,购买了澳新银行和澳大利亚联邦银行的股权,以及澳大利亚国民银行的股权,虽然都未达到的股份,澳大利亚监管机构仍要求中国 SWFs 对此投资进行了申报。在投资对象上,房地产业在2008 年以后便成为亚洲 SWFs 重要的投资领域,阿联酋、新加坡、卡塔尔等国 SWFs 相继成功入股英国、澳大利亚、日本等国房地产企业。[④] 这也可以部分解释,澳大利亚投资—国家安全审查中对城市土地单列进行考量的现实需要。

目前,国际社会正在探索确立 SWFs 的规制原则和方法,可供东道国参考。2008 年美国财政部与阿联酋和新加坡的 SWFs 达成"华盛顿协议"提出,任何以国家安全为由对 SWFs 交易进行的限制,也必须出于真实的国家安全风险……接受国应当以尽可能的不干预方式尊重投资者的决定,而不是寻求指导 SWFs。[⑤] 同年,[⑥]IMF 发布了"圣地亚哥原则"提倡透明的和良好的公司治理结

---

① 参见杨力:《中东主权财富基金发展的原因、影响及其对策》,载《阿拉伯世界研究》2015 年第 3 期。

② See Gerard Lyons, " State capitalism: The Rise of Sovereign Wealth Fund", *Journal of Management Research*, Vol. 7, Number 3, 2007, pp. 129 – 144.

③ 参见[美]莱恩·迈尔斯:《美刊:中国主权财富基金赢得信誉》,载《中国贸易报》2012 年 2 月 9 日。

④ 参见叶楠:《新常态下亚洲主权财富基金的投资布局与趋势研究》,载《海南财经》2015 年第 6 期。

⑤ 参见彭岳:《论对主权财富基金的法律规制》,载《法治研究》2011 年第 8 期。

⑥ 2008 年 5 月,由 IMF 牵头在美国华盛顿成立了一个制定 SWFs"统一接受的原则和实践做法"(GAPP)的国际工作小组(International Working Group, IWG),该小组由 26 个拥有 SWFs 的 IMF 成员国组成。参见彭岳:《论对主权财富基金的法律规制》,载《法治研究》2011 年第 8 期。

构以保证投资属于商业活动:[①](1)公布 SWFs 的政策目标和治理框架和有关的财务信息,表明其投资是基于经济和财务考虑而为(原则 2 和原则 16);(2)除最大限度增加经风险调整的财务收益之外,避免追求其他目标(原则 4 和原则 9);(3)公布在其所投资的公开上市企业的董事会投票和代表权方面的总体方法,确保其对公司战略方向的影响无害于企业治理(原则 21)。OECD 则通过颁布《投资委员会关于投资自由、国家安全和"战略"行业的报告》《投资委员会关于 SWFs 和接受国政策的报告》《OECD 关于 SWFs 和接受国政策的宣言》等文件,提出资本接受国的"最佳行为规范"包括:(1)目的合法原则,即资本接受国不应当就外国投资设立保护主义壁垒;(2)比例原则,即应谨慎适用国家安全审查,资本接受国的相关政策应当具有透明度和可预见性;(3)非歧视原则,即资本接受国不应在情形相似的投资者之间实行歧视;(4)损害最小原则,只有当普遍适用于外国和国内投资者的政策不足以应对合法的国家安全事项时,方可施加额外的投资限制措施。[②]

澳大利亚政府监管当局明确表示毫无保留地接受和支持"圣地亚哥准则",并认为:在 2008 年金融危机之前,SWFs 被认为在对全球金融稳定、缺乏透明度和非商业投资动机等方面蕴涵风险,但结果却证明 SWFs 比私人投资更加稳定,在全球资本市场冻结的时候扮演了一个稳定资本重新配置的重要角色;不过,由于立场不同,SWFs 透明度问题也一直是投资方和东道国之间争议较大的议题,涉及 SWFs 向其投资者、投资所在国相关管理部门、利益相关者或者社会公众公开披露信息的程度。[③] 就此,一般认为,SWFs 应披露公司基本情况、公司治理信息、风险控制和投资信息,并厘清公开四层关系:(1)SWFs 与其投资人,即所在国国家或者政府之间的关系;(2)基金组织机构之间的关系;(3)SWFs 与其投资接受国之间的关系;(4)基金与其他利益相关者和公共之间

---

① 参见国际货币基金组织编:《主权财富基金的经济学:决策者面临的问题》(2010 年),第 64 页,载国际货币基金组织网:https://www.imf.org/external/chinese/pubs/nft/books/2010/swfextc.pdf,最后访问日期:2016 年 6 月 30 日。

② See OECD, OECD Declaration on Sovereign Wealth Funds and Recipient Country Policies, 2008. Accessed June 30, 2016. http://www.oecd.org/daf/inv/investment-policy/oecddeclarationonsovereignwealthfundsandrecipientcountrypolicies.htm.

③ See Nick Sherry, "International Forum of Sovereign Wealth Funds", Speech to Cocktail Reception, Sydney, 6 May 2010. Accessed June 30, 2016. http://ministers.treasury.gov.au/DisplayDocs.aspx? doc = speeches/2010/014.htm&min = njsa&DocType = 1.

的关系。基金在这四层关系中能提供充分及时的信息，体现的是对其投资人的负责。[①] 但是 SWFs 毕竟不是上市公司，并不需要承担上市公司这样的透明度责任，且会增加 SWFs 的经营成本，降低其行动能力和迂回空间，损害国际金融市场的效率和竞争力，影响 SWFs 财务投资利润最大化目标的实现。[②]

第三节 中国外商投资国家安全审查制度的法律建构

在中国，企业走出去是晚近 10 年才开始形成的热潮，而在很长一段时期至今，吸引并有效利用境外投资实为经济发展提供了不竭的动力。自改革开放以来，引入外资和技术是中国恢复并开展经济建设的急迫需求；裹挟着历史的风尘，各界就外商投资可能产生的主权和安全影响仍存隐忧。两相交织，扩展也限定着制度的安排。最终，在实用主义改革哲学、摸索型改革方针的牵引下，形成了外商投资国家安全审查独特机制，也遗存了相因相生的诸种问题。步入 21 世纪，随着世界政治经济格局的急剧变迁，主要发达国家开始强化国家安全审查的实施力度，既是出于应对全球恐怖主义蔓延等非传统安全问题的需要，又显露出阻拒新兴国家全球经济扩张的工具化诉求。特别是改革步入深水区、新阶段以来，自贸区“负面清单”的确立，国家安全审查边界更面临重新划定。面对错综复杂的形势，对外商投资国家安全机制的系统省视与反思，建构起理念清晰、内涵明确、结构谨严的制度体系已然刻不容缓。

一、外商投资国家安全审查制度之演进

在中国，改革开放以来关于外商投资的国家安全审查制度，主要涉及企业设立审批、行业准入审批和外资并购审查等诸方面，经历了三个发展时期。

（一）以企业设立审批为起点的国家安全审查制度：1979 ~ 1994 年

为了扩大对外经济合作和技术交流，1986 年的《外资企业法》、1979 年的《中外合资经营企业法》和 1988 年的《中外合作经营企业法》分别规定允许外国公司、企业和其他经济组织举办外资企业或个人与中国的公司、企业或其他经济组织共同举办合营企业和合作经营企业。上述三部法律及其实施条例构成了中国“三资企业法”的主体内容。根据“三资企业法”相关规定，申请设立外

① 参见张瑾：《中东地区主权财富基金的透明度》，载《阿拉伯世界研究》2015 年第 1 期。

② 同上。

资、合营和合作企业,应由有权机关审查批准。

“三资企业法”中明确提出了国家主权/安全考量。第一,在1983年《中外合资经营企业法实施条例》规定了申请设立合营企业不予批准的情况,包括“有损中国主权的”和“不符合中国国民经济发展要求的”。[①] 第二,1990年《外资企业法实施细则》规定了四类禁止设立外资企业和五类限制设立外资企业的行业,并列明了申请设立外资企业不予批准的情形,包括“有损中国主权或者社会公共利益的”和“危及中国国家安全的”。[②] 第三,1995年《中外合作经营企业法实施细则》规定申请设立合作企业不予批准的情形包括:“损害国家主权或者社会公共利益的”“危害国家安全的”和“有违反……国家产业政策的其他情形的”。[③]

在以企业设立审批为起点的国家安全审查制度阶段,国家安全首次在外商投资的法律文件中提出,主要从外资企业的设立环节进行主体筛选以避免国家安全损害,构成了中国外商投资国家安全审查制度发展的起点。当前,“三资企业法”正通过制定《外国投资法》合为一体,其中重要理由就是“外资并购、国家安全审查等重要制度需要纳入外国投资的基础性法律并进一步完善。”[④]这无疑是“三资企业法”下国家主权/安全考量的历史延伸。

(二)以行业准入审批为主体的国家安全审查制度:1995~2002年

为了指导外商投资方向,使之与国民经济和社会发展规划相适应,中国陆续于1995年颁布《指导外商投资方向暂行规定》(以下简称《外商投资暂行规定》),2002年颁布《指导外商投资方向规定》(以下简称《外商投资规定》)。在目的的指引下,《外商投资暂行规定》[⑤]和《外商投资规定》[⑥]将外商投资的项目分为鼓励类、限制类、禁止类和允许类四种,并于1995年制定《外商投资产业指导目录》(后于2002年、2004年、2007年、2011年和2015年修订,以下简称《外

---

① 参见《中外合资经营企业法实施条例》(1983年)第5条,在2001年7月22日中华人民共和国国务院第二次修订的最新版中,修订为第4条。

② 参见《外资企业法实施细则》(1990年),2001年4月12日中华人民共和国国务院第二次修订,第5条。

③ 参见《中外合作经营企业法实施细则》(1995年)第9条。

④ 《关于〈中华人民共和国外国投资法(草案征求意见稿)〉说明》(2015年1月19日),载中国商务部网:http://tfs.mofcom.gov.cn/article/as/201501/20150100871010.shtml,最后访问日期:2016年6月30日。

⑤ 参见《外商投资暂行规定》(1995年)第5条(鼓励类)、第6条(限制类)、第7条(禁止类)。

⑥ 参见《外商投资规定》(2002年)第5条(鼓励类)、第6条(限制类)、第7条(禁止类)。

商投资目录》),就鼓励类、限制类和禁止类的外商投资项目以分类具体目录的方式予以列明。根据现行审批权限,外商投资项目按照项目性质分别由发展计划部门和经贸部门审批、备案;外商投资企业的合同、章程由外经贸部门审批、备案。

在行业准入审批制度下,准入范围的限定与国家安全审查发生关联。第一,限制类项目暗含了国家安全的内容。其中,先后规定了与国防安全相关的"稀有、贵重矿产资源勘探、开采"和"国家规定实行保护性开采的特定矿种勘探、开采";结合加入 WTO 的要求,涉及产业安全的规定则从属于"需要国家统筹规划的产业"修改为"国家逐步开放的产业"。第二,禁止类项目中明确提出了涉及国家安全、公共利益和国防安全的规定。《外商投资规定》中禁止类项目包括"属于危害国家安全或者损害社会公共利益的"。而与军事安全相关的条款,也从《外商投资暂行规定》的混合型规定("属于占用大量耕地,不利于保护、开发土地资源,或者危害军事设施安全和使用效能的")转换为单列规定("危害军事设施安全和使用效能的"),愈发突出了以军事设施为主体的军事—国防安全的保护作为独立目标的重要性。

在以行业准入审批为主体的国家安全审查制度阶段,相关法律法规和规范性文件主要从外资进入相关产业的限制或禁止进行准入把控,国家安全审查制度由产业安全理念所主导并得到细化进行了初步分类,其主体部分开始逐步发展、型构。

(三)以外资并购审查为重心的国家安全审查制度:2003~2010 年

为"促进和规范外国投资者来华投资,引进国外的先进技术和管理经验,提高利用外资的水平,实现资源的合理配置,保证就业、维护公平竞争和国家经济安全",商务部于 2003 年颁布《外国投资者并购境内企业暂行规定》(以下简称《外资并购暂行规定》),2006 年颁布《关于外国投资者并购境内企业的规定》(以下简称《外资并购规定》)。① 外国投资者并购境内企业设立外商投资企业,应依法经审批机关批准,向登记管理机关办理变更登记或设立登记。伴随外商投资方式的转变,外资并购审查成为该时期国家安全审查制度的重心。

① 2009 年为保证《外资并购规定》与《反垄断法》和国务院《关于经营者集中申报标准的规定》相一致,商务部对《外资并购规定》作出修改:删除第五章"反垄断审查",在"附则"中新增一条作为第 51 条,表述为:依据《反垄断法》的规定,外国投资者并购境内企业达到国务院《关于经营者集中申报标准的规定》规定的申报标准的,应当事先向商务部申报,未申报不得实施交易。

综观外资并购审查制度的脉络，其所追求的主要目标在于维护公平竞争和国家经济安全。第一，《外资并购规定》明确了《外商投资目录》与并购审查的范围之间的关系：依照《外商投资目录》不允许外国投资者独资经营的产业，并购不得导致外国投资者持有企业的全部股权；需由中方控股或相对控股的产业，该产业的企业被并购后，仍应由中方在企业中占控股或相对控股地位；禁止外国投资者经营的产业，外国投资者不得并购从事该产业的企业。① 第二，集中审查的考量因素中提出"国家经济安全"。《外资并购暂行规定》规定"经请求的认定"中"可以要求外国投资者作出报告"的情形为："外国投资者并购涉及市场份额巨大，或者存在其他严重影响市场竞争或国计民生和国家经济安全等重要因素的。"②《外资并购规定》则对国家经济安全问题进行了进一步阐明："外国投资者并购境内企业并取得实际控制权，涉及重点行业、存在影响或可能影响国家经济安全因素……当事人应就此向商务部进行申报。当事人未予申报，但其并购行为对国家经济安全造成或可能造成重大影响的，商务部可以会同相关部门要求当事人……消除并购行为对国家经济安全的影响。"③

在此阶段，"国家安全"在《外资并购规定》中悄然化身为"国家经济安全"，直至2007年颁布的《反垄断法》中又回归"国家安全"的表述，在理念上应当经历了一个认识逐步深化的过程。不仅如此，在制度层面，依据《外商投资目录》投资是进入《外资并购规定》所设置审查程序的前置条件，国家安全的考量从单纯强调产业(供应)安全发展到同时兼顾市场(配置)安全，国家安全审查制度通过吸纳外资并购审查逐步发展、充实。

总体而言，对外开放的历程，从十一届三中全会到邓小平南方讲话，再到中国加入WTO至今，基本可以构成三个时间节点。基本与此相对应，外商投资国家安全审查制度也在这三个时期演进迭代，其内涵和层次不断地丰富和完善，

---

① 此外，国务院《关于振兴装备制造业的若干意见》(国发〔2006〕8号)规定："大型重点骨干装备制造企业控股权向外资转让时应征求国务院有关部门的意见。"该意见还指出："选择一批对国家经济安全和国防建设有重要影响……的重大技术装备和产品作为重点，加大政策支持和引导力度，实现关键领域的重大突破。"在《利用外资改组国有企业暂行规定》(国家经济贸易委员会、财政部、国家工商行政管理总局、国家外汇管理局令第42号)和财政部、国家经济贸易委员会、中国证券监督管理委员会《关于向外商转让上市公司国有股和法人股有关问题的通知》(证监发〔2002〕83号)中也申明了维护"国家经济安全"的原则。

② 参见《外资并购暂行规定》(对外贸易经济合作部、国家税务总局、国家工商行政管理总局、国家外汇管理局令2003年第3号)第19条。

③ 参见《外资并购规定》(商务部令2009年第6号)第12条。

其认识和理念也在不断深化和明晰。

二、外商投资国家安全审查的理念混沌与标准错位

纵观外商投资国家安全审查制度发展的三个阶段：以企业设立审批为起点的制度萌芽时期政策体现出国家安全的意识本能，以行业准入核准为主体的制度建构时期政策暴露出边界模糊、结构缺失与理念混沌，以外资并购审查为重心的制度磨合时期凸显出政策目标无意识、适用失焦与标准错位。盘点这些理念与制度遗产，是建构成熟的国家安全审查制度的前提。

（一）制度萌芽中的意识本能

"三资企业法"在外商投资的企业设立阶段就对维护国家安全提出了要求，将国家主权安全的考量纳入审批的范围，外商投资的国家安全审查制度开始萌芽。而一旦萌芽，制度就按照自身的逻辑开始迅速生长：从最初合营企业设立的规定中立足于防止损害"中国主权"对可能产生的外商投资风险设置屏障，到为外资企业设立中分类规定禁止和限制进入的行业，在此基础上实施审查并对损害"中国主权或者社会公共利益的"和"危及中国国家安全的"的不予批准，进而在合作企业设立中明确加入对"有违反国家产业政策"都不予批准。

从法律文本的演进来看，改革开放初期合营企业设立规制所关注的是"国家主权"，到后来在外资企业和合作企业设立规制中才逐步提出"国家安全"。作为近代概念的"国家主权"源于欧洲的《威斯特伐利亚和约》，而实际上安全威胁、安全战略、安全概念以及人们的安全观念在冷战结束以后经历了深刻的变革。① 在此，"国家主权"更多的是一种政治上的宣示，其中更多隐含着前朝闭关锁国所遗留下来的隐痛和新中国在突破层层封锁过程中对主权捍卫的坚守，而在外国投资审查中的现代术语则应当是第二次世界大战以来一直沿用的"国家安全"。法律文本中的此种变迁无疑是一种进步。然而，无论是从规制的切入点上来看，还是从理念的演进来看，这一时期"中国主权""社会公共利益"和"中国国家安全"在"三资企业法"中只是一种国家意识的本能，其意识层次在政策上仅仅体现为主体合法的审批，谈不上概念的精确，遑论严谨的政策法律体系。这一时期，国家安全审查制度的发展尚处于雏形。

（二）制度建构中的理念混沌

在《外商投资规定》下的国家安全审查强化时期，相关制度深化了维护国家

---

① 参见刘胜湘：《国家安全观的终结？——新安全观质疑》，载《欧洲研究》2004 年第 1 期。

安全的要求，引入了行业的准入规制，细化了国家安全准入的行业划分及其限制、禁止，但与相邻概念之间的范围模糊。而由于外资并购安全审查的规制尚未引入，在制度扩展的同时也存在结构缺失。更重要的是，制度的细化并未伴生认识的提升，国家安全审查在理念上处于混沌状态。

第一，由于国家安全与产业安全的混同，与公共利益之间边际模糊，与国防安全之间关系不明，该时期的国家安全审查制度处于混沌化状态。

一是国家安全与产业安全理念混同。一般认为，国家安全与产业安全存在一定交叉，但不应等同。产业安全主要指基于国内资本对本国产业的控制能力，产业具有在国际比较意义上的发展力和竞争力。[①] 在《外商投资暂行规定》和《外商投资规定》确立的限制类项目中，不论是“国家统筹规划”还是“国家逐步开放”的产业的提法，所暗含的都是保护幼稚工业和通过产业政策来实现维护国家产业安全的理念。进一步地，国家安全作为内含于产业政策中的一种考量体现在《外商投资目录》的限制和禁止进入行业的内容之中，特别是其中在注释部分还特别提出，“国务院专项规定或产业政策另有规定的，从其规定”。[②] 而相关规定对于国家安全和产业安全的范围和边界尚未有明确界定，二者一直存在不同程度的混同。

二是国家安全与公共利益之间边际模糊。《外商投资目录》禁止类项目中“属于危害国家安全或者损害社会公共利益的”规定牵涉对二者的内涵和外延的理解。自乌尔比安提出以“公共利益”和“私人利益”为基础提出“公法”和“私法”理论以来，唯物主义的爱尔维修、功利主义的边沁、新功利主义的耶林，以及社会法学派的庞德都做出了阐述。[③] 然而，“公共利益”的提出及其概念体系的完善，多涉及公民财产权利与“公共利益”之间的冲撞，落脚点则在于公民自由和国家权力的调和。可以认为，国家安全与公共利益之间存在交集，但是侧重点不同，前者重在防御外部力量的侵扰，后者重在调适权力与权利的平衡。

三是国家安全与国防安全之间关系不明。国防安全属国家安全的重要组

---

① 参见许芳、刘殿国著：《产业安全的生态预警机制研究》，科学出版社 2010 年版，第 18～21 页。

② 《外商投资目录》（2011 年修订）规定：“注：1.《内地与香港关于建立更紧密经贸关系的安排》及其补充协议、《内地与澳门关于建立更紧密经贸关系的安排》及其补充协议、《海峡两岸经济合作框架协议》及其补充协议、我国与有关国家签订的自由贸易区协议另有规定的，从其规定。2. 国务院专项规定或产业政策另有规定的，从其规定。”参见中国商务部网：http://images.mofcom.gov.cn/wzs/accessory/201112/1325217903366.pdf，最后访问日期：2016 年 6 月 30 日。

③ 参见胡鸿高：《论公共利益的法律界定——从要素解释的路径》，载《中国法学》2008 年第 4 期。

成部分无疑,但《外商投资目录》禁止类项目中"危害军事设施安全和使用效能的"的规定,与国家安全的关系是什么? 国防安全是否仅仅及于"军事设施安全和使用效能"? 都有待明确的解释。

第二,该时期的并购审查制度缺失。跨国直接投资一般分为直接投资开设企业的"绿地投资"和并购已有东道国企业的"棕地投资"两种方式。① 国家通过《外商投资目录》以产业政策的形式将投资范围与比例进行了分类,通过鼓励、限制或禁止的方式对外国直接投资的"绿地投资"这一形式进行了较为细密的规定。以 2011 年修订的《外商投资目录》为例,其中限制外商投资产业分为十三类共 79 项,禁止外商投资产业目录分为十二类共 36 项。然而,在该时期,跨国并购作为外国直接投资的重要形式之一,则未能在法律政策中予以规定,不能不说是一种结构性的缺失。很明显,理念的混沌使国家安全审查制度只能停留在行业准入审批上,其内部尚需明确概念的界分,更无暇顾及外资并购审查制度的构建了。

(三)制度磨合中的标准错位

行业准入与并购规制同时作用下外商投资的相关制度,将维护国家安全的范围从单纯的行业准入拓展到包含对并购的审查,以期弥补前述的制度结构缺失,在制度建构上又有了实质性的推进。然而,此时的国家安全审查受到产业政策和竞争政策的双重影响,自身的价值理念尚未完全成熟:由于国家安全与国家经济安全在理念上的叠加,以及并购审查虽已补足制度结构缺失,而实质的外资并购国家安全审查制度仍然缺位,该时期的国家安全审查表现出政策适用的失焦,而判断标准上的错位则是其主因。

第一,由于"国家经济安全"与"国家安全"的叠加及其标准的错位,致使国家安全审查政策实施的失焦。国家经济安全在概念上历来存在争议,实质内容主要包括"国家的经济主权不受侵犯"和"导致经济危机的经济风险处于可控制的状态"两大因素。② 此种界定已然让人难以捉摸。更要紧的是,在该时期,名义上的"国家经济安全"审查的主要考量,实践中是被常规的外资并购审查所遮蔽,而外资并购审查实际上又相当程度地竞争政策化了。

---

① 改革开放之初,外国对华投资多采取"绿地投资",即直接在华投资创建合资或独资企业。进入 21 世纪后,在华跨国并购急剧扩张,逐渐成为跨国巨头对华直接投资的主要方式。

② 参见高昊、张一弓:《国家经济安全和国家经济发展比较探析》,载《经济问题探索》2010 年第 2 期。

一方面,立法目标的多重指向与传统国家安全的基本目的相异。《外资并购规定》强调“外国投资者并购境内企业……不得造成过度集中、排除或限制竞争,不得扰乱社会经济秩序和损害社会公共利益,不得导致国有资产流失”。即使将国家经济安全与国家安全视作叠加,《外资并购规定》立法目的项下的诸多诉求,也无法与国家(经济)安全的目的相匹配。

另一方面,外资并购审查判断标准上的竞争政策化,对应于传统国家安全的考虑,实际上构成了一种标准错位。《外资并购规定》明确了外国投资者并购境内企业投资者在满足一定市场份额或销售额的情况下应主动向执法机构报告;同时规定,“涉及市场份额巨大,或者存在其他严重影响市场竞争等重要因素的”,可由主管机构“要求外国投资者作出报告”。主管机构审查时主要考虑的因素则为:“可能造成过度集中,妨害正当竞争、损害消费者利益的。”易言之,在所谓《外资并购规定》框架下的并购审查,起始于对外商投资中并购模式下国家(经济)安全的担忧,虽然审查中也包含着国家安全的因素,然而其判断标准更多地错位聚焦于一系列妨害“竞争”和损害“消费者利益”的竞争政策考量,而与传统国家安全所应有的价值指向和判断标准相违,从而造成了政策适用的失焦。

第二,在经营者集中审查引入并提出法律意义上的国家安全审查概念之后,正式的国家安全审查制度仍然缺位。外资并购审查制度仍然延伸发挥国家(经济)安全审查的功能,致使在正式的国家安全审查制度出台之前,审查的判断标准错位依然延续。

起初,主要目标为防止外资进入导致市场过度集中的外资并购审查,尽管缺乏真正清晰界定的国家(经济)安全,却一度成为国家安全审查制度的重心。进入内外资并购同一标准的经营者集中审查阶段之后(《反垄断法》颁布之后),“经营者集中审查”和“国家安全审查”开始被有意识的区分。主要表现为,一方面,2007 年《反垄断法》确定了“预防和制止垄断行为,保护市场公平竞争,提高经济运行效率,维护消费者利益和社会公共利益,促进社会主义市场经济健康发展”的立法目的;另一方面,《反垄断法》第 31 条明确规定:“对外资并购境内企业或者以其他方式参与经营者集中,涉及国家安全的,除依照本法规定进行经营者集中审查外,还应当按照国家有关规定进行国家安全审查。”直至此时,真正意义上的国家安全审查,才通过立法目的的区分和专门规定在法律文件中被正式提出,预示着竞争政策下的经营者集中和国家安全政策下的并购国家安全审查进入分类规制的轨道。

然而，之后在很长一段时期内，国家安全审查的基本制度却并未正式以法律规定的形式予以确立，只有外资并购审查一直在代行国家（经济）安全审查的职能。在这种情况下，我们不难发现，经营者集中审查与外资并购审查呈现出另一种交错的格局，即外资并购审查在小幅修改后，在正式国家安全审查制度缺位的情况下，成为有别于经营者集中审查的国家安全审查替代机制，而这种替代机制仍然是以“国家经济安全”的名义实施的。

综上，在外商投资国家安全审查制度演进迭代中，每一阶段都在遗留问题的解决上有所推进，但新阶段往往又凸显出新问题，在发展过程中既呈现出有意识的制度建构，又因认识局限造成理念的混沌，进而引致标准的错位。当前，解决在产业政策与竞争政策共同作用下遗存的国家安全理念混沌和标准错位问题，是建构新时期外商投资国家安全审查制度的关键。

三、建构外商投资国家安全审查制度的“一体两翼”

以2011年国务院办公厅《关于建立外国投资者并购境内企业安全审查制度的通知》（以下简称《外资并购安全审查通知》）为标志，外商投资国家安全审查制度的主体结构已经基本搭建成型。《外资并购安全审查通知》明确，建立外国投资者并购境内企业安全审查（以下简称外资并购安全审查）制度的目的是“引导外国投资者并购境内企业有序发展，维护国家安全”。至此，外资政策、产业政策、竞争政策与国家安全政策多维互动的新时期开启了序幕。

在这一新时期的起点，外商投资国家安全审查制度的结构性缺陷已经得以基本弥补，而历史遗留的理念混沌和标准错位的问题却仍悬而未决。鉴于此，我们应当正视路径依赖的影响，首先应当明确国家安全与相邻概念的理念界分，确立新时期的国家安全审查的内涵与定位；其次廓清新时期国家安全审查制度的体系架构，并厘定国家安全审查的判断标准，从这两个层面把握外商投资国家安全审查制度，为未来的发展奠定坚实基础。

（一）明确国家安全与相邻概念的理念界分与确立新时期的定位

《外资并购安全审查通知》中关于外资并购安全审查的相关制度安排，对“国家安全”的概念及其内涵予以重新确立，与《反垄断法》和《外商投资规定》中的规定相呼应、衔接，奠定了新时期外商投资国家安全审查制度的基础。然而，由于前期遗存下来的种种问题，要求我们在适用该规定之前首先要对国家安全的理念定位与相邻概念的界分予以厘清。

第一,“国家安全”与“国防安全”。有学者以领土安全或国防安全观念来理解、解释国家安全,把国防安全与国家安全直接等同起来。在此,需要明确“国防”完整的表述是“国家安全防御体系”,①而国防安全是国防系统的一种状态,在这种状态下,国防作为一种复杂的体系,能够保护国家的完整性、稳定性及其有效发挥职能和保持发展;能够可靠地保护自己和捍卫自己的利益,使其免受任何内部或外部破坏作用的损害。② 应当明确,国防安全是确立国家安全的先决条件,构成国家安全的要害部分,但“国防安全”作为一种能力,仅仅是国家安全的一个重要的组成部分,不是国家安全的全部。③ 除此之外,还应明确国防安全不仅及于军事设施,还应实现传统安全基础要素的全面覆盖,并顾及非传统安全。④

第二,“国家安全”与“国家经济安全”。有学者主张一种“综合安全观”,认为军事威胁已经不是和平时期关系国家安全和民族生存的主要因素,当今的国家安全主要是经济安全、文化安全和科技安全等。⑤ 也有学者从国家经济安全的角度界定、阐述国家安全,认为广义上是指国家既要保障经济实力在国际上的相对优势,还要尽量稳定国际局势,抵御外部风险以保障国家的根本经济利益;在狭义上是指当一国经济利益受到某些事件的威胁和影响时,国家维护自身经济利益和经济竞争力的能力。⑥ 应当明确,用所谓的“综合安全观”替代完整的“国家安全”,有可能忽视国防安全,在传统安全与非传统安全风险并存的今天,自不可取;而在广义理解国家经济安全也将使政策法律适用的不确定性大增。合理的方案应该是在恰当界定的前提下,将狭义的国家经济安全纳入,

---

① 现代国防是国家为防备和抵抗侵略、制止颠覆、保卫国家主权、领土完整和安全进行的军事活动,以及与军事有关的政治、经济、外交、科技、教育等方面的活动。参见中国军事百科全书编审委员会编:《中国军事百科全书·军事学术》,军事科学出版社 1997 年版,第 7 页。转引自秦子夫等:《一种国防安全性综合评估模型》,载《信息工程大学学报》2004 年第 9 期。

② 参见秦子夫等:《一种国防安全性综合评估模型》,载《信息工程大学学报》2004 年第 9 期。

③ 参见吴庆荣:《法律上国家安全概念探析》,载《中国法学》2006 年第 4 期。

④ 国防安全既包括领土防卫安全,也包括国家发展利益安全;既包括传统安全,也包括非传统安全;既包括执行战争行动取得安全,也包括执行非战争行动取得安全。参见李江磊:《国防安全风险评估模型构建》,载《国防科技》2010 年第 2 期。

⑤ 这种“综合安全观”在概念上存在两个倾向:第一个倾向是隐晦的用政府安全来取代国家安全;第二个倾向是把安全的概念泛化,使之成为生存、发展无所不包的东西。参见宋伟:《国家安全:范畴与内涵——一种现实主义的视角》,载《东南亚纵横》2009 年第 3 期。

⑥ 参见赵惟:《国家经济安全与产业安全研究综述》,载《首都经济贸易大学学报》2005 年第 3 期。

构成国家安全目标体系的有机组成。

第三,作为政治术语和法律术语的"国家安全"。有学者从政治学、国际关系理论和国家安全工作的角度来解释国家安全,在一定程度上增加了同步交流的困难。就外商投资国家安全审查制度而言,将国家安全的概念收敛至法律术语的范围,无疑有利于澄清并确立其内涵和边界,从而推动制度的建构和实施的有效开展。对此,有学者指出,当国家安全作为一个专门的法律术语或者法学的一个基本范畴时,通常是指国家作为政治权力的主体或者国际公法主体的安全,进而从国家组成的四要素:居民、领土、主权和政府,加上国家生存和发展所必然存在的"国家利益"。① 还有学者将"国家安全"概念的法学定义进一步扩展吸纳国家尊严的内涵。② 外商投资国家安全审查下,作为法律术语的"国家安全"边界仍需确定。

概言之,应当明确,在理念界分的基础上,要准确定位国家安全审查制度,首先要将国家安全还原为一个法律术语。进一步地,作为法律术语的"国家安全"应当基于"居民、领土、主权、政府"主体安全四要素的基础上予以构建,重点应落脚于体系化的国防安全和狭义的国家经济安全,从而构成"国家安全"的一体两翼(参见图4-1)。在此基础上,前述"国家利益"和"国家尊严"等内涵,因其本身所存在的泛化倾向,不应独立构成国家安全的主体要素,而应当被吸纳于作为国家安全之两翼的国防安全和狭义的国家经济安全,以保国家的生存和发展。在明确理念界分的基础上,应当在"国家安全"理念下以刚柔相济的适用标准来贯穿统合现有"三资企业法"、产业政策、竞争政策和外资并购安全审查政策法律体系。

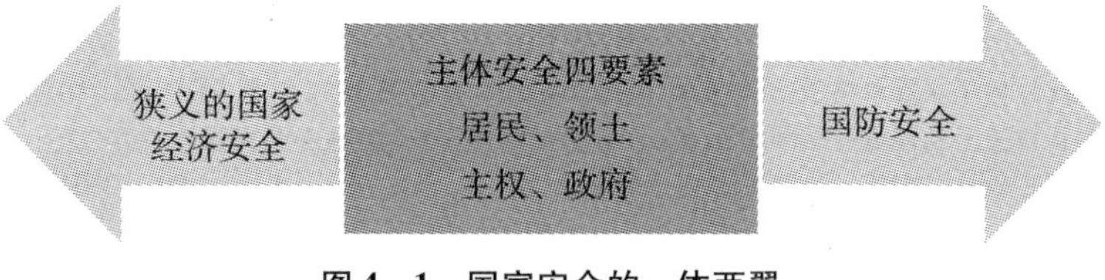

图4-1 国家安全的一体两翼

(二)"一体两翼"架构下新时期国家安全审查制度的适用标准

当前,根据"三资企业法"和《外商投资规定》《反垄断法》《外资并购安全审

① 吴庆荣:《法律上国家安全概念探析》,载《中国法学》2006年第4期。

② 参见梁忠前:《"国家安全"概念法理分析》,载《江苏社会科学》1995年第4期。

查通知》的规定,从投资行业准入、企业设立、外资并购审查,到反垄断审查,再到外资并购安全审查的全流程外商投资国家安全审查制度体系架构已基本成型。从程序上看,由于外商投资的方式不同,新设企业投资的部分经由"三资企业法"规制,并购投资部分则进入外资并购审查的范围。从实体上来看,一方面,进入"三资企业法"规制流程的"绿地投资",将指引到《外商投资目录》,从限制类和禁止类行业的分类对可能危害国家安全的情形进行设限和排查,控制入口。另一方面,进入外资并购审查规制流程的"棕地投资",将同时指引到《外商投资目录》和《外资并购安全审查通知》,前者主要关注外资并购的禁止和限制产业,构成第一道门槛;后者则将即使满足投资产业范围和要求,但涉及国家安全的并购,经由外资并购境内企业国家安全审查,构成兜底保护。我国正在制定的外国投资法将简化这一流程。[①] 但并不影响这一政策分工趋势,即竞争政策退居后台,通过对内外资的一体化适用,基于经营者集中审查、垄断协议或滥用市场支配地位的规制来解决竞争性市场中的排除、限制竞争问题。《反垄断法》所发挥的功能,将依法被限定于对纯竞争议题的考察,通过竞争促进繁荣,也间接构成对国家安全在"狭义的国家经济安全"一翼的有力支撑。

基于此种架构,或者未来外商投资法出台之后的简化架构,对外商投资国家安全审查制度的适用标准中的关键点进行控制,都是"一体两翼"架构下需要明确的重要问题。

第一,针对"绿地投资"一侧,外商投资国家安全审查制度应聚焦于外资行业准入审批的制度完善,应当将国家安全中的狭义的国家经济安全确立为适用标准的关键点。

(1)应当避免外商投资产业政策中国家经济安全的范围划定过宽。就此,在《外商投资规定》中划定了10余类行业予以限制或禁止。应当明确,在此种范围的划定中,既要维护国家安全,也应当避免将国家安全泛化,覆盖至国家经济发展中应由常规行业监管和市场竞争所解决的问题;应当逐步淡化保护幼稚工业而促进国家经济发展的内容,根据国家经济安全的经济安全(宏观)、产业

---

① 《外国投资法(草案征求意见稿)》(2015年1月19日)第34条【准入许可和安审的衔接】规定:"外国投资主管部门在进行准入审查时,发现外国投资事项危害或可能危害国家安全的,应暂停准入审查程序,并书面告知申请人提交国家安全审查申请。"参见中国商务部网:http://tfs.mofcom.gov.cn/article/as/201501/20150100871010.shtml,最后访问日期:2016年7月2日。

安全(中观)和技术安全(微观)三个维度[①]的划分,将其范围收敛至产业安全和技术安全的范畴。目前,在2015年新修订的《外商投资目录》[②]中,规定"国务院专项规定或产业政策另有规定的,从其规定"一项被删除,即只有法律法规和自贸区协议、投资协定等才能规定对外资准入的限制和禁止。产业政策不再规定外资准入事项,是国家经济安全范围收敛、聚焦的一个重要信号,也是理性的发展方向。

(2)应当克服外商投资产业政策中国家安全的规制不足。外商投资的准入在产业政策下实施已有经年,《外商投资目录》的编制与实施不仅仅与国家的国民经济发展规划密切相关,也长期被"市场换技术"的思维所支配。在该思维下,其所引发的过于交出了市场而未换得技术的问题已经广受诟病。可以认为,未换得技术已属棋差一着,如果将涉及国家安全的核心产业拱手让人则更是后患无穷。这在当前鼓励类行业大面积铺开的情况下,已经成为一个潜藏的问题。因此,有必要在《外商投资目录》的修订过程中,强化基于"国家安全"标准的筛选机制,通过外资并购安全审查委员会的引入,对鼓励类目录的编制予以重新评估。

第二,针对"棕地投资"一侧,外商投资国家安全审查制度应聚焦于外资并购国家安全审查的制度完善,应当将国家安全中的国防安全确立为适用标准的关键点。

(1)应当克服外资并购安全审查中国防安全的规制不足。涉及国防安全,相关政策所指向的措施都是直接禁止。《外资并购安全审查通知》将禁止的范围划定为:"外国投资者并购境内军工及军工配套企业,重点、敏感军事设施周边企业,以及关系国防安全的其他单位。"进一步地,其规定的外资并购安全审查考虑因素包括:并购交易对国防安全,包括对国防需要的国内产品生产能力、国内服务提供能力和有关设备设施的影响;并购交易对涉及国家安全关键技术研发能力的影响。《外国投资法(草案征求意见稿)》第57条【安审因素】规定

---

① 参见曾繁华、曹诗雄:《国家经济安全的维度、实质及对策研究》,载《财贸经济》2007年第11期。

② 《外商投资目录》(2015年修订)规定:"注:《内地与香港关于建立更紧密经贸关系的安排》及其补充协议、《内地与澳门关于建立更紧密经贸关系的安排》及其补充协议、《海峡两岸经济合作框架协议》及其后续协议、我国与有关国家签订的自由贸易区协议、投资协定另有规定的,从其规定。"

应当考虑的因素包括:①"(一)对国防安全,包括对国防需要的国内产品生产能力、国内服务提供能力和有关设备设施的影响,对重点、敏感国防设施安全的影响;(二)对涉及国家安全关键技术研发能力的影响;(三)对涉及国家安全领域的我国技术领先地位的影响;(四)对受进出口管制的两用物项和技术扩散的影响;(五)对我国关键基础设施和关键技术的影响;(六)对我国信息和网络安全的影响。"就此,基于"居民、领土、主权、政府"主体安全四要素的考虑,外资并购安全审查中的国防安全还应注意三个方面的问题:

其一,范围扩展。由于要覆盖涵括"陆地、海洋、天空、太空、电磁等领域"②的广谱范围,聚焦外资并购关键设施的国家审查,应当确立一个辐射军民两用、包纳生产/服务的保护机制,除了涵盖能源、资源、港口、机场等物理设施,还要吸收公共卫生、突发事件服务产业、电信、化工/危险材料行业等公共安全的内容。③ 特别是网络信息安全已经渗透到政治、军事与经济的方方面面,基于打击恐怖主义和防止核扩散、武器扩散的考虑,强化非传统安全的防卫意识和机制建设,④不仅要对大数据架构下的数据库等网络安全的基础设施和技术给予高度的关注,对其重视程度甚至应当提升到战略层面。晚近,美国国防部长指出了国防部面临的五大挑战,且指出美国"必须在所有领域应对这些挑战,不仅仅包括传统的海、陆、空、天,还包括网络空间。在网络空间,对科技的依赖赋予了我们极大的力量与机会,但同时也将一些脆弱性暴露在对手面前。因而,我们在下一个五年将把对网络的投资提升至350亿美元,并将在国防部的一体化指

---

① 《外国投资法(草案征求意见稿)》(2015年1月19日),载中国商务部网:http://tfs.mofcom.gov.cn/article/as/201501/20150100871010.shtml,最后访问日期:2016年7月2日。

② 国防安全既包括领土防卫安全,也包括国家发展利益安全;既包括传统安全,也包括非传统安全;既包括执行战争行动取得安全,也包括执行非战争行动取得安全。参见李江磊:《国防安全风险评估模型构建》,载《国防科技》2010年第2期。

③ "9·11"之后,美国将"重要基础设施"的收购纳入CFIUS审查范围,包括农业及食品、水、公共卫生、突发事件服务产业、国防、电信、能源、交通运输、银行及金融、化工/危险材料行业、邮政及航运、信息技术等。2009年《加拿大投资法》修正案通过后,增加了国家安全审查的内容,"投资—国家安全"审查的双层结构开始形成。参见江山:《加拿大"投资—国家安全"审查中的关键资源——基于〈加拿大投资法〉的分析》,载《国际经济合作》2013年第1期。

④ 引发国防安全风险既可以是敌国战争行动导致的侵略,也可以低强度军事冲突,还可以是针对本国的恐怖袭击、暴乱、分裂行为、情报侦察、海盗、敌方对海外资产的侵占等非军事冲突。参见李江磊:《国防安全风险评估模型构建》,载《国防科技》2010年第2期。

挥方案中考虑网络角色的转变”。①

其二，内容体系化。在当前以科技实力为引领的军事和国防建设大背景下，应当对涉及国防安全的“关键技术”予以界定，并结合已有相关规定将关键技术设计的门类适当扩充和细化，将《外资并购安全审查通知》中的原则性规定与中国出口管制法律法规相匹配、相关联、相指引，在关键技术领域、核领域、生物领域、化学领域、导弹领域、军品领域实现出口管制和外资并购安全审查的无缝链接，以防止相关技术以进出口管制之外的方式实现不当转移。不仅如此，前述《关于华为及中兴通讯引发的对美安全威胁问题的报告》②凸显出一个重要的问题，即关键技术与关键基础设施在某些领域的融合趋势。在该报告中，美国政府指出，鉴于“本国对相互依赖的关键基础设施体系的依赖程度，该等体系所面临的威胁的范围，网络间谍的兴起，以及所有消费者对于一小部分设备提供商不断增长的依赖，美国的国家安全利益由于在电信供应链上的脆弱性而面临的威胁日益严峻”。③ 调查结论认定，中兴和华为在美国关键基础设施上所产生的设备条款将会破坏美国国家核心安全利益。据此，美国应强化其外国投资委员会在采购协议上的角色，将政府采购对象与收购对象一体化考虑。

其三，投资主体规制的建构。近年来，澳大利亚政府一直在调高外国私营部门的审查金额门槛，实质上缩小了审查的范围，使外国私营部门可不经过审批，直接开展一定金额以下的投资项目。与此同时，通过不断调整投资政策逐渐收紧了对外国政府及其实体的投资审查。④ 这一发展背后的外资并购投资—国家安全审查的趋势，应当引起中国的密切注意。研究表明：32 家主要的 SWFs 在 2009～2011 年共 2000 多笔海外投资中，美国、中国大陆及英国占投资

---

① Secretary of Defense Ashton Carter, “Breaking New Ground: Preparing DoD for the Future with Secretary Ash Carte”, Accessed June 30, 2016. http://csis.org/files/attachments/160405_breaking_new_ground.pdf.

② See “House Permanent Select Committee on Intelligence Chairman and Ranking Member Investigative Report on The U. S. National Security Issues Posed by Chinese Telecommunications Companies Huawei and ZTE”, Accessed June 30, 2016. http://intelligence.house.gov/sites/intelligence.house.gov/files/documents/Huawei-ZTE%20Investigative%20Report%20%28FINAL%29.pdf.

③ Ibid.

④ 参见张薇：《澳大利亚外资审查法律制度及应对建议》，载《国际经济合作》2011 年第 2 期。

总规模的60%以上，其次是德国、瑞士、新加坡、法国、西班牙、印度、中国香港地区以及巴西等。[①] 新加坡、阿联酋和挪威等其他SWFs国家或地区已经对中国进行了投资。中国作为东道国，亦面临着对包括SWFs在内的外国政府投资者监管的问题。中国法下外资并购投资—国家安全审查应当考虑外国投资者的性质并选择有效的规制模式。当前，《外国投资法（草案征求意见稿）》第57条中提出的考量因素包括："（八）外国投资事项是否受外国政府控制"。[②] 该条借鉴了美国《关于外国人收购、兼并和接管的条例》，[③]将"外国政府控制的交易"解释为"任何可能导致美国公司被外国政府或受外国政府控制或委任的人控制的交易"。该规制模式在实施中因范围过宽、不确定性较强和自由裁量权过大而饱受诟病。而澳大利亚FATA框架下"外国政府投资者"的规制体系在范围、标准确定性和自由裁量上相对规范的结构，表达出并非拒斥外国投资的姿态，可以更好地提供稳定预期。若引入"外国政府投资者"的规制模式，并通过指南进一步细化明确"外国政府投资者"概念、范围与类型，特别是针对"外国政府投资者"控制的追朔规则、所有权结构、治理结构、商业行为和国家安全关切制定系统的评估准则，是更加规范化的路径。

（2）应当避免外资并购安全审查中国家安全的范围划定过宽。《外资并购安全审查通知》所划定的范围为"关系国家安全的重要农产品、重要能源和资源、重要基础设施、重要运输服务、关键技术、重大装备制造等企业"，审查的考虑因素则包括：并购交易对国家经济稳定运行的影响、对社会基本生活秩序的影响。《外国投资法（草案征求意见稿）》第57条规定的考量因素亦包括：[④]"（七）对我国在能源、粮食和其他关键资源方面长期需求的影响……（九）对国家经济稳定运行的影响；（十）对社会公共利益和公共秩序的影响。"在外资并购安全审查制度中规定对"国防安全"和包括能源、粮食在内的资源安全等的"经

---

① 参见叶楠：《新常态下亚洲主权财富基金的投资布局与趋势研究》，载《海南财经》2015年第6期。

② 《外国投资法（草案征求意见稿）》（2015年1月19日），载中国商务部网：http://tfs.mofcom.gov.cn/article/as/201501/20150100871010.shtml，最后访问日期：2016年7月2日。

③ "Regulations Pertaining to Mergers, Acquisitions, and Takeovers by Foreign Persons", Accessed June 30, 2016. https://www.federalregister.gov/articles/2008/11/21/E8-27525/regulations-pertaining-to-mergers-acquisitions-and-takeovers-by-foreign-persons.

④ 《外国投资法（草案征求意见稿）》（2015年1月19日），载中国商务部网：http://tfs.mofcom.gov.cn/article/as/201501/20150100871010.shtml，最后访问日期：2016年7月2日。

济安全”的范围,反映了中国在政治经济崛起进程中所面临的多方面安全压力和忧患,具有其合理性。然而,在全面理解外商投资国家安全审查目标和体系的前提下,应当使涉及狭义的国家经济安全的内容在外国投资准入审查的非国家安全部分来解决,或者通过竞争政策的经营者集中审查等环节予以调整;而在外资并购安全审查中,这种国家安全泛化倾向的表述应当通过相关的法律术语予以收敛,聚焦国防安全、辐射公共安全。如果试图把军事安全以外的任何内涵加入到国家安全的概念中,就必须证明它与国家生存利益存在直接的关系。① 鉴于此,审查的考虑因素中所规定的“经济稳定运行”和“社会基本生活秩序”这两个因素,都是高度抽象的情境,容易落入国家安全泛化,陷入广义的“国家经济安全”之窠臼。

由上可知,在“一体两翼”的法律体系建构中,外商投资国家安全审查制度将被视为一个全流程的有机整体来对待,基于这种整全的政策视角和制度安排,充分把握两个侧翼的制度重心,弥补制度供给的不足,同时有效抑制制度供给的过溢,以有利于迈向更为均衡的政策实施:一方面可以在将有限资源聚焦于核心关切的同时,避免由于护卫国家安全过于操切而过度介入市场,或以国家安全之名行特殊利益保护之实,在外资并购国家安全审查中注入太多的非法律因素的考虑,增强外商投资的规范性和可预期性;另一方面也可以在吸收产业安全和技术安全领域关键领域专家充分论证的基础上,提升国家安全标准在《外商投资目录》修订中的权重,从准入的源头实施调控,有效地实现国家安全审查制度的灵活性和回应性。

(三)新世纪国家安全审查制度的展望

史家有言,一个世纪的头 10 年往往是上个世纪的延续。穿越漫长的 20 世纪,21 世纪的头一个 10 年酝酿着危机和希望。特别是近年来,随着非传统安全问题的凸显,国家安全这一议题呈现新特点新趋势,国家层面也提出“总体安全观”的理念,强调了必须既重视外部安全,又重视内部安全;既重视国土安全,又重视国民安全;既重视传统安全,又重视非传统安全,构建集政治安全、国土安全、军事安全、经济安全、文化安全、社会安全、科技安全、信息安全、生态安全、

① 参见宋伟:《国家安全:范畴与内涵——一种现实主义的视角》,载《东南亚纵横》2009 年第 3 期。

资源安全、核安全等于一体的国家安全体系。① 毋庸置疑，外商投资国家安全审查，是“总体安全观”下国家安全体系的重要组成部分。目前，我国外国投资法正在制定之中，为防止外国投资对国家安全造成或者可能造成危害，其征求意见稿设专章规定了外国投资国家安全审查制度。针对现行国家安全审查制度效力层级低、制度不完善等缺陷，在国务院办公厅《关于建立外国投资者并购境内企业安全审查制度的通知》基础上，充分借鉴有关国家的做法，其征求意见稿进一步完善了国家安全审查的审查因素、审查程序，明确了为消除国家安全隐患可采取的措施等内容，并规定国家安全审查决定不得提起行政复议和行政诉讼。② 建构外国投资法律体系，在国际形势不断复杂深化的今天，需要保有理性的头脑，有意识、有条理、有侧重地在外商投资国家安全审查制度中驾驭维护国家安全和保持投资开放二者间的平衡，需要目的清晰、范围明确和程序透明的制度体系构建，更需要政策制定者超出部门利益、短线思维和民族主义情绪的深远战略视野。

---

① 参见习近平：《坚持总体国家安全观，走中国特色国家安全道路》（2014 年 4 月 15 日中央国家安全委员会第一次会议重要讲话），载新华网：http://news. xinhuanet. com/2014 - 04/15/c_1110253910. htm，最后访问日期：2016 年 7 月 2 日。

② 当前，《外国投资法（草案征求意见稿）》（2015 年 1 月 19 日）第 48 条【安全审查制度】提出：“为确保国家安全，规范和促进外国投资，国家建立统一的外国投资国家安全审查制度，对任何危害或可能危害国家安全的外国投资进行审查。”并在第 68 条【安审指南】提出：“国务院外国投资主管部门应编制和公布外国投资国家安全审查指南。”据此，在《外国投资法》中对安全审查制度的框架性规定的基础上，应当在指南之中贯彻理性的国家安全审查理念，以此设定制度细节和关联制度衔接安排。参见中国商务部网：http://tfs. mofcom. gov. cn/article/as/201501/20150100871010. shtml，最后访问日期：2016 年 7 月 2 日。

第五章　产业发展与经济稳定—平衡增长的法律秩序

君王做了一个手势,邀请他坐在自己对面,并用棋子描述所到过的城市。

马可像女王一样步伐庄重地走着直线或斜角线,创造着月下黑白双色的城市的透视空间。

忽必烈观赏着这实质性的景色,考虑着维系城市的无形的秩序,思量着它们形成、崛起、昌盛的规律,以及如何适应季节的转换,怎样从衰落变成废墟。有时,他感到只差一丁点就能发现在千差万别的不协调的表面之下的一种和谐的机制,但是任何模式都无法与棋局相比拟。

——伊塔洛·卡尔维诺:《看不见的城市》[1]

中国正处在一个工业化、市场化和社会主义制度改革三位一体的改革大时代。改革需要稳定,发展要求平衡,稳定、平衡的增长构成产业发展的秩序环境,而产业发展的内部结构失衡和治理失序,亦将影响到稳定、平衡增长的大局。当前,中国的规划法制与宏观调控法制建设也处在一个体系建构的关键时期,借鉴成熟的立法实践与理论成果,对中国的规划与宏观调控法制的构建无疑有着不可或缺的价值。为应对经济增长的放缓,德

---

① [意]伊塔洛·卡尔维诺:《看不见的城市》,张密译,译林出版社 2012 年版,第 122 页。

国1967年的《经济稳定与增长促进法》①(以下简称《稳定增长法》)通过各种经济的和财政的措施以达到总体经济的平衡。后来,在德国的推动下,欧洲理事会于1997年达成了《稳定与增长公约》,扩展和阐明了《马斯特里赫特条约》提到的所谓过高财政赤字程序。② 大洋彼岸,1946年美国国会通过《就业法》鼓励联邦政府采取可以实现最大化就业和价格稳定的政策措施。证据表明这些目标的实现程度不能令人满意,于是国会在1978年又通过了《充分就业与经济平衡增长法》③(以下简称《平衡增长法》),以强化《就业法》。《平衡增长法》规定美联储应当根据经济发展的潜力明确追求维持经济增长的目标。即政策制定者应当有效驾驭经济以确保稳定的产出增长,其速度要足够快以维持充分的就业,但又不至于过快而引发通货膨胀。④ 在中国,《稳定增长法》在宏观调控法律框架构建上取得的成功在20世纪80年代末到21世纪初引起了经济学界⑤和法学界⑥的

---

① Act to Promote Economic Stability and Growth of 8 June 1967 (Federal Law Gazette I, p. 582), as most recently amended by Article 135 of the Ordinance of 31 October 2006 (Federal Law Gazette I, p. 2407).

② 参见[荷兰]塞尔维斯特尔·C. W. 艾芬格、雅各布·德·汉著:《欧洲货币与财政政策》,向宇译,中国人民大学出版社2003年版,第119页。

③ Full Employment and Balanced Growth Act of 1978, Pub. L. No. 95 - 523, 92 Stat. 1887 (1978).

④ See Gadi Barlevy, "The Cost of Business Cycles and the Benefits of Stabilization", *Economic Perspectives*, Vol. 1Q, 2004, p. 32.

⑤ 经济学家对该法的研究蕴涵在对德国社会市场经济模式的评析中,于20世纪末形成一波高潮:顾俊礼著:《德国:社会市场经济的运行机制》,武汉出版社1995年版;沈越著:《德国社会市场经济评析》,中国劳动社会保障出版社2002年版;裘元伦著:《稳定发展的联邦德国经济》,湖南人民出版社1988年版;肖捷著:《德国经济体制和经济政策》,中国计划出版社1992年版;杨仲伟、李波主编:《联邦德国经济体制和宏观经济政策》,河南人民出版社1998年版;梁小民著:《弗莱堡学派》,武汉大学出版社1996年版;左大培著:《弗莱堡经济学派研究》,湖南教育出版社1988年版;朱正圻、林树众等编:《联邦德国的发展道路—社会市场经济的理论和实践》,中国社会科学出版社1988年版;邹东涛著:《德国社会市场经济体制》,兰州大学出版社1992年版;蔡来兴等著:《德意志联邦共和国宏观经济管理》,上海翻译出版公司1991年版。

⑥ 谢怀栻先生于1988年在国家计委体制改革和法规司的《计划体制改革与法规研究资料》第16期刊发《联邦德国调控宏观经济的法律——〈稳定法〉》,参见谢怀栻著:《谢怀栻法学文选》,中国法制出版社2002年版。后续的研究包括:张守文:《德国的〈经济稳定与增长促进法〉》,载《外国法译评》1993年第4期;谢增毅:《德国〈经济稳定与增长促进法〉及其新启示》,载《当代法学》2002年第3期;余永利:《德国〈经济稳定与增长促进法〉评介》,载《法学杂志》1998年第4期;吴越、沈冬军:《德国经济稳定法中一致行动原则研究——以经济稳定法对宏观调控的作用为中心》,载《西南民族大学学报》(人文社科版)2007年第10期;叶姗:《促进稳定发展的法律类型之比较研究》,载《现代法学》2009年第2期。

关注之后复归平静，而《平衡增长法》更是少人问津。究其原因，在发展型国家，这种以宏观调控基本法来导引经济稳定、平衡发展的法律模式现阶段难以被移植，而后发国家的发展计划和发展规划是主流。随着发展型国家赶超的收尾，宏观调控的稳态化和法治化成为议题。随着中国改革的深入，计划转为规划，规划立法于晚近被纳入立法议程，①对是否要制定宏观调控基本法也引发各界讨论。据此，研究上述法律的背景、内容和实施，于中国产业发展的稳定、平衡增长路径及其法治化必定有所裨益。

第一节　经济稳定增长的法律促进

德国《稳定增长法》是战后德国经济复苏后，规划和确立国家经济调节框架的产物。第二次世界大战以来，德国经济的发展经历了四个发展阶段：1948 ~ 1966 年为第一阶段，经济高速发展，创造了举世瞩目的“经济奇迹”，但国家对宏观经济调节有限；1967 ~ 1982 年为第二阶段，以 1967 年《稳定增长法》为依据，德国引进“总体调节”的原则，增强了国家对经济的干预，“标志着社会市场经济发展到新的阶段，进入了带有凯恩斯主义色彩的总体调节的社会市场经济体制”；②1982 年到欧洲联盟成立是第三阶段，经济政策的调整倾向于以更多的市场来代替政府；欧洲联盟成立至今是第四阶段，德国开始更加融入欧盟经济一体化的进程。

由于战后固定资本的迅速更新，美国通过马歇尔计划提供大量援助，德国国民的民族精神复苏并全力投入国家重建，德国西部的经济在短时间内得到迅速恢复，1951 ~ 1960 年的平均增长率为 6.877%。之后，进入 20 世纪 60 年代，德国西部私人消费品的需求已经达到饱和，战后初期的繁荣即将结束。在这个时期，德国的卡特尔现象再度泛滥，艾哈德政府的“保持适当限度的呼吁”未被企业主和工会联合会所接受，联邦银行的金融信贷措施也未达到预期效果，1966 年 GNP 只增长 2.5%，1967 年 GNP 增长为 -0.1%。根据德国《基本法》第 22 条的规定，“国家有义务对经济发展带来的不利于社会的结果进行干预”。

① 参见国务院办公厅《关于印发〈国务院 2015 年立法工作计划的通知〉》（国办发〔2015〕28 号），载中国政府网：http://www.gov.cn/zhengce/content/2015-09/02/content_10127.htm，最后访问日期：2016 年 7 月 18 日。

② 顾俊礼著：《德国：社会市场经济的运行机制》，武汉出版社 1995 年版，第 182 页。

《基本法》第109条进一度规定“国家预算必须考虑宏观经济平衡的要求”。加之,在当时严峻的国内经济形式下,联邦议院越发意识到社会市场经济在强调竞争的同时,还必须注重政府对宏观经济走向的调节和把握,促使了1967年6月8日《稳定增长法》的诞生。[①]

一、经济政策的总方针和年度经济报告

(一)经济政策的总方针

《稳定增长法》的第1条规定的是经济政策的总方针,提出了四大宏观经济目标,即:“经济持续适当地增长、物价稳定、高度就业和对外经济的平衡。”具体的预期是:物价稳定(每年通货膨胀率不超过1%),高度就业(失业率不超过0.8%),对外经济平衡(出口顺差为国民生产总值的1%)以及适中的经济增长(国民生产总值每年实际增长4%)。[②] 至关重要的是,第1条所明确的四大宏观经济目标实现的前提是“在市场经济的体制下”,在德国概括地说来就是“尽可能——市场,必要时——国家”。[③] 因为德国所走的“社会市场经济”道路,区别于自由放任的资本主义和集中计划的社会主义,被认为系自由和公正的第三条道路或者说中间道路:强调经济自由、保障个人自由与社会义务相结合,自由的市场竞争制度,独立的中央银行体制和特别的货币政策,国家对经济的宏观调节,以市场为导向的对外经济体制,以及促进劳资合作、实行社会保障体制。[④]其中,国家对市场竞争秩序的维护、对经济的宏观调节,以及通过社会保障对公民福利的兜底保护构成国家调节的“必要”领域。

进一步对四大目标分解可知,稳定价格水平有利于公正;高就业率有利于劳动这一生产因素;对外经济平衡有利于有意义的国际分工;保证适当的经济

---

① 早在20世纪50年代中期,社会民主党就提出了《稳定联邦德国总体经济发展法》的草案。而直到1965~1966年的衰退和由此形成的基督教民主联盟和社会民主党的大联盟,才使法律颁布成为可能。参见[德]克劳斯·格林著:《联邦德国的社会市场经济》,冯文光、裘挹红译,中央编译出版社1994年版,第61~62页。

② 参见[德]卡尔·哈达赫著:《二十世纪德国经济史》,扬绪译,商务印书馆1984年版,第214页。

③ [德]乌尔里希·罗尔主编:《德国经济:管理与市场》,顾俊礼等译,中国社会科学出版社1995年版,第9页。

④ 参见顾俊礼著:《德国:社会市场经济的运行机制》,武汉出版社1995年版,第32~43页。

增长是经济富裕的标志。[①] 然而,该法确定的四项经济指针,虽然不能说是互相排斥,但在经济学上存在一定程度的互相矛盾,要达到其中的一项目标所运用的经济调节手段必然引起和其他目标的摩擦。首先,菲利浦斯曲线指明了失业率和通货膨胀率之间的短期内的负相关关系,即尽管这种关系不是中长期的,物价稳定和高度就业目标存在交替关系。[②] 其次,假定实现了高度就业,这时实际工资率可能保持在较高的水平上,又必然削弱出口竞争能力,也就影响了经济增长;为了维持对外经济的平衡,就应该提高劳动生产率,提高商品的国际竞争力,这又使国内失业率上升。[③] 失业率的上升会影响经济增长、影响社会稳定。最后,若过分强调要采取措施,防止国内物价上涨,又会因为国际市场对国内产品的需求增多而影响对外贸易的平衡;外贸的不平衡带来外贸顺差,不可避免的将会导致价格上涨。[④] 正因为在现实的操作中不可能将四个目标同时完全实现,业界又将这四个目标组成的宏观经济的预期称为"魔力四边形",希望可以借助魔法的力量来使目标得以实现。而法律,或许是魔法在现实世界的唯一替代。

由于多次深重的通货膨胀危机在德国人民心中留下了深深的阴影,德国的社会市场经济的倡导者主张"通货的稳定是经济增长和扩大就业的前提"。[⑤] 因此,物价稳定处于《稳定增长法》四大宏观经济目标优先级的第一位。在此,德意志联邦银行通过再贴现政策、最低准备金、公开市场业务等货币政策调节工具实施审慎的货币政策,联邦政府通过保持财政收支的平衡和控制收入政策来力图保持物价的稳定。[⑥] 这种传统贯穿历届德国政府。

---

① 在通货膨胀、货币贬值的情况下,负债者受益而储蓄者因其财富贬值而受到损害;失业不论对总体经济还是对失业者,在经济上都是非生产性的;应避免过高出口额(降低国内购买力)或过高进口额(扩大对外国的依赖);保证适当地经济增长既有利于保证社会的重新分工,也有助于完成今后的任务。参见[德]罗尔夫·斯特博著:《德国经济行政法》,苏颖霞、陈少康译,中国政法大学出版社1999年版,第106页。

② 参见[美]曼昆著:《经济学原理》(下册),梁小民译,三联书店、北京大学出版社1999年版,第370页。

③ 参见沈越著:《德国社会市场经济评析》,中国劳动社会保障出版社2002年版,第169页。

④ 参见顾俊礼著:《德国:社会市场经济的运行机制》,武汉出版社1995年版,第182页。

⑤ 同上书,第188页。

⑥ 联邦银行首先要保证完成其稳定货币的任务,在此前提下有义务在重大货币政策问题上与政府磋商,向政府提供信息、材料等支持政府政策,但不受政府约束。参见何勤华主编:《德国法律发达史》,法律出版社2000年版,第329页。

（二）年度经济报告

《稳定增长法》第 2 条规定："联邦政府在每年 1 月应向联邦议院和参议院提交年度经济报告。"在德国，上院代表联邦各体系的组成部分，下院代表以人口为基数的选区；德国的联邦参议院代表 16 个州并且在有关宪法的问题上与联邦议院有着平等的权利。① 本条规定一方面表明宏观经济问题与各州的利益的平衡紧密相关，另一方面则是因为宏观调控措施的落实亦与各州的配合协调密不可分。报告的内容，应包括对专家委员会的年度意见书提出的政府意见、政府的年度计划和核算方案，以及对年度计划中的经济政策和财政政策的说明。

其中，专家委员会又称"五贤人"经济专家委员会，是根据 1963 年《组织专家委员会就整个经济提供意见的法律》组建的形式上独立于联邦政府的组织。该法就经济专家委员会的责任作了原则性的阐述，即"在稳定货币流通和物价、解决就业问题、保证对外经济平衡、使经济稳定而又均衡的增长等方面提出政策建议"。② 该原则与该法第 1 条的四大宏观经济目标一脉相承。进一步地，联邦政府在年度计划制订中，起决定性作用的两个部门是联邦经济部和联邦财政部。前者主要制定经济政策方向，后者主要负责充实和利用国家财政资金。这与年度计划的要"致力争取经济上和财政上的目标"（该法第 2 条）是相称的。另外，货币和信贷调节则由独立于联邦政府的德意志联邦银行掌控。在此基础上，该条规定的采取某些可能会造成全局性重大影响的措施时必须向两院说明采取这类措施的目的。

年度经济报告制定之后，具体落实有赖于经济平衡发展委员会。经济平衡发展委员会也叫"反周期政策委员会"，以联邦经济部长为主席，组成人员包括联邦财政部长、各州政府财政部长、各地方代表、联邦银行。委员会依照联邦经济部长制订的日程开会，其下属机构为联邦财政部长为主席的国家特别信贷小组。经济平衡委员会的商议事项包括：经济储备金的筹集问题、贷款的限制和最高限额问题、"填补财政信贷的各种方法"，以及其他为达到本法的目的所必需的一切经济平衡发展措施。③ 该委员会在 20 世纪 60 年代末成立后，即拟订了有关国家财政经济领域宏观调控的三条改革方案："货币政策与财政政策相

---

① 参见[美]迈克尔·罗斯金等著：《政治学》，林震等译，华夏出版社 2002 年版，第 217 页。

② 顾俊礼著：《德国：社会市场经济的运行机制》，武汉出版社 1995 年版，第 181 页。

③ 同上书，第 88 页。

结合，综合使用，作为短期反周期措施；联邦政府每年拟订滚筒式五年中期财政计划，并以国家预算的形式，分别制定五年和一年的国家经济政策目标；在财政预算方面，联邦、州和地方政府协调行动。”①该改革方案在20世纪70年代初经联邦议院批准后，德国三级合作与协调的财政制度开始建立起来。

二、落实总方针的一致行动与财政安排

（一）一致行动的指导方针

《稳定增长法》第3条规定，危及第1条目标时联邦政府应制定“指导方针”协调各方一致行动，以达到第一条规定的目的。联邦政府负责协调的各方包括：各级地方政府、各同业工会、企业联合会。② 在经济危机时期，各个经济活动角色在经济政策方面达成共识非常重要。这些活动角色在财政、税收和工资政策方面的重要性显而易见，经济危机时期他们的协调配合对联邦经济政策的效果有着举足轻重的影响。正如席勒所说的，它应当把所有在经济过程中的负责者集中到“社会理性的桌子旁”，③在实践中，德国也形成了工会和企业联合会的所谓的“社会伙伴关系”，各个经济活动角色也能够认识到协调自律共渡难关的重要性，久而久之形成了一种经济政策民主的传统氛围。联邦经济部长在利害关系人要求时必须对指导方针做出解释。这也是经济民主中强调的公共决策上的多元参与④在立法中的体现。

进一步地，一致行动的贯彻建立在对各州和乡镇的财政以及与联邦财政的关联性的认识基础上。德国的财政体制是以分税制为基础的三级财政体制，即德国的财政分为联邦政府、州政府和地方政府三级财政，对各级政府应负的职责和财政收入来源法律都有明确的规定。而《稳定增长法》在宏观上进行把握，对各州的财政规定了相关条款的准用，并规定有关规定由各州主管。对乡镇的财政，本法仅仅总括地规定了在管理中必须考虑宏观经济目标的实现，并且采

---

① 顾俊礼著：《德国：社会市场经济的运行机制》，武汉出版社1995年版，第88页。

② 参与“一致行动”的最初只有9个利益团体组织、34名代表，1977年扩展到20个利益团体组织、80名代表。参见陈秀山、雷达著：《市场·国家·国际协调》，中国青年出版社1993年版，第136页。

③ ［德］奥托·施莱希特：《联邦经济部与战后德国的秩序政策》，载［德］何梦笔主编：《秩序自由主义》，董靖、陈凌、冯兴元等译，中国社会科学出版社2002年版，第15页。

④ 政府吸收多元主体参与决策，在很大程度上是为了缓和与那些受损失者之间的摩擦。参见王全兴、管斌：《经济法与经济民主》，载《中外法学》2002年第6期。

取适当的措施使之符合经济平衡发展的政策的要求。这种要求逐级递减的现象恰恰说明了宏观经济调控的性质,以及《稳定增长法》的宏观指导性。进一步地,整个德意志联邦内,财政平衡问题存在着纵向平衡和横向平衡两个方面:从纵向上来看,三级财政之间的平衡是一个动态的垂直体系;从横向上来看,各州之间与州内各地方之间的平衡是一个动态的水平体系。为了使这个复杂的交叉体系的总体平衡得到落实,该法专门规定了联邦与各州之间的提供情报的义务,使之成文化,以期为联邦总体财政的动态平衡提供一种制度化的情报沟通方略。

一致行动所要约束的,最重要的是中央政府和地方政府的一致行动,因为中央政府和地方政府行动的是否一致关系到宏观调控的成败。① 从德国《稳定增长法》第 3 条第 1 款规定来看,一致行动原则从内容上看有两方面的含义:积极含义是各部门与各级政府应当主动地实施中央政府的宏观调控政策,并在自身的权限范围内采取措施配合中央的调控措施;消极含义是各部门与各级政府不得采取任何可能阻碍甚至抵消中央的宏观调控措施的行动,尤其是不得变相地规避中央的宏观调控措施,更不得背离中央的宏观调控方向而行动。② 不仅如此,一致行动原则还可以进一步分为横向一致行动原则与纵向一致行动原则两个方面;横向的一致行动原则是指各级政府的各个职能部门,尤其是财政与公共投资、金融、税收、国土与资源、物价等关键职能部门之间应采取协调一致的行动,不得出于本部门利益而规避宏观调控措施或者采取逆向行动。纵向的一致行动原则是指下级政府都应采取与中央政府协调一致的行动,不得出于本地利益规避宏观调控措施甚至采取逆向行动。③

(二)财政五年计划与投资规划

《稳定增长法》规定了财政五年计划的内容构成,编制方式以及送报审核的机关;明确了在投资规划过程中的联邦政府各部门的职责以及投资规划编制的形式和种类;还对投资的提前问题作了规定,为非常时期联邦政府的财政调节手段的运用提供了法律依据。

---

① 参见吴越、沈冬军:《德国经济稳定法中一致行动原则研究——以经济稳定法对宏观调控的作用为中心》,载《西南民族大学学报》(人文社科版)2007 年第 10 期。

② 参见吴越著:《经济宪法学导论》,法律出版社 2007 年版,第 296 页。

③ 参见吴越、沈冬军:《德国经济稳定法中一致行动原则研究——以经济稳定法对宏观调控的作用为中心》,载《西南民族大学学报》(人文社科版)2007 年第 10 期。

作为德国财政基础的财政五年计划，由联邦财政部长、经济部长、各州财政部长、联邦银行代表组成“财政计划委员会”负责制定。（《稳定增长法》第9条）由于该计划要“列出预计的各种支出的规模与构成，以及由整个经济能力的发展而决定的抵偿各种支出的可能性”（《稳定增长法》第9条），测算出计划年度内的一些重要社会经济发展指针成为必要。这些社会经济发展指针经联邦政府由劳资双方通过科学的测算方法测得，作为政府对未来经济形式的分析和预测兼具准确性和权威性，成为各经济主体经济活动的重要参考和政府各级财政系统测算财政收支的依据。这样一来，财政五年计划从某种程度上来说成了政府编制的社会经济中期发展计划。① 联邦政府各个部门在投资规划制订过程中的职责也在有关投资规划的规定中得以明确；投资规划的制订必须按“紧迫程度和年度加以划分”（《稳定增长法》第10条）；投资规划的编制方式为按年编制；在非常时期“可以将适当的投资行为提前”。

德国在20世纪60年代中期以前，主张政府对财政政策调节杠杆尽可能地少运用，实行相对稳定的财政政策，保持财政预算平衡。在经济萧条时期主张用货币政策刺激经济的增长。通常认为，“财政政策与货币政策的效应强弱首先和市场完善程度有关。在市场不完善的条件下，财政政策要比货币政策易于发生作用，而且有效程度要高一些”。② 在德国，当时的市场，特别是资本市场并不完善。施行积极的财政政策应当是更为明智的选择。《稳定增长法》中的投资规划相关规定的制定，间接地推动了德国政府采取赤字预算的财政措施，刺激经济的发展。在2015年《稳定增长法》修订中，于第10条第1款项下增加了如下规定：③“（1）财政部长在其职务范围内制定多年投资规划作为财政计划的证明材料，并在规定的时候连同其他需要量估值提交于财政部。联邦政府确定其制定投资规划的职务范围。（2）投资规划根据紧迫性所划分的年度时间段包含了接下来若干年所实施的投资计划。每个时间段内所执行的新的投资计划应归还当年所分摊的部分金额。联邦政府对于投资第三方的资金资助，也应适用相同的划分余额则并标明资助方式。（3）投资计划应适用于发展情况按年编制。”比较而言，对于多年投资规划纳入财政计划的决策的做出，新法加强了决

① 参见顾俊礼著：《德国：社会市场经济的运行机制》，武汉出版社1995年版，第90页。

② 厉以宁著：《宏观经济学的产生和发展》，湖南人民出版社1997年版，第370页。

③ 参见德国《稳定增长法》（2015年8月31日修订版），载 http://www.gesetze-im-internet.de/bundesrecht/stabg/gesamt.pdf，最后访问日期：2016年6月22日。

策依据的要求；对于投资规划中所包含的投资计划重叠的情况下，就金额分摊作出了明确的安排；投资计划的跨度也得以明确。

三、经济协调储备金与贷款制度

（一）联邦财政中的经济协调储备金制度及其辅助制度

《稳定增长法》的第5条至第8条以及第15条，系统地规定了联邦财政中的经济协调储备金制度。经参议院批准联邦政府可以发布法律法规命令，指示各州为其各自的经济协调准备金提供资金，并储存于德意志联邦银行。而财政年度届满后因此未用的资金，用于德意志联邦银行补充偿付债务或者拨付经济协调储备金。经济协调储备金的筹集的具体办法包括：(1)联邦政府经联邦参议院批准后可以发布法律、法令，指示联邦与各州为它们各自的经济协调储备金提供资金。(2)规定联邦与各州应提供的资金总额，在一个财政年度内不得超过联邦和各州在前一财政年度的税收收入的3%（依所得税应向经济协调储备金提供的数额除外）。(3)联邦与各州应按照各自在前一财政年度的税收收入的比例并照顾到各州间财政平衡与平衡分配、平衡负担而筹集之。(4)如果个人所得税、法人所得税依法而提高时，联邦和各州应该在提高后的期间就所得税与法人所得税的征税收入各自向其经济协调储备金提供补助资金，资金数额按所得税与法人所得税提高的百分率规定之。此外，2015年《稳定增长法》修订的第15条增加了资金筹集的程序要求：[①](5)根据(1)或(4)之法律规定经济协调准备金只有通过联邦政府法律规定并获得联邦参议院批准后才能交付使用；并且经济协调准备金的交付使用旨在避免危及第1条规定之目的的一般经济活动衰退。

经济协调储备金运作应当在联邦财政计划中的体现。首先，经济协调储备金必须列入联邦财政计划预算之中；其次，联邦财政计划中应设一备用项目，明确记载经济协调储备金的支出；再次，联邦财政计划备用项目的支出情况必须同时通知联邦议院与联邦参议院；最后，联邦财政计划中还必须设立一个备用项目记载经济协调储备金的收入状况。联邦财政中除了经济协调储备金以外还有配套的制度作为补充：一是德意志银行补充偿付债务制度；二是联邦财政部长的接受贷款的权力。据此，财政计划的运行在“全国普遍的经济活动衰退”

---

① 参见德国《稳定增长法》(2015年8月31日修订版)，载 http://www.gesetze-im-internet.de/bundesrecht/stabg/gesamt.pdf，最后访问日期：2016年6月22日。

(《稳定增长法》第5条)以致危及宏观经济目标的情况出现时,联邦政府运用财政手段调节经济具备了法律化的制度依托,从而使德国非常时期的财政调节进入制度化运作的时代。

值得注意的是,在经济调节储备金的运用上,应在"全国普遍的经济活动衰退危及到第一条规定的目的时"首先提出补充补偿资金(《稳定增长法》第5条第1款),再由联邦政府决定,在全国普遍的经济活动衰退到危急第1条规定的目的时,拨出补助性支出(《稳定增长法》第6条第2款)。最初,《稳定增长法》规定,补助性的资金一是能用于财政计划中的预定目的或者作为各州和各乡镇的财政补助(《稳定增长法》第6条第2款);二是在执行联邦财政计划时,如果需求扩大超过国民经济的支付能力时,由联邦政府决定使用,应采取的措施由联邦财政部长和联邦经济部长负责(《稳定增长法》第6条第1款)。《稳定增长法》第7条规定:"(1)经济协调储备金由德意志联邦银行储存。经济协调储备中的资金,由联邦政府决定之;此时适用第6条第1款第2句的规定。"在此,第6条第1款第2句的规定为:"联邦财政部长和联邦经济部长应提出必要的措施。"新修订的《稳定增长法》中,第7条则规定:"(1)经济协调储备金由德意志联邦银行储存。根据第5条第3款及第6条第2款之规定,经济协调储备金只能用于满足补助性支出需求。"由此可见,就经济协调准备金投向的自由裁量权,通过修法得到了更加严格的限制。实际上,联邦政府被限定不得再以执行联邦财政为目的使用经济协调储备金;从而将其与根据《稳定增长法》第1条的各项宏观经济目标制定的联邦财政计划的其他项目相隔离。

(二)有关贷款的规定

《稳定增长法》中有关贷款的规定十分严格,不仅对贷款的权限范围、贷款方式加以限制,而且还规定了贷款的最高数额,接受贷款的时间计划在其中也有详尽的规定。除此之外,还有关于各部以及联邦各州的地方之间贷款转让的规定。

在运用货币政策对宏观经济进行调控的过程中,货币政策的传导机制完善与否是其是否能够有效发挥作用的决定性因素。货币政策直接作用的经济环境是资本市场,在成熟的资本市场中,中央银行通常运用的再贴现率、抵押贷款率、存款准备金率和公开市场业务的调节方式就能够得到比较好的传导,从而达到货币政策预定目标;在不成熟的资本市场中,中央银行只能运用非常规手段进行货币政策的调控,即信贷规模控制、再贷款限额、再贴现限额等手段。对于当时正处于金融市场重构期的德国,作为应付危机的短期货币政策,这些手段都是见效非常之快的。特别是信贷规模的控制，导致货币供应量的直接变化，并不需要经过常规手段调节的中介而直接作用于市场从而产生迅速的效用。再加上《稳定增长法》规定信贷的范围依《财政法》和《财政规程》的信贷的权限而定，这就使联邦银行可以将贷款规模和贷款权限配合使用使之成为克服危机的有力工具。《稳定增长法》的作用在于为二者规定了一定范围，同时也避免了通常情况下二者都归中央银行支配时会出现的随意性而带来的潜在风险。

《稳定增长法》规定，在信贷需求情况的信息收集和通报，以及保证"通过贷款方式取得的货币资金保持在依本法规定的限制范围之内"两个方面，各州必须依法履行义务并适当采取相应的措施。根据《稳定增长法》第 24 条所规定的责任平等原则，将各州的职责从法律上加以落实，使宏观调控的责任追究有法可依。在 2015 年 8 月 31 日《稳定增长法》的最新修订中，第 23 条［个别州为保证各项限制的措施］规定：[①]"个别州可通过适当措施确保，在法律规定的限制范围内，通过州、所属乡镇、县或县际临时组合的贷款来完成资金的筹措。"在此，之前的"各州"被改为"个别州"，即将临时组合贷款这一资金筹措方式限定在特定的范围。

第二节　经济平衡增长的法律调节

第二次世界大战后，美国面临的首要问题是失业问题，同时面临物价上涨、通货膨胀。这一时期的宏观经济政策以实现充分就业为首要目标，并于 1946 年通过《就业法》予以法定化。大萧条和罗斯福新政的遗产在《就业法》中也得到了体现：一是人们对经济活动的波动更加敏感；二是政府对于保持充分就业负有直接责任的观念被广泛认同。[②] 在美国，这是首次通过法律确认联邦政府有责任运用它所拥有的一切手段干预经济，特别是采取政策措施以实现最大化的就业和价格稳定，[③]也是在法律上对凯恩斯主义宏观经济政策的

---

① 参见德国《稳定增长法》(2015 年 8 月 31 日修订版)，载 http://www.gesetze-im-internet.de/bundesrecht/stabg/gesamt.pdf，最后访问日期：2016 年 6 月 22 日。

② 参见［美］米尔顿·弗里德曼、安娜·J. 施瓦茨著：《美国货币史：1867～1960》，巴曙松、王劲松等译，北京大学出版社 2009 年版，第 426 页。

③ See Gadi Barlevy, "The Cost of Business Cycles and the Benefits of Stabilization", *Economic Perspectives*, Vol. 1Q, 2004, p. 32.

肯定。①

石油危机以来，出于对《就业法》效果的不满，为了加强联邦政府在通货膨胀和失业等宏观经济问题上调控，美国议会在1978年通过了《平衡增长法》，在《就业法》的基础上于以下四个方面有所加强：强调私人部门在促进就业、提高生产率和稳定价格方面越发重要的角色；强调联邦预算平衡的目标；号召政策制定者在提倡公平、自由的贸易和稳定的国际金融体系的同时改善美国的贸易平衡；规定联邦储备和联邦公开市场委员会必须使长期货币和信贷总量的增长与长期经济生产增长的潜力保持平衡，从而有效地促进充分就业、物价稳定和稳健的长期利率；以及设定经济政策的形成和审查的程序。随着《平衡增长法》的通过，美国联邦政府确立了四大宏观经济目标：高度就业、高增长、物价稳定和收支平衡。

一、经济平衡增长的法律重心

《平衡增长法》的出台，是在石油危机以来陷入经济滞涨之后。国会认定：②美国已经长时间遭受严重的失业和不充分就业，其他生产资源的闲置，高通货膨胀率和不充分的生产率增长。这种局面使国家耗费了巨大的经济和社会成本，包括：(1)国家未能获得充分的商品和服务的供应，劳动力和资本资源的充分利用和相关的经济福利的增长。而这些福利在真正充分的就业、生产、实际工资、平衡增长、平衡预算和有效的通货膨胀控制的情况下是本应获得的。(2)商品和服务的产出不足以满足日益紧张的国家优先任务(National Priority)。(3)工人丧失了工作保障、收入、技能发展和用来维持和增进其生活水准所必需的劳动生产率。(4)工商业被剥夺了用来保持足够利润、开展新投资、创造就业岗位、参与国际竞争和满足社会经济需求所必需的生产、销售、现金流(capital flow)和生产率。这些问题对小商业来说更加残酷。商业周期的变动和经济的低水平运作对小商业影响远胜于较大的商业集团。因为小商业相对来说拥有的可利用资源和可获得资源的途径较少，难以抵挡全国范围的经济逆境。小商业企业的衰退减少了工作岗位、增加失业人数，还会因为削弱了竞争而促发通货膨胀。(5)失业使许多家庭付出社会代价、心理代价和物理代

① 参见刘怀洲、张存刚：《美国财政与货币政策实践的历史考察及启示》，载《甘肃社会科学》2001年第1期。

② 15 U. S. C. 1021, 3101, et seq.

价，包括家庭生活的瓦解、个人尊严的灭失，以及加剧生理和心理疾病、酗酒与药物滥用、犯罪与社会冲突。(6)由于税收锐减，以及用来补偿失业、公共资助和其他与经济衰退相关服务(用于刑事司法、酗酒、药物滥用和心理生理健康方面)的开支增加，各级政府的预算都受到破坏性影响。

不仅如此，国会进而认定：①(1)高失业率会缩减劳动力培训和技术、降低资本利用率、减慢生产率提高的速率、增加单位劳动力的成本、减少提供的商品和服务总量，从而引起通货膨胀；(2)仅仅依靠总量调节的财政和货币政策，并不能够达致充分就业和生产、实际工资的增长、经济平衡增长、平衡的联邦预算、充分的生产率增长、满足国家优先任务的需要、贸易平衡的改善、合理的价格稳定，所以必须引入其他的辅助措施以实现这些目标；(3)要达到这些目标，必须制定明确的中期和短期经济目标，并且增进总统、国会和联邦储备委员会之间的协调；(4)就业机会的增加和充分就业在很大程度上取决于歧视的消除，无论这种歧视是基于性别、年龄、种族、肤色、宗教、国别、残疾或者是其他不正当的理由。

进一步地，国会提出了充分与平衡发展的基本政策框架。② 为实现充分就业和生产、实际工资的增加、经济平衡增长、平衡的联邦预算、相当的生产率增长、满足国家优先任务的需要、贸易平衡的改善、合理稳定的价格，有效的政策必须：(1)在最大限度利用资源和发挥私营经济部门的创造性的基础上，总统、国会、联邦储备委员会制定明确的经济政策目标；(2)必须包括减少特别针对因经济衰退而导致的高失业的项目，并且必须减少在地区性和在某些特殊劳动力人群中的结构性失业；(3)通过提供高富有成效的就业机会和争取改善贸易收支平衡，对出口的增长和农业、商业、工业的国际竞争力改善方面给予适当的关注。

二、经济政策的总方针

《平衡增长法》宣示，实现所有有能力、有意愿并寻求就业的个人，能够在获得合理回报的基础上享受充分的有效就业的权利是国家目标；并旨在实现与本法所设定中期经济目标相一致的平衡的联邦预算——而联邦政府的政策就是运用所有的现实手段，来提供足够的激励以满足私人企业投资的需求；以及主

① 15 U. S. C. 3101.

② Ibid.

要依赖私人经济部门来扩展经济活动和创设新的就业岗位，并确保财政政策将在最低限度上确保联邦支出所产生的国民生产总值的比例与国民需求和优先任务相匹配。[①] 进一步地，《稳定增长法》创设就业的优先级为：(1)传统的私人部门就业；(2)由联邦支持的优先项目中的私人部门就业；(3)传统的公共部门就业项目；(4)作为兜底的公共和私人非盈利就业计划。然而，国会也认识到仅有常规经济政策不足以实现法律的目标，因此要求总统在认为合适的时机，以帮助达到上述目标的必要为限度，必要时可以向国会建议并在总统经济报告中包括启动降低失业的目标和时间表等辅助性项目和政策。

第一，反周期就业政策。[②] 该等政策必须考虑纳入以下纲领性内容：(1)加速公共设施包括备用公共设施工程；(2)公共服务就业；(3)州和地方补助金项目；(4)失业救济的持续时间和水平；(5)既作为失业保险的一般补救也作为辅助性补救的公共和私人领域的技能培训；(6)青年就业项目；(7)通过发展服务州、地方社区(包括乡村地区)和国家的活动提供就业机会的社区发展项目；(8)以劳动力过剩地区为专门对象的联邦采购项目；(9)增加其他可能有助于降低周期性高失业水平的就业和培训项目。不仅如此，在反周期努力的实施中总统必须考虑建立触发机制：在失业率上升时采取措施，并在失业率相对降低的时候退出干预；在该项下规定的项目运作时提供人员支持，并在经济复苏时迅速回到日常的岗位。

第二，经济活动协调。[③] 作为任何反周期就业政策的内在组成部分，总统必须在其认为必要的情况下提出政策和计划，甚至在需要时建议立法，来协调联邦政府、州、地方和私人部门以促进《平衡增长法》和1946年《就业法》目标的实现，并且促进形成一种州和地方政府以及私人部门经济活动和就业都能够蓬勃发展的经济环境。在考虑与私人部门相关的政策和计划时，必须全面关照促进小商业的增长和福利，以及通过私人部门自动发起的就业培训计划。对于任何上述努力，总统亦必须制订计划考虑各州和地方的财政需要和预算状况以及其自身的努力，并对这些州和地区的失业率给予特殊的关注，以求努力达到标准。

第三，地区和结构性就业政策和项目。[④] 总统必须在有必要的情况下向国

---

① 15 U. S. C. 1021.

② 15 U. S. C. 3112.

③ 15 U. S. C. 3113.

④ 15 U. S. C. 3114.

会做出地区性、结构性就业政策和计划的立法建议。在阐明这些计划的地区组成时，总统应该在其认为必要的范围内鼓励在有大量失业的经济萧条区域和地点设立新的私人部门以促进生产和就业，帮助稳定其经济的基础。在可行的范围内，这类政策和计划必须扶助在这类区域和地点的小商业地设立和壮大。任何总统的区域性就业提案还必须分析联邦税、预算（包括商品和劳务的采购）、国防、交通、能源、自然资源和就业政策在多大程度上影响了长期高失业区域的人员流动、工作岗位、大小工商业，并包括旨在校正在这类区域有负面经济影响的联邦政策。

第四，青年就业政策与项目①和职业培训、咨询和人才储备。② 鉴于即使在一般来说较好的经济环境下，在青年中也存在特有的严重的失业和经济劣势。总统必须改良和扩展已有的青年就业计划。进一步地，总统通过劳工部，必须为有能力、愿意工作且正在找工作，虽然竭尽全力希望获得工作但仍旧失业的满 16 周岁的公民制定政策和程序，必要时为他们推荐项目。劳工部必须合理全面运用《就业培训合作法》③《1998 劳动力投资法》④和其他法律。《平衡增长法》要求国家就业会议应在法律颁布后于合理期限内由总统或者联邦政府的相关部门或机构组织实施。⑤ 就业会议必须召集大小商业的领袖、劳方代表、政府以及其他所有利益相关团体，聚焦就业问题，特别是考虑有关结构性失业和处于不利地位的青年的情势；必须同样关注诸如为私人部门雇佣核心企业失业员工提供足够有效的激励等问题，特别是通过就业目标的税收抵免、工资券和其他对私营经济部门的刺激来创造就业机会。

第五，资本形成（Capital Formation）。⑥ 国会认定：(1)促进就业和平衡增长其本身即是持续的高资本形成率的主要渠道；(2)高资本形成率，连同政府的健康、安全和环境标准，是确保足够速率的就业容量扩张和生产增长的必需；(3)美国经济在国际市场上成功竞争的能力、新技术的开发、工作环境的改善、就业机会的扩展和不断增长的生活水平，取决于工商业是否可以通过合理的成本获得足够资本；(4)国家政策必须含括一个重要目标，即移除资本自由流向新

① 15 U. S. C. 3115.
② 15 U. S. C. 3116.
③ 29 U. S. C. 1501 et seq.
④ 29 U. S. C. 2801 et seq.
⑤ 15 U. S. C. 3103.
⑥ 15 U. S. C. 3117.

投资的障碍,特别是那些阻碍较小商业创设和发展的障碍,因为国内关于扶助和激励私人企业的一般计划和政策不足以满足较小商业的具体问题和需要;(5)私人商业企业目前是、且必须继续扮演主要投资来源的角色,与此同时各级政府的投资活动在影响产出规模、就业和生产率水平和达致其他国内目标方面扮演重要的角色。

第六,投资政策报告和总统预算报告的建议。[1] 总统经济报告必须包括投资政策报告:(1)审查和评估既有的影响商业投资决定的联邦政府计划和政策,包括但不局限于税法、联邦预算、规制、国际贸易政策和联邦政府支持新技术研发与扩散的相关方面;(2)在大、中、小企业的要求下,向其提供有效资本投资水平的评估;(3)向该类企业提供有效资本投资水平的当前可预见趋势分析;(4)提供实施《稳定增长法》确立政策的计划和目标的说明。总统经济报告还必须包括整体经济政策环境效用和商业投资通货膨胀率的评估,且对直接通过财政转移支付或通过其他手段间接影响州和地方政府为达到法律目标开展的公共投资的程度、构成和效率的联邦政策进行审查和评估,并提出恰当的改善或新计划和政策建议。此外,总统在其提出的预算中,必须适当建议新计划或改善现有私人资本形成计划的修改等。

三、经济政策的形成和审查程序

法律还规定了国会关于总统经济报告、美联储理事会报告,以及其他《平衡增长法》和《就业法》政策和条文审查和行动的程序。[2]

第一,总统经济报告。总统每年应向国会陈述其经济政策目标和达标计划,包括:(1)当前和可预测的就业与失业、生产、资本形成、实际收入、联邦预算收支、生产率、国家贸易与收支和物价水平趋势;评估和分析影响本国经济形势的国内与国际发展动态。(2)年度数量目标:包括前两年的短期目标或运转目标和后三年的中期目标或过渡目标——涉及就业、失业、产量、实际收入、生产率和价格,以尽快、尽可能实现充分就业和生产、增加实际收入、平衡发展、在最低限度上确保联邦支出所产生的国民生产总值的比例与国家需求和优先任务匹配的财政政策、联邦预算的平衡、充足的生产力、增长、价格稳定、改善贸易平衡,以及对国家优先任务的恰当关注。(3)某些重要的劳动力亚群体的就业目

---

① 15 U. S. C. 3118.

② 15 U. S. C. 3131.

标，包括青年、女性、少数民族、残障人士、退伍军人和中老年人。（4）落实这些政策的项目。①

为帮助确定就业、生产、实际收入和价格的短期和中期目标，应当就其各自的合理组成或结构的主要方面，以及在国民生产宗旨中就其主要构成的合理分配（私人投资、消费支出和公共支出）作出分析。② 具体的优先政策和项目应包括：③（1）能源资源和综合国家农业政策的发展；（2）小企业的问题与需求；（3）联邦政策和城市地区需求的关系；（4）医疗、教育和培训项目的数量与质量；（5）对州和地方政府的联邦政府援助政策（Federal Aid）；（6）国防；（7）联邦拨款与军事基地及其他设施关闭之间的关系；（8）平衡联邦预算；（9）联邦法律、法规和政策造成的就业错位（Dislocation of Jobs）；（10）旨在增加农业、商业与工业出口和改善国际竞争力的政策和项目；（11）其他总统认为恰当的优先政策和项目。《平衡增长法》要求总统提交的预算中建议的收支水平与就业与失业、生产、实际收入、生产力和价格的短期经济目标相匹配，并将 5 年的收支预测与降低失业和通货膨胀的中期目标相匹配。

就降低通货膨胀率的具体政策而言，《平衡增长法》要求总统向国会提交的建议中明确结构性的政策，主要包括：④（1）减轻货物、服务、劳动力和资本短缺——特别是能够帮助稳定物价的食物、能源和关键工业原料——的政策和项目；（2）在充分就业的国家框架下，通过与工业和经济部门的自愿协议来鼓励劳动力和管理来提高生产率；（3）通过有效的信息系统来检测和分析特定经济部门的通货膨胀趋势；（4）对于增加不必要的通货膨胀成本的政府限制和管制予以废除或加以适当修正；（5）增加私人部门竞争和改善小企业创设和发展的经济环境的建议，包括增强和落实反托拉斯、专利和国内税收的法律；（6）建立农产品和其他关键原材料的贮存，以帮助稳定价格、满足应急需求和提高生产者的足够收入；（7）增加农业、商业与工业的出口和改善国际竞争力；（8）总统视

① 在法律颁布之后的首批三个经济报告之中，将 20 岁以上个人失业率降至低于 3%，并将 16 岁以上个人失业率降至低于 4%；于第一个报告之后 5 年内，将通货膨胀率降至低于 3%；从第二个经济报告开始：审查降低失业率、通货膨胀和平衡联邦预算的数量目标和时间表；向国会报告实现这些目标所遇到的障碍；并在必要时提议实现这些目标和时间表的矫正措施，且允许总统向国会提出修改建议。15 U. S. C. 1203，1204.

② 15 U. S. C. 1022b.

③ 15 U. S. C. 1022c.

④ 15 U. S. C. 1022e.

为恰当的其他行政措施和建议。

第二,美联储理事会报告。《平衡增长法》要求联邦储备委员会的主席每年两次向国会陈述他们的目标和概括达到预期目标的计划。(1)每年2月,在国会听证会上,联邦储备委员会的主席必须明确货币和信贷总量的增长幅度,并且阐明联邦公开市场委员会该财政年度通货膨胀和出口预测幅度和主要趋势。(2)每年7月,理事会主席向联邦公开市场委员会报告对预测和目标的重新评估并将来年初步目标进行细化。(3)虽然在法案中没有要求理事会完成货币和信贷计划,但是理事会必须解释在何种情况下其计划能够或者不能够完成。理事会还有义务对预算的改变提供说明。(4)另外,理事会主席必须对其货币政策计划和总统制定的短期目标的关系作出评论。这些要求均囊括在增进货币政策和财政政策的协调的努力中。

第三,国会联合经济委员会的审查与分析。工作的重点包括:(1)联合经济委员审查与分析必须审查和分析经济报告所确立的短期和中期目标。(2)联合经济委员审查与分析必须主持经济报告的听证会,旨在接受国会成员的证词,以及在联合经济委员会认为可取的情况下政府部门和机构相关代表、公众和利益集团的证词;还必须考虑来自州和地方官员对于经济报告的评论和观点。(3)在国会收到经济报告的30天内,参议院和众议院的各个常委会,参议院和众议院享有立法权限的其他委员会,以及国会各个联合委员会可以在各自的权限内针对经济报告提出建议和意见、向联合经济委员会提交报告,作为其审查和分析的参考。(4)在每年3月15日或之前,联合经济委员会的大多数成员必须就参议院和众议院的预算提交报告。该报告必须含括事实认定、建议,以及对在经济报告中确立的各个短期和长期目标的相关和直接比较的任何适当分析。在审查与分析的基础上,国会必须在其认为基于《平衡增长法》和《就业法》的提议和目标的实施应当作出改动后,在有必要时启动和发展这类立法。

第三节 经济稳定—平衡增长与产业发展的秩序环境

一、稳定—平衡增长的理论思考

在自由资本主义时期,占统治地位的古典经济学派认为:市场自身有一套完整的机制对经济的暂时紊乱进行调试,市场中各种经济力量起作用的结果将会形成某种均衡状态,任何来自政府的干涉只能对经济造成破坏。此后,资本主义告别自由竞争阶段进入垄断阶段后频繁的经济危机,促使经济学家开始对经济周期波动进行分析。20世纪30年代的大危机动摇了人民对自由市场的信念,国家干预主义由此诞生。1936年凯恩斯在《就业、利息及货币通论》一书中分析推导出必须依靠国家干预对社会经济进行需求管理,才能使资本主义经济恢复稳定的政策性结论:在经济萧条的时期,运用宽松的财政政策和税收手段刺激投资从而拉动经济的增长;在经济过热的时期,运用紧缩的财政政策和税收手段限制投资从而使之冷却。[①] 凯恩斯经济学说的运用推动了资本主义世界走出大萧条,并促进了战后20年的空前繁荣。在这种背景下,稳定—平衡增长的政策法律实践与理论思考在美国和西欧得以展开。

(一)稳定增长的德国路径:凯恩斯经济学的社会市场经济土壤

法典背后蕴藏着剧烈的思想运动。概括《稳定增长法》的立法指导思想,是在社会市场经济理论基础上的凯恩斯主义的德国化。然而,作为社会市场经济模式的组成部分,《稳定增长法》的理论内涵实则更为丰富。进而,在政策选择上,自民党政府从整体上引入了社会市场经济模式,并通过《反对限制竞争法》[②]奠定了社会市场经济模式的微观基础,其政策的重心更多是围绕自由市场的建构;而社民党的秩序政策理论是凯恩斯主义的德国化的产物,其重心在于宏观调控模式的建构,《稳定增长法》也是这种主导政策思想的结果。

第一,奥尔多自由主义与社会市场经济。"奥尔多自由主义"因在1948年发起创办《奥尔多·经济和社会政策年鉴》宣传其主张而得名。[③] 弗莱堡学派是奥尔多自由主义中的纯理论学派,以及某种程度上的代名词。[④] 甚至存在混淆,认为社会市场经济模式甚至《稳定增长法》理论来源应直接认定为弗莱堡学派。实际上,第二次世界大战后奥尔多自由主义分为三大流派:一是倡导个人

---

① 参见顾俊礼著:《德国:社会市场经济的运行机制》,武汉出版社1995年版,第17页。

② 该法全称《反对限制竞争法》(Gesetz gegen Wettbewerbsbeschraenkungen),又称《卡特尔法》,于1957年颁布,1958年施行,并进行七次修改,被称为德国的"经济宪法"。参见王晓晔著:《竞争法研究》,中国法制出版社1999年版,第220~233页。

③ 狭义的"奥尔多自由主义"者是指第二次世界大战前后的老一代经济自由主义者,他们的享有世界声誉的自由主义理论与芝加哥学派、伦敦学派、新奥地利学派的理论是在第二次世界大战前后支配整个资本主义世界的经济理论。新奥尔多自由主义者泛指所有继承了老一辈奥尔多传统的德国新自由主义者。参见沈越著:《德国社会市场经济评析》,中国劳动社会保障出版社2002年版,第24~30页。

④ 梁小民把德国新自由主义分隔为以"教学和研究团体"的狭义的弗莱堡学派,和其他的新自由主义者统称为广义的弗莱堡学派。参见梁小民著:《弗莱堡学派》,武汉出版社1996年版,第8~18页。

主义的自由主义的弗莱堡学派，主张建立一种“完全竞争”的自由市场经济，坚持市场经济在维护个人自由与提高经济效率方面并重，并始终坚持“市场经济”为基础方面；①二是强调市场经济的最终性的社会自由主义，把其工具性功能放到次要的地位，强调经济和社会的双重目标并重，主张经济秩序与社会秩序的共同形成；②三是实用主义新自由主义所主张的试图建立经济上和政治上都可行的社会市场经济方案，强调市场经济的“工具性”功能，主张用宽泛意义上的积极经济政策来干预经济。③ 奥尔多自由主义者的基本共识是：把个人自由视为人类追求的最终目标，其思想体系最重要的新因素是“秩序”，强调“秩序”在自由形成过程中的作用；④强调经济社会秩序对个人自由的约束必须用法律的形式来体现；⑤强调人为的经济秩序并主张国家干预，反对传统的“自由放任”原则；相信市场经济具有“最终的”和“工具的”两项基本功能，⑥反对“功利主义”的经济自由主义；既强调私有制的天然缺陷、淡化私有制的作用又反对集体主义，既反对社会主义也反对资本主义。

第二，民主社会主义与社会市场经济。最早，社会民主党“教父”爱德华·伯恩斯坦对马克思主义采取实用主义立场，开始尝试着构建有“工业民主”“经济民主”“政治民主”的民主框架。⑦ 经过鲁道夫·希法亭的发挥，伯恩斯坦的民主观发展成为系统的经济民主论。与此同时，在战后对纳粹统制经济体制和苏联的高度集权经济模式的反省中，民主社会主义者于20世纪50年代逐渐开

---

① 欧肯认为，该方案的框架条件是：财产私有制，责任规定，可兑换的和稳定的货币，公开市场上自由价格的形成，契约和定居自由，政治的连续性和可靠性，以及补充性的公共基础设施，中期增长、区域政策和中小企业促进政策，一种与市场一致的和从属性的社会政策以及一种旨在保护环境的市场经济规则体系，这些均属于国家的责任范围。参见[德]奥托·施莱希特：《联邦经济部与战后德国的秩序政策》，载[德]何梦笔主编：《秩序自由主义》，董靖等译，中国社会科学出版社2002年版，第6~7页。

② 参见沈越著：《德国社会市场经济评析》，中国劳动社会保障出版社2002年版，第31页。

③ 同上书，第143页。

④ 同上书，第54页。

⑤ 奥尔多自由主义强调经济社会秩序对个人自由和经济自由得约束的思想来自康德的国家法制思想，尤其是康德主张由国家建立一定的秩序来约束个人自由、防止个人利益与整体利益的冲突的思想。参见沈越著：《德国社会市场经济评析》，中国劳动社会保障出版社2002年版，第56~66页。

⑥ 市场经济最终的功能被认为是创造和维护个人自由，工具性的功能被认为是优化资源配置。参见沈越著：《德国社会市场经济评析》，中国劳动社会保障出版社2002年版，第68页。

⑦ 同上书，第109页。

始接受社会市场经济的模式。其后，阿尔弗勒德·韦伯在关乎德国战后前途的大论战中独树一帜，他既反对自由主义经济体制的同时也反对限制经济自由（民主为基础的计划经济）的社会主义，从历史和逻辑上把资本主义与市场经济、社会主义与计划经济分别割裂开来，主张将社会主义建立在市场经济的基础上，[①]并主张就经济调节不仅要在经济过程层面进行还要在经济秩序层面上进行。在此基础上，社会市场经济的"精神之父"卡尔·席勒推动通过《哥德斯堡纲领》促使了党内实现经济民主的指导思想实现了从计划经济向市场经济的转变，并在此基础上致力于凯恩斯主义的德国化和社会主义化。

第三，凯恩斯经济学德国化的产物。有别于此前宏观经济学对国民经济总量的变动的一般研究，凯恩斯经济学主要研究国民收入的变动及其与就业、经济周期波动、通货膨胀之间的关系。凯恩斯分析认为，通过收入分析得出资本主义经济不能自我调节达至充分就业均衡的结果，引出了社会总需求（社会消费支出和总投资支出）不足是失业与生产过剩的原因的论断，据此认定：要增加国民收入和扩大就业，只有通过扩大公共支出对需求进行调节的办法来弥补这种不足。[②] 韦伯的社会市场经济的理论模式奠定了经济秩序政策调节层面的基础；凯恩斯经济学"总体调节"理论的引入，则为对经济进行计划调节提供了一套切实可行的途径。[③] 1967 年《稳定增长法》就是凯恩斯经济学在德国与民主社会主义的"社会市场经济"模式相融合的最重要成果，有着十分明显的财政调节的印记。该法全文 32 条（包括 5 条关于修改有关法律的规定）中，直接涉及财政手段调节的规定占一半以上（第 2 ~ 17 条），而关于货币政策调节的规定只占很小的一部分。奠定《稳定增长法》秩序政策调节思路的是社会市场经济理论，而凯恩斯的有效需求理论和财政调节理论则撑开了该法的内部支架。

（二）平衡增长的美国选择：在凯恩斯与哈耶克之间

在美国，1913 年就颁布了《联邦储备法》（Federal Reserve Act）。而自 1933 年以来财政部便开始积极地制定货币政策，与各国央行一样，第一次世界大战时美联储也利用货币政策的权力为政府融资提供便利。在战争和战后初期，尽管美联储认识到稳定政府债券价格对货币政策施加影响的局限性，但仍强烈赞同这

① 参见沈越著：《德国社会市场经济评析》，中国劳动社会保障出版社 2002 年版，第 130 页。

② 参见厉以宁著：《宏观经济学的产生和发展》，湖南人民出版社 1997 年版，第 104 页。

③ 参见沈越著：《德国社会市场经济评析》，中国劳动社会保障出版社 2002 年版，第 141 页。

一政策。[①] 据此,可以展开分析平衡增长美国路径的演化。

第一,以财政为主导的经济调控模式的地位及其影响。大萧条和凯恩斯革命在经济学思想上的广泛成果,以及战时调控对货币余额积累的成功抑制,使“货币无关紧要”的观点——货币自身会消极地适应经济变动,并且其发挥的作用微不足道——被广为接受。[②] 此外,人们普遍认为战后的主要问题是抑制通货紧缩和萧条,而不是通货膨胀;战时流动性的积累被认为是为战后提供了充足的购买力,此时货币政策的任务是保持利率的低水平,从而为投资提供便利或者去除阻碍。[③] 然而,事与愿违。一方面,维持低息贷款的国家继续遭受通货膨胀的折磨,而一些放弃这一政策的国家却成功地抑制了通货膨胀。[④] 另一方面,作为反萧条的膨胀性的财政政策,在通货膨胀中起到了推波助澜的作用,新的失业和危机迫在眉睫。美联储在维持政府债券价格时,明显无力采取有效的措施抑制伴随朝鲜战争出现的通货膨胀。[⑤] 很明显,简单的赤字财政政策已经不适合新的经济形势的需要。就此,美国凯恩斯主义者阿尔文·汉森提出了“补偿性的财政政策”和“补偿性的货币政策”的建议,其与希克斯创立 IS-LM 模型分析得出:不仅要重视财政政策,而且要重视货币政策的作用。补偿性的财政政策在杜鲁门和艾森豪威尔总统时期得到实施。当然,财政政策仍占据主导地位。

第二,财政主导经济调控模式的式微与货币主义的崛起。1950 年朝鲜战争的爆发,激化了财政部和美联储之间的冲突:一方面,战争带来了投机繁荣,提高了市场利率,并且再一次意味着如果将政府债券维持在以前水平,那么必将导致货币存量扩张到联邦储备体系无法控制的程度;另一方面,战争也带来了严重赤字的可能性,这使财政部对政府债券市场的状况高度敏感。[⑥] 1951 年双

---

① 战后,美联储需要某种比战争期间更高的国库券和票价收益率,与财政部协商之后发布公告提出:在今后的操作中将“主要考量全面的商业和信用条件”,同时将采取“维持政府债券市场秩序和投资者对政府债券信心的政策”,构成美联储政策的重大转变。参见[美]米尔顿·弗里德曼、安娜·J. 施瓦茨著:《美国货币史:1867 ~ 1960》,巴曙松、王劲松等译,北京大学出版社 2009 年版,第 444 页。

② 同上书,第 447 页。

③ 同上。

④ 同上。

⑤ 同上书,第 448 页。

⑥ 同上书,第 445 页。

方达成了一个协议,联邦储备体系不再维持盯住政府债券市场价格的责任。[①] 20 世纪 50 年代末期的衰退,使 1946 年《就业法》通过以来凯恩斯主义的政策有加剧美元危机的可能,肯尼迪政府拒绝了减税与大规模扩大公共开支的建议,主要采取了结构主义的反衰退措施,即有限度的扩大开支,同时辅以有限廉价的货币政策。[②] 在理论界,弥尔顿·弗里德曼在 1963 年的《美国货币史》中挑战凯恩斯经济学,抨击其忽略货币供应、金融政策对经济周期及通胀的重要性。[③] 弗里德曼指出,"从某种角度来看,可以说货币存量的下降是经济衰退的结果"。[④] 到了 20 世纪 70 年代,奉行凯恩斯主义的国家纷纷陷入失业与通货膨胀并存的境地,货币学派淡化政府干预经济角色的主张走向前台,主张促进政府的职责聚焦于在保障市场机制的作用同时按照国民收入增长率有比例地增加货币供应量。

第三,哈耶克与凯恩斯经济波动理论的互补。要深入财政主导与货币主义的互补方式问题,需要回到 20 世纪大萧条之后对于经济波动成因的不同解说。[⑤] 哈耶克从某种均衡状态出发分析波动理论,而其均衡被界定为充分就业条件下的均衡:均衡必然意味着充分就业,非充分就业的现象只是经济失去均衡的结果,是波动理论要加以说明的现象。[⑥] 比较而言,凯恩斯分析的萧条是由于总需求不足引起的非充分就业萧条,其特征是各种要素(包括专门性和非专门性两类生产要素)都出现闲置现象,其消除方式是扩大总需求;哈耶克分析的萧条是在充分就业的基础上发生的,由结构均衡被货币因素破坏而造成的,其特征是只出现专门性生产要素的闲置,不出现非专门性生产要素的闲置(即使非专门性要素不出现闲置,即经济保持充分就业,也并不能避免经济波动),要兼顾货币因素对经济总量和结构的影响,并同时注意保持总量的均衡和结构的

---

① 参见[美]米尔顿·弗里德曼、安娜·J. 施瓦茨著:《美国货币史:1867 ~ 1960》,巴曙松、王劲松等译,北京大学出版社 2009 年版,第 446 页。

② 参见刘绪贻、杨生茂著:《美国通史》(第 6 卷·上),人民出版社 2002 年版,第 216 页。

③ 参见董磊著:《战后经济发展之路:美国篇》,经济科学出版社 2012 年版,第 83 页。

④ [美]米尔顿·弗里德曼、安娜·J. 施瓦茨著:《美国货币史:1867 ~ 1960》,巴曙松、王劲松等译,北京大学出版社 2009 年版,第 493 页。

⑤ 参见张旭昆:《经济波动理论:哈耶克与凯恩斯的互补》,载姚中秋、王建民主编:《经济周期与宪政秩序》,浙江大学出版社 2010 年版,第 31 页。

⑥ 同上书,第 34 页。

均衡。[①] 在经验方面,近百年经济调控的历史表明,单一的财政政策或者是单一的货币政策都不能达到期望的效果。在凯恩斯学派和货币学派的论争中,亦提出财政政策与货币政策的结合:不完善的市场体制内,财政政策比货币政策实施的更加有效,这样一强一弱的两类经济调节措施就可以在某种程度上形成互补。据此,还应根据不同经济调节手段的特性,结合不同的市场的成熟状况来确定运用经济调节方式的组合。此后,理性预期学派,从微观主体的行为出发否定了相机决策的宏观干预政策。其中,萨金特基于理性预期解析凯恩斯主义的政府干预行为,卢卡斯则基于理性预期解析弗里德曼的新货币理论,共同之处在于:都以探寻宏观经济学的微观为切入点将宏观经济分析微观化。[②]

(三)稳定—平衡增长法的立法技术保障:弹性立法抑或定性立法

面对作为德国的"现代中期经济干预的伟大宪章"[③]的《稳定增长法》,立法者采取的是一种弹性的立法思路:强调它的宏观指引性和政策导向性,而不针对国民经济运行中的具体问题;给出了框架性的经济调节运作程序,并未规定太多具体权利和义务。而《平衡增长法》的重要贡献不仅是在实体法上凸显充分就业与货币政策的作用,更是确立了设定经济政策的形成和审查的程序;具体的货币政策的制定与执行,则专属于美联储的行政裁量。

就此,弗莱堡学派的代表人物 W. 欧肯深刻地指出:"国家的经济政策活动应该以塑造经济秩序的形式为目标,而不应该以控制经济过程为目标。我们赞成国家规划经济秩序的形成形式;我们不赞成国家计划和控制经济过程。"[④]另外,商业周期理论的特性,也从经济学上规定了稳定—平衡增长法所必需的弹性结构。小罗伯特·卢卡斯在其《商业周期理论的方法与问题》一文中指出,任何得到足够充分描述以至于可以就可以给出我们拟解决问题的清晰答案的经济模型,必然是不自然的、抽象的,且明显是"不真实的"。[⑤] 设计应对商业周期的模型,不能够简单地像计算机编程一样,"输入"一个特定的经济政策规则就

---

① 参见张旭昆:《经济波动理论:哈耶克与凯恩斯的互补》,载姚中秋、王建民主编:《经济周期与宪政秩序》,浙江大学出版社 2010 年版,第 41 ~42 页。

② 参见方兴起、郑贺:《萨金特:从凯恩斯主义经济学家到理性预期经济学家——2011 年诺贝尔经济学奖的反思》,载《华南师范大学学报》2012 年第 3 期。

③ [德]卡尔·哈达赫:《二十世纪德国经济史》,扬绪译,商务印书馆 1984 年版,第 212 页。

④ 顾俊礼著:《德国:社会市场经济的运行机制》,武汉出版社 1995 年版,第 17 页。

⑤ Robert E. Lucas, JR., "Methods and Problems in Business Cycle Theory", *Journal of Money, Credit, and Banking*, Vol. 12, No. 4, November 1980, Part 2, p. 696.

可以"输出"描述时间序列运营特征的数据。因为，这种编程式的方法需要数据支撑，其前提条件是个人的反应可以通过相对便宜，有时可以通过直接试验的方式获得，但更通常是通过大量记录完备——主要是人口调查、专门小组、其他调查和直接观察等"自然"方式等方式——获得个人对特定环境变化的反应。假定该条件得到满足，我们仍然没有把握可以确定，这种由个人反应数据所构成的知识可以转化为整个社会对于特定环境改变的反应的知识。①

塑造经济秩序的形式的指向，是将可欲的经济秩序的形式法定化，使国家对经济的调节控制在法律的轨道内；有效规划而非计划和控制经济秩序形成形式，又要求在立法中保持足够的弹性：《稳定增长法》中计划的制定、经济协调储备金的运作、经济平衡发展委员会的危机对策，以及投资、贷款等各方面的规定都充分地体现了这一点。而明确了商业周期理论自身的方法与问题，及其提供清晰答案的不可能性，《平衡增长法》的实体条款中反周期就业政策、经济活动协调、地区和结构性就业政策和项目、青年就业政策与项目、职业培训、咨询和人才储备、资本形成，以及投资政策报告和总统预算报告中的建议，程序条款所聚焦的总统经济报告、美联储理事会报告和国会联合经济委员会的审查与分析，总体展现出更大的弹性。可以显见，较之定性立法，宏观调控的弹性立法是可操作性上和效果上的必然要求。不仅如此，经济周期理论的特性，也从经济学上规定了稳定—平衡增长法所必需的弹性立法架构。诚如小罗伯特·卢卡斯所言，任何得到足够充分表述以至于可以给出我们拟解决问题的清晰答案的模型，将必然是不自然的、抽象的，且明显是"不真实的"。②

二、反周期政策法律化的边界与稳定—平衡增长法制的道路

无论是《稳定增长法》，还是《平衡增长法》，其内在的逻辑是将反周期政策法律化。由于反周期政策强烈的经济学属性，在进入法律化的议题之前实际上应当确证其在政策选择的合理性，还应当检视其政策介入的正当性。前者，主要涉及前述凯恩斯经济学和货币学派之间的选取；后者，则直接指向是否需要采取反周期政策介入经济周期的问题。在此基础上，可以展开探究反周期政策法律化的边界，以及稳定—平衡增长法制道路的选择。

---

① See Robert E. Lucas, JR., "Methods and Problems in Business Cycle Theory", *Journal of Money, Credit, and Banking*, Vol. 12, No. 4, November 1980, Part 2, pp. 701 – 710.

② Ibid., p. 696.

(一)反周期政策法律化前提的再检视

周期学说是五花八门的。早期的经济学家一般假定,在危机期间不进行干预,而任由经济自主运行,那么所有情况下经济都会回到增长的路径上;还有经济学家认为,干预不仅不得要领,而且完全没有必要,只要保持平衡预算和低通货膨胀率,维持宽松的环境,人们就会有信心,投资与消费很快也会恢复到高位;奥地利经济学家走得更远,认为周期不仅不可避免,可以自我纠正,甚至还是驱动创造性毁灭和经济增长以及复兴的关键力量,有利于经济发展。[①] 诚然,大萧条改变了一切,凯恩斯主义一时间横扫千军,货币主义孤掌力拒狂澜。至凯恩斯之后,理论之争并未结束,只是城头已换大王旗。凯恩斯与弗里德曼对经济的分析主要是"自上向下",这意味着宏观——宏观经济学家努力关注重要的大事件,而忽略其他更多的细节,其研究方法的基础是对总量现象提出假设。不同的是,卢卡斯、新凯恩斯学派和新货币学派则更多地采取了自下而上的方法,这意味着微观——微观经济学家关注个体有什么样的行为,而后将这些个体行为加总得到大致的总体模型。[②] 分析方法的不同,一方面是经济学理论通过竞争而完善,另一方面也构成对反周期政策法律化前提的再检视。

小罗伯特·卢卡斯早在1977年的《理解经济周期》一文中指出,经济界在大约40年的时间里满足于下面两个相关的观点:市场经济本身很容易出现剧烈的波动,而波动只能通过政策强有力的快速反应来缓解;经济学家掌握了一门经过科学检验的知识,可以随时确定政府的反应应该是什么。[③] 他对第二个观点提出疑问指出,其在解决有关政府稳定性政策的作用是应该减少自身破坏性部分,还是积极地弥补私人部门不稳定性的争端方面起不了多少作用。[④] 1987年卢卡斯在《经济周期的模型》中进一步提出:战后美国从稳定增长的偏离实际上是并不足道,并不需要就此为其赋予在法律中的高优先级目标。就此,激发的讨论首先聚焦于两点:(1)后续的研究是否证实战后的宏观经济波动是一个不足道的问题;(2)这样的评估就关于追求稳定化政策的内在收益问题,

① 参见[挪威]拉斯·特维德著:《逃不开的经济周期》,董裕平译,中信出版社2012年版,第235~236页。

② 同上书,第239页。

③ 参见[美]小罗伯特·卢卡斯著:《经济周期理论研究》,朱善利等译,朱善利校,商务印书馆2012年版,第283页。

④ 同上。

于我们有何指引?[①]

加迪・巴列维的实证研究指出,卢卡斯的计算极大地低估了战后宏观经济波动性的真实成本。[②] 由此引申出两个问题:第一,在该时期,政策制定者是否应该采取更加积极的稳定经济措施?第二,是否如法律规定的一样,稳定化应当作为指引政策制定者的重要优先目标?[③] 就此,巴列维对经济周期的成本和稳定化的收益作出了定量研究得出:[④](1)即便在战后时期明显存在经济周期的巨额成本,但若政策制定者推进更加具有积极的稳定化措施是否会提升社会福利,也是远不明确的。因为,在这一时期,至少有些造成经济周期波动的冲击并不是可以容易被抵消的。(2)与此同时,甚至是适中的波动性也能造成大量社会成本的事实,是对政策制定者应当将稳定增长作为一个重要目标的再次确认。也就是说,虽然不可能应对所有的波动性,但是防止经济陷入更加大的波动性应当必然地被列为高优先级的目标。

问题的关键是,仅仅因为经济周期造成的成本是高昂的,并不能自动得出稳定化是可欲的这一结论。实际上,重要的是区分经济周期波动的成因、政策制定者合用的政策工具,以及这些工具是否能够有效地抵消背后的冲击。换言之,即使卢卡斯最初的研究低估了经济周期的成本,但他的进一步的稳定化是无根据的论断依旧可能是正确的。在2003年的回顾文章中,卢卡斯对战后时期的产出波动性来源的证据进行分析指出,至多只有1/3的偏离可以被归因于货币流通紊乱(Monetary Shock),这是美联储大概最有机会予以抵销的;余下来的70%的产出波动是由于实体经济变量的改变造成的。即战后时期周期波动的性质的证据表明,政策制定者不应当试图去抵消实体经济变量中的外生波

---

① See Gadi Barlevy,"The Cost of Business Cycles and the Benefits of Stabilization",*Economic Perspectives*,Vol. 1Q,2004,pp. 32 – 33.

② 因为,虽然卢卡斯正确地指出总消费并没有随着经济周期而产生大的波动,因此即使波动被烫平,反应总体消费的单个家庭的消费也不会显著改善。但是,除了消费波动性的直接成本之外,有证据表明由于经济周期对于经济活动水平和增长率的影响,造成了更大的非直接成本。即生活在经济波动性的世界并不仅迫使家庭要面对不确定性的消费,还必须比其本来要消费得更少。这二者并非相互排斥,真实的成本应当是二者的加总。See Gadi Barlevy,"The Cost of Business Cycles and the Benefits of Stabilization",*Economic Perspectives*,Vol. 1Q,2004,p. 44.

③ See Gadi Barlevy,"The Cost of Business Cycles and the Benefits of Stabilization",*Economic Perspectives*,Vol. 1Q,2004,p. 44.

④ Ibid.,pp. 44 – 45.

动,并不存在可以实施更加积极的稳定化政策的空间。① 但是,即使政策制定者并不能比其在战后时期所采取的政策更加积极,他们依旧能够在防止经济遭受更多的冲击从而使产出变得更加波动上扮演重要的角色。② 据此可以认为,确定政策制定者是否应当更加积极的行动,取决于对经济周期波动的最终驱动力量的更好的认识。就此,经济学家正在取得缓慢的进展。但在此期间,即便是最终留给政策制定者抵御周期性冲击的作为空间很有限,维持一个稳定增长的路径仍然是一项十分可欲的目标。因为,这至少使政策制定者防止了经济在此期间变得更加波动。③

(二)反周期政策法律化的边界

既然某种程度的反周期政策被视为必要,接下来要探寻的就是反周期政策法律化的边界。就此,应从《稳定增长法》与《平衡增长法》的实施状况、操作面缺陷及其改革展开分析。

1.《稳定增长法》的实效与缺失

1967 年《稳定增长法》出台之时,恰逢德国出现战后经济萧条(0 增长率和 2.2% 的失业率)。在 1968 ~ 1969 年这两年中,经济增长率再次达到 8%,失业率降到 1% 以下。④ 这仿佛表明,一切都在《稳定增长法》设置的轨道上发展,使该法在制定之初得到了广泛的正面评价。然而,这一境况得益于越战使美国和其他工业国家的物价迅速上涨(德国因经济萧条除外),⑤以及这些国外的需求对经济的刺激。好景不长,面对景气减弱后 1974 年开始的世界性衰退,反衰退措施下以高失业率为代价换取的经济短暂复苏在 1977 年又出现新的衰退。20 世纪 80 年代初的又一次经济低谷,使联合政府内部陷入分裂。由此,《稳定增长法》的问题也暴露出来:⑥知识上的缺陷,经济学知识与经济统计观察的状况使人们在做出景气政策诊断时没有把握,在方向和时机上都有选择上的失误;决策上的缺陷,经济手段的选取不得不糅杂着政治上的考虑从而使原本可能有

---

① See Gadi Barlevy, "The Cost of Business Cycles and the Benefits of Stabilization", *Economic Perspectives*, Vol. 1Q, 2004, p. 45.

② Ibid.

③ Ibid., p. 46.

④ 参见[德]卡尔·哈达赫著:《二十世纪德国经济史》,扬绪译,商务印书馆 1984 年版,第 214 页。

⑤ 参见[德]迪特尔·格罗塞尔主编:《德意志联邦共和国经济政策及实践》,晏小宝等译,上海翻译出版公司 1992 年版,第 37 页。

⑥ 同上书,第 308 页。

效的操作方式的效果大打折扣;作用缺陷,时间上的迟滞、作用对象的观望反应使秩序政策难以达到理想的目标。如此种种,使要求改革的声音①越来越强烈,有的建议经济景气政策的地区化,有的主张量化该法(联邦经济部以更高的所得税附加、更高的经济平衡储备金和更严厉的限制公共部门信贷的形式提出量化建议),有的建议通过中央集权解决方案框架下的强制性协调来获得经济政策上的成功,还有人主张引进货币主义的理论从调节机制的角度策动改革。最后,在1975年的修法中采纳了部分建议。

2.《平衡增长法》的实效与缺失

自《平衡增长法》的前身《就业法》颁布以来,财政政策在美国最初被认为是政府履行职责的主要手段。但随着朝鲜战争和“冷战”在决定政府预算方面起到重要作用,政府的支出与税收无法随环境的改变而适时地进行反周期运动;并且,国内外的经验在一定程度上恢复了人们对货币政策功效的信心,结果货币政策作为促进充分就业和价格稳定的手段被进一步强调。② 20世纪70年代的经济滞胀,加速使货币政策重回舞台中心,但《平衡增长法》颁布后并未立即产生效果。当时执政的卡尔政府虽承认美国经济陷入衰退,但考虑到通货膨胀的威胁,没有采取任何反衰退行动,继续奉行紧缩性财政货币政策。③ 20世纪80年代,里根政府开始大规模削减个人及公司所得税和非国防支出,放慢货币增长速度、抑制通货膨胀,切实放松政府管制、平衡预算等措施,最终将通货膨胀率从1981年的10.4%降低到3%～4%徘徊,失业率从1982年的9.6%降为1988年的5.6%。④ 克林顿政府任内,以削减和消灭预算赤字为核心的财政政策,得到格林斯潘任主席的美联储的灵活有效的货币政策配合,突破了理论上的最佳失业率限制,将失业率降到4%,且经济仍在稳定增长而未出现通货膨胀。⑤ 由此,西方国家曾普遍认为,由于实行“利率微调”为主的宏观经济调控政策,美国实现了长达10余年的“低失业率、低膨胀率、高增长率”的“两低一

---

① 参见[德]克里斯蒂安·瓦特林:《全面经济调控和收入政策——对〈促进经济稳定和增长法〉的考验》,载[德]何梦笔主编:《秩序自由主义》,董靖、陈凌、冯兴元等译,中国社会科学出版社2002年版,第434～445页。

② 参见[美]米尔顿·弗里德曼、安娜·J.施瓦茨著:《美国货币史:1867～1960》,巴曙松、王劲松等译,北京大学出版社2009年版,第426页。

③ 参见刘绪贻、杨生茂著:《美国通史》(第6卷·上),人民出版社2002年版,第468页。

④ 同上书,第498～502页。

⑤ 同上书,第560～561页。

高”宏观调控效果。直到2008年的世界金融危机爆发,人们才认识到“两低一高”的现象是由于世界经济长期失衡,美国等发达国家的物价上涨因素被中国等新兴国家以廉价劳动力和廉价资源环境大量消化掉的结果。①

3. 反周期政策法律化的历史意义

《稳定增长法》的实施,虽然由于在操作层面上的(至少是暂时的)失败受到了各方的批评。② 近年来,由于德国统一所带来的结构性经济问题,以及在欧盟框架下包括货币政策决策权在内的部分经济权力的让渡,更是使该法的作用有所弱化。但是,《稳定增长法》2015年的修订表明,该法并未由此被悬置,而是在实践中不断完善。进一步地,以历史的眼光来评判,《稳定增长法》的贡献是无法否定的:不仅阻止了经济的衰退,延续了战后联邦德国的高速经济增长;而且使民主社会主义的秩序政策主张以凯恩斯主义的形式制度化在社会市场经济模式之中。③《稳定增长法》奠定的稳定增长框架与《反限制竞争法》设计的微观经济环境相结合,确立了德国整个社会市场经济体制的基本框架,从法律上规定了社会市场经济的性质。

与《就业法》相比,《平衡增长法》最突出的,就是第一次以独立的条款将货币政策编入法律,明确其为实现美国经济发展的重要手段,并赋予美联储在制定、执行货币政策方面的权威。④ 根据《平衡增长法》规定,总统每年必须向国会提交国情咨文,美联储则需每年两次向国会递交货币政策执行报告,从而使美联储从其他联邦政府部门中独立出来,在法律上具有与美国总统相同的制定与执行宏观经济政策的权力,进而促使美国宏观经济政策制定的重心逐渐从白宫转向美联储。⑤《平衡增长法》与《联邦储备法》奠定的以充分就业为中心、货币政策为主导的平衡增长框架,与1890年的《谢尔曼法》、1914年的《联邦贸易委员会法》和《克莱顿法》所确立的微观市场机制保护,成就了美国自由市场经

① 参见王诚著:《促进就业为取向的宏观调控政策体系研究》,中国社会科学出版社2012年版,第121页。

② 较有说服力的批评认为,《稳定法》中的目标方案是属于计划性质还是预测性质模糊不清,另外政府和经济协会的协调一致的目标是否可以达到也是值得置疑的。参见[美]克里斯蒂安·瓦特林:《全面经济调控和收入政策——对〈促进经济稳定和增长法〉的考验》,载[德]何梦笔主编:《秩序自由主义》,董靖、陈凌、冯兴元等译,中国社会科学出版社2002年版,第434~445页。

③ 参见沈越著:《德国社会市场经济评析》,中国劳动社会保障出版社2002年版,第244页。

④ 参见董磊著:《战后经济发展之路:美国篇》,经济科学出版社2012年版,第90页。

⑤ 同上。

济体制的法治结构。

（三）稳定—平衡增长法制道路的选择

1. 宏观经济政策的重心与稳定—平衡增长的道路

《稳定增长法》与《平衡增长法》也彰显出不同的经济政策传统：英、美等国的经济学家在增长与稳定、效率与公正的天平上更多的偏重于增长与效率，而德国的经济学家则更加偏重于稳定与公正。经历了20世纪几次大的经济危机的洗礼，各国在经济目标的定位上开始趋近化，注重增长与稳定共举，效率与公平并重。但是，由于各国的历史传统、现实状况的不同，价值取向还是存在深层差异。这种评判没有绝对的优劣，更多的是适用与否的问题。

进一步地，资本主义社会的市场经济模式有三大代表：以英国和美国为代表的“盎格鲁—撒克逊模式”，以德国为代表的“日耳曼—拉丁模式”（又被称为“莱茵模式”），以日本等国为代表的“东亚模式”。以美英为首的西方国家大多采用“促进就业”的宏观调控政策，但美国由于其世界基准货币和储备货币发行国的以及高消费低储蓄的特殊国际地位及经济结构，不仅造成美国与其他国家之间长达几十年的国际收支巨额不平衡，还使本来属于“宏观经济问题”的问题，反而成为“体制性问题”而被排除在宏观经济调控可作用范围之外。[①] 正因如此，美国模式并不具有制度移植的意义。反观德国的市场经济模式的输出，可以得出更有益的镜鉴。最初，德国模式输出的对象是需要调和政治经济等各方面变构所激发的矛盾的发展中国家；20世纪80年代末，随着苏东社会主义阵营的解体，该模式随着德国的经济援助开始扩展到东欧各国；在欧洲一体化的过程中，德国通过牺牲经济利益来换取其他国家在规则上的让步使其经济体制进一步渗透到与其经济实力处于同一位阶的资本主义国家。[②] 德国模式的输出是强大经济实力和社会市场经济模式优越性共同作用的结果。然而，德国在第二次世界大战的摧残下经济倒退落后，经过正确的经济政策激发后迅速释放出其结构内蕴藏的能量。这与发展中国家由于历史和地理上的原因长期以来处与一种结构性的底层，长期积贫积弱的经济落后是不可相提并论的。这意味着，发展中国家并不必须依照德国的社会市场经济模式进行改造；美国模式不可复制，也不意味着其中没有可资借鉴之处。不仅如此，比较主要发达国家宏

---

① 参见王诚著：《促进就业为取向的宏观调控政策体系研究》，中国社会科学出版社2012年版，第121页。

② 参见沈越著：《德国社会市场经济评析》，中国劳动社会保障出版社2002年版，第2~4页。

观经济政策(参见表5－1),随着时间的推移重心也在发生变化,不能仅仅截取某一段的促进经济稳定增长的样本,应当在足够长的时间长河中进行旷观,才不会错失河道的变化。

表5－1　主要发达国家宏观经济政策比较

时期	20世纪五六十年代	20世纪七八十年代	20世纪90年代及以后
经济 / 国家	经济大危机过后失业问题严重	经济停滞与通胀并存	经济从停滞到复苏,通胀抬头
美国	以充分就业为主	以稳定货币为主	以反通胀为唯一目标
英国	以充分就业兼顾国际收支平衡	以币值稳定为主	以反通胀为唯一目标
加拿大	充分就业,经济增长	以物价稳定为主	以反通胀为唯一目标
德国	以稳定货币为主,兼顾国际收支平衡		
日本	国际收支平衡,物价稳定		

资料来源:中国人民银行金融研究所"货币政策有效性研究课题组",1997年。转引自王诚著:《促进就业为取向的宏观调控政策体系研究》,中国社会科学出版社2012年版,第120页。

2. 稳定—平衡增长法制路径的延伸及其挑战

1997年欧盟在德国推动下达成《稳定与增长公约》构成了稳定增长法制路径从德国向欧盟的延伸,其中暴露出的问题与挑战具有借鉴意义。该公约阐明了《马斯特里赫特条约》中有关过度财政赤字的条款,特别是有关预算赤字可以突破3%指导值的情况,以及成员国在拥有过度财政赤字的情况下受到制裁的时间和规模;货币联盟的参与者承担了在中期内保持财政地位"接近平衡或盈余"的义务,允许成员国在对付正常的周期波动时,保持财政预算赤字达到或低于指导值。① 在此基础上,各成员国必须遵守并每年更新"稳定计划"(stability programme),包括接近平衡或盈余的中期财政预算目标与调整手段。② 为此,《稳定与增长公约》规定成员国必须每年向欧盟委员会提交两次财政预算的数据资料。(1)如果欧洲理事会通过法定多数断定存在过高赤字,就必须就如何

① 参见[荷兰]塞尔维斯特尔·C. W. 艾芬格、雅各布·德·汉著:《欧洲货币与财政政策》,向宇译,中国人民大学出版社2003年版,第129页。

② 同上。

消除过大的赤字提出劝告，若劝告得以遵循则程序中止；(2)否则欧洲理事会必须决定是否通知有关国家对消减财政赤字采取具体的措施，成员国在收到要求后可以通过采取所涉具体措施避免制裁；(3)如果成员国没能采取切实的措施避免制裁，或者欧洲理事会发现措施不充分的，则形成决议立即实行形式为无息存款的制裁(成员国在2年以内还未纠正其过大的赤字则转化为罚款)。①

在《稳定与增长公约》的框架下，违反赤字标准而受到的制裁是相当严厉的，但问题是规定并没有支持负债比率过高的情况下会有什么样的制裁措施。更要紧的是，制裁措施并不能缓解目前的问题，存款制裁会增大负债比率，而罚款制裁会导致政府赤字和总负债双双增大。最后，当大批的成员国同时陷入严重的财政困难之时，这些纪律是否还要坚持下去也存在问题。② 颇为诡异的是，在欧元正式进入流通领域以后，欧元区两个最主要经济体——法国和德国实施的财政政策先后违反《稳定与增长公约》。依据该公约，应对违反规定的国家实行相应的制裁以保证公约的有效性、权威性。但是，在经过激烈地争论后，欧盟财长委员会作出裁决：目前暂时不对法、德两国实施经济制裁，并允许两国在2005年以前将财政赤字占GDP的比率恢复到公约规定的范围之内。这一裁决意味着，《稳定与增长公约》关于财政纪律的规定并不是不可动摇的，其权威性受到质疑，因此在欧盟内部引起很大争议。③

当然，国与国之间公约所建立的财政约束及其制裁，无疑更多偏向于软约束与不制裁。但其中折射出来的问题，在不同组织形式的国家处理央地关系或联邦与州的关系时显然同样存在，而若涉及中央政府或联邦政府自身的财政政策突破法律约束更是难以寻求最后的仲裁者。明显地，稳定增长法制路径不仅存在选择上的困难，而由于其指标的软约束特性，亦暴露出在出现路径偏离之时，恰当的、有效的救济方式和制裁措施的缺失或不足。

三、中国的选择：在发展规划与稳定—平衡增长法律之间

在中国，由于典型的二元结构——现代的工业部门与落后的传统农业部门

---

① 参见[荷兰]塞尔维斯特尔·C.W.艾芬格、雅各布·德·汉著：《欧洲货币与财政政策》，向宇译，中国人民大学出版社2003年版，第130~131页。

② 同上。

③ 参见范幸丽、杜凤莲：《〈稳定与增长公约〉与法德财政赤字超标——兼论欧元区财政纪律的取向》，载《国际经济评论》2004年第4期。

并存,发达的城市与落后的农村并存;以及长期处于计划经济体制之下,在渐进式改革过程中双重体制并存,体制的沉淌和惯性导致的弊端仍旧存在。这种特殊的国情决定了,在宏观调控的实施手段和作用过程上不仅要考虑采取总量调节的方式,还必须要结合采取结构调节和体制调节的方式。[①] 即便是在总量调节方面。在中国,由于财政收入占 GNP 的比重偏小,加之财政支出的“软约束”,财政政策效用的发挥有着很大的局限;由于金融市场发育不健全,中央银行自主权不够,货币政策的缺陷也十分的明显。[②] 显然,在如此复杂深刻的国情背景下照搬西方“现代化的框架”[③]是不可取的。然而,德国《稳定增长法》和美国《平衡发展法》仍促使中国对宏观调控法制,及其与当前中国发展规划实践之间协同发展问题进行反思。

(一)稳定增长秩序作为产业发展的环境

第一,宏观调控的合法性。宏观调控是为对市场失灵的一种救济,目的是能够保持经济运行的稳定,促进经济发展的平衡。在世界银行的《世界发展报告》中,宏观调控被认为是政府提供的最重要的公共物品——稳定的宏观经济环境。[④] 一方面,宏观调控所供给的稳定增长秩序可以为经济运行、产业发展提供良好的外部环境;另一方面,政府在提供宏观调控这种公共物品的同时不可避免地会产生负外部性,要用法律来规约政府的权力异化,使其活动在法制框架内依依照法定程序运行。因为,权力在社会关系中代表着能动而易变的原则,当宏观调控的权力未受到控制时,这种自由流动、高涨的能量的破坏性作用

---

① 在转轨经济中:第一,总量与结构。总量的失衡,无论是总供给的过剩还是需求的扩张一般都不是均衡分布的,都具有结构效应;经济结构的失衡通过基础产品的价格上涨、财政收入刚性和资产存量刚性、减少有效供给扩大名义需求等方面加剧总量矛盾,引起总量的失衡。因此,在结构失衡时单纯实行总量政策不仅难以实现经济的平衡,反而会使问题进一步恶化。反之亦然。第二,总量与体制。由于宏观经济运行的特殊制度(特别微观体制)基础,总量分析与总量政策的局限性更加明显。第三,结构与体制。由于缺乏完善的要素市场的培育、地方政府行为的市场化、国有经济主体的预算软约束化等原因影响了结构,进而制约着体制改革的过程。参见张宇著:《过渡政治经济学导论》,经济科学出版社 2001 年版,第 161 页。

② 参见陈秀山主编:《政府调控模式比较研究》,北京出版社 1999 年版,第 356 页、第 362 页。

③ 该框架往往是在中国知识分子思想深层中被视为当然而不被追究……要么毫无批判地向西方舶取经验和引进理论,要么使有关中国发展的研究及其成果都经此框架的过滤。参见邓正来:《中国发展研究的检视》,载邓正来著:《市民社会理论的研究》,中国政法大学出版社 2002 年版,第 107 ~ 108 页。

④ 参见刘文华、丁亮华:《公共物品、市场自由与宏观调控——市场与国家互动结构中现代法之理性变迁》,载刘文华主编:《宏观调控法制文集》,法律出版社 2002 年版,第 18 页。

是巨大的。① 而法制化是扩展政府经济过程干预行为的正外部性，降低其负外部性最稳定有效的方式。就此，德国《基本法》第 22 条和第 109 条的关于宏观调控的需要②是由《稳定增长法》落实的。在我国，《宪法》第 15 条关于"国家加强立法，完善宏观调控"的需要也应该由具有相应的宏观调控法制来落实。通过在宏观调控公共产品的供给和宏观调控权力的制约两个方面作出法律制度的安排，引发调控相对人的良性互动，从而也使宏观调控更加有效率。

第二，宏观调控法制的必要性。谢怀栻先生车译介《[联邦德国]经济稳定与增长促进法》时富有远见地指出，"这是联邦德国为保证其社会市场经济的实施而制定的一个基本法律，对我国颇有借鉴意义"。③ 随后在 1993 年张守文率先提出，在中国由计划经济向市场经济转化阶段，通过法律的形式把宏观经济的四大目标及其实现手段确立下来，制定一部《经济稳定增长法》也是十分必要的；在市场经济条件下，保持经济的稳定增长是至关重要的，没有增长的稳定是低层次的，而没有稳定的增长也是不会长久的。④ 进而，谢增毅强调，宏观调控各自领域立法的发达和完善，并不能阻止它们制定综合性宏观调控法律。⑤ 叶珊比较促进稳定发展的法律类型指出，现代国家的治理必然追求经济与社会的稳定发展，需要法律作为制度架构用来促进发展，规定采用的程序、争议解决的机制、负责监督和审议发展计划的机构：英美法系国家通过限制干预型立法以"稳定"促进发展，大陆法系国家强化依法调控型立法以"鼓励"促进发展。⑥

然而，作为发展型国家的中国，实施改革开放以来，在加强和改善国家宏观调控的过程中，鉴于经济政策目标的多元性、替代性和顺序性，必须对经济政策目标进行选择；而在 20 世纪 90 年代这一经济体制向市场经济转换的过渡期以及经济加快发展的成长期，被认为应确立的四大经济政策目标是：(1)包含有经济增长、产业结构和消费者结构改善、生活环境改善的经济发展目标；(2)包含

---

① 参见[美]E. 博登海默著：《法理学：法律哲学与法律方法》，邓正来译，中国政法大学出版社 1999 年版，第 360 页。

② 联邦德国《基本法》第 22 条规定："国家有义务对经济发展带来不利于社会的结果进行干预"；第 109 条规定："在预算管理中，联邦和各州政府应适当考虑经济的整体平衡的需要。"参见张千帆著：《西方宪政体系》(下册)，中国政法大学出版社 2001 年版，第 646 ~ 659 页。

③ 谢怀栻：《[联邦德国]经济稳定与增长促进法》，载《外国法译评》1989 年第 1 期。

④ 参见张守文：《德国的〈经济稳定与增长促进法〉》，载《外国法译评》1993 年第 4 期。

⑤ 参见谢增毅：《德国〈经济稳定与增长促进法〉及其新启示》，载《当代法学》2002 年第 3 期。

⑥ 参见叶姗：《促进稳定发展的法律类型之比较研究》，载《现代法学》2009 年第 2 期。

有物价稳定、低失业率和国际收支改善的经济稳定目标;(3)资源有效配置的经济效率目标;(4)提现收入和财富在阶层和地域间分配合理的经济公证目标。[①] 进而,在“发展才是硬道理”的指引下,促进经济的尽快发展,赶超发达国家、新兴工业化国家和地区,使人民和国家尽快富裕起来被作为首要的经济政策目标,以产业政策为中心的经济发展政策体系被建立起来。在建立社会主义市场经济的过程中,发挥货币政策、财政政策等总量政策的作用无疑重要,但由于发展中国家的总量问题和发展问题、结构问题都是紧密结合在一起的,特别是中国这种二重结构明显的国家,充分就业和通货膨胀更多的就是结构问题、发展问题,只有在发展中才能解决充分就业。[②] 由此,面对宏观调控所要解决的问题,产业政策在一定时期内甚至是更加有效的解决方案,宏观调控法制的必要性也就陷入了存疑的实然境地。例如,在国务院《关于当前产业政策要点的决定》(国发〔1989〕29 号)中就明确提出,“必须从当前的实际情况出发,合理制定产业政策,在压缩和控制社会总需求的同时,下功夫调整和改造产业结构,以防止出现经济滞胀现象,在优化结构的基础上提高国民经济的素质和效益”。进一步地,产业政策虽在一定时期内构成对宏观调控的替代,但其毕竟不是宏观经济政策,在经典学说中被视为微观政策,即便在日本也只能被视为准宏观政策;一旦被界定为宏观政策,完全为经济稳定目标服务,就会失去产业政策自身的意义。[③] 直至产业发展的赶超阶段结束,聚焦于发展的产业政策不仅边际效应递减而且暴露出来的问题越来越多,甚至要让位于竞争政策之时,服务于稳定的宏观调控及其法制才具有了更迫切的现实意义。

第三,宏观调控法治的稳定—平衡增长法定位。在宏观调控法制的定位上,有学者认为应该是计划法,也有认为宏观调控基本法应该是产业结构调整法,还有认为应该是“国家宏观调节法”。[④] 显然,计划法的提法已不合时宜,产业结构调整法限于局部,国家宏观调节法又遁入抽象。当今,凸显的问题毋宁是:宏观调控法制应当聚焦于作为危机对策的反周期政策的法制化,还是平滑经济波动的稳定—平衡增长政策的法制化。再回到理论基础上,哈耶克与凯恩

---

① 参见刘鹤、杨伟民著:《中国的产业政策:理论与实践》,中国经济出版社 1999 年版,第 47 页。

② 同上。

③ 同上书,第 58 页。

④ 王全兴、管斌:《宏观调控法若干基本问题探讨》,载刘文华主编:《宏观调控法制文集》,法律出版社 2002 年版,第 75 页。

斯的世纪之争看似壁垒森严，实际上却又不乏互补之处。比较而言，哈耶克解释繁荣如何突变成危机，而凯恩斯则解释危机如何变成萧条：在危机发生之前，哈耶克关于社会提高自愿储蓄的对策很可能有助于避免危机，虽然在危机已经发生的情况下它会加重萧条；而危机一旦发生，凯恩斯提高有效需求的对策才是正确的选择。[①] 根据晚近经济学的经验研究，反周期政策的作用有价值不宜放大，但在突变发生之前国家经济调节亦大有可为，宏观调控法制中平滑经济波动政策的法制化应成为核心。实际上，美国法和德国法下都将调控目标的落实具体到年度计划。根据《稳定增长法》，以联邦经济部长为主席的"反周期政策委员会"，除了作为短期反周期措施的货币政策与财政政策综合使用之外，联邦政府每年拟订滚筒式五年中期财政计划，并以国家预算的形式，分别指定五年和一年的国家经济政策目标。《平衡增长法》规定，总体经济报告中需要明确年度数量目标：包括前两年的短期目标或运转目标和后三年的中期目标或过渡目标。实际上，《稳定增长法》和《平衡增长法》在面对真正的经济危机时暴露出操作面的缺陷，唯在日常经济运转中的其制度价值方得彰显。且鉴于中国经济的转轨特质，明确经济稳定—增长法既是政府宏观调控的确权法，又是其调控行为的框架约束法的特质基础上，应当在反周期的非常法和中期规划的常态法之间寻求平衡。

（二）发展规划法律的未来：产业发展对稳定增长秩序的影响

在没有确立宏观调控基本法的国家，同样长期存在计划与规划。特别是在发展型国家，持续发挥作用的计划/规划是其实现经济发展赶超的重要制度安排。在新中国，国民经济与社会发展五年计划/规划更是横亘经济发展的全过程。在此，首先要将其与计划作出区分。徐孟洲认为，规划是指各级政府拟定的适用于引导经济和社会发展的，有时间延续性和空间限定性的战略指导性计划。[②] 杨伟民从计划与规划的比较入手，指出二者都有谋划未来的意思，但"计划"一词起源于计算，其含义中的时间和数量色彩更重一些；而规划侧重于空间布局，将五年计划改为五年规划目的之一就是增强规划的空间约束功能，从人口分布、经济布局与区域资源环境承载能力相协调的高度谋划发展。[③] 规划的

---

① 参见张旭昆：《经济波动理论：哈耶克与凯恩斯的互补》，载姚中秋、王建民主编：《经济周期与宪政秩序》，浙江大学出版社 2010 年版，第 41 ~42 页。

② 参见徐孟洲：《论经济社会发展规划与规划法制建设》，载《法学家》2012 年第 2 期。

③ 参见杨伟民主编：《发展规划的理论与实践》，清华大学出版社 2010 年版，第 4 页。

时间相对较长，计划则相对较短；同一领域的计划与规划，计划应当以规划为依据。[①] 当前，计划与规划在中国仍同时存在。在五年规划项下，政府在每一财政年度都要制定的《国民经济和社会发展计划》就必须基于当期的五年规划做出。鉴于此，确立中国的产业发展的宏观制度环境，需要着重明确、协调经济稳定—平衡增长法和规划—计划两个层次的国民经济与社会发展谋划的问题。

1. 规划的性质与发展规划的界定

改革开放后，我国的计划体制被废除，但计划手段并未立即消失，主要以三种方式延续：第一类是具有发展战略性质的中长期计划；第二类是具有总量调控性质的年度计划（如年度增长率、物价总水平、货币供给量、国内国际收支、全社会固定资产投资等方面的数量界定及方针政策的规定）；第三类是分产业的年度计划（如具体产业的速度产量、投资指标、某些重点项目的技术改造和投资安排等）。[②] 产业政策从属于具有发展战略性质的中长期计划（"十一五"之后改为发展规划），并作为政策工具对其实施并深化；产业政策与作为总量调控目标的年度计划有相辅相成的作用，总量的指标规定了产业政策在特定年份的活动空间，而跨年度的产业政策则又为实现当年的总量目标创造了条件。[③] 即使计划成为规划，这种格局亦未改变。问题是，规划的性质什么？规划的约束力为何？规划与法律的关系是什么？

郝铁川认为，作为规划载体的纲要是法律性文件，具有法律约束力，但只是对政府具有约束力。[④] 徐孟洲以《国民经济和社会发展第十二个五年规划纲要》为分析对象，指出规划纲要具有明显的国家政策性、国家法律约束性和政策和法律的耦合性。[⑤] 杨伟民则提出，政府编制的规划是政府对一定范围内的经济、社会、文化、政治各领域在时空上的设想、谋划部署或具体安排。[⑥] 比较规划与法律的性质可知：遵循规划程序法编制的规划一经批准，以及由法律制定机关依法批准的规划都带有强制性、约束性，具有法律效力，这两类规划与法律等

---

① 参见杨伟民主编：《发展规划的理论与实践》，清华大学出版社 2010 年版，第 4 页。

② 参见刘鹤、杨伟民著：《中国的产业政策：理论与实践》，中国经济出版社 1999 年版，第 53 页。

③ 同上书，第 54 页。

④ 参见郝铁川：《我国国民经济和社会发展规划具有法律约束力吗？》，载《学习与探索》2007 年第 2 期。

⑤ 参见徐孟洲：《论经济社会发展规划与规划法制建设》，载《法学家》2012 年第 2 期。

⑥ 参见杨伟民主编：《发展规划的理论与实践》，清华大学出版社 2010 年版，第 4 页。

同。即便如此,法律往往是强制性、长期性、全局性的,规划则比较复杂,规划中有强制性、约束性的内容,也有导向性的内容,且规划适用时间有限,多数规划不是全局性的,而属于一定的领域、空间。[①] 这两类规划以外的规划,不具有法律效力。

发展规划,按照阿奇布基的定义,就是推动经济社会发展的规划:首先,它是一种规划,具有规划的特点和属性;其次,它的目的在于推动一个国家或地区的经济社会发展,关注对发展的谋划、引领和指导。[②] 杨伟民指出,发展规划是政府对国民积极和社会发展在时间和空间上的一种战略布局和具体的安排,也是对未来的一种谋划、安排或部署。[③] 杨永恒对国务院《关于加强国民经济和社会发展规划编制工作的若干意见》(国发〔2005〕33 号)所明确的国民经济和社会发展规划的"经济调节、市场监管、社会管理和公共服务职责"进行分解指出:(1)经济调节是对社会总需求和总供给就行总量调控,进行经济结构调整和优化,保持经济持续快速协调健康发展;(2)市场监管是依法对市场主体及其行为进行监督和管理,维护公平竞争的市场秩序,形成统一、开放、竞争、有序的现代市场体系;(3)社会管理是通过制定社会政策和法规,依法管理和规范社会组织、社会事务,化解社会矛盾,调节收入分配,维护社会公正、社会秩序和社会稳定;(4)公共服务是提供共产品和服务,为社会公众生活和参与社会经济、政治、文化活动提供保障和创造条件,努力建设服务型政府。[④] 据此,可观发展规划的轮廓。

2. 发展规划的作用及其法治化的必要

田锦尘指出,我国对发展内涵认识的演变至今,从单一寻求经济增长,到形成包含了经济增长、结构改善、社会进步和后代人发展的发展观。[⑤] 在该等发展观下,发展规划的主体内容也得以扩展,到"十三五规划"已形成了经济发展、创新驱动、民生福祉和资源环境四个大类构成。在此基础上,聚焦发展规划对产业发展的影响,可以考察其法治化的必要。

发展规划涉及特定空间,直接引导产业布局的展开,若科学合理地结合特

---

① 参见杨伟民主编:《发展规划的理论与实践》,清华大学出版社 2010 年版,第 4 页。

② 参见杨永恒著:《发展规划:理论、方法和实践》,清华大学出版社 2012 年版,第 23 页。

③ 参见杨伟民:《规划体制改革的主要任务及方向》,载《中国经贸导刊》2004 年第 20 期。

④ 参见杨永恒著:《发展规划:理论、方法和实践》,清华大学出版社 2012 年版,第 25 页。

⑤ 参见田锦尘:《规划指标的设计与测算》,载杨伟民主编:《发展规划的理论和实践》,清华大学出版社 2010 年版,第 150 ~ 151 页。

定地域的经济地理特性和产业集群趋势，对经济发展有促进作用。问题是由此产生的产业过度集中，如遇特定产业的衰退，则将引发大面积的结构性的失业。不仅如此，发展规划可以通过政策指引到特定产业，构成对产业结构影响。例如，受邓小平南方讲话的鼓舞，从1992年开始全国掀起了新一轮的投资热潮，加工工业因其经济技术特性成为主要的投资领域，规模小、技术含量低的中小加工企业迅速大量涌现，进一步加重了业已存在的产业结构失衡、产业低度化和分散化等问题。面对这种情况，国家被迫运用行政手段对经济进行全面调整，以实现国民经济"软着陆"。[①] 20世纪80年代后半期到90年代前半期，我国的经济绝大部分时间处于通货膨胀的压力之下，中央政府需要限制投资以实现总需求与总供给的平衡，加之计划经济时代的政策思维定式，促使政府严厉限制国家定点企业以外的企业进入轿车工业。[②] 这又进入产业组织的范围，看似在数量上限定了投资，但却导致劣不能汰，优不能入。

发展规划若介入产业组织方面，还需要关注寡头垄断与通货膨胀的关系。[③] 规划得当，不仅可以使特定地区、产业得到发展，还可以有助于预防经济波动、平滑经济周期，从而产生对国民经济与社会发展的推动与促进的效果；规划失当，则反过来会产生和放大结构性失业、加剧通货膨胀和扰乱供求平衡等问题，进而影响宏观经济的稳定，不仅未能熨平经济周期，反而放大了经济波动。进一步地，过度举债刺激需求只是推迟了危机的发生，货币金融环境可能助长债务经济、放大"繁荣—萧条"周期，而防范和划界危机的根本办法是技术变革、产业转型和社会政策调整。[④] 据此，发展规划的法治化显得愈发重要。如彭森所言，"从现在到2020年之前，将是我们的计划方式、规划方式发生非常深刻变化的几年……包括'十三五'规划的制定以及全面转变经济发展方式的工作，都要与加快规划立法工作结合起来，为发展方式转变创造一个更好的法制环境"。[⑤] 即使，就制定经济稳定—平衡增长法尚不能达成共识，法治化的规划亦当将该等增长理念作为其立法背景，区分宏观调控与规划的法

---

① 马晓河著：《中国产业结构变动与产业政策演变》，中国计划出版社2009年版，第33页。

② 同上书，第35页。

③ 参见[美]乔治·斯蒂格勒著：《产业组织》，王永钦、薛锋译，上海三联书店、上海人民出版社2006年版，第324页。

④ 参见刘鹤等：《从经济金融理论视角看两次危机》，载刘鹤主编：《两次全球大危机的比较研究》，中国经济出版社2013年版，第34~36页。

⑤ 彭森：《应加快制定发展规划法》，载《中国人大》2014年第1期。

治内涵，明确规划法治的范围和内部结构，以更加有效地聚焦并发挥规划的功能。

3. 发展规划法治的范围与内部结构的更新

改革开放以来，五年计划/规划的范围和内部结构经历了一个变化的过程（参见表5－2）。“六五计划”尚未从计划经济的影响中走出，没有对规划与宏观调控之间区别的认识，由于价格尚未放开也没有关于遏制通货膨胀的安排，在就业方面遵循的是完全就业的思路，只对外收支平衡有量化的要求。“七五计划”中的变化，是首次出现了“宏观管理”的思维，并首次提出了国内经济的增长率预期。“八五计划”开始展开宏观调控的内容，首次提出“宏观调控体系和制度”，提出控制物价总水平，并将完全就业的思维转换为充分就业（待业率）。在“九五计划”中，对“转变政府职能，增强国家宏观调控能力”作出了详细的规划，提出“宏观调控的主要任务是，保持经济总量的基本平衡，促进经济结构优化，引导国民经济持续、快速、健康发展……要以抑制通货膨胀作为宏观调控的首要任务，把目前过高的通货膨胀率明显降下来，实行适度从紧的财政政策和货币政策，基本消除财政赤字，控制债务规模；控制货币信用总量，逐步使货币发行与经济发展相适应，并保持国际收支平衡”。[①]

在“十五计划”中，首次系统提出“十五”期间宏观调控的主要预期目标为：“经济增长速度预期为年均7%左右，到2005年按2000年价格计算的国内生产总值达到12.5万亿元左右，人均国内生产总值达到9400元。五年城镇新增就业和转移农业劳动力各达到4000万人，城镇登记失业率控制在5%左右。价格总水平基本稳定。国际收支基本平衡。”在“十一五计划”中，首次明确规划的发展目标中分为预期性和约束性两类量化指标，宏观调控主要的作用在于实现预期性目标。“十二五规划”进一步提出“把短期调控政策和长期发展政策有机结合起来”，表明顶层设计的思路是将宏观调控定位为短期的相机抉择，而规划则立足于长期的发展。在“十三五规划”中提出，“必须以提高供给体系的质量和效率为目标，实施宏观政策要稳、产业政策要准、微观政策要活、改革政策要实、社会政策要托底的政策支柱”。这一表述，高度概括了当前发展规划的内部结构的主要构成。至今，从改革开放前端的“七五计划”持续演进，发展规划逐渐涵盖了宏观调控的主要内容，并明确规划与宏观调控的相互关系。问题是在国

① 参见《中华人民共和国国民经济和社会发展第九个五年计划（1996～2000）》（中国共产党第十四届中央委员会第五次全体会议通过）。

民经济增长方面,国民生产总值随着赶超的收尾正不断收敛其增长率的规划,在可以预见的将来会逐步降至发达国家宏观调控所设定的增长率一般水平;在物价稳定、充分就业和对外收支这三要素上,要么是未设定比率,要么是比率亦回落到主要市场经济体宏观调控的通常水平。这类常规性指标的稳定化,使其继续作为规划预期性目标存在的必要性存在疑问。该等指标淡出后,未来的规划中还需要规定宏观调控吗?

表5-2 改革开放以来历次五年计划/规划中的宏观调控相关内容

目次/内容	与宏观调控的关系	国民经济增长	物价稳定	充分就业	对外收支
“六五计划”	N/A	要采取有力的措施,求得经济的稳定并有一定的增长速度,同时为以后经济和社会的更好发展准备条件	N/A	到1985年年底,全国城镇新成长起来的劳动力,基本上可以得到安置	年均:进出口总额增长8.7%(进口额平均每年增长9.2%,出口额增长8.1%)
“七五计划”	计划工作的重点,要逐步地从直接控制为主转到运用经济政策和经济手段进行间接控制为主的、更全面的宏观管理的轨道上来	1990年国民生产总值,按照1985年价格计算,达到11,170亿元,比1985年增长44%,平均每年增长7.5%	N/A	争取到1990年年底,使城镇需要就业的劳动力基本上得到就业	年均:进出口贸易总额增长7%(出口额增长8.1%,进口增长6.1%)

续表

目次/内容	与宏观调控的关系	国民经济增长	物价稳定	充分就业	对外收支
“八五计划”	逐步建立经济、行政、法律手段综合配套的宏观调控体系和制度，特别要加强间接调控体系的建设，更好地运用价格、税率、利率、汇率等手段调节经济的运行	努力保持社会总需求与社会总供给基本平衡，在控制通货膨胀的前提下，促进经济的适度增长：比1990年增长33.6%，平均每年增长6%	在控制物价总水平的前提下，积极稳妥地推进价格改革	争取在“八五”期间把城镇待业率控制在3.5%以内	“八五”期间，要进一步发展出口贸易，在坚持外汇收支平衡的前提下，适当增加进口
“九五计划”	保持社会总需求与总供给基本平衡，抑制通货膨胀，防止经济大幅度波动。做到速度和效益相统一，微观活力和宏观调控相统一，总量增长和结构优化相统一	2000年，在我国人口将比1980年增长3亿人左右的情况下，实现人均国民生产总值比1980年翻两番	“九五”期间要以抑制通货膨胀作为宏观调控的首要任务	积极拓宽就业渠道。统筹规划，妥善解决城乡就业问题	控制货币信用总量，逐步使货币发行与经济发展相适应，并保持国际收支平衡

续表

目次/内容	与宏观调控的关系	国民经济增长	物价稳定	充分就业	对外收支
“十五计划”	要综合运用计划、财政、金融等手段，发挥价格、税收、利率、汇率等杠杆的作用，加强和改善宏观调控，为规划实施创造良好的宏观经济环境	经济增长速度预期为年均7%左右，到2005年按2000年价格计算的国内生产总值达到12.5万亿元左右，人均国内生产总值达到9400元	价格总水平基本稳定	五年城镇新增就业和转移农业劳动力各达到4000万人，城镇登记失业率控制在5%左右	国际收支基本平衡
“十一五规划”	本规划确定的发展目标中的量化指标分为预期性和约束性两类。预期性指标是国家期望的发展目标，主要依靠市场主体的自主行为实现。政府要创造良好的宏观环境、制度环境和市场环境，并适时调整宏观调控方向和力度，综合运用各种政策引导社会资源配置，努力争取实现	宏观经济平稳运行。国内生产总值年均增长7.5%，实现人均国内生产总值比2000年翻一番	价格总水平基本稳定。	城镇新增就业和转移农业劳动力各4500万人，城镇登记失业率控制在5%	国际收支基本平衡。到2010年货物贸易、服务贸易进出口总额分别达到2.3万亿美元和4000亿美元

续表

目次/内容	与宏观调控的关系	国民经济增长	物价稳定	充分就业	对外收支
“十二五规划”	加强和改善宏观调控。把短期调控政策和长期发展政策有机结合起来，加强财政、货币、投资、产业、土地等各项政策协调配合，提高宏观调控的科学性和预见性，增强针对性和灵活性，合理调控经济增长速度……实现经济增长速度和结构质量效益相统一	预期性目标：国内生产总值到2015年增长55.8%，年均增长7%	更加积极稳妥地处理好保持经济平稳较快发展、调整经济结构、管理通胀预期的关系	预期性目标：城镇新增就业人数4500万人，城镇登记失业率到2015年低于5%	发挥进口对宏观经济平衡和结构调整的重要作用，优化贸易收支结构

续表

目次/内容	与宏观调控的关系	国民经济增长	物价稳定	充分就业	对外收支
“十三五规划”	依据国家中长期发展规划目标和总供求格局实施宏观调控。发挥国家发展战略和规划的引导约束作用，各类宏观调控政策要服从服务于发展全局需要。完善以财政政策、货币政策为主，产业政策、区域政策、投资政策、消费政策、价格政策协调配合的政策体系，增强财政货币政策协调性	预期性目标：国内生产总值到2020年超过92.7万亿元，年均增长6.5%	稳定物价	实施就业优先战略。把促进充分就业作为经济社会发展优先目标。预期性目标：城镇新增就业人数超过5000万人	加强国际收支监测、国际收支基本平衡

资料来源：笔者根据历次五年计划/规划文本整理摘编。

（三）经济稳定—平衡增长法的内部结构的建构

随着发展型国家的赶超完成其历史使命，国民经济与社会发展五年规划中的宏观调控内容应适时退出，进入稳定—平衡增长的法定框架。由此，应为经济稳定—平衡增长法提前布划。相较于规划定位于发展的特性，顾名思义，经济稳定—平衡增长法定位于稳定与平衡。在这一象限中，稳定是纵轴，主要观照增长速度和通货膨胀，因为增长的失速和/或通货膨胀的加速都会导致普遍的经济不稳定；平衡是横轴，主要观照充分就业、对外收支平衡等，因为就业的不充分和收支的不平衡都会导致人口和/或地域等局部的经济不平衡。在内部结构上，物价稳定、充分就业、对外收支平衡三要素构成经济繁荣的标志，人称“凯恩斯三角”。[①]《稳定增长法》进而引入“促使经济持续地适当地增长”的概念，构成“魔力四边形”。[②] 而立体地看，以“凯恩斯三角”作为底座，以“经济持续地适当地增长”为塔尖，以“总体经济的平衡”为重心，或可以形成“稳定金字塔”更优化的内部结构。

第一，经济政策的总方针与具体宏观经济目标。宏观调控基本法应确立的总方针既是宣示性的又是原则性的，既有导向性，又有约束力。《平衡增长法》将充分的有效就业作为宏观经济目标的中轴，《稳定增长法》则确立了以遏制通货膨胀为中心的四大宏观经济目标。而随着环境问题的日益突出，从保护人类赖以生存的生态平衡，维护社会公正、国际公正、代际公正、企业公正等角度[③]出发，应该在基础上增加环境保护的目标。整合后的宏观经济目标可拟定为：经济持续适当的增长、物价稳定、高度就业、对外经济的平衡和符合环境要求的增长。考察中国改革开放以来的经济波动状况和当前所处经济形势，控制通货膨胀无疑是宏观调控政策的主要目标。与此同时，随着经济的工业化、城市化、二元经济转型、区域发展不平衡、外部经济冲击等因素，就业和失业问题也是宏观调控目标的重要组成。[④] 甚至在当前中国，充分就业目标相比经济增长目标，蕴涵了宏观调控所需要的更加全面的信息；与 GDP 增长率相比，充分就业这个指标在一定程度上更能够反映我国转轨经济的现状。[⑤]

第二，总体规划与年度计划。在明确计划是建立在市场基础上的前提下，经济稳定—平衡增长法中的规划只能是关于总体经济调节的规划，而不能是区

---

① 谢怀栻著：《谢怀栻法学文选》，中国法制出版社 2002 年版，第 135 页。

② 在德国学界后来认为，《稳定法》第 1 条中规定由于缺少生态和社会的因素（符合环境要求的增长，合理的收入分配，环境保护）而不再被视为合乎时势的。而《欧共体条约》中对这两个因素的纳入也从某种程度上侧证了这一点。参见[德]罗尔夫·斯特博著：《德国经济行政法》，苏颖霞、陈少康译，中国政法大学出版社 1999 年版，第 105～106 页。

③ 参见庞华玲：《宏观调控可持续发展法与社会公正理论》，载刘文华主编：《宏观调控法制文集》，法律出版社 2002 年版，第 226～233 页。

④ 参见王诚著：《促进就业为取向的宏观调控政策体系研究》，中国社会科学出版社 2012 年版，第 122 页。

⑤ 第一，在最近几十年中，只要就业量出现增长，GDP 肯定也会增长，反之则不一定成立；第二，就业不仅是经济目标，也是社会目标，反映社会稳定的状况；第三，就业指标是民生指标，比 GDP 更能反映民众的福利改善状况；第四，就业是中国当前经济社会发展的关键制约因素。参见王诚著：《促进就业为取向的宏观调控政策体系研究》，中国社会科学出版社 2012 年版，第 122 页。

域或者是部门的经济计划，而年度计划的制定一般以一年为单位，以年度经济报告的方式体现。在宏观财政调节方面，应该制定相应的财政中长期计划和投资规划。财政计划的制定和实施应当由法定的机构协调配合完成。可以参考设立“反周期政策委员会”，明确其宏观调控的基本方针为货币政策与财政政策相结合，综合使用，作为短期反周期措施；并明确规定五年计划的内容构成，编制方式以及送报审核的机关；明确在投资规划过程中的联邦政府各部门的职责以及投资规划编制的形式和种类；还对投资提前的问题作了规定，为非常时期财政调节手段的运用提供了法律依据。在目标的分解上，可以包括前两年的短期目标或运转目标和后三年的中期目标或过渡目标；要求收支水平与就业与失业、生产、实际收入、生产力和价格的短期经济目标相匹配；并将五年的收支预测与降低失业和通货膨胀的中期目标相匹配；以及要求明确结构性的政策以降低通货膨胀率。此外，新修订《稳定增长法》中对投资的约束亦值得关注，即对于多年投资规划纳入财政计划的决策的作出，亦加强了决策依据的要求；对于投资规划中所包含的投资计划重叠的情况下，就金额分摊作出了明确的安排；投资计划的跨度也得以明确。

第三，货币总量调节。应将中央银行地位的独立性和功能的纯粹性问题提上日程。在德国，联邦银行拥有诸多一般法律上的货币政策、经济发展政策和调控政策的职权，以及对中短期经济发展趋势抑制或促进作用的可能性，不受联邦政府命令的影响，同时支持联邦政府的经济政策。① 在中国，从宏观调控法的角度确立国务院与中央银行之间的协作而非依附的关系也是大势所趋。独立性与专业性的货币政策制定及其理由说明互为表里。就此，从《平衡增长法》对美联储理事会报告的要求可见一斑。《平衡增长法》要求联邦储备委员会的主席每年两次向国会陈述他们的目标和概括达到预期目标的计划，明确货币和信贷总量的增长幅度，并且阐明联邦公开市场委员会该财政年度通货膨胀和出口预测幅度和主要趋势，并对预测和目标的重新评估并将来年初步目标进行细化，解释在何种情况下其计划能够或者不能够完成。理事会还有义务对预算的改变提供说明，以及对其货币政策计划和总统制定的短期目标的关系作出评论。此外，《稳定增长法》中对贷款的严格规定也值得借鉴，不仅对贷款的权限范围、贷款方式加以限制，而且还规定了贷款的最高数额，接受贷款的时间计划

---

① 参见[德]罗尔夫·斯特博著:《德国经济行政法》，苏颖霞、陈少康译，中国政法大学出版社1999年版，第124页。

在其中也有详尽的规定。除此之外,还有关于各部以及联邦各州的地方之间贷款的转让的规定。

第四,宏观调控主体。宏观调控法制化的重要目标之一是宏观调控主体的法制化,即宏观调控权的配置依照法律来进行。根据宏观调控法的决策集权原则:其一,宏观调控决策权决不能由各种各样的部门和机构分散行使。其二,宏观调控决策权必须集中在较高层次的国家机构手中。宏观调控法制化,将宏观调控权依法律限定在中央,明确地排除地方政府假借所谓的“宏观调控”来维护地方的条块利益,从制度层面解决地方对中央宏观调控的对抗问题,有助于宏观经济措施的落实。其三,在决策集权的基础上,要注重中央与地方的一致行动。在德国以联邦经济部长为主席,组成人员包括联邦财政部长、各州政府财政部长、各地方代表、联邦银行为组成成员的“反周期政策委员会”具体落实年度经济报告的过程中,要确保各部门与各级政府应当主动地实施中央政府的宏观调控政策,并在自身的权限范围内采取措施配合中央的调控措施;各部门与各级政府不得采取任何可能阻碍、变相地规避甚至抵消中央的宏观调控措施的行动,更不得背离中央的宏观调控方向而行动。

第五,储备金制度。《稳定增长法》系统地规定了联邦财政中的经济协调储备金制度。经参议院批准联邦政府可以发布法律法规命令,指示各州为其各自的经济协调准备金提供资金,经济协调储备金储存于德意志联邦银行。而财政年度届满后因此未用的资金,用于德意志联邦银行补充偿付债务或者拨付经济协调储备金。此外,新修订的《稳定增长法》增加了资金筹集的程序要求,并就经济协调准备金的投向的自由裁量权,通过修法得到了更加严格的限制。实际上,联邦政府被限定不得再以执行联邦财政为目的使用经济协调储备金;从而将其与根据该法第 1 条的各项宏观经济目标完成制定的联邦财政计划的其他项目相隔离。

第六,就业政策。《平衡增长法》将充分的有效就业作为国家目标,在此基础上,《平衡增长法》确立了创设就业岗位的四个优先级依次为:传统的私人部门就业、由联邦支持的优先项目中的私人部门就业、传统的公共部门就业项目和作为兜底的公共和私人非盈利就业计划。不仅如此,还建立了反周期努力实施的触发机制:在失业率上升时采取措施,并在失业率相对降低的时候退出干预;项目运作时提供人员支持,在经济复苏时迅速回到日常的岗位。

第七,共同应付危机的机制、经济信息传导机制与专家咨询机构。根据理性预期学派的理论,因为在公众中存在一种对政府经济政策的理性预期,[①]财政金融政策往往不能达到预期的效果。为了应对这种由于政府单方行动的低效率,可参照德国的经验,在宏观调控基本法中确立一种机制创设一个国家和民众就经济危机的对策问题进行讨论的平台,从而使宏观调控的措施能够得到更好的遵从、配合和推动,进而提升宏观调控的效率。而且,"在经济民主化和民主经济化的背景下,实现宏观调控的民主化,符合社会发展的自然法则"。[②] 进一步地,长期以来对经济上有重要意义的信息进行收集和评价是德国经济行政的一个基石。[③] 其传导包括了经济信息的横向传导和纵向传导的问题,要保证经济信息流动的畅通,就必须建立相应的机制使调控主体之间,调控主体与受体之间均建立起良好的通讯机制。此外,德国的联邦经济部中设有"经济发展专家委员会",负责提供科学的政策咨询,以利于在高深的经济学观点与具体可操作的和政治上可行的目标之间的紧张关系上进行沟通调停。中国政府在经济发展中政策运用的不同部分设立了诸多专家咨询机构,未来可以考虑就经济稳定—平衡增长法下设立综合性的专家委员会,实现货币、财政、产业和竞争政策的汇通。

---

① 理性预期假说是假定理性人,根据最大化行为原则,通过考虑一切有关的、可以得到的信息,包括他们对经济如何运行的理解在内,来形成对将来的展望,即预期。参见胡代光主编:《西方经济学说的演变及其影响》,北京大学出版社1998年版,第15~16页。

② 宋彪:《论宏观调控与政府》,载刘文华主编:《宏观调控法制文集》,法律出版社2002年版,第221页。

③ 参见[德]罗尔夫·斯特博著:《德国经济行政法》,苏颖霞、陈少康译,中国政法大学出版社1999年版,第207页。

结语：产业发展政策的终结？

政策的终结处

历史的终结，对于黑格尔来说，就是自由国家；而在马克思那里，则是共产主义社会；对于福山而言，定是民主制度。[①] 与历史终结命题紧密勾连的，是发展型国家及其产业发展政策是否终结的问题。福山指出，尽管中央计划经济在煤炭、钢铁和重工业时代能够与资本主义相抗衡，但是，它们完全无法应对信息时代的要求；并断言，对于所有追求“后工业化”的工业经济而言，决策权下放和市场化是不可避免的演进方向。[②] 这无疑是在宣告发展型国家的终结。那么，支撑发展型国家的产业发展政策终结于何处呢？没有人可以预测未来，但政策的这一终结必然是漫长的。而无论历史如何终结，发展型国家何时终结，我们都应有确信，产业发展及至整个市场经济发展的政策选择都将终结于竞争政策。当然，这并不是说未来不会再有实质性的政策事件发生，而是说政策的基本原则不会有重大改变了。

文本的未完成

产业发展的政策必将终结，产业发展的法律治理必将确立，但本书作为其阐释文本却并未完成。这种未完

---

① 参见[美]弗朗西斯·福山著：《历史的终结与最后的人》，陈高华译，孟凡礼校，广西师范大学出版社2014年版，第10～11页。

② 同上书，第112页。

成，主要是在范围上，由于学识和精力的限制，尚无法覆盖政策选择与法律治理所涉及的完整产业谱系。于是，也引申出如何界定作为作品的文本是否完成这一值得思考的命题。在音乐文本中，舒伯特两个乐章的第八交响曲（Schubert：Symphony No. 8 in B minor，D 759"Unfinished"）标题为"未完成"，系因古典时代的交响曲格式为三个乐章，虽无明文，却有定法，未完成就是未完成。观之古典诗词，更是可以感知一种文本背后潜藏的强大力量，韵律驱使思想，完成有时却是未完成。及至近代绘画，印象派画家打破古典绘画的传统，为了捕捉大自然的萤火流光，与时间赛跑，反而因为时间解放了格式，未完成即是完成。那么同为作品，社会科学研究可以"未完成"吗？雷蒙·阿隆说："对现实的分析或对未来情况的预测随历史进程和我们从中获得的知识而不断变化。"[①]于本书而言，问题是，产业发展的历史进程终结了吗？关于产业发展的知识还会变化吗？恐怕没有。那么，从这个意义上来讲，本书的文本更是"未完成"的。从来，社会科学的文本都是阶段性、超越并等待被超越的。

改革的新边疆

目前，产业发展的实践还远未完成。经济发展需要一个能够创造和规范经济与政治之间关系的发展型国家。[②] 作为市场经济国家的"经济宪法"，呼应经济民主的要求，创造规范经济与政治之间关系的良性架构，是竞争政策和反垄断法的历史使命。将竞争政策纳入国家公共政策的"选择集"，[③]规划竞争政策发展与行政体制改革的路线图，积极稳妥地实施反垄断法，因应"使市场在资源配置中起决定性作用和更好发挥政府作用"的导向，最终使竞争政策成为基础性经济政策并发挥主导性作用，使产业发展的竞争法律治理成为常态，管制—竞争体制下竞争规则的适用形成规范，外资并购国家安全审查的体系建构均衡，经济稳定—平衡增长的法律调节营造秩序环境，都必然对中国大转型产生持续的推动力。全面深化改革是一场革命，顶层设计不容有失，政策选择事关成败，法律治理影响深远。应当坚定：强化市场竞争是必由之路，确立竞争政策

---

① ［法］雷蒙阿隆著：《知识分子的鸦片》，译林出版社2005年版，第245页。

② 参见［英］张夏准：《发展型国家的政治经济理论》，载［美］禹贞恩编：《发展型国家》，吉林出版集团2008年版，第211页。

③ 致力于发展的国家面临的问题不仅仅是在一个给定的"选择集"中确认和发展成为一个理想国家，而且还是构建"选择集"本身。参见［英］张夏准：《发展型国家的政治经济理论》，载［美］禹贞恩编：《发展型国家》，吉林出版集团2008年版，第223页。

成为市场经济下主导性政策是“发挥市场决定性作用”的应有之义和必然之选。据此，国家—市场的边界将重新被界定，经济政策将通过“经济宪法”达致治理的和谐，竞争政策与竞争法律将在实践中有效融合；全面深化改革的新边疆，是界定国家—市场关系的新边疆，是确立“经济宪法”的新边疆，也是完善竞争政策与法律的新边疆。

当然，笔者对产业发展政策选择与法律治理所作的阐释，只能建构所观照到的产业发展的法治局部。

而且，我们面向法治的城邦，“在路过而不进城的人眼里，城市是一种模样；在困守于城里面而不出来的人眼里，她又是另一种模样；人们初次抵达的时候，城市是一种模样，而永远离别的时候，她又是另一种模样”。①

可是，也只有每个人建构好所处的局部，法治才有望成就整体吧。

---

① ［意］伊塔洛·卡尔维诺著：《看不见的城市》，张密译，译林出版社2012年版，第126页。

参考文献

一、著作类

1. [意]伊塔洛·卡尔维诺著:《看不见的城市》,张密译,译林出版社2012年版。

2. [美]B.彼得斯、弗兰斯·冯尼斯潘编:《公共政策工具:对公共管理工具的评价》,顾建光译,中国人民大学出版社2007年版。

3. [德]茨威格特·克茨著:《比较法总论》,潘汉典、米健、高鸿均、贺卫方译,法律出版社2003年版。

4. [日]大木雅夫著:《比较法》,范愉译,法律出版社2001年版。

5. 沈宗灵著:《比较法研究》,北京大学出版社1998年版。

6. 姚洋著:《作为制度创新过程的经济改革》,格致出版社、上海人民出版社2008年版。

7. 彭森、张小冲、金春田等著:《中国经济体制改革的国际比较与借鉴》,中国人民大学出版社2008年版。

8. 刘鹤、杨伟民著:《中国的产业政策:理论与实践》,中国经济出版社1999年版。

9. 苏竣著:《公共科技政策导论》,科学出版社2014年版。

10. 陈振明著:《政策科学——公共政策分析导论》,中国人民大学出版社1998年版。

11.［美］禹贞恩编:《发展型国家》,曹海军译,吉林出版集团 2008 年版。

12. 世界银行编:《东亚奇迹:经济增长与公共政策》,牛津大学出版社 1993 年版。

13.《邓小平文选》(第 3 卷),人民出版社 1994 年版。

14. 江小涓著:《经济转型时期的产业政策——对中国经验的实证分析与前景展望》,上海三联书店、上海人民出版社 1996 年版。

15. 马晓河著:《中国产业结构变动与产业政策演变》,中国计划出版社 2009 年版。

16. 盛斌著:《中国对外贸易政策的政治经济分析》,上海三联书店、上海人民出版社 2002 年版。

17. 吴敬琏著:《中国增长模式抉择》,上海远东出版社 2013 年版。

18.［美］弗朗西斯·福山著:《历史的终结与最后的人》,陈高华译,孟凡礼校,广西师范大学出版社 2014 年版。

19.［美］约瑟夫·斯蒂格利茨著:《发展与发展政策》,纪沫、仝冰、海荣译,中国金融出版社 2009 年版。

20. 赵伟著:《干预市场——当代发达市场经济政府主要经济政策理论分析与实证研究》,经济科学出版社 1999 年版。

21.［意］马西莫·莫塔著:《竞争政策:理论与实践》,上海财经大学出版社 2006 年版。

22.［日］金泽良雄著:《经济法概论》,满达人译,中国法制出版社 2005 年版。

23. 陈秀山著:《现代竞争理论与竞争政策》,商务印书馆 1997 年版。

24. 全国人大常委会法制工作委员会经济法室编:《中华人民共和国反垄断法:条文说明、立法理由及相关规定》,北京大学出版社 2007 年版。

25. 程念祺著:《国家力量与中国经济的历史变迁》,新星出版社 2006 年版。

26.［美］戴维 J. 格博尔著:《二十世纪欧洲的法律与竞争》,冯兴元、魏志梅译,中国社会科学出版社 2004 年版。

27. 王艳林著:《竞争法导论》,中国地质大学出版社 1992 年版。

28. 文海兴、王艳林著:《市场秩序的守护神——公平竞争法研究》,贵州人民出版社 1995 年版。

29. 邵建东著:《竞争法教程》,知识产权出版社 2003 年版。

30. 王显勇著:《公平竞争权论》,人民法院出版社 2007 年版。

31.［美］查尔斯·沃尔夫著:《市场,还是政府——不完善的可选事物间的抉择》,陆俊、谢旭译,重庆出版社2007年版。

32. 邹东涛主编:《中国经济发展和体制改革报告No.1:中国改革开放三十年(1978~2008)》,社会科学文献出版社2008年版。

33. 彭海斌著:《公平竞争制度选择》,商务印书馆2006年版。

34. 陈振明著:《政府工具导论》,北京大学出版社2009年版。

35. 杨伟民主编:《发展规划的理论与实践》,清华大学出版社2010年版。

36. 陈清泰著:《自主创新与产业升级》,中信出版社2011年版。

37. 罗豪才、宋功德著:《软法亦法:公共治理呼唤软法之治》,法律出版社2009年版。

38. 黄群慧、贺俊等著:《真实的产业政策:发达国家促进工业发展的历史经验与最新实践》,经济管理出版社2015年版。

39. 孙彦红著:《欧盟产业政策研究》,社会科学文献出版社2012年版。

40. 郭宗杰:《行政监管与反垄断法规制研究》,法律出版社2015年版。

41.［美］乔治·弗雷德里克森著:《公共行政的精神》,张成福等译,中国人民大学出版社2006年版。

42. 赵嘉辉著:《产业政策的理论分析与效应评价》,中国经济出版社2013年版。

43. 余晖著:《管制与自律》,浙江大学出版社2008年版。

44.［美］约瑟夫·斯蒂格利茨、沙希德·尤素福著:《东亚奇迹的反思》,中国人民大学出版社2013年版。

45.［美］史蒂芬·布雷耶著:《规制及其改革》,李洪雷等译,北京大学出版社2008年版。

46.［美］赫伯特·霍温坎普著:《联邦反托拉斯政策》,许光耀、江山、王晨译,中国政法大学出版社2009年版。

47. OECD编:《竞争评估工具书1:原则》(版本2.0)。

48. OECD编:《竞争评估工具书2:指南》(版本2.0)。

49. OECD, Competition Assessment Toolkit.

50. OECD: Competition Neutrality: A Compendium of OECD Recommendations, Guidelines and Best Practices.

51.［美］丹尼尔·史普博著:《管制与市场》,余晖、何帆、钱家骏、周维富译,余晖校,格致出版社、三联出版社1999年版。

52. 尚明主编:《主要国家(地区)反垄断法律汇编》,法律出版社 2004 年版。

53. [美]菲利普·阿瑞达、路易斯·卡普洛著:《反垄断法精析:难点与案例》(第 5 版),中信出版社 2003 年版。

54. [法]勒内·达维德著:《当代主要法律体系》,漆竹生译,上海译文出版社 1984 年版。

55. [美]E. 吉尔霍恩、W. 科瓦西克著:《反垄断法律与经济》(第 4 版),王晓晔注,汤树梅校,中国人民大学出版社 2001 年版。

56. 薛波主编:《元照英美法词典》,法律出版社 2003 年版。

57. 全国人大常委会法制工作委员会经济法室编:《中华人民共和国反垄断法:条文说明、立法理由及相关规定》,北京大学出版社 2007 年版。

58. 林伯强著:《中国能源问题与能源政策选择》,煤炭工业出版社 2007 年版。

59. [俄]斯·日兹宁著:《国际能源政治与外交》,强晓云等译,华东师范大学出版社 2005 年版。

60. 黄振中、赵秋雁、谭柏平著:《中国能源法学》,法律出版社 2009 年版。

61. 王丹著:《中国石油产业发展路径:寡占竞争与规制》,中国社会科学出版社 2007 年版。

62. 简新华等著:《中国经济结构调整和发展方式转变》,山东人民出版社 2009 年版。

63. 史丹等著:《中国能源供应体系研究》,经济管理出版社 2011 年版。

64. 王俊豪、肖兴志、唐要家著:《中国垄断性产业管制机构的设立与运行机制》,商务印书馆 2008 年版。

65. 曹建华、邵帅主编:《国民经济安全研究:能源安全评价研究》,上海财经大学出版社 2011 年版。

66. 林伯强著:《中国能源政策思考》,中国财政经济出版社 2009 年版。

67. [法]让·雅克·拉丰、让·泰勒尔著:《电信竞争》,胡汉辉等译,人民邮电出版社 2001 年版。

68. [日]泉田成美、柳川隆著:《产业组织理论基础》,吴波、王琳译,机械工业出版社 2015 年版。

69. 彭海斌著:《公平竞争制度选择》,商务印书馆 2006 年版。

70. 史丹等著:《中国能源工业市场化改革研究报告》,经济管理出版社 2006 年版。

71.《现代英汉词典》,外语教学与研究出版社 1990 年版。

72. 薛波主编:《元照英美法词典》,潘汉典总审订,法律出版社 2003 年版。

73. 徐国栋著:《民法基本原则研究》,中国政法大学出版社 2004 年版。

74. [英]戴维·M. 纽伯里著:《网络型产业的重组与规制》,胡汉辉、何玉梅译,人民邮电出版社 2002 年版。

75. 冯晓青著:《知识产权法利益平衡论》,中国政法大学出版社 2006 年版。

76. 刘戒骄著:《垄断产业改革:基于网络视角的分析》,经济管理出版社 2005 年版。

77. [美]乔治·斯蒂格勒著:《产业组织》,王永钦、薛锋译,上海三联书店、上海人民出版社 2006 年版。

78. [美]理查德·波斯纳著:《反托拉斯法》,孙秋宁译,中国政法大学出版社 2003 年版。

79. 国际货币基金组织编:《主权财富基金的经济学:决策者面临的问题》(2010)。

80. 许芳、刘殿国著:《产业安全的生态预警机制研究》,科学出版社 2010 年版。

81. [荷兰]塞尔维斯特尔·C. W. 艾芬格、雅各布·德·汉著:《欧洲货币与财政政策》,向宇译,中国人民大学出版社 2003 年版。

82. 顾俊礼著:《德国:社会市场经济的运行机制》,武汉出版社 1994 年版。

83. 沈越著:《德国社会市场经济评析》,中国劳动社会保障出版社 2002 年版。

84. 裘元伦著:《稳定发展的联邦德国经济》,湖南人民出版社 1988 年版。

85. 肖捷著:《德国经济体制和经济政策》,中国计划出版社 1992 年版。

86. 杨仲伟、李波主编:《联邦德国经济体制和宏观经济政策》,河南人民出版社 1998 年版。

87. 梁小民著:《弗莱堡学派》,武汉大学出版社 1996 年版。

88. 左大培著:《弗莱堡经济学派研究》,湖南教育出版社 1988 年版。

89. 朱正圻、林树众等编:《联邦德国的发展道路——社会市场经济的理论和实践》,中国社会科学出版社 1988 年版。

90. 邹东涛著:《德国社会市场经济体制》,兰州大学出版社 1994 年版。

91. 蔡来兴等著:《德意志联邦共和国宏观经济管理》,上海翻译出版公司 1991 年版。

92. 谢怀栻著:《谢怀栻法学文选》,中国法制出版社 2002 年版。

93. [德]克劳斯·格林著:《联邦德国的社会市场经济》,冯文光、裘挹红译,中央编译出版社 1994 年版。

94. [德]卡尔·哈达赫著:《二十世纪德国经济史》,扬绪译,商务印书馆 1984 年版。

95. [德]乌尔里希·罗尔主编:《德国经济:管理与市场》,顾俊礼等译,中国社会科学出版社 1995 年版。

96. [德]罗尔夫·斯特博著:《德国经济行政法》,苏颖霞、陈少康译,中国政法大学出版社 1999 年版。

97. [美]曼昆著:《经济学原理》(下册),梁小民译,三联书店、北京大学出版社 1999 年版。

98. 何勤华主编:《德国法律发达史》,法律出版社 2000 年版。

99. [美]迈克尔·罗斯金等著:《政治科学》,林震等译,华夏出版社 2001 年版。

100. 陈秀山、雷达著:《市场·国家·国际协调》,中国青年出版社 1993 年版。

101. [德]何梦笔主编:《秩序自由主义》,董靖等译,中国社会科学出版社 2002 年版。

102. 吴越著:《经济宪法学导论》,法律出版社 2007 年版。

103. 厉以宁著:《宏观经济学的产生和发展》,湖南出版社 1997 年版。

104. [美]米尔顿·弗里德曼、安娜·J. 施瓦茨著:《美国货币史:1867 ~ 1960》,巴曙松、王劲松等译,北京大学出版社 2009 年版。

105. 王晓晔著:《竞争法研究》,中国法制出版社 1999 年版。

106. 刘绪贻、杨生茂著:《美国通史》(第 6 卷·上),人民出版社 2002 年版。

107. 董磊著:《战后经济发展之路:美国篇》,经济科学出版社 2012 年版。

108. 姚中秋、王建民主编:《经济周期与宪政秩序》,浙江大学出版社 2010 年版。

109. [挪威]拉斯·特维德著:《逃不开的经济周期》,董裕平译,中信出版社 2012 年版。

110. [美]小罗伯特·卢卡斯著:《经济周期理论研究》,朱善利等译,朱善利校,商务印书馆 2012 年版。

111. [德]迪特尔·格罗塞尔主编:《德意志联邦共和国经济政策及实践》,

晏小宝等译,上海翻译出版公司 1992 年版。

112. 王诚著:《促进就业为取向的宏观调控政策体系研究》,中国社会科学出版社 2012 年版。

113. 董磊著:《战后经济发展之路:美国篇》,经济科学出版社 2012 年版。

114. 张宇著:《过渡政治经济学导论》,经济科学出版社 2001 年版。

115. 陈秀山主编:《政府调控模式比较研究》,北京出版社 1999 年版。

116. 邓正来著:《市民社会理论的研究》,中国政法大学出版社 2002 年版。

117. 刘文华主编:《宏观调控法制文集》,法律出版社 2002 年版。

118. [美]E. 博登海默著:《法理学:法律哲学与法律方法》,邓正来译,中国政法大学出版社 1999 年版。

119. 张千帆著:《西方宪政体系:欧洲宪法》(下册),中国政法大学出版社 2005 年版。

120. 杨永恒著:《发展规划:理论、方法和实践》,清华大学出版社 2012 年版。

121. 刘鹤主编:《两次全球大危机的比较研究》,中国经济出版社 2013 年版。

122. 胡代光主编:《西方经济学说的演变及其影响》,北京大学出版社 1998 年版。

123. [美]弗朗西斯 · 福山著:《历史的终结与最后的人》,陈高华译,孟凡礼校,广西师范大学出版社 2014 年版。

124. [法]雷蒙 · 阿隆著:《知识分子的鸦片》,译林出版社 2005 年版。

125. Easton D. , *The Political System: An Inquiry into the State of Political Science*, New York, Alfred A. Knopf, 1953.

126. Wolf Sauter, *Competition Law and Industrial Policy in the EU*, Oxford, Clarendon Press, 1997.

127. Andrew Gavil, William Kovacic, Jonathan Baker, *Antitrust Law In Perspective: Cases, Concepts and Problems in Competition Policy*, St. Paul, Thomson West, 2008.

128. Conor Quigley, *European State Aid Law and Policy*, 2rd edition, Hart Publishing, 2009.

129. Philip E. Areeda, Herbert Hovenkamp, *Fundamentals of Antitrust Law*, New York, Aspen Law & Business, 2003.

130. Bryan A. Garner, *Black's Law Dictionary* (*7th Edition*), St. Paul, Thomson West.

131. Alison Jones and Brenda Sufrin, *EC Competition Law* (*3rd Edition*), Oxford, Oxford University Press.

二、论文类

1. 李向阳:《国际经济规则与企业竞争方式的变化——兼评全球竞争政策和竞争方式的发展方向》,载《国际经济评论》2000 年第 11 期。

2. 盛杰民:《竞争法在中国:现状及展望》,载杨紫煊主编:《经济法研究》(第 1 卷),北京大学出版社 2000 年版。

3. 王晓晔、陶正华:《WTO 的竞争政策及其对中国的影响——兼论制定反垄断法的意义》,载《中国社会科学》2003 年第 5 期。

4. 吴宏伟:《我国反垄断法与产业政策、竞争政策目标》,载《法学杂志》2005 年第 2 期。

5. 王先林:《试论竞争政策与贸易政策的关系》,载《河北法学》2006 年第 1 期。

6. 黄勇:《论贸易政策与竞争政策的相互关系及对策建议》,载《国际贸易》2006 年第 6 期。

7. 吴汉洪、周炜、张晓雅:《中国竞争政策的过去、现在和未来》,载《财贸经济》2008 年第 11 期。

8. 时建中:《论竞争政策在经济政策体系中的地位》,载《价格理论与实践》2014 年第 7 期。

9. 徐士英:《竞争政策:反垄断法实施的政策前提》,载《中国价格监督与反垄断》2014 年第 11 期。

10. 王艳林:《竞争权研究》,载《国家检察官学院学报》2005 年第 2 期。

11. 李友根:《经营者公平竞争权初论:基于判例的整理与研究》,载《南京大学学报》(哲学人文科学社会科学版)2009 年第 4 期。

12. 黄勇、江山:《"国家—市场"尺度下的反垄断法三十年:迈向"自治—回应"型法》,载《法学论坛》2008 年第 3 期。

13. 樊纲:《"五年规划"该规划什么,不该规划什么?》,载《开放导报》2015 年第 1 期。

14. 王健:《产业政策法若干问题研究》,载《法律科学》2002 年第 1 期。

15. 王先林:《产业政策法初论》,载《中国法学》2003 年第 3 期。

16. 卢炯星:《论宏观经济法中产业调节法理论及体系的完善》,载《政法论坛》2004 年第 1 期。

17. 张波:《论我国产业政策的法治化及实施制度重构》,载《当代法学》2008 年第 1 期。

18. 王立君:《后危机时代的中国产业政策法律化思考——以日韩经验为借鉴》,载《法学》2011 年第 6 期。

19. 李青贤、张志华、苏婷:《全面深化改革背景下我国产业政策法的发展与完善》,载《天津经济》2014 年第 9 期。

20. 刘桂清:《产业政策失效法律治理的优先路径——"产业政策内容法律化"路径的反思》,载《法商研究》2015 年第 2 期。

21. 李清伟:《论公共治理理念及其法律范式的构建》,载《法商研究》2009 年第 1 期。

22. 王健:《政府管制的竞争评估》,载《华东政法大学学报》2015 年第 4 期。

23. 周海涛:《欧盟国家援助制度的现代化及其借鉴》,载《河北法学》2016 年第 8 期。

24. 周牧:《欧盟实践中关于国家援助的判定问题——论"可归因性测试"与"市场投资人测试"的适用》,载《欧洲研究》2011 年第 6 期。

25. 丁茂中:《产业政策的竞争评估研究》,载《法学杂志》2016 年第 3 期。

26. 张占江:《中国法律竞争评估制度的建构》,载《法学》2015 年第 4 期。

27. 许光耀:《合法垄断、适用除外与豁免》,载王艳林主编:《竞争法评论》(第 1 卷),中国政法大学出版社 2005 年版。

28. 黄勇:《中国〈反垄断法〉中的豁免与适用除外》,载《华东政法大学学报》2008 年第 2 期。

29. 齐虹丽:《例外与豁免:中国〈反垄断法〉适用之观察》,载《法学杂志》2008 年第 1 期。

30. 郑鹏程:《美国反垄断法适用除外制度发展趋势探析》,载《现代法学》2004 年第 2 期。

31. 张瑞萍:《我国农业产业安全的反垄断法保障机制与规则分析》,载《当代法学》2011 年第 1 期。

32. 李亮国、王艳林:《农业在反垄断法中的适用除外研究(上)——中国反垄断法第五十六条之解释》,载《河南省政法管理干部学院学报》2008 年第 4 期。

33. 管乃生:《从放松规制到规制重构:国有垄断行业改革的新思考》,载《经济体制改革》2016 年第 1 期。

34. 许安拓:《盐业专营 百弊丛生》,载《中国改革》2006 年第 5 期。

35. 沈岿:《指导案例助推垄断改革——以指导案例 5 号为分析对象》,载《行政法学研究》2014 年第 2 期。

36. 张晨颖:《反垄断法的适用与豁免——兼论我国烟草专卖制度的存与废》,载《法学》2006 年第 7 期。

37. 李剑:《烟草业需要反垄断法吗? ——烟草专卖改革的逻辑与路径》,载《当代法学》2013 年第 5 期。

38. 万江:《论烟草制品销售控制的反垄断法规制》,载李昌麒、岳彩申主编:《经济法论坛》(第 15 卷),法律出版社 2015 年版。

39. 谢治国:《新中国能源政策研究——对新中国能源政策发展过程的考察分析》,中国科学技术大学 2006 年博士学位论文。

40. 叶荣泗:《〈能源法〉框架设计思路》,载《中国电力企业管理》2007 年第 8 期。

41. 肖国兴:《论〈能源法〉的理性及其法律逻辑》,载《中州学刊》2007 年第 7 期。

42. 臧旭恒:《从哈佛学派、芝加哥学派到后芝加哥学派——反托拉斯与竞争政策的产业经济学理论基础的发展与展望》,载《东岳论丛》2007 年第 1 期。

43. 杨敏英:《完善我国能源政策制定机制的建议》,载《经济研究参考》2006 年第 36 期。

44. 杨嵘:《美国能源政府规制的经验及借鉴》,载《中国石油大学学报》(社会科学版)2011 年第 1 期。

45. 唐松林、任玉珑:《电力行业政府监管体制改革:国外经验与中国对策》,载《经济问题探索》2008 年第 8 期。

46. 周佑勇:《作为行政自制规范的裁量基准及其效力界定》,载《当代法学》2014 年第 1 期。

47. 郑雅方:《行政裁量基准创制模式研究》,载《当代法学》2014 年第 2 期。

48. 江中游:《论国有企业的改革与反垄断法的适用》,载《中国社会科学院研究生院学报》2009 年第 4 期。

49. 刘奕:《我国的行政性垄断及其规制——以石油行业为角度的探析。,载《生产力研究》2009 年第 7 期。

50. 刁艳华:《我国石油业产业规制的理论与实证研究》,载《资源与产业》2006 年第 6 期。

51. 王康鹏:《反垄断法反了谁? ——访〈反垄断法〉起草专家组成员黄勇》,载《中国石油石化》2007 年第 19 期。

52. 王燕梅:《石油工业管理体制改革与市场机制的建立》,载《国际石油经济》2008 年第 2 期。

53. 杨嵘:《论石油产业的规制与改革》,载《经济评论》2002 年第 5 期。

54. 张帆:《正确认识我国石油业的垄断与竞争》,载《中国石油企业》2006 年第 3 期。

55. 陈坤铭、温伟任:《寡占市场厂商价格跟随行为规范之研究》,载《公平交易季刊》第 13 卷第 1 期。

56. 江山:《滥用市场支配地位规制中的必需设施规则》,载《河南省政法管理干部学院学报》2008 年第 4 期。

57. 谢红慧:《欧盟竞争法中的"必要设施原则"》,载《北京政法职业学院学报》2005 年第 2 期。

58. 黄杰华:《欧盟竞争法下的"关键设施规则"》,载《西南政法大学学报》2003 年第 4 期。

59. 林平、马克斌、王轶群:《反垄断中的必需设施原则:美国和欧盟的经验》,载《东岳论丛》2007 年第 1 期。

60. 明华、杨莉:《基础设施原理在反垄断法中的适用》,载《当代经理人》2006 年第 21 期。

61. 刘孔中:《以关键设施理论限制专利强制授权之范围》,载《公平交易季刊》第 15 卷第 1 期。

62. 张长树:《枢纽设施之原则研究》,台湾政治大学法律研究所 1999 年博士学位论文。

63. 李剑:《反垄断法中核心设施的界定标准——相关市场的视角》,载《现代法学》2009 年第 3 期。

64. 胡水晶:《知识产权人拒绝交易:新经济下知识产权领域反垄断法的新课题》,载《电子知识产权》2005 年第 8 期。

65. 许松根、马泰成、颜廷栋:《国内油品产业结构、厂商行为与竞争法规范》，载《公平交易季刊》第15卷第4期。
66. 韩鸿硕、陈杰:《国防关键技术的选择与评价方法》，载《中国航天》2006年第7期。
67. 赵京波:《美国对华技术出口限制政策》，载《飞航导弹》2003年第10期。
68. 刘子奎:《冷战后美国出口管制政策的改革和调整》，载《美国研究》2008年第2期。
69. 黄军英:《美国对华技术出口管制政策走向分析》，载《国际经济合作》2009年第6期。
70. 刘凤朝、姜滨滨:《中国企业跨国并购的国家安全审查:以美国为例》，载《科学学与科学技术管理》2010年第3期。
71. 刘卿:《美国出口管制政策改革及前景》，载《当代世界》2011年第3期。
72. 黄海霞、陈红威:《美国管制对华技术出口》，载《瞭望》2009年第25期。
73. 施明浩:《从"显著利益"到"净收益":论加拿大外国投资国家安全审查要件的嬗变》，载《上海对外经贸大学学报》2015年第5期。
74. 缪因知:《国有企业视野下的主权财富基金法律规制》，载《经济法研究》第14卷。
75. 张瑾:《海合会国家主权财富基金的发展及其影响》，载《阿拉伯世界研究》2010年第1期。
76. 谢平、陈超:《论主权财富基金的理论逻辑》，载《经济研究》2009年第2期。
77. 杨力:《中东主权财富基金发展的原因、影响及其对策》，载《阿拉伯世界研究》2015年第3期。
78. 莱恩·迈尔斯:《美刊:中国主权财富基金赢得信誉》，载《中国贸易报》2012年2月9日。
79. 叶楠:《新常态下亚洲主权财富基金的投资布局与趋势研究》，载《海南财经》2015年第6期。
80. 彭岳:《论对主权财富基金的法律规制》，载《法治研究》2011年第8期。
81. 胡鸿高:《论公共利益的法律界定——从要素解释的路径》，载《中国法学》2008年第4期。
82. 高昊、张一弓:《国家经济安全和国家经济发展比较探析》，载《经济问题探索》2010年第2期。

83. 秦子夫、尤春亭、戴锋:《一种国防安全性综合评估模型》,载《信息工程大学学报》2004 年第 9 期。

84. 吴庆荣:《法律上国家安全概念探析》,载《中国法学》2006 年第 4 期。

85. 李江磊:《国防安全风险评估模型构建》,载《国防科技》2010 年第 2 期。

86. 宋伟:《国家安全:范畴与内涵——一种现实主义的视角》,载《东南亚纵横》2009 年第 3 期。

87. 赵惟:《国家经济安全与产业安全研究综述》,载《首都经济贸易大学学报》2005 年第 3 期。

88. 梁忠前:《"国家安全"概念法理分析》,载《江苏社会科学》1995 年第 4 期。

89. 曾繁华、曹诗雄:《国家经济安全的维度、实质及对策研究》,载《财贸经济》2007 年第 11 期。

90. 刘胜湘:《国家安全观的终结?——新安全观质疑》,载《欧洲研究》2004 年第 1 期。

91. 江山:《加拿大"投资—国家安全"审查中的关键资源——基于〈加拿大投资法〉的分析》,载《国际经济合作》2013 年第 1 期。

92. 张薇:《澳大利亚外资审查法律制度及应对建议》,载《国际经济合作》2011 年第 2 期。

93. 叶楠:《新常态下亚洲主权财富基金的投资布局与趋势研究》,载《海南财经》2015 年第 6 期。

94. 宋伟:《国家安全:范畴与内涵——一种现实主义的视角》,载《东南亚纵横》2009 年第 3 期。

95. 张守文:《德国的〈经济稳定与增长促进法〉》,载《外国法译评》1993 年第 4 期。

96. 谢增毅:《德国〈经济稳定与增长促进法〉及其新启示》,载《当代法学》2002 年第 3 期。

97. 余永利:《德国〈经济稳定与增长促进法〉评介》,载《法学杂志》1998 年第 4 期。

98. 吴越、沈冬军:《德国经济稳定法中一致行动原则研究——以经济稳定法对宏观调控的作用为中心》,载《西南民族大学学报》(人文社科版)2007 年第 10 期。

99. 叶姗:《促进稳定发展的法律类型之比较研究》,载《现代法学》2009 年第 2 期。

100. 王全兴、管斌:《经济法与经济民主》,载《中外法学》2002 年第 6 期。

101. 刘怀洲、张存刚:《美国财政与货币政策实践的历史考察及启示》,载《甘肃社会科学》2001 年第 1 期。

102. 方兴起、郑贺:《萨金特:从凯恩斯主义经济学家到理性预期经济学家——2011 年诺贝尔经济学奖的反思》,载《华南师范大学学报》2012 年第 3 期。

103. 范幸丽、杜凤莲:《〈稳定与增长公约〉与法德财政赤字超标——兼论欧元区财政纪律的取向》,载《国际经济评论》2004 年第 3 期。

104. 谢怀栻:《[联邦德国]经济稳定与增长促进法》,载《外国法译评》1989 年第 1 期。

105. 徐孟洲:《论经济社会发展规划与规划法制建设》,载《法学家》2012 年第 2 期。

106. 郝铁川:《我国国民经济和社会发展规划具有法律约束力吗?》,载《学习与探索》2007 年第 2 期。

107. 杨伟民:《规划体制改革的主要任务及方向》,载《中国经贸导刊》2004 年第 20 期。

108. 彭森:《应加快制定发展规划法》,载《中国人大》2014 年第 1 期。

109. Herbert Hovenkamp,"Empire:Innovation and the Domain of Competition Policy",60 *Ala. L. Rev.* 103,104(2008).

110. Conor Quigley Q. C. ,"The European Commission's Programme for State Aid Modernization",*The Maastricht Journal of European and Comparative Law*,20 MJ 1 (2013).

111. Diana L. Moss,"Antitrust Versus Regulatory Merger Review:The Case of Electricity",*Rev. of Indus. Org.* ,Vol. 32,2008.

112. J. Temple Lang,"Defining Legitimate Competition:companies' duties to supply competitors and access to essential facilities",*Fordham International Law Journal*,Volume 18,Issue2,1994.

113. Robert Pitofsky, Donna Patterson, Jonathan Hooks, "The Essential Facilities Doctrine Under United States Antitrust Law",*Antitrust L. J.* ,Vol. 70, 2002.

114. Gregory V. S. Mccurdy,"Intellectual Property And Competition:Does

The Essential Facilities Doctrine Shed Any New Light" ,*E. I. P. R.* ,Vol. 25(10), 2003.

115. Sebastien J. Evrard, "Essential FacilitiesIn The European Union: Bronner And Beyond" ,*Colum. J. Eur. L.* ,Vol. 10,2004.

116. Christopher M. Seelen, "The Essential Facilities Doctrine: What Does It Mean To Be Essential?" ,*Marq. L. Rev.* ,Vol. 80,1997.

117. Phillip Areeda, "Essential Facilities: An Epithet in Need of Limiting Principles" ,*ANTITRUST L. J.* ,Vol. 58,1990.

118. Thomas A. Piraino, Jr. , "An Antitrust Remedy or Monopoly Leveraging by Electronic Networks" ,*NW. U. L. Rev.* ,Vol. 93,1998.

119. Gregory V. S. Mccurdy, "Intellectual Property And Competition: Does The Essential Facilities Doctrine Shed Any New Light" ,*E. I. P. R.* ,Vol. 25(10), 2003.

120. Sergio BachesOpi, "The Application Of The Essential Facilities Doctrine To Intellectual Property Licensing In The European Union And The United States: Are Intellectual Property Rights Still Sacrosanct?" *Fordham Intell. Prop. Media &Ent. L. J.* ,Vol. 11,2001.

121. Bernard Hoekman, Petros C. Mavroidis, "Economic Development, Competition Policy and the WTO" (World Bank Policy Research Working Paper 2917,October 2002).

122. Gerard Lyons, "State capitalism: The Rise of Sovereign Wealth Fund" , *Journal of Management Research*,Vol. 7,Number 3,2007.

123. GadiBarlevy, "The Cost of Business Cycles and the Benefits of Stabilization" ,*Economic Perspectives*,Vol. 1Q,2004.

124. Robert E. Lucas, JR. , "Methods and Problems in Business Cycle Theory" ,*Journal of Money, Credit, and Banking*, Vol. 12, No. 4, November 1980, Part 2.

图书在版编目(CIP)数据

产业发展的政策选择与法律治理:以竞争法为中心展开/江山著.—北京:法律出版社,2016.10
(竞争政策与法律文库/黄勇主编)
ISBN 978-7-5197-0120-8

Ⅰ.①产… Ⅱ.①江… Ⅲ.①产业政策—研究②产业经济—反不正当竞争—经济法—研究 Ⅳ.①F110 ②D912.290.4

中国版本图书馆 CIP 数据核字(2016)第 253832 号

产业发展的政策选择与法律治理
——以竞争法为中心展开
CHANYE FAZHAN DE ZHENGCE XUANZE YU FALÜ ZHILI

江　山　著

策划编辑 沈小英
责任编辑 沈小英　刘晓萌
装帧设计 李　瞻

出版 法律出版社
总发行 中国法律图书有限公司
经销 新华书店
印刷 固安华明印业有限公司
责任校对 杨锦华
责任印制 吕亚莉

编辑统筹 财经出版分社
开本 720 毫米×960 毫米　1/16
印张 19
字数 331 千
版本 2016 年 10 月第 1 版
印次 2017 年 4 月第 2 次印刷

法律出版社/北京市丰台区莲花池西里 7 号(100073)
网址/www.lawpress.com.cn
投稿邮箱/info@lawpress.com.cn
举报维权邮箱/jbwq@lawpress.com.cn
销售热线/010-63939792
咨询电话/010-63939796

中国法律图书有限公司/北京市丰台区莲花池西里 7 号(100073)
全国各地中法图分、子公司销售电话:
统一销售客服/400-660-6393
第一法律书店/010-63939781/9782
西安分公司/029-85330678
重庆分公司/023-67453036
上海分公司/021-62071639/1636
深圳分公司/0755-83072995

书号:ISBN 978-7-5197-0120-8
定价:56.00 元